Martin Wilckens, Ulrich Duerst

Grundzüge der Naturgeschichte der Haustiere

bremen university press

Martin Wilckens, Ulrich Duerst

Grundzüge der Naturgeschichte der Haustiere

ISBN/EAN: 9783955621155

Auflage: 1

Erscheinungsjahr: 2013

Erscheinungsort: Bremen, Deutschland

bremen
university
press

Martin Wilckens

Grundzüge der Naturgeschichte der Haustiere

Neubearbeitet

von

Dr. J. Ulrich Duerst
Privatdozent am Eidgen. Polytechnikum in Zürich

Zweite Auflage

Leipzig
Richard Carl Schmidt & Co.
1905

Vorwort zur zweiten Auflage.

Die Neubearbeitung der Werke eines Verstorbenen ist immer eine heikle Sache. Besonders schwierig wird sie aber, wenn Autor und Neubearbeiter verschiedene, selbständige Ideen und Auffassungen vertreten.

Auf Wunsch der Verlagsbuchhandlung habe ich dessen ungeachtet die Neubearbeitung der Wilckenschen Naturgeschichte übernommen und mich redlich bemüht, die Wilckenschen Forschungen, selbständigen Ansichten, Einteilungen usw. — so weit wie irgend möglich — intakt zu lassen.

Meine abweichenden Anschauungen habe ich als Ergänzungen beigefügt, ohne den Wert der erstern damit schwächen zu wollen.

Differenzen größerer Natur, die die Neubearbeitung gegenüber der ersten Auflage aufweist, sind zunächst die gänzliche Umarbeitung jeder historischen Betrachtung über die Abstammung der verschiedenen Haustiere, indem ich hierfür, aus der Fülle des mir zu Gebote stehenden prähistorischen Knochenmateriales schöpfend, einige neuere Gesichtspunkte aufzustellen vermochte.

Es hat sodann das einleitende Kapitel über Haustierbegriff, Domestikation und Rasse eine vollständige Veränderung erfahren, und habe ich mir außerdem erlaubt, das Kapitel über Paläontologie der Huftiere, das Wilckens zur Zeit der ersten Auflage gerade für das Biologische Zentralblatt kom-

pilierte, und welches infolge der großen Menge seither ge-
wonnener neuer Gesichtspunkte und Entdeckungen doch nicht
mehr so kurz zu behandeln ist, auf das notwendigste zu reduzieren. Ich habe dafür versucht, anstatt die Paläontologie
der Huftiere weit über die Grenzen des für das Verständnis
der Haustierwelt Notwendigen hinaus zu verfolgen, einige
Betrachtungen über die Morphogenie des Tierkörpers, speziell
des Schädels anzuknüpfen, wie sie sich aus meinen eigensten
Untersuchungen ergeben und geeignet sind, die Kenntnis
der Ursachen der Formgestaltung unserer Haustiere zu
fördern.

Was sodann die Behandlung der einzelnen Tierarten angeht, so habe ich auf Grundlage meiner eigenen Untersuchungen vollständig neu bearbeitet die Kapitel über: Rind,
Schaf und Ziege.

Zum Teil neu ist das Kapitel über Pferd, wobei besonders die Arbeiten Nehrings und Matschies berücksichtigt
wurden. Das Kapitel über Hunde wurde nach den neuesten
Forschungen Studers umgewandelt.

Der Abschnitt über Vögel des Hausstandes erfuhr nur
geringe Änderung. Herr Escher-Kündig in Zürich, ein
ebenso eifriger Geflügelzüchter wie Forscher auf manchem
Spezialgebiete der Zoologie, hat mich bei der Revision
dieses Kapitels gütigst unterstützt.

Den Abschnitt „Die Insekten des Hausstandes" schließlich hat Herr Prof. Dr. Standfuß, der rühmlichst bekannte
Entomologe, durchgesehen und nach neuesten Erfahrungen
korrigiert.

Ich bin den beiden genannten Herren zu meinem besten
Danke verpflichtet, welchen ich ihnen hier öffentlich aus-
spreche.

Die zootechnische Seite dieses Werkes hat somit nur
ganz geringe Veränderungen erlitten, da ich nicht wagte,
einen Meister der Zootechnik wie Martin Wilckens es war,
verbessern zu wollen; ich habe daher — wie gesagt — nur

den zoologischen Teil, der allerdings hier die Hauptsache, nach den Fortschritten, die die Haustierzoologie in den letzten Dezennien gemacht, umgearbeitet.

Durch die äußerst liebenswürdige Bereitwilligkeit des Herrn Verlegers bin ich außerdem imstande, das Buch mit zahlreichen Illustrationen zu versehen, die zum Verständnis des Textes so ungemein viel beitragen. Die Bilder sind größtenteils Originalaufnahmen, die ich auf meinen Reisen und während der Studien in verschiedenen Museen Europas gemacht habe.

Gut Bick bei Würenlos (Ct. Aargau).
Juli 1905.

J. Ulrich Duerst.

Literatur.

Verzeichnis der hauptsächlichsten, zum eingehenderen Studium der Naturgeschichte der Haustiere erforderlichen Schriften. Ein spezielleres
Literaturverzeichnis findet sich im „Jahrbuch der Landw. Tier- und
Pflanzenzüchtung I. 1904. Duerst, Erforschung der Geschichte der Haus-
tierrassen. pag. 24—30.“

Baldamus-Gruenhaldt. Illustriertes Handbuch der Federviehzucht.
  2. Auflage. Dresden-Leipzig 1896—97.
Baumann, E. Zucht der japanischen Seidenraupe. Bamberg 1868.
Berlepsch, A. v. Die Biene. 3. Auflage. Mannheim 1873.
Blaze, E. Histoire du chien chez tous les peuples du Monde. Paris 1893.
Bohm, J. Die Schafzucht. Berlin 1875.
Brehm, A. E. Tierleben. 2. Auflage. Leipzig 1877.
Carl. L. Untersuchungen über den Schädelbau domestizirter Tauben.
  Pirna 1878.
Culley. Über die Auswahl und Veredelung der vorzüglichsten Haustiere.
  Berlin 1804.
Darwin, Ch. Das Variieren der Tiere und Pflanzen im Zustande der
  Domestikation. Stuttgart 1866.
Duerst, J. U. Die Rinder von Babylonien, Assyrien und Ägypten.
  Berlin 1899.
— Versuch einer Entwicklungsgeschichte der Hörner der Cavicornia.
  Frauenfeld 1902.
— Experimentelle Studien über die Morphogenie des Schädels der Cavi-
  cornia. Vierteljahrsschr. Naturf.-Gesellschaft. Zürich 1903. pag. 360.
— Die Tierwelt der Ansiedelungen am Schloßberg zu Burg an der
  Spree. Archiv f. Anthropologie 1904. pag. 230—294.
— u. Cl. Gaillard. Studien über die Geschichte des ägyptischen Haus-
  schafes. Recueil Trav. Philolog. et Archéolog. égypt. Paris.
  vol. 24. 1902. pag. 44—76.
Dureau de la Malle. Recherches sur l'histoire ancienne de nos animaux
  domestiques. Ann. Sc. Nat. Bd. 17. pag. 157. 1829.

Ellenberger, W. u. C. Müller. Handbuch d. vergleichenden Anatomie der Haustiere. 1896.

Fitzinger, L. G. Versuch über die Abstammung des zahmen Pferdes und seiner Rassen. Sitzungsber. Wien. Bd. 31. 1858.

— Über die Rassen des zahmen oder Hausschweines. loc. cit. 1858.

— Untersuchungen über die Rassen der Hausziege. loc. cit. 1859.

— Über die Rassen des zahmen Schafes. loc. cit. 1859—60.

— Über die Abstammung des Hundes. loc. cit. 1866.

Fulton, Rob. The illustrated Book of Pigeons. London.

Geoffroy St. Hilaire, J. Acclimatation et domestication des animaux utiles. Paris. 8°.

Haberlandt, Friedr. Die Aufzucht des Eichenspinners. Görz 1870.

Hahn, E. Die Haustiere und ihre Beziehungen zur Wirtschaft des Menschen. Leipzig 1896.

Hartmann, R. Studien zur Geschichte der Haustiere. Zeitschrift für Ethnologie 1869.

Hehn, V. Kulturpflanzen und Haustiere. 4. Auflage. Berlin 1883.

Hochstetter, W. Das Kaninchen. Stuttgart. 5. Auflage.

Keller, C. Die Abstammung der ältesten Haustiere. Zürich 1902.

Kowalevsky, Wold. Monographie der Gattung Anthracotherium und Versuch einer natürlichen Klassifikation der Huftiere. Palaeontographica XXII. Kassel.

Kraemer, H. Die Haustierfunde von Vindonissa. Revue Suisse de Zoologie. 1899. pag. 143.

Martin, Phil. Leop. Das Leben der Hauskatze. Weimar 1877.

Lortet et Gaillard. La faune momifiée de l'ancienne Égypte. Archives Muséum d'Hist. Nat. Lyon 1903.

Major, C. J. Forsyth. Beiträge zur Geschichte der fossilen Pferde etc. Abhandlg. Schweiz. Palaeont. Gesell. 1880.

Marsh, O. C. Introduction and Succession of Vertebrata Life in America. Americae Journal of Sciences and Arts. 1877. XIV. 337.

Nathusius, Herm. v. Vorstudien zur Geschichte und Zucht der Haustiere, zunächst am Schweineschädel. Berlin 1864.

— Vorträge über Viehzucht und Rassekenntnis. Berlin 1872 u. 1880.

Nehring, A. Über die Abstammung unserer Haustiere. Abhandlung Naturw. Verein Magdeburg 1885. pag. 129.

Piètrement, C. A. Les origines du Cheval domestiqué. Paris 1870.

Radetzky, A. E. Der Hund. 2. Aufl. Berlin 1878.

Rodiczky, Eug. v. Die Monographie der Gans. Pest 1875.

Rütimeyer, L. Die Fauna der Pfahlbauten in der Schweiz. Denkschriften Schweiz. Naturf.-Gesellschaft. 1862. pag. 70.

Rütimeyer, L. Versuch einer natürlichen Geschichte des Rindes. loc. cit. 1867.

— Die Rinder der Tertiärepoche. Abhandlung Schweiz. Palaeont. Gesellschaft. Bd. IV. 1877.

Sanson, A. Traité de Zootechnie. 1896.

Schreber u. Wagner. Die Säugetiere. Erlangen. 1836.

Studer, Th. Die prähistorischen Hunde in ihren Beziehungen zu den gegenwärtig lebenden Rassen. Abhandlg. Schweiz. Pal. Gesell. 1903.

Wallace, Alfr. Russel. Die geographische Verbreitung der Tiere. Dresden 1876.

Werner, H. Ein Beitrag zur Geschichte des europäischen Hausrindes. Berlin 1892.

Wilckens, M. Die Rinderrassen Mittel-Europas. Wien 1876.

— Über die Schädelknochen des Rindes aus dem Pfahlbau des Laibacher Moores. Mitteilungen der anthrop. Gesellschaft in Wien. VII. Bd. pag. 165.

— Über die Brachycephalus-Rasse des Hausrindes und über Dolichocephalie und Brachycephalie des Rinderschädels überhaupt. loc. cit. IX. pag. 371.

— Form und Leben der landwirtschaftlichen Haustiere. Wien 1878.

— Wandtafeln zur Naturgeschichte der Haustiere. I. Lfrg: Das Rind; II. Lfrg: Das Pferd. Kassel 1878 u. 1880.

— Übersicht über die Forschungen auf dem Gebiete der Palaeontologie der Haustiere. Biologisches Zentralblatt 1883—1886.

Wright, Lew. The illustrated Book of Poultry. London.

Inhalts-Verzeichnis.

Gruppe der Zehentiere.

Ordnung der Nagetiere.

Ordnung der Fleischfresser.

II. Die Vögel des Hausstandes.

Ordnung der Schwimmvögel.

III. Die Insekten des Hausstandes.

Berichtigungen.

Seite 53, Fußnote, lies: Cavicornia statt Caricornia.

„ 116, Die zoologischen Merkmale des Hundes statt hierher auf S. 329 gehörend.

„ 189, Fig. 34. lies: Ovis aries statt Ovis àries.

„ 209, „ 46. „ C. h. thebaica statt C. h. theaica.

„ 245, — „ 3. Die Bisondina.

„ 252, — „ Bos namadicus Falconer und Cautley statt Bos namadicus Lydekker.

„ 255, Zeile 27, „ Ibidem.

„ 312, „ 1 fehlt der Titel: Gruppe der Zehentiere.

„ 393, 395, 397 lies im Seitenüberdruck: Bombyx statt Mombyx.

Einleitung.

Begriff der Haustiere.

Der Anfang einer Schilderung der Naturgeschichte der Haustiere muß naturgemäß in dem Übergange des wilden Tieres in den Hausstand gesucht werden.

Es steht wohl heute niemand mehr auf dem Standpunkte des großen Herm. von Nathusius, um annehmen zu können, daß die Haustiere als solche geschaffen worden sind. Wir wissen nunmehr, daß alle Haustiere wilde Ahnen besitzen, wenngleich einige derselben heute noch nicht mit Sicherheit erkennbar sind.

Alle Haustiere sind daher aus dem Freileben in den Hausstand des Menschen im Laufe der Zeiten übergeführt worden, und den Moment des Überganges in den Hausstand bezeichnen wir als „Domestikation" oder „Zähmung".

a) Die ungefähre Epoche der Domestikation.

Die Großzahl unserer Haustiere entstammt der Prähistorie, und es ist noch unmöglich, die Zeit der Domestikation genau zu bestimmen.

Fast überall, wo wir auf Reste des Menschen vergangener Zeiten stoßen, überall da besitzt er auch schon Haustiere. Die früheste geschichtliche Kultur, die Reiche Altbabylons, die bis zum Jahre 5000 vor Christus hinabreichen, zeigen uns schon von Anfang an einen vollständigen Haustierbestand und eine Kultur und Gepflogenheiten, die schon auf eine lange Anwesenheit der Haustiere hindeuten.

Auch die Inder und Chinesen verlegen die Haustier-
werdung in sehr frühe Zeiten. Bei letzteren ist sogar das
Jahr des Beginnes der Haustierzüchtung ganz genau bestimmt. Nach ihren Annalen geben die Chinesen an, daß
der 17. König des 9. Ki, Fo-hi mit Namen, der vom Jahre
3468 vor Christus an regierte, die sechs Haustiere (Pferd,
Rind, Huhn, Schwein, Hund und Schaf) einführte und ihre
Zucht befahl. Diese Tiere mußten daher vorher schon
domestiziert gewesen sein.

Auch in Europa finden wir, daß der Mensch der
paläolithischen Zeit, im Gegensatz zu früher geäußerten
Meinungen, ebenfalls schon im Besitze von Haustieren war.
Die Entdeckungen von Felsenzeichnungen in den Höhlen der
Dordogne, der Grottes de Combarelles und Font-de-Gaume,
die sicher aus paläolithischer Zeit, dem sog. Magdalenien
der französischen Autoren stammen, zeigen uns verschiedene
Jndividuen des prähistorischen Pferdes, mit Decken ge-
schmückt und Halftern oder Stricken um den Kopf gebunden.

Daß die Pfahlbauer Europas schon eine sehr große
Haustieranzahl hatten, ist allgemein bekannt; doch sind die
Zeiten der Pfahlbauer in Europa so verhältnismäßig späte,
daß für die Bewohner der damals in vollster Blüte befindlichen Babylonier-, Ägypter-, Inder- und Chinesenreiche sich
jene unzivilisierten Völker Europas in gleicher Weise dar-
stellten, wie für uns heute die Pfahlbau treibenden Völker
Neu-Guineas oder Südafrikas.

Auch die Urbevölkerung Nordafrikas, von der wir
şonst keine Kunde besitzen, hat uns in Felsenzeichnungen die Nachricht hinterlassen, daß auch sie schon zahme
Rinder besaß, was uns auch die Funde in pleistozaenen Schichten Algeriens beweisen, wo indische Büffel, Bos primigenius
und das zahme Hausrind einträchtig beieinander zu finden sind.

Meine Untersuchung der Tierreste aus den von R. Pum-
pelly unter den Auspizien der Carnegie Institution von
Washington unternommenen Ausgrabungen von Anau im

Russischen Turkestan gibt uns nun endlich doch einige genauere Daten in die Hand.

Wir finden hier in der ältesten paläolithischen Zeit, wo der Mensch keine oder nur Holzwerkzeuge besessen haben muß, reiche Mengen der Überreste von Bos namadicus, Sus cristatus, Gazella subgutturosa, Ovis orientalis u. Equus spec. In der nächsten Epoche, wo der Mensch schon mit Steinwerkzeugen ausgerüstet ist, begegnen wir dann einem mit Bos namadicus ganz übereinstimmendem großen, starkknochigen, langhörnigen Rinde, dem heutigen Steppenrinde, dem Torfschweine, das sich daher wohl von Sus cristatus direkt herleitet, einem langhörnigen Hausschafe, das dann in späteren Schichten noch kurzhörnige und hornlose Individuen aufweist und wohl von Ov. orientalis abstammt, einem Pferde und der Gazelle, welche — wie auch bei den alten Babyloniern und Ägyptern — wohl ebenfalls gezähmt gehalten wurde. Neu tritt in dieser Epoche nur die Hausziege auf, die wohl vom Kaukasus her importiert wurde. In der letzten Epoche, die bis zur Eisenzeit reicht, kommt dann noch das Kameel als neu importiertes Haustier hinzu, von dem in den ältesten Schichten noch gar keine Reste aufzufinden sind.

Es ist nun aber klar, daß die paläolithische Zeit dieser zentralasiatischen Kultur dem historisch bekannten Beginne des Babylonier- und Ägypterreiches ganz bedeutend vorausgeht, und deshalb scheint es sicher, daß die Domestikation des Rindes, des Schweines, Schafes, Pferdes usw., welche nach genannten Untersuchungen auf das Ende der paläolithischen und den Beginn der neolithischen Epoche verlegt werden muß, etwa um das zehnte Jahrtausend vor Christus stattgefunden hat.

Man hatte geglaubt — was gerade das langhörnige Steppenrind angeht — die Darstellungen eines Künstlers aus mykänisch-griechischer Zeit auf den Goldbechern von Vaphio, welche den Fang von Rindern mittels Netzen betreffen, als eine direkte Wiedergabe nach Natur auffassen

zu können, und wollte man deshalb die Domestikation dieses
langhörnigen Rindes in die mykänische Kulturepoche verlegen. Wie aber schon v. Bissing und andere gezeigt haben,
weist die mykänische Kunst besonders in den Tierdarstellun-
gen eine etwas verbesserte Kopie der babylonischen Vorlagen auf.

Die Becher von Vaphio wurden aber als mykänische
Originale hauptsächlich auch darum betrachtet, weil der Fang
der Rinder mit Netzen sonst auf babylonisch assyrischen
Bildern nicht zu finden ist. Das nebenstehende Bild eines

Fig. 1.   Altbabylonischer Siegelzylinder mit Darstellung des Rinderfangs.
(Museum in Berlin. Vorderasiatische Abteilung. Originalaufnahme.)

Siegelzylinders des Berliner Museums zeigt jedoch deutlich
den Netzfang der Rinder zu altbabylonischer Zeit. (Um 4000
v. Chr.) Ein Netz an zwei Speeren in der Mitte einer Ebene,
umgeben von einer Menge von alten und jungen Individuen
einer langhörnigen Rinderform, rechts der Stier, links die
Kuh. So ist das Bild. Die Erklärung nach der Darstellungs-
methode der altbabylonischen Künstler lautet: die Tiere
waren ringsum mit Fangnetzen umgeben. Fangnetze, wie wir
sie ebenfalls aus assyrischer Zeit von Kujundjik zum Fang von
Hirschen und Gazellen dargestellt finden. (British Museum.)

Das Fangen der Rinder von Vaphio ist daher wohl eine
freie Komposition nach babylonischen Mustern.

Nur ganz wenige, untergeordnete Haustiere sind nachweisbar in historischer Zeit domestiziert worden, so z. B. Biene, Ente, Fasan, Perlhuhn usw.

b) Die Art oder der Vorgang der Domestikation.

Die meisten der hierüber existierenden Theorien führen die Domestikation der Haustiere auf einen bewußten Vorgang menschlicher Reflexion zurück; sie stoßen dabei aber alle auf unüberwindliche Schwierigkeiten.

Die einen nehmen an, daß religiöse Gebräuche und Sitten den Menschen dazu brachten, ursprüngliche Opfertiere in den Hausstand überzuführen; andere hingegen halten die Kenntnis des Nutzens der Haustiere für den Grund, weshalb der Mensch die ursprünglich wilden Tiere durch Jagd, Gefangennahme und Zähmung in den Hausstand überführte. (Wilckens.)

R. Mucke*) hat in einer überaus geistvollen Auseinandersetzung die Ansicht ausgesprochen, daß die ursprünglich nicht scheuen Tiere zu den Lagerplätzen des Urmenschen kamen, um dort Nahrung zu erhaschen.

Es sei sehr unwahrscheinlich, daß der vorgeschichtliche Mensch die Tiere herbeigeholt haben sollte. Im Gegenteil: die Tiere werden freiwillig zu ihm gekommen sein; er erfreute sich kindlich naiv an ihrem Kommen, und sie wurden seine Wohnplatz- und Spielgenossen, ganz ähnlich wie sie es noch heute zum Kinde werden. Ja, das Zurückkehren der Tiere in den angrenzenden Wald wird den Menschen eher unangenehm berührt haben, weshalb er Mittel ergriff, sie an sich zu fesseln. Das Hauptmittel dazu war jedenfalls die Übernahme ihrer Ernährung, und deswegen entschloß er sich, nicht nur für sich, sondern auch für das Tier zu sorgen.

---

*) R. Mucke, Urgeschichte des Ackerbaues und der Viehzucht. Greifswald 1898.

Während bis dahin der Mensch sich hauptsächlich von Körnern und Pflanzen nährte und nur zeitweilig zu Fleischkost gelangte, so kam er durch das nunmehrige Zusammenleben mit dem Tiere zu einer regelmäßigeren animalischen Ernährung. Dieser ist es dann auch im Laufe der Zeit zu verdanken, wenn die wirtschaftliche Entwickelung der Viehzucht treibenden Völker eine andere Bahn einschlug als die der Ackerbau treibenden.

Statistischen Untersuchungen über Lagerung und Wohnung des Urmenschen zufolge ist es feststehend, daß nur die Bewohner des Hochlandes kreisförmige Hordenlager besaßen und sie es allein waren, die die Tiere in den Hausstand überführen konnten. Die Rundform ihrer Ansiedelungen mit umgebender Umzäunung war dem Verbleiben der Tiere nur förderlich. Obwohl diese Umzäunung anfänglich nur eine Begrenzung war, so wurde sie nun ein Schutzmittel gegen das Eindringen und Entweichen der Tiere, und somit begann man die Hürden zu erhöhen. Auch linguistisch bedeutet das Wort „Zahmvieh" nichts anderes als „Zaunvieh", eingehegtes Vieh, solches, welches „umhaust" ist, während das Wort „zähmen", (lat. domare, o, ui, itum) selbst nichts weiter als „umzäunen" oder „umhausen" (domus lat. = das Haus) sagen will. — Die Zähmung der Tiere war jedenfalls ursprünglich ein durchaus friedlicher Akt, ein freundschaftliches Vertragen auf gemeinsamem Wohnraum, und erst aus diesem Verhältnis erwuchs durch Reflexion der Begriff „Nutzvieh", so daß das ursprüngliche Sichfreuen und Ergötzen im Genießen seinen Abschluß fand.

Denkt man sich nämlich die Umzäunung, als das Charakteristische des Hordenlagers der Bergvölker, aus dem reihenweisen Rundlager entstanden — solche Rundlager treffen wir schon dargestellt unter den Felsenzeichnungen der Höhlenbewohner der paläolithischen Zeit, z. B. in der Grotte de la Mouthe und der von Combarelles (Dordogne)

—, so ist der Vorgang überaus einfach zu erklären. Das Nahrung suchende Tier dringt in den umzäunten Raum ein und wird, wenn es Junge hat, dieselben selbstverständlich mitgebracht haben, weil bekanntlich Junge gerade während der Säugezeit ihre Mutter nicht verlassen; überdies wird diese gerade der Jungen wegen der Trieb nach der Nahrung spendenden Wohnstätte menschlicher Wesen hingeführt haben. Und gerade die Beobachtung dieser Erscheinung, daß nämlich die Jungen ihrer Mutter folgen, gibt eine weitere Erklärung dafür, wie der Mensch den Nutzen der tierischen Milch kennen lernte.

Die Beobachtung des Ernährungsvorganges bei den Tieren, in der Verbindung mit der Beobachtung, daß der menschliche Säugling an seiner Mutter Brust das Ähnliche ausübt, mußte den Menschen leicht über den Nutzen der tierischen Milch für seine eigene Ernährung aufklären. Hätte der Urmensch jenen Vorgang nicht aus nächster Nähe mit Ruhe beobachten können, so würde wohl schwerlich die eben dargelegte Kombination der beiden Vorstellungen zu einer verwachsen sein. Vom genetisch-psychologischen Standpunkte aus betrachtet, muß das Tier bereits gezähmt, d. h. umfriedet sein, bevor dem Urmenschen der Gedanke kommen konnte, die Milch des Viehes zu benutzen. Nicht die Vorstellung, daß das Wild in der Wildnis die menschliche Milch zu ersetzen imstande sei, kann, psychologisch betrachtet, der Vorstellung vorangegangen sein, das Vieh zu zähmen, sondern umgekehrt: die Vorstellung von gezähmtem Vieh muß früher vorhanden gewesen sein als die Vorstellung von der Dienlichkeit der Milch für die menschliche Ernährung. Aber auch der Gedanke, nicht die Milch, sondern vorerst das Fleisch zu verwenden, ist nicht wohl möglich, da man ja doch das Tier alsdann nicht erst mühsam lebend einfangen würde, um es später zu töten.

Also nicht bloß vom statistischen Standpunkte der Bildung des Lagers des Urmenschen, sondern auch vom empirisch-psychologischen muß die Ansicht verworfen werden, daß aus Jägern Viehzüchter geworden sind!

c) Haustierhaltung und Haustierzüchtung.

Einige neuere Autoren haben die Haustiere als in „Symbiose" mit dem Menschen lebend bezeichnet, in Anwendung der Erkenntnis des Zusammenlebens zu gegenseitigem Nutzen, wie ein solches bei einzelnen wirbellosen Tieren vorkommt.

Es scheint mir jedoch diese Bezeichnung nur für die eben besprochene, primäre Stufe des Zusammenwohnens mit Haustieren anwendbar. Es ist dies die Stufe der Tierhaltung, die Vorstufe der Tierzüchtung, in die auch die sonst wildlebenden Tiere, vom Augenblicke ihrer Gefangennahme und Zähmung an, eintreten.

Vom Momente an aber, wo der Mensch es unternimmt, die Fortpflanzung der Haustiere seinem Willen unterzuordnen, entsteht die Haustierzüchtung. Das Tier wird zum eigentlichen Haustier und sinkt als solches zum Sklaven des Menschen und zur Ware herab.

Man kann sich die Verschiedenartigkeit dieser beiden kulturellen Entwicklungsetappen am besten klar machen, wenn man noch einmal zu der Vorstellung der Urzeit des Menschen zurückkehrt. Nehmen wir z. B. an, der Mensch habe eine Urkuh und ihr Junges in seine Behausung gelockt und deren Ernährung übernommen. Durch einfache Reflexion wird er dann zu dem Versuche gebracht, die Milch dieses Tiers zu seiner eignen Ernährung zu verwenden. Dies ist aber die eigentliche Tierhaltung. Das junge Tier wächst heran, wird größer und verläßt das Euter der Mutter, um sich von Kräutern zu nähren. Die Milch der Kuh jedoch versiegt. Der Mensch hat die Milch gut gefunden, und er mag sie nicht gerne entbehren, er weiß aber noch nicht, was zu tun ist, um die Milchsekretion des Tieres wieder zu beleben. Er wird daher ein neues Tier mit einem kleinen Jungen anzulocken suchen, und derselbe Vorgang wird sich wiederum abspielen. So entsteht dann die Herde. Die Kälber werden allmählich groß, sofern sie nicht vorher verspeist werden, und die männlichen unter ihnen fangen an, ihre Geschlechtsfunktionen auszuüben; die Folge davon ist — die Vermehrung der Herde und des Ertrages an Milch. Eines nur fehlt dem Urmenschen. Alle Kühe gebären fast zur selben Zeit, alle Milch endet zur selben Zeit. — Es ist wahrscheinlich, daß dieses Verhältnis sehr lange gedauert hat, bis endlich der Mensch zu der Entdeckung gelangte, daß der Begattungsakt die Geburt des Jungen herbeiführe. Er wird dieselbe auch wohl kaum an seinen Haustieren, sondern zuerst an sich selbst gemacht haben.

Von diesem Momente an beginnt die eigentliche Züchtung. Der Mensch wird nun wohl die Begattung einiger Kühe zur gewöhnlichen Brunstzeit verhindert haben und wenn die Brunst dann nach einiger Zeit wiederkehrte, das Tier haben decken lassen. Die Folge davon war eine spätere Geburt des Jungen und ein länger dauernder Milchertrag.

Erst von jetzt ab ist das gezähmte Tier ein Haustier geworden.

Wir können daher mit Wilckens den Begriff des Haustieres wie folgt darstellen:

Die dem Menschen nützlichen und wirtschaftlich verwendbaren Tiere, die sich unter seinem Einflusse regelmäßig fortpflanzen und der künstlichen Züchtung unterworfen werden können, sind Haustiere, oder sie können zu Haustieren werden.

Diese Erklärung des Begriffes „Haustier" schließt einerseits alle Tiere aus, welche sich unter dem Einflusse des Menschen nicht regelmäßig fortpflanzen, und andererseits alle diejenigen, welche einem wirtschaftlichen Zwecke des Menschen nicht entsprechen.

Vielfach werden bloß gezähmte Tiere zu Haustieren gerechnet, die es nicht sind; zu jenen Tieren gehören z. B. das Frettchen, der Habicht, der Falke, welche Tiere

Jagdgenossen des Menschen, aber keine Haustiere sind. Auch das Meerschweinchen paßt nicht unter den oben erörterten Begriff des Haustieres; es pflanzt sich in der Gefangenschaft zwar regelmäßig fort, aber es unterliegt keiner Zuchtwahl des Menschen, weil es keinem wirtschaftlichen Zwecke entspricht, ja es ist sogar fraglich, ob das Meerschweinchen überhaupt ein dem Menschen nützliches Tier ist. Mit demselben Rechte wie das Meerschweinchen, könnte man das ebenfalls dem Vergnügen des Menschen dienende gezähmte Murmeltier zu den Haustieren rechnen, was aber nirgends geschieht.

Es gibt noch einige andere Tiere, von denen es fraglich ist, ob sie als Haustiere, oder nur als gezähmte Tiere anzusehen sind. Dahin gehören der Kanarienvogel, die Turteltaube und der Goldfisch.

Wenn wir den oben erörterten Begriff des Haustieres festhalten, demzufolge die Anwendbarkeit der künstlichen Züchtung, beziehungsweise die vom Menschen ausgeübte Zuchtwahl, das wesentliche Unterscheidungs-Merkmal zwischen Haustieren und gezähmten Tieren bildet, so können wir folgende Tiere als Haustiere bezeichnen:

I. Aus der Klasse der Säugetiere.

Gruppe der Huftiere.

Ordnung der unpaarzehigen Huftiere.

Aus der Familie der Equiden: Pferd und Esel.

Ordnung der paarzehigen Huftiere.

Unterordnung der höckerzähnigen Paarhufer.

Aus der Familie der Suiden: gemeines Schwein.

Unterordnung der halbmondzähnigen Paarhufer.

Aus der Familie der Kameliden (Tylopoda): Kameel, Llama und Alpaka.

Aus der Familie der Cerviden: Rentier.

Aus der Familie der Oviden: Schaf und Ziege.

Aus der Familie der Boviden: Büffel, Yak, Zebu und gemeines Rind.

Gruppe der Zehentiere.

Ordnung der Nagetiere.

Aus der Familie der Leporiden: Kaninchen.

Ordnung der Fleischfresser.

Aus der Familie der Feliden: Katze.

Aus der Familie der Caniden: Hund.

II. Aus der Klasse der Vögel.

Ordnung der Schwimmvögel.

Aus der Familie der Siebschnäbler (Lamellirostres): Schwan, Gans und Ente.

Ordnung der Hühnervögel.

Aus der Familie der Phasianiden: Haushuhn, Fasan, Pfau, Perlhuhn.

Aus der Familie der Penelopiden: Truthahn.

Ordnung der Tauben.

Aus der Familie der Columbiden: Haustaube.

III. Aus der Klasse der Insekten.

Ordnung der Schmetterlinge.

Aus der Familie der Bombyciden: Maulbeerspinner und Ailanthusspinner.

Ordnung der Hautflügler.

Aus der Familie der Apiden: Biene.

Ordnung der Halbflügler.

Unterordnung der Pflanzenläuse.

Aus der Familie der Cocciden: Cochenille.

Demnach beschränkt sich die Zahl der Haustiere auf 16 Familien mit zusammen 29 Gattungen und höchstens 38 Arten.

Die geographische Verbreitung der Haustiere.

Zur leichteren Orientierung ist es zweckmäßig die Erde in Regionen und Subregionen zu teilen und jeder derselben die ihr eigentümlichen Haustiere zuzuweisen. In Betreff der Einteilung in Regionen und Subregionen folge ich dem von Alfred Russel Wallace aufgestellten Systeme. In nachstehender Tabelle werde ich der Einteilung von Wallace die, einer oder mehreren Subregionen eigentümlichen Haustiere hinzufügen.

Regionen	Subregionen	Eigentümliche Haustiere
I. Paläarktische	1. Nord-Europa	Rentier. Schwan. Biene.
	2. Süd-Europa und Nord-Afrika	Esel. Büffel. Kaninchen. Seidenwurm. Biene.
	3. Sibirien	Rentier. Kamel. Yak. Schwan.
	4. Mandschurei (oder Japan)	Esel. Yak. Pfau. Fasan. Seidenwurm.
II. Aethiopische	1. Ost-Afrika	Esel. Dromedar. Höckerrind. Büffel. Perlhuhn. Biene.
	2. West-Afrika	Höckerrind.
	3. Süd-Afrika	Höckerrind. Perlhuhn.
	4. Madagaskar	Schwarze Biene.
III. Orientalische	1. Hindustan (oder Zentral-Indien)	Kamel. Zebu. Büffel.
	2. Ceylon	Pfau.
	3. Indo-China (oder Himalaja)	Kamel. Pfau. Fasan. Biene. Seidenwurm.
	4. Indo-Malayische	
IV. Australien	1. Austro-Malayische	
	2. Australien	
	3. Polynesien	
	4. Neuseeland	
V. Neotropische	1. Chili (oder südl. gemäß. amerikanische)	Llama. Alpaka.
	2. Brasilien	Llama. Alpaka.
	3. Mexiko (oder tropisches Nord-Amerika)	Cochenille.
	4. Antillen	
VI. Nearktische	1. Californien	
	2. Felsengebirge	Truthahn.
	3. Alleghany (oder östl. Vereinigte Staaten)	Truthahn.
	4. Canada	

Die übrigen, in der vorstehenden Tabelle nicht auf-
geführten Haustiere, sind über die ganze Erde verbreitet,
freilich in ungleichem Maße. Das am weitesten verbreitete
Haustier ist der Hund. Dem Menschen ist der Hund fast
überall hin gefolgt; nach Wallace fehlen Caniden überhaupt in den Insel-Subregionen Madagaskar, Antillen, Austro-
Malaya, Neu-Seeland und Pacific-Inseln. Dem Hunde steht
an geographischer Verbreitung zunächst die Katze; nur
im hohen Norden, wo der Hund dem Menschen noch Gesell-
schaft leistet, fehlt die Katze als Haustier. Von Huftieren
hat das Schaf die weiteste Verbreitung, demnächst das
Pferd, das Schwein, das Rind und die Ziege. Unter den
Hausvögeln sind die Gänse und Enten über alle Teile der
Erde verbreitet, doch sind sie am zahlreichsten in den gemäßigten und kalten Regionen. Die Taube ist auch überall
verbreitet, aber sie wird im äußersten Norden und Süden
sehr selten. Die verhältnismäßig geringste Verbreitung hat
das Haushuhn; es ist vorwiegend auf die gemäßigte Region,
insbesondere auf die paläarktische (mit Ausnahme des
hohen Nordens) und die orientalische Region beschränkt.
Das Truthuhn, welches seine eigentliche Heimat in
der neotropischen und nearktischen Region hat, ist
auch in einem Teile der paläarktischen Region verbreitet und es ist insbesondere in Süd- und Mittel-Europa
vollkommen eingebürgert. Dasselbe gilt auch von dem
in der äthiopischen Region heimischen Perlhuhn
und dem aus der orientalischen Region stammenden
Pfau.

Am ärmsten von allen Regionen an Haustieren, sowohl
der Art wie der Individuenzahl nach, ist Australien; eigentümlich ist dort nur der schwarze Schwan. Nach Australien
ist die nearktische Region sehr arm an autochthonen Haustieren, trotzdem die Vorfahren unserer heutigen Haustiere
in der Tertiärzeit dort sehr reich vertreten waren. Außer
dem Truthuhn und der Cochenille (in Mexiko) sind wahr-

scheinlich alle übrigen Haustiere aus Europa nach Nord-
amerika eingeführt worden.

Kosmopolitische, d. h. in allen 6 Regionen verbreitete
Haustiere sind demnach folgende: Hund, Katze, Schaf, Pferd,
Schwein, Rind, Ziege, Gans, Ente, Taube, Haushuhn (11 Gat-
tungen und Arten).

Den kalten Regionen (der palä- und nearktischen) gehören ausschließlich an: das Rentier, der Yak, das Kaninchen,
der weiße Schwan, das Truthuhn (5).

Den warmen Regionen (der äthiopischen, orientalischen
und neotropischen) gehören ausschließlich an: das Llama, die
Alpaka, das Höckerrind, das Perlhuhn und die Cochenille (5).

Dem südlichen Teile der paläarktischen, sowie der äthiopischen und orientalischen Region (also der warmen Zone
der alten Welt) gehören an: der Esel, Kameel und Dromedar,
der Büffel, der Pfau, der Fasan, Maulbeer- und Ailanthus-
Seidenspinner, die Biene (9).

Die australische Region besitzt außer den kosmopolitischen Haustieren vorwiegend die der südlichen Subregionen
der paläarktischen Region.

Die Rassen der Haustiere.

Der Begriff der „Rasse" bezieht sich auf diejenigen
Körperformen der Haustiere, welche durch den Einfluß des
Menschen abgeändert sind und sich unter gleichartigen
Lebensbedingungen beständig vererben.

Die Rassen der Haustiere sind also Erzeugnisse der
künstlichen Züchtung.

Das Wort „Rasse" fand sich in den klassischen Sprachen
des Altertumes noch nicht, sondern wurde hier durch die
Ausdrücke γένος, genus, species, sanguis oder seminio vertreten.

Sein Ursprung ist ein ganz landwirtschaftlicher. In
der klassischen Sprache der Römer treffen wir zunächst das
Wort hara, harae, der kleine Stall oder die Herde. Im Neu-

latein wurde dies Wort durch „haracium", gleich grex equo-
rum, Pferdeherde ersetzt, aus welchem dann der Ausdruck
„razza" in der Bedeutung von Gestüt und Zucht gebildet
ward, den Frederico Grisone 1552 erstmals verwendete.
Unter der übertragenen Bedeutung eines Stammes oder einer
Zucht von Rindvieh fand dies Wort dann als „race" Eingang in die französische Sprache, wo es um 1600 Olivier
de Serres folgendermaßen verwendet:

„Comme les bonnes semences et plantes procédent les
bons blés et fruits, ainsi de l'éléction de la race du bétail
depend le gain de sa nourriture."

In England treffen wir das Wort race im Sinne von
Zucht, Familie zuerst in den berühmten Werken von Cap-
taine Garvase Markham.

Es sagt dieser Autor z. B. in einem seiner letzten Bücher
„The whole art of Husbandry", London 1631, S. 231, daß
derjenige Mann, der Pferde züchten wolle, „must first pro-
vide himself of a good race, and than of a good ground
and plenty of pasture", d. h. zuerst für eine gute Rasse,
dann für guten Boden und viel Futter sorgen müsse.

Vom Rinde sagt Capt. Markham, daß seine Güte abhänge
von der „diversity of the country", also der Verschiedenheit des Landes; und auch bei keinem der anderen Haustiere braucht er das Wort Rasse.

Wie beschränkt der Begriff war, der zu dieser Zeit dem
Wort Race unterlegt wurde, geht am deutlichsten aus dem
Werke des Markgrafen Wilhelm von Newcastle, Pair
und Prinz von England hervor; Methode et invention nouvelle
de dresser les chevaux, Antwerpen 1657. Dieser Autor
spricht stets nur von „votre race de votre haras", also von
der Rasse des Gestütes.

Diese eigentliche, ursprüngliche Bedeutung finden wir
noch in späterer Zeit in der Arbeit Michaels v. Erdely,
Über die Rasse des Kladruber Gestütes, 1827, wieder.

Für uns ist natürlich der Übergang des Wortes Rasse

in die deutsche Sprache besonders wichtig zu verfolgen. Unter allen Werken, die mir bisher zu Gesichte kamen, ist es die Tractatio de Re Equaria von Georg Simon Winter von Adlersflügel, Nürenberg 1672, wo zum ersten Male das Wort Rasse Verwendung findet. Dieses Buch ist in drei Sprachen geschrieben, deutsch, französisch und italienisch. Der Titel wird im Deutschen als „Tractat von der Stuterey oder Fohlenzucht" formuliert, im Französischen als „Traité pour faire race de Chevaux", im Italienischen als „Trattato del far la razze de Cavalli". Fohlenzucht wird also hier als gleichbedeutend mit Pferderasse angesehen. Auf Seite 50 und 51 hingegen, führt Winter noch eine andere Bedeutung an. Er spricht hier: „Von der Landart der Hengste wie der Stuten", was er als „des nations" und „delle nationi" übersetzt. Unter Ziffer 3 bemerkt er von den Barbaren-Pferden (den Berbern) wörtlich:

„Diß ist ein Raçe von einer solchen Starke und Vermogen und guten Humors dabei auch so vigoureux als immerzu die besten Spanier sein können."

Es ist beachtenswert, daß er „Raçe" schreibt, wie es auch einige Autoren anfangs des 19. Jahrhunderts z. B. Sturm und Hofacker taten, mit ç, was durchaus unfranzösisch ist. In der französischen Übersetzung, die daneben steht, schreibt Winter dann „C'est une race de si bonne humeur etc." ohne Cedille.

Außerdem ist es leicht ersichtlich, daß Simon Winter hier zum ersten Male das Wort Rasse zur Ausschmückung seines Deutsch anwendete, weil er auch noch nicht recht weiß, welches Geschlecht er diesem Worte zusprechen soll. So faßt er es zuerst als männliches Wort auf und sagt „ein Raçe", an späteren Stellen hingegen braucht er mehrmals „eine race" und dabei auch ohne Cedille.

Daraus ist klar ersichtlich, daß das Wort Rasse sich als ein terminus technicus der Tierzuchtslehre in die deutsche Sprache eingebürgert hat, zu einer Zeit (Ende des 17. Jahr-

hunderts), da es als besonders zierlich galt, seine Sätze
mit Fremdwörtern zu spicken. Die von den Etymologen
angegebene Ableitung des Wortes Rasse erscheint also als
sehr unzutreffend. — Winter betrachtet Rasse als ein fran-
zösisches Wort und nimmt es als Lehnwort aus dieser Sprache
ins Deutsche herüber, während es die französische Sprache
aus dem italienischen razza geschöpft hat.

Die den Rassentieren zukommende wesentliche Eigenschaft der beständigen Vererbung (der Konstanz) ist
allein abhängig von der Gleichartigkeit der Lebensbedingungen. Andere Lebensbedingungen verändern die
Körperform und sie stellen die Konstanz in Frage. Jede
Abänderung der ursprünglichen Körperform der Haustiere
kann zur Rassebildung, bzw. zur beständig vererbbaren Körperform führen, wenn die Geschlechtsfolgen der einmal ab-
geänderten Haustiere unter gleichbleibenden Lebensbedingungen sich entwickeln.

Man pflegt den Begriff der „Rasse" auch zu beziehen
auf die abgeänderte Körperform der Art, d. h. man gebraucht das Wort „Rasse" gleichbedeutend mit „Varietät"
— im zoologischen Sinne, und man versteht unter „Varietät"
die Abänderung der Art durch natürliche Züchtung, unter
„Rasse" aber die Abänderung der Art durch künstliche Züchtung. Wir wollen uns hier nicht auf eine Erörterung des
Begriffes „Art" einlassen.*) Wir begnügen uns mit der
Tatsache: daß das systematische Bedürfnis der Zoologie gewisse Gruppen von Tierformen von anderen abgrenzt und
eine gewisse Summe von körperlichen Eigenschaften unter
den Begriff der „Art" zusammenfaßt. Diese Grenze des

---

*) Wenn ich in vorliegendem Buche von Haustier-Arten spreche,
so verstehe ich darunter diejenigen Formen, die vermöge gemeinsamer Abstammung ähnlich organisiert sind und deren ererbte organische Eigentümlichkeiten auf weitere Geschlechtsfolgen übertragen werden können. Das
Wesentliche des Art-Begriffes erkenne ich als in der gemeinsamen Abstammung und in der Erzeugung fruchtbarer Nachkommen.

zoologischen Systemes existiert in der Natur nicht, denn
die „Arten" der Zoologen werden durch natürliche Züchtung
fortwährend abgeändert und jene Grenze wird so verwischt.
Die Unmöglichkeit aber für irgend eine Tierart die ihr eigentümliche Körperform scharf zu umgrenzen, gestattet auch
nicht die Abänderung der unter dem Begriff der „Art"
begrenzten Körperform zu bestimmen. Dazu kommt noch,
daß es bisher nicht gelungen ist, für die Mehrzahl der Haus-
tierformen die ursprüngliche, d. h. wilde Art festzustellen.
Wenn wir also die Körperformen der Art nicht kennen, so
läßt sich auch nicht bestimmen, ob irgend eine Körperform
der Haustiere den Grad der Abänderung erreicht hat, den
die Zoologen mit dem Worte „Varietät" und die Landwirte
mit dem Worte „Rasse" bezeichnen. Doch läßt sich der
zoologische Begriff „Varietät" noch eher auf den Begriff
„Art" beziehen, als der landwirtschaftliche Begriff „Rasse".
In der Tat denkt kein Landwirt an den zoologischen Begriff
„Art", wenn er von „Rasse" spricht, und er versteht unter
„Rasse" nicht eine Abänderung der „Art".

Ich glaube vielmehr, daß es den tatsächlichen Verhältnissen entspricht, wenn wir den Begriff „Rasse" dem Begriffe „Art" vollkommen gleich setzen. Die „Rasse" ist
ebensowenig unveränderlich wie die „Art"; jede Veränderung der Lebensbedingungen ändert die „Rasse" ab wie die
„Art". Aber freilich müssen die Abänderungen eine gewisse
Größe erreicht, die Bedingungen der Abänderungen müssen
durch eine gewisse Zeit bestanden haben, wenn die abge-
änderten Körperformen von den ursprünglichen unterschieden
und als „Varietät" — der „Art", als „Schlag" — der
„Rasse" gegenüber gestellt werden sollen. Diese beiden
Unterbegriffe „Varietät" und „Schlag" halte ich für gleich-
wertig; die Abänderungen der Körperform im Bereiche der
„Art", welche man in der Zoologie „Varietät" nennt, be-
zeichne ich demnach als „Schlag", wenn sie in den Bereich
der „Rasse" fallen. Die „Varietät" der Zoologen entsteht

durch natürliche Züchtung, der „Schlag" der Zootechniker
durch künstliche Züchtung.

Eine scharfe Abgrenzung der Begriffe „Rasse" und
„Schlag" läßt sich ebensowenig feststellen, wie die scharfe
Abgrenzung der Begriffe „Art" und „Varietät". Manche
beanspruchen eine größere Summe von besonderen Eigentümlichkeiten der Körperform um zwei Rassen zu unterscheiden als andere, welche das Wort „Rasse" häufig da
anwenden, wo jene sich mit dem Worte „Schlag" begnügen.
Im allgemeinen aber versteht man unter „Schlag": die in
den Organismus des Haustieres weniger tief eingreifenden
Abänderungen, welche vorwiegend abhängig sind von der
Zuchtwahl des Menschen. Diese den Haustier-Schlägen
eigentümlichen Körperformen können durch den länger
dauernden Einfluß von Lebensweise, Boden und Klima in
die organisch fester begründeten Eigentümlichkeiten der
Rasse übergeführt werden. Durch Abänderungen infolge
von Zuchtwahl oder von künstlicher Züchtung können also
innerhalb einer Rasse — Schläge gebildet werden, und diese
können sich infolge jener Einflüsse zu neuen Rassen fixieren.

Wir haben schließlich noch eines in der Züchtungskunde
häufig gebrauchten Wortes zu gedenken, nämlich des Wortes
„Typus". Man hat mit diesem Worte einen höheren Begriff als „Rasse" bezeichnen wollen, was aber dem Sinne
des Wortes durchaus widerspricht. Das Wort „Typus" (von
τύπτω ich schlage) bedeutet „Schlag" — im Sinne von Muster
oder Vorbild. Ein einzelnes Tier kann der Typus einer „Rasse"
oder eines „Schlages" (im tierzüchterischen Sinne) sein, wenn
es die Merkmale der Rasse oder des Schlages in hohem
Grade in sich vereinigt. Insofern gibt es unter den Haustieren Individuen, welche man als Rassentypus oder Schlag-
typus bezeichnen kann. Typische Rassen oder typische
Schläge aber gibt es nicht, sondern bloß Typen (Muster oder
Vorbilder) einer Rasse oder eines Schlages.

Die Ursachen der Abänderung oder der Veränderlichkeit der Körperform sind uns nahezu unbekannt. Man gibt gewöhnlich als Ursache an: das Anpassungsvermögen an äußere Lebensbedingungen. Wir kennen nun zwar das Wesen der Anpassung, aber wir kennen nicht die Ursache derselben, wir wissen nicht, warum ein Tier an äußere Lebensbedingungen sich mehr oder rascher anpaßt als ein anderes. Daß dieses aber geschieht — das ist Tatsache, und wir haben mit dieser Tatsache zu rechnen.

Je mehr ein Tier seinen Organismus an verschiedenartige äußere Lebensbedingungen anzupassen vermag, desto veränderlicher ist seine Körperform, und je länger die Einwirkung äußerer Lebensbedingungen dauert, desto mehr fixiert sich die jenen Bedingungen entsprechende Körperform und desto beständiger vererbt sie sich. Daher kommt es, daß die seit vorgeschichtlicher Zeit gezähmten Haustiere so reich sind an Rassenformen, deren Verschiedenartigkeit der verschiedenartigen Lebensweise entspricht, welcher der Mensch seine Haustiere unterworfen hat. Die Haustiere jener kosmopolitischen Gruppe aus vorgeschichtlicher Zeit haben den Menschen in Länder mit kaltem, warmem und gemäßigtem Klima begleitet, sie leben mit ihm unter dem kalten Himmel Grönlands und Sibiriens, wie auf den üppigen Fluren der Tropen und unter der Sonnenglut der afrikanischen und asiatischen Steppen. Seit Jahrtausenden haben Boden und Klima der verschiedensten Art, sofern sie nur das Leben der Tierwelt gestatten, ihren Einfluß ausgeübt auf die kleine Zahl von Tieren, welche der Mensch sich als Haustiere gesellt hat. Wir kennen kein im wilden Zustande lebendes Tier, welches eine so große Mannigfaltigkeit der Körperform und ein so hohes Anpassungsvermögen zeigt wie jene kleine Gruppe der in vorgeschichtlicher Zeit gezähmten Haustiere. Diese Tatsache muß uns zu der Ansicht führen: daß die Menschen, welche zuerst wilde Tiere zu Haustieren gezähmt haben, gerade diejenigen Tiere erhalten haben, die sich durch ihr großes Anpassungsvermögen und

durch die leichte Veränderlichkeit ihrer Körperform dazu
am besten eigneten.

Wir werden im nächsten Abschnitte die Wege kennen lernen, welche die Natur eingeschlagen hat, um durch
natürliche Züchtung die, zumeist der Gruppe der Huftiere
angehörenden Familien für die künstliche Züchtung vorzu-
bereiten. Wir werden aus der paläontologischen Geschichte
der Huftiere erfahren: daß aus einer vieltausendjährigen
natürlichen Zuchtwahl, die während der sogenannten tertiären Erdepoche stattfand, schließlich die in die Gegenwart
hineinragenden Tierfamilien hervorgegangen sind, welche sich
auszeichnen durch Körperformen, die eine leichte Ernährung, eine kraftersparende Bewegung und ein großes Anpassungsvermögen an verschiedenartige klimatische Verhältnisse und an Pflanzennahrung begünstigen. Diese Tierfamilien,
die außerdem durch frühe Körperentwicklung hervorragen,
sind es, welche die ältesten und nützlichsten, sowie die durch
zahlreiche Rassen vertretenen Haustiere geliefert haben.

Wie bei den Huftieren, so können wir auch bei den
Nagern und Fleischfressern, bei den Vögeln und Insekten
nachweisen: daß diejenigen Arten unter ihnen zu Haustieren
geworden sind, die infolge einer vieltausendjährigen natürlichen Zuchtwahl sich ein großes Anpassungsvermögen an
verschiedenartige Verhältnisse der Ernährung und des Klimas
erworben haben.

Wenn wir nunmehr die Frage stellen: wie kommt es,
daß der Mensch aus einer so großen Zahl von wildlebenden
Tierarten nur eine so kleine Zahl zu Haustieren auserwählen
konnte, so können wir diese Frage beantworten wie folgt:
der Mensch hat zu Haustieren, d. h. zu Gegenständen der
künstlichen Züchtung, diejenigen Tierarten und Familien
gemacht, welche, infolge einer langdauernden natürlichen
Züchtung, sich die für die künstliche Züchtung des
Menschen zweckmäßigste Körperform und Lebensweise an-
geeignet haben.

Die wissenschaftliche Aufgabe der Naturgeschichte der Haustiere.

Die Naturgeschichte der Haustiere hat es mit zweierlei zu tun: einmal mit den zoologischen und Rassen-Merkmalen der Tierfamilien, welche in den Hausstand übergegangen sind; zweitens mit den Ursachen und Bedingungen der Rassenbildung.

Die Tiere, welche in den Hausstand übergegangen sind, haben, in Vergleich zu den ursprünglich wilden Formen und zu den nah verwandten noch im wilden Zustande lebenden Tieren, ihre Körperform im geringeren oder höheren Grade abgeändert. Die Abänderungen der geringeren Grade sind meistens die Folgen verschiedenartigen Klimas, während die hochgradigen, in den Organismus tiefer eingreifenden Abänderungen durch den Einfluß des Menschen zu stande kommen, der den Haustieren die, seinen wirtschaftlichen Zwecken entsprechende Lebensweise aufnötigt, und durch künstliche Züchtung ihre Körperform jenen Zwecken anpaßt.

Das Ziel der künstlichen Züchtung ist neue Rassen zu bilden, d. h. Tierformen, welche sich unter gleichartigen Lebensbedingungen beständig vererben. Je mehr sich aber die wirtschaftlichen Zwecke des Menschen erweitern, desto mannigfaltiger werden auch die diesen Zwecken dienenden Tierformen, beziehungsweise desto zahlreicher werden die Rassen der Haustiere. Die Rassenbildung steigt also mit der fortschreitenden Kultur des Menschen; insofern sich also die Naturgeschichte der Haustiere mit den Rassen derselben beschäftigt, bildet sie einen sehr wichtigen Abschnitt der Kulturgeschichte des Menschen.

Neben dieser kulturgeschichtlichen Bedeutung hat die Naturgeschichte der Haustiere auch eine rein naturwissenschaftliche Bedeutung: insofern sie nämlich aus der Natur des tierischen Organismus und aus dessen Beziehungen zur Außenwelt die Ursachen und Bedingungen ableitet, welche

eine auf dem Wege der künstlichen Züchtung erreichbare
Abänderung der ursprünglichen Körperformen, oder eine Veränderung der Rassenformen zur Folge haben.

Diese wissenschaftliche Seite der Naturgeschichte der
Haustiere ist freilich die noch am wenigsten ausgebildete. Bisher hat man das Gebiet derselben mehr zu praktischen
Zwecken, d. h. zur Verbreitung der Rassenkenntnisse für
die landwirtschaftliche Benützung der Haustiere, ausgebaut,
als mit Rücksicht auf die wissenschaftliche Erkenntnis der
möglichen Abänderungsfähigkeit (Variabilität) der Tierwelt.
Die Zoologen haben sich leider bisher nur in kleinster Zahl mit
der Naturgeschichte der Haustiere beschäftigt, unter ihnen
freilich Männer wie Isidor Geoffroy-Saint-Hilaire, Charles Darwin und Rütimeyer. Die wissenschaftliche Aus-
beutung der Naturgeschichte der Haustiere ist also noch
eine Aufgabe der Zukunft, wie mir scheint aber eine für die
wissenschaftliche Behandlung der gesamten Zoologie sehr
wichtige Aufgabe, insofern nämlich die Naturgeschichte der
Haustiere den experimentellen Teil derselben bildet.

An den gegenwärtig lebenden Tieren können wir nur
auf dem Wege der künstlichen Züchtung zu einer Erkenntnis der die Körperformen abändernden Ursachen gelangen. Daß der Weg der künstlichen Züchtung ein weit
kürzerer und für die wissenschaftliche Forschung bequemerer
ist als der der natürlichen Züchtung, liegt auf der Hand.
Daß der erstere den letzteren nicht vollständig ersetzen
kann, ist gewiß; der Weg der künstlichen Züchtung aber hat
für die zoologische Erkenntnis nur die Bedeutung des Ex-
perimentes, das die Naturwissenschaft ja auch nur anwendet,
um sich die Kräfte der Natur im Kleinen dienstbar zu machen,
wo sie es im Großen nicht kann.

Den großen Wegen und den bewunderungswürdigen Mitteln der natürlichen Züchtung haben wir nachzuforschen
auf dem Gebiete der Paläontologie. Was die Naturgeschichte der Haustiere oder die Wissenschaft von der künst-

lichen Züchtung für die zoologische Erkenntnis im Kleinen
leistet, das leistet die Paläontologie im Großen. Insofern
die letztere als Wissenschaft von der natürlichen Züchtung angesehen werden darf, bildet sie zugleich die wissenschaftliche Grundlage der Naturgeschichte der Haustiere.

I. Die Säugetiere des Hausstandes.

Gruppe der Huftiere (Ungulata).

Paläontologische und anatomische Entwicklung der Huftiere.

Mit dem Namen der „Huftiere" belegt man eine Gruppe von Säugetieren, welche vor allem dadurch ausgezeichnet ist, daß das den Boden berührende Zehenglied von einem Hornschuh — dem Huf — umschlossen ist. Außerdem besitzen die Huftiere folgende, gemeinsame Kennzeichen: ihr Schädel ist in der Sagittalaxe ausgedehnt und namentlich der Gesichtsteil desselben ist verlängert; ihre Backenzähne sind schmelzfaltig und mit einer höckerigen Oberfläche versehen, die beim Gebrauche abgerieben wird. Die Zahl der Zehen ist entweder unpaarig (5, 3, 1), oder paarig (4, 2), und man unterscheidet demnach Unpaarhufer (Perissodactyla seu Imparidigitata) und Paarhufer (Artiodactyla s. Paridigitata). Zu den Unpaarhufern gehören die gegenwärtig noch lebenden Familien der Elefanten*), der Nashorne, der Tapire und Pferde. Die Paarhufer umfassen gegenwärtig die Familien der Wiederkäuer, der Schweine und Flußpferde.

Die Gruppe der Huftiere, die gegenwärtig nur aus wenig

---

*) Die Zoologen pflegen die Elefanten als eine besondere Ordnung (der Rüsselträger, Proboscidea) von der Gruppe der Huftiere abzusondern.

Familien besteht, war zur Tertiärzeit*) unserer Erde die
formenreichste unter allen Gruppen und Ordnungen der
Säugetiere. Die Paläontologen nehmen an, daß die so verschiedenartigen Formen der Huftiere von einer gemeinsamen
Stammform abstammen, die wahrscheinlich der Kreidezeit
unserer Erde angehört. Diese Urungulaten der Kreidezeit, welche man sich als mit fünf gleichförmigen, von einem
Hornschuh umkleideten Zehen an jedem Fuße, mit einem
vollständigen Gebisse von 44 Zähnen und mit schmelzfal-
tigen Backenzähnen ausgestattet denkt, sind bis jetzt noch
nicht aufgefunden worden. Aber man kennt eine den vor-
ausgesetzten Urungulaten wahrscheinlich sehr nahe verwandte Familie von Huftieren, welche zu Anfang der Tertiärzeit gelebt hat und deren Knochenreste in den untersten
Schichten des Eocäns gefunden worden sind. Diese älteste
Familie der Huftiere, die gleichsam den Chorführer der
familienreichen Gruppe der Huftiere bildet, ist von dem
englischen Zoologen Owen „Coryphodon" genannt worden.

Der Coryphodon war nach O. C. Marsh durchschnittlich etwas größer als ein jetzt lebender Tapir, und er hatte
wahrscheinlich auch die Lebensweise der Tapire. Der Schädel des Coryphodon ist langgestreckt und namentlich im
Gesichtsteile sehr ausgedehnt; die Oberkiefer sind massiv

---

*) Die Tertiärformation folgt auf die Kreideformation unserer Erde.
Die Hauptschichten der Tertiärformation werden als Eozän, Miozän und
Pliozän unterschieden; das Eozän bildet die tiefste und älteste, das Pliozän
die oberflächliche und jüngste Schicht der Tertiärformation. Auf die Pliozän-
schicht folgt nach aufwärts die Diluvialschicht und endlich als jüngste
Erdschicht — die Alluvialschicht. Zu den Eozänbildungen gehört
u. a. der Grobkalk und der Gips des Pariser Beckens, die Flisch-Num-
muliten- und Braunkohlenformation; zu den Miozänbildungen rechnet
man u. a. die Molasse und die Nagelfluhformation; zu den Pliozänbil-
dungen gehört u. a. die Subapenninenformation, der Knochensand von
Eppelsheim bei Worms und von Pikermi bei Athen. Die Diluvialforma-
tion umfaßt u. a. die s. g. Gletscherzeit und die Lößbildungen; die Alluvialschicht besteht aus den Meeres- und Süßwasserbildungen der Neuzeit.

und hinter den Eckzähnen eingeschnürt; die Nasenbeine sind massiv und hinter den Eckzähnen eingeschnürt; die Nasenbeine sind vorn schlank, hinten breiter; die Zwischenkiefer sind vorn sehr breit, und die Nasenöffnung ist weit. Die Zahnformel des Coryphodon ist die folgende:

$$3 \quad 4 \quad 1 \quad 3 \ 3 \quad 1 \quad 4 \ 3$$
$$3 \quad 4 \quad 1 \quad 3 \ 3 \quad 1 \quad 4 \ 3$$

Der Coryphodon hat also in beiden Kiefern jederseits je 3 Schneidezähne, 1 Eckzahn, 4 Vorbackzähne (praemolares) und 3 Backzähne (molares), zusammen 44 Zähne.

Die Schädelhöhle des Coryphodon ist vielleicht das auffallendste Merkmal dieser Familie, und sie beweist, daß das Gehirn*) auf einer sehr niederen Entwicklungsstufe stand; es war sehr klein wie bei allen eozänen Säugetieren, aber am bemerkenswertesten ist die geringe Größe der beiden Halbkugeln des großen Gehirnes und die Ausdehnung des kleinen Gehirnes. Die Riechlappen waren groß, sie lagen ganz vor dem großen Gehirn, und sie waren nur wenig kleiner als dieses. Die eiförmigen Großhirnlappen waren im Querdurchmesser nur wenig größer als die Hinterhauptsöffnung für das verlängerte Mark; dagegen war das Kleinhirn nahezu oder von gleicher Größe wie das Großhirn, hierin wie auch in seiner Form weit abweichend von irgend einem jetzt lebenden Säugetiere. Die Öffnungen für die Sehnerven sind klein, die der übrigen Nerven aber sehr groß.

Die Beine des Coryphodon sind verhältnismäßig kurz. Das Schulterblatt ist oben zugespitzt. Das untere Ende des Oberarmknochens ist von vorn nach hinten abgeplattet, und die ulnare Seite der Gelenkfläche ragt mehr hervor als die radiale; das untere Ende des Radius ist größer als das des Ellenbogenbeines. Der Oberschenkelknochen zeigt einen den Unpaarhufern eigentümlichen dritten (unteren) Trochan-

---

*) Marsh hat die Form des Gehirnes durch einen Gipsabguß der Schädelhöhle dargestellt.

ter*). Das Schienbein, in seiner natürlichen Lage, liegt nicht in gleicher Linie mit dem Oberschenkelknochen wie beim Elefanten, sondern es bildet einen mäßigen Winkel mit demselben. Das Wadenbein ist unverkümmert und sein unteres Ende gelenkt mit beiden oberen Fußwurzelknochen (dem Rollbeine und dem Fersenbeine).

Die Vorder- und Hinterfüße des Coryphodon haben je fünf kurze Zehen. Die Fußwurzelknochen sind verhältnismäßig kurz (in der Längsachse des Fußes gemessen) und ihre untere (distale) Reihe trägt stark gekrümmte (konvexe) Gelenkflächen für die Mittelfußknochen, was eine große Beweglichkeit anzeigt. Auch die Gelenkflächen der Mittelfuß- und Zehenknochen lassen eine große Beweglichkeit des Fußes erkennen. Die letzten, den Boden berührenden Zehenglieder sind seitlich verbreitert zur Stütze für den Huf.

Eine eingehende Betrachtung der Merkmale des Coryphodon zeigt eine große Ähnlichkeit mit den Formen der Unpaarhufer. Nur die fünfzehigen Füße des Coryphodon bilden einen wesentlichen Unterschied von den gegenwärtig noch lebenden Unpaarhufern. Aber die vorwiegende Entwicklung des dritten Zehes und die unverkennbare Verkümmerung des ersten und fünften Zehes an den Füßen von Coryphodon weist schon auf die dreizehigen Füße des Rhinozeros, des Tapires und der miozänen Vorfahren des jetzt lebenden Pferdes hin; das letztere hat im Verlaufe der Pliozänperiode auch den zweiten und vierten Zeh eingebüßt, und es stützt sich allein auf den dritten Zeh, der auch bei seinen unpaarhufigen Verwandten vorwiegend entwickelt ist und schon am Fuße des Coryphodon stärker als die übrigen Zehen erscheint.

Die Nachkommen des Coryphodon gehen in den eocänen

---

*) Der dritte oder untere Trochanter (Umdreher) ist eine Knochenhervorragung an der äußeren Seite des Oberschenkels, der den auswärts drehenden Muskeln zum Ansatze dient; er ist bei der Pferdefamilie am stärksten entwickelt.

Schichten der Tertiärformation in drei Linien*) auseinander.
Die nächstverwandte Linie führt uns zu den Vorfahren der
Rüsselträger, eine zweite nahverwandte Linie zu denen
der Pferde, und eine dritte zu den Vorfahren der
Schweine. Es ist wohl kaum zweifelhaft, daß auch die
Familien der Wiederkäuer von Coryphodon abstammen, doch
tritt die unmittelbare Verwandtschaft hier bisher weniger
klar zu Tage als bei den übrigen Seitenlinien der Huftiere.

Von Unpaarhufern sind in den Tertiärschichten unserer Erde bisher mindestens acht Familien aufgefunden
worden, nämlich die Familie des Brontotherium, welche,
der Seitenlinie der Proboscidier zunächst stehend, in der
Miozänzeit in zahlreichen Formen vertreten war, die aber
die Pliozänzeit nicht überdauerte; ferner die Familien der
altweltlichen Nashorne, und die beiden Familien der
neuweltlichen Nashorne (des gehörnten und des ungehörnten), welche beide zu Anfang der Pliozänzeit ausstarben; dann die Familien der neuweltlichen und altweltlichen Tapire, die beide bis zur Neuzeit sich entwickelten; dann die Familie der altweltlichen Palaeotheriden, welche in den Pferden der alten Welt die Neuzeit erreichten, und endlich die formenreiche Familie der
neuweltlichen Pferde, welche ebenfalls bis zur Neuzeit
sich entwickelten.

Die in der alten Welt in zahlreichen Formen vertretene
Familie der Palaeotheriden galt bis zur Entdeckung der
eozänen Huftiere Nordamerikas und namentlich des Coryphodon, für die älteste Familie der Huftiere, ja sogar für
den ältesten Vertreter der höheren Säugetiere.**) Sie wur-

---

*) Den Stammbaum der Huftiere auf Tab. I (Seite 30 u. 31) hat
Wilkens nach den Forschungen von Kowalewsky und Marsh zusammengestellt.

**) In der alten Welt waren in der der Kreidezeit vorhergehenden
Jura-Periode, und zwar in den Purbeckschichten von Dorsetshire, einige
Knochenreste von Beuteltieren aufgefunden, welche der niedersten Ord-
nung der Säugetiere angehören.

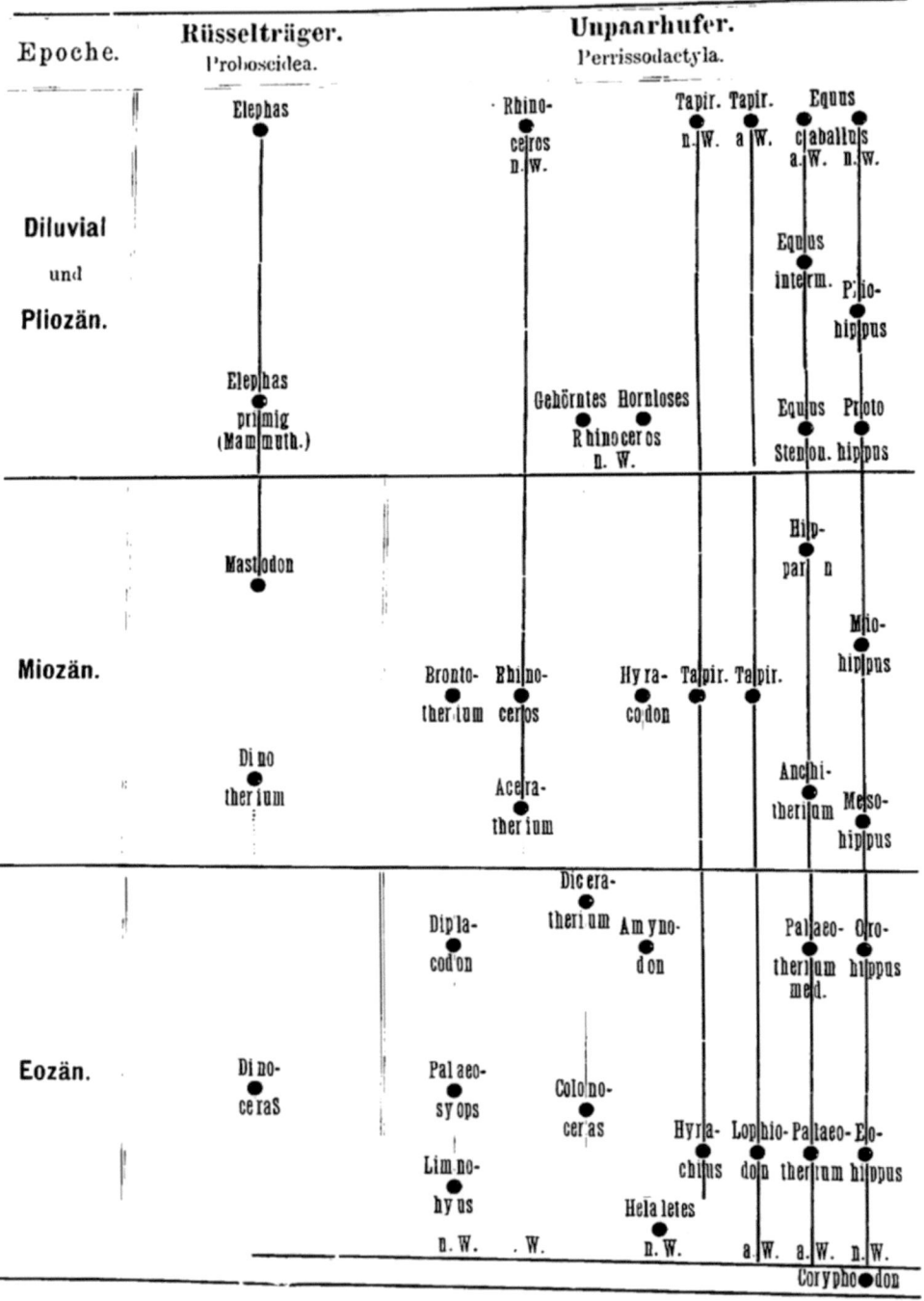

Tab. I. Stammbaum

| Epoche. | Rüsselträger.
Proboscidea. | Unpaarhufer.
Perrissodactyla. |

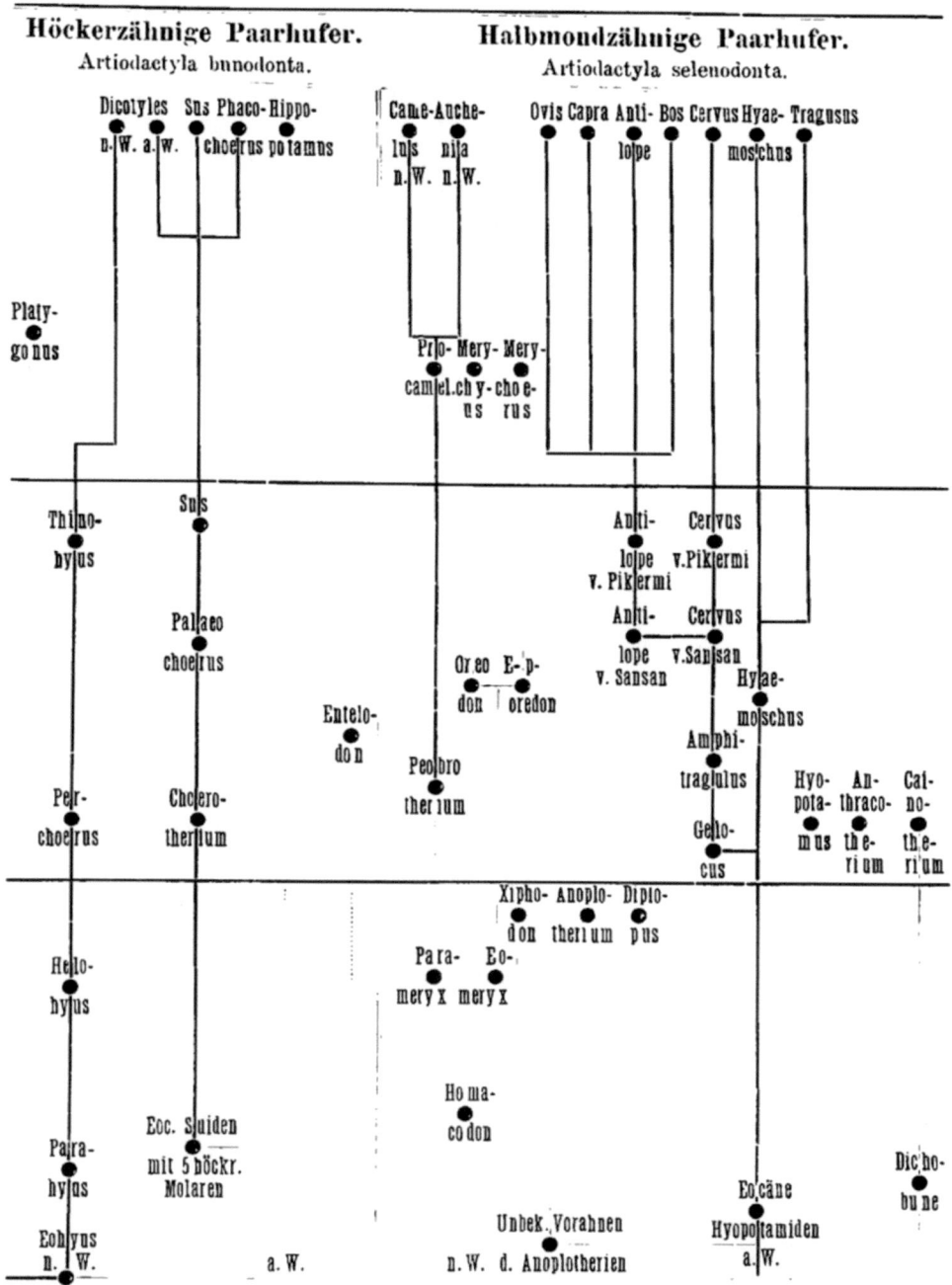

haben, die dünnen Linien — welche die Neuzeit nicht erreicht haben, die punktierten Linien — die wahrscheinlichen Geschlechtsfolgen, deren Mittelglieder noch unbekannt sind. Die Abkürzungen n. W. und a. W. bezeichnen die neuweltlichen und altweltlichen Tiere.

den von G. Cuvier in dem der eozänen Schicht angehörenden
Gips vom Montmartre aufgefunden, aber ihre Vorfahren sind
bis jetzt unbekannt geblieben. Ob und in welchem Grade
sie mit dem, zuerst von Owen und Hebert in den zu den
untersten Eozänschichten gehörenden plastischen Tonen und
Ligniten des Pariser und Londoner Beckens, dann in den
westlichen Territorien Nordamerikas aufgefundenen Coryphodon verwandt sind, ist zweifelhaft; wenigstens kennt man
keine Zwischenglieder zwischen dem fünfzehigen Coryphodon
und dem dreizehigen Palaeotherium.

Die Familie der Paläotheriden umfaßt verschiedenartige Formen, deren Größe, je nach der Art, zwischen der
eines Pferdes und eines Hasen schwankt. Ihre Figur gleicht
am meisten der der heutigen Tapire und sie zeichnen sich,
wie dieser, durch wohl entwickelte Nasenbeine und weite
Nasenhöhlen aus, was auf das Vorhandensein eines kurzen
beweglichen Rüssels deutet. Schneide- und Eckzähne entsprechen in Größe und Form so ziemlich denen des Tapirs,
dagegen sind die Backenzähne sehr verschieden und mehr
denen des Nashornes ähnlich. Auch im Bau der Füße unterscheidet sich Palaeotherium dadurch vom Tapir, daß er vorn
und hinten drei huftragende Zehen besitzt, während der Tapir
am Vorderfuße vier Zehen hat.

Außer jener klassischen Fundstätte — dem Gips vom
Montmartre — haben die Tonerzlager (z. B. bei Frohnstetten
in Schwaben, bei Gösgen im Kanton Solothurn, bei Delsberg
im Kanton Bern, bei Maurmont im Kanton Waadt) und die
eozänen Ligniten (z. B. von Vaucluse) zahlreiche Knochen
der Paläotheriden geliefert.

Als Nachkomme der Paläotheriden, insbesondere des Palaeotherium medium, gilt das altweltliche Anchitherium,
welches schlanker gebaut und hochbeiniger erscheint, dessen
Gebiß aber dem des genannten Palaeotherium noch sehr
ähnlich ist; dagegen ist die Fußbildung verschieden: beim
Anchitherium sind die beiden Nebenzehen schwächer ent-

wickelt als beim Palaeotherium, und sie berührten wohl nur mit den Zehenspitzen den Boden, so daß das Anchitherium sich nur auf den mittleren oder dritten Zehen stützen konnte. Das Anchitherium gehört der unteren und mittleren Miozän-schicht an und es ist u. a. gefunden worden in Sansan im

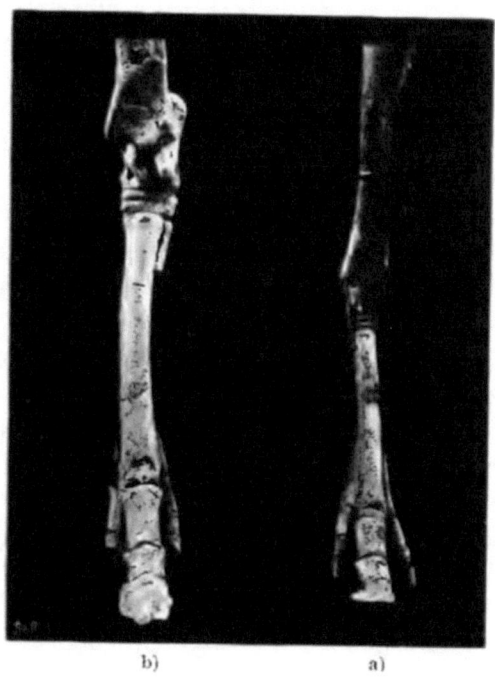

b)   a)

Fig. 2.   Hinterextremitäten von a) Anchitherium Aurelianense Cuv. aus Sansan (Gers); b) Hipparion gracile Kaup. aus Pikermi.

(Museum in Paris. Originalaufnahme.)

französischen Departement Gers und im miozänen Sande von Orleans; in Nordamerika fand man nur wenige Knochen vom Anchitherium in den miozänen Schichten von Oregon und Nebraska.

Ein unmittelbarer Nachkomme des Anchitherium ist das Hipparion, dessen Knochen in den oberen Schichten des

Miozäns, zahlreich namentlich in Pikermi bei Athen, ausgegraben wurden. Die Figur des Hipparion ähnelt etwa einem jetzt lebenden Zebra, das Gebiß aber steht dem heutigen Pferde näher als dem Anchitherium, und der Fuß ist dreizehig, doch sind die beiden äußeren Zehen verkümmert; sie konnten den Boden nicht mehr erreichen und hatten nur den Charakter von Afterklauen. Das Hipparion endlich geht durch das pliozäne Equus fossilis, Rütimeyer (Equus Stenonis, Cocchi), in die Form der jetzt lebenden Pferde über, die schon in den jüngeren europäischen Pfahlbauten zahlreich vertreten waren; dagegen fehlten die Pferde den älteren europäischen Pfahlbauten der sogenannten Steinzeit.

Der Stammbaum unserer Pferde, den wir bis auf das Eozän zurückgeführt haben, zeigt in den fossilen Fundstätten der alten Welt noch manche Lücken. Weit vollständiger dagegen ist die paläontologische Geschichte der pferdeartigen Tiere in Nordamerika aufgeklärt worden, namentlich durch Marsh, dessen Darstellung wir hier folgen wollen.

Der älteste Vertreter des Pferdes, soweit jetzt bekannt, ist der kleine Eohippus vom unteren Eozän. Verschiedene Arten desselben sind gefunden worden, alle ungefähr von der Größe eines Fuchses. Gleich den meisten der frühzeitigen Säugetiere, besaßen diese Huftiere vierundvierzig Zähne, die Molaren mit kurzen Kronen und von gänzlich verschiedener Form von den Prämolaren. Das Ellenbogenbein und die Speiche des Unterarmes sind unverkümmert und nicht verwachsen, und am Vorderfuße sind vier wohl entwickelte Zehen und der Rest eines fünften (des ersten), und drei Zehen am Hinterfuße (wie beim Tapir). In der Struktur der Füße und der Zähne zeigt der Eohippus unverkennbar an: daß die direkte Ahnenlinie des jetztzeitigen Pferdes sich bereits von den andern Unpaarhufern getrennt hat. In der nächst höheren Abteilung des Eozäns tritt eine andere Gattung (Orohippus) in Erscheinung, Eohippus ersetzend; sie zeigt eine größere, obwohl noch entfernte Ähnlichkeit mit dem Pferdetypus.

Der verkümmerte erste Zeh des Vorderfußes ist verschwunden, und der letzte Prämolarzahn gleicht den Molarzähnen. Orohippus erscheint nur wenig größer als Eohippus, und er ist ihm in den meisten anderen Formverhältnissen sehr ähnlich. Mehrere Arten des ersteren sind in der nämlichen Schicht mit Dinoceras gefunden worden, und andere lebten mit Diplacodon gemeinschaftlich, während der oberen Eozänbildung, aber nicht später.

Nahe der Basis des Miozäns, in den Brontotherium-Lagern, finden wir eine dritte nahe verwandte Gattung, Mesohippus, welche ungefähr so groß wie ein Schaf erscheint und dem Pferde um eine Stufe näher steht. Sie besitzt nur drei Zehen und einen verkümmerten Knochensplitter am Vorderfuße und drei Zehen am Hinterfuße. Zwei der Prämolarzähne sind ganz ähnlich den Molarzähnen. Das Ellenbogenbein verläuft nicht mehr einzeln und das Wadenbein ist nicht mehr ganz, und andere Merkmale zeigen deutlich, daß die Umwandlung vorgeschritten ist. Im oberen Miozän ist Mesohippus nicht mehr gefunden worden, sondern an seiner Stelle setzt eine vierte Form, Miohippus, die Linie fort. Diese Gattung steht nahe dem Anchitherium Europas, sie zeigt aber mehrere wichtige Unterschiede. Die drei Zehen an jedem Fuße sind beinahe von gleicher Größe, und ein Rest des fünften Mittelfußknochens ist noch zurückgeblieben. Alle bekannten Arten dieser Gattung sind größer als diejenigen von Mesohippus, und keine geht über das Miozän hinaus.

Die Gattung Protohippus des unteren Pliozäns ist noch mehr pferdeartig, und einige ihrer Arten gleichen dem Esel an Größe. Sie besaß noch drei Zehen an jedem Fuße, aber nur der mittlere, entsprechend dem einzigen Zeh des Pferdes, berührte den Boden. Diese Gattung erscheint dem europäischen Hipparion sehr ähnlich. Im mittleren Pliozän erreichen wir die letzte Stufe — vor dem Erscheinen des heutigen Pferdes — in der Gattung Pliohippus, welche schon

die kleinen Afterhufe verloren hat und auch in anderer Beziehung sehr pferdeähnlich ist. Erst im oberen Pliozän erscheint das eigentliche Pferd (Equus), die Geschlechtsfolge des Pferdes vervollständigend; es streift in der nachtertiären Periode in ganz Nord- und Südamerika umher, stirbt
aber bald nachher aus. Dies geschah lange vor der Entdeckung der neuen Welt durch die Europäer; ein befriedigen-
der Grund ist für dieses Aussterben bisher nicht angegeben
worden. Außer den erwähnten Merkmalen gibt es noch

Fig. 3.   Hipparion gracile Kaup.   Schädel von Pikermi.
(Museum in Paris.   Originalaufnahme.)

manche andere im Skelet und Schädel, in den Zähnen und
im Gehirn der vierzig oder mehr dazwischen kommenden
Arten, welche zeigen: daß der Übergang vom eozänen Eohippus bis zum jetztzeitigen Pferde in der angegebenen
Reihenfolge stattgefunden hat — was die in New-
Haven befindlichen Musterstücke jedem Anatomen beweisen
können.

Von den zahlreichen Formen der Unpaarhufer, welche
zur Eozän- und Miozänzeit auf der Erde lebten, sehen wir
also nur drei Familien (nämlich die des altweltlichen Nashornes, des Tapirs und des Pferdes) die Neuzeit erreichen;

alle übrigen Familien der Unpaarhufer sind untergegangen. Diese auffallende Erscheinung drängt uns zu der Frage: welchen Vorgängen in ihrer Organisation verdanken jene drei, aus einer großen Zahl untergegangener Formen übrig gebliebenen Familien ihre heutige Existenz? Wir dürfen nicht zweifeln, daß die Nashorne, die Tapire und die Pferde mit gewissen organischen Vorzügen ausgestattet waren, wodurch sie befähigt wurden den Kampf ums Dasein zu bestehen und jenen untergegangenen Formen gegenüber als Sieger sich zu behaupten.

Wenn wir unsere Aufmerksamkeit lenken auf diejenigen Knochen, welche in den fossilen Lagern zumeist und im wenigst beschädigten Zustande aufbewahrt sind, nämlich auf das Gebiß und auf die Fußknochen, so erkennen wir, daß alle diejenigen Familien, welche die den Pflanzenfressern eigentümliche Form des Gebisses erworben, sowie die Zahl ihrer Zehen vereinfacht haben, dem Untergange entgangen sind; diejenigen Familien aber, welche jene für die leichtere Ernährung und für die kraftersparende Bewegung günstigen Formen sich nicht erworben haben, sind untergegangen.

Diese für die Ernährung und die Bewegung günstigsten Bedingungen hat sich eigentlich nur eine einzige Familie der Unpaarhufer vollständig erworben, nämlich die des Pferdes. Die Nashorne und Tapire existieren gegenwärtig nur noch in geringer Zahl von Individuen, und sie verdanken ihr heutiges Dasein nur besonders günstigen örtlichen Verhältnissen, d. h. sie fristen ihr Leben an abgelegenen Sümpfen und in feuchten Niederungen, welche den meisten Tieren, die mit ihnen in den Kampf ums Dasein treten könnten, unzugänglich sind. Wir können daher auch die Nashorne und Tapire als aussterbende Familien betrachten, so daß nur allein das Pferd unter allen Unpaarhufern im Kampfe ums Dasein als Sieger hervorgegangen ist.

In der Geschlechtsfolge der altweltlichen Pferde sehen

wir den Fuß sich immer mehr vereinfachen.*) Der dreizehige
Fuß des Palaeotherium kehrt zwar noch wieder beim Anchitherium; aber hier ist der mittlere (dritte) Zeh viel stärker
entwickelt, und er trägt fast allein die Last des Körpers;
der zweite und vierte Zeh bildet nur unvollkommene Stützen.
Beim Hipparion vergrößert sich der mittlere Zeh noch mehr
und der zweite und vierte Zeh hat nur die Bedeutung von
Afterklauen. Beim heutigen Pferde verschwinden auch diese
Afterklauen und nur die zu ihnen gehörigen Mittelfußknochen
bleiben als dünne und funktionslose Knochensplitter erhalten; das heutige Pferd stützt sich ganz allein auf den
übrig gebliebenen mittleren (dritten) Zeh. Mit dieser Vereinfachung des Fußes geht Hand in Hand eine mechanisch
bessere Verbindung des Mittelfußes mit den Fußwurzelknochen. Der mittlere Mittelfußknochen des Pferdes, welcher den mittleren Zeh trägt, verbindet sich nicht nur mit
dem im Verlaufe der paläontologischen Entwickelung breiter gewordenen mittleren Fußwurzelknochen der unteren
(distalen) Reihe (dem os magnum am Vorderfuße, dem os
cuneiforme III am Hinterfuße), sondern auch mit dem lateralen Fußwurzelknochen derselben Reihe; es ist also beim
Pferde, ebenso wie beim Hipparion, das günstigste mechanische Verhältnis hergestellt für die Verbindung des Fußes
mit dem Unterarme und dem Unterschenkel.

Betrachten wir dagegen die Verbindung der Mittelfuß-
und Fußwurzelknochen bei den dreizehigen Unpaarhufern,
so sehen wir, daß jeder Mittelfußknochen für sich einen
Fußwurzelknochen in Anspruch nimmt, eine Verbindungs-

---

*) Unter „Vereinfachung“ oder „Reduktion“ einer Extremität ver-
steht man einen Vorgang, durch welchen die Zahl der Zehen vermindert
wird, so daß also eine fünf- oder vierzehiger Fuß sich durch Verschmel-
zung oder Verlust der Mittelfußknochen in einen ein- oder zweizehigen
umwandelt. Auf diesen Vorgang hat W. Kowalevsky (Palaeontographica XXII S. 154) zuerst aufmerksam gemacht.

weise, welche für die Verfugung von Mittelfuß und Fußwurzel nicht so günstig ist.

Dazu kommt, daß eine größere Zahl von Zehen auch
einen größeren Aufwand von Ernährung erfordert; jeder Zeh
hat seine besonderen Muskeln, seine besonderen Nerven und
Blutgefäße, und alle diese Organe bedürfen der Blutzufuhr
zu ihrer Ernährung. Ein einziger Zeh an jedem Fuße erspart
also gegenüber einem dreizehigen Fuße um mindestens die
Hälfte an Ernährungsmaterial.

Wir wollen nunmehr den Stammbaum der Paarhufer
in Betracht ziehen.

Die Paarhufer werden nach dem Vorgange von Wolde-
mar Kowalevsky eingeteilt in die höckerzähnigen Paarhufer (Paridigitata bunodonta), welche die Unterordnung der
schweineartigen Tiere bildet, und in die halbmondzähnigen Paarhufer (Paridigitata selenodonta), welche die
Unterordnung der Wiederkäuer umfaßt.

Wenden wir uns zunächst zu den höckerzähnigen
Paarhufern der nordamerikanischen Tertiärschichten, so
finden wir wiederum einen zuverlässigen Führer in Marsh.
Derselbe erklärt den Typus der höckerzähnigen Paarhufer für
den älteren; er mußte sich von der Linie der Unpaarhufer
abgesondert haben, nachdem die letzteren sich von den primitiven Huftieren getrennt hatten.

In den Coryphodon-Lagern von Neu-Mexiko kommt der
älteste bisher noch gefundene Paarhufer vor, der aber gegenwärtig nur aus fragmentarischen Musterstücken bekannt ist.
Diese Überbleibsel zeigen die deutlichen Merkmale des
Schweines und sie gehören der Gattung Eohyus an. In den
Lagern darüber, und möglicherweise in demselben Horizont,
ist die Gattung Helohyus nicht selten, und es sind verschiedene Arten davon bekannt. Die Molarzähne dieser Gattung sind sehr ähnlich denjenigen des eozänen Hyraco-
rium in Europa, das als Unpaarhufer angesehen wird, während Helohyus gewiß nicht dazu gehört, sondern augenschein-

lich ein wahrer geradliniger Vorfahr der gegenwärtig lebenden Schweine ist. In jedem lebenskräftigen Urtypus, sagt
Marsh, welcher bestimmt war, mehrere geologische Um-
wälzungen zu überleben, scheint ein Bestreben gewesen zu
sein, Seitenzweige zu treiben, die sich hoch spezialisieren
und bald aussterben, weil sie unfähig sind, sich neuen Bedingungen anzupassen. Der enge Pfad des ausdauernden
Schweine-Typus ist durch die ganze Tertiärzeit hindurch be-
streut mit den Überbleibseln solcher aufstrebenden Spröß-
linge, während das typische Schwein mit einer niemals ein-
gebüßten Starrheit sich erhalten hat in dem Wirrsal der Um-
wälzungen und Entwickelungen und noch heutigen Tages
in Amerika lebt.

In dem unteren Eozän haben wir in der Gattung Parahyus augenscheinlich eine dieser kurzlebenden spezialisierten
Seitenzweige. Dieses Tier erlangte eine viel größere Figur
als die Hauptlinie, und die Zahl seiner Zähne war vermindert.
In den Dinoceras-Lagern, oder im mittleren Eozän, haben
wir noch einen Vertreter nahe der Hauptlinie in Helohyus,
welcher bekannt ist als der letzte in der Reihe im amerikanischen Eozän. Alle diese alten Suiden (schweineartigen
Tiere), mit der wahrscheinlichen Ausnahme von Parahyus,
scheinen zuletzt vier Zehen gehabt zu haben, alle von brauch-
barer Größe.

In dem unteren Miozän finden wir die Gattung Perchoe-
rus, anscheinend ein echter Schweinetypus, und mit ihr
reichliche Überbleibsel einer größeren Form, des Elothe-
rium. Letztere Gattung kommt in Europa nahezu in demselben Horizont vor, und die bekannten Musterstücke von
beiden Kontinenten stimmen in den Hauptmerkmalen genau
überein. Diese Gattung ist ein anderes Beispiel des bereits
erwähnten abweichenden Sprosses des Schweinetypus. Einige
der Art waren nahezu so groß wie ein Nashorn, alle aber
hatten nur zwei den Boden berührende Zehen; die beiden
äußeren Zehen waren, wie bei den jetzt lebenden Schweinen,

nur vertreten durch kleine unter der Haut verborgene Stummel (Afterklauen). In den oberen Miozän von Oregon sind Suiden häufig, und größtenteils gehören sie zu der Gattung Thinohyus, ein naher Verwandter des jetztlebenden Pekari (Dicotyles), nur daß jener eine größere Zahl von Zähnen und einige andere unterscheidbare Merkmale hat. Im Pliozän sind schweineartige Tiere zahlreich, und alle bis jetzt entdeckten amerikanischen Formen sind nahe verwandt mit Dicotyles. Die Gattung Platygonus ist durch mehrere Arten vertreten, von welchen eine in den nachtertiären Schichten von Nord-Amerika sehr zahlreich ist; sie ist augenscheinlich das letzte Beispiel eines Seitenzweiges, bevor die amerikanischen Suiden ihren Höhepunkt in den jetztlebenden Pekaris erreichen. Die Füße dieser Art sind mehr spezialisiert als bei den lebenden Formen, und sie nähern sich einigen der eigentümlichen Charaktere der Wiederkäuer: so zum Beispiel durch eine starke Tendenz die Mittelfußknochen zu verschmelzen. Die Gattung Platygonus starb in der nachtertiären Zeit aus, und die späteren, sowie die noch jetzt lebenden Arten sind sämtlich echte Pekaris. Von den Gattungen des echten Schweines (Sus), des Hirschebers (Porcus), des Warzenschweines (Phacochoerus) und des verwandten Flußpferdes (Hippopotamus) — den altweltlichen Suiden — sind keine unzweifelhaften Überbleibsel in Amerika gefunden, obgleich einige darauf bezügliche Mitteilungen gemacht worden sind.

Die höckerzähnigen Paarhufer der alten Welt sind in weit spärlicheren fossilen Resten vertreten. Nach W. Kowalevsky sind in Mauremont*) einzelne Zähne und ganze Kieferstücke gefunden worden, welche einen unzweifelhaften Schweinecharakter an sich tragen; Skelettstücke aber von schweineartigen Tieren sind in Mauremont nicht aufge-

---

*) Die fossile Fauna von Mauremont (bei la Sarraz im Kanton Waadt) ist die älteste, welche wir in Europa kennen, und sie enthält Reste von Tieren, die auch im Londonton, d. h. im unteren Eozän vorkommen.

deckt worden. Kowalevsky erkennt in den erwähnten Resten
von Mauremont den Beweis: daß die Teilung der Paarhufer
in Bunodonta und Selenodonta schon im untersten Eozän erfolgt war, und er meint, daß die erhebliche Zahl der Gattungen mit sehr dicklobigen Molaren (Dichobune, Choeropotamen, Rhagaterien), welche in Ablagerungen dieser Periode sich finden und als intermediäre Gattungen zwischen
den beiden Hauptgruppen zu betrachten seien, uns be-
zeugen, daß wir nicht sehr weit von der Teilungsstelle entfernt sind.

So mangelhaft aber auch alle in Europa gefundenen
fossilen Reste höckerzähniger Paarhufer sind, so glaubt Kowalevsky doch: daß aus ihnen nichtsdestoweniger deutlich
hervorgehe, daß wir schon im Eozän zwei oder auch mehr
ganz unzweifelhafte schweineartige Gattungen antreffen,
welche sämtlich als vierzehig vorauszusetzen seien, und daß
ihre Extremitäten nach dem Typus der allen Paarhufern
gemein ist, angelegt waren — als solchen Typus betrachtet
Kowalevsky die Extremität des noch heute lebenden Hippopotamus.

Als nächsten Nachkommen der eozänen Suiden erkennt
Kowalevsky das untermiozäne Choerotherium, welchem im
Obermiozän Palaeochoerus und Sus folgte. Das echte Schwein
lebte also nach Kowalevsky schon in der Obermiozän-Periode,
und es trieb aus dieser Hauptlinie zwei Seitenzweige, welche
in Phacochoerus (Warzenschwein) und Dicotyles (Pekari)
gipfeln. Als eine Seitenlinie der in den letzterwähnten Suiden
endenden Hauptlinie betrachtet Kowalevsky die des heute
noch lebenden Flußpferdes (Hippopotamus), dessen Herkunft aber dunkel bleibt. Ebenso dunkel ist die paläontologische Entwickelung des Entelodon, eines schweineartigen Tieres, welches im unteren oder mittleren Miozän aus-
starb. Das Entelodon ist übrigens nach Kowalevsky die einzige schweineartige Seitenlinie, welche die Neuzeit nicht
erreichte, und der genannte Forscher erklärt den Untergang

derselben teilweise durch die ungünstigen mechanischen Verhältnisse seiner Extremitäten, während die Hauptlinie der
Suiden die Neuzeit erreicht hat, weil die Extremitäten ihrer
Angehörigen, durch bessere Anpassung des Mittelfußes an
die Fußwurzel, sich günstigere Bedingungen für die Beweglichkeit des Fußes erworben haben.

Die zweite Unterordnung der Paarhufer, die halbmondzähnigen oder die Selenodonten, welche in den heutigen
Wiederkäuern gipfeln, ist in der alten Welt durch zahl-
reichere Formen vertreten als in Nord-Amerika; wir wollen
aber doch des letzteren fossile Fauna zuerst berücksichtigen,
weil sie anscheinend die ältere ist, und wir folgen auch
hier der Darstellung von Marsh.

Soweit jetzt bekannt, erschienen die Selenodonten zuerst im Obereozän des Westens, wenn schon augenschein-
liche Untergangsformen zwischen ihnen und den Bunodonten
in den Dinoceras-Lagern des mittleren Eozäns vorkommen.
Diese gehören der Gattung Homacodon an, welche sehr
nahe verwandt ist mit Helohyus und nur als ein vereinzelter
Schritt erscheint in der Richtung zu den Selenodonten. Durch
eine glückliche Entdeckung ist ein nahezu vollständiges Skelett dieser seltenen Zwischenform zutage gefördert worden; wir sind daher imstande, seine Merkmale zu bezeichnen.
Mehrere Arten des Homacodon sind bekannt, alle von geringer Größe. Dieser Ur-Selenodont hat vierundvierzig
Zähne, welche eine nahezu geschlossene Reihe bilden.

Die Molaren sind denen von Helohyus sehr ähnlich, aber
die Kegel auf den Kronen haben einen teilweise dreieckigen
Umriß bekommen, so daß, wenn sie abgerieben sind, das
Selenodonten-Modell leicht erkennbar ist. Der erste und
zweite obere Molar haben ferner drei vereinzelte hintere
und zwei vordere Spitzen, eine besondere Form, welche auch
bei den europäischen Gattungen Dichobune und Cainothe-
rium vorkommt. An jedem Fuße sind vier Zehen und die
Mittelfußknochen getrennt. Die typische Art dieser Gattung

erscheint ungefähr so groß wie eine Katze. Mit Helohyus
bildet diese Form eine wohl markierte Familie — die He-
lohyiden.

In dem Diplacodon-Horizont des oberen Eozäns ist das
Selenodonten-Gebiß, wie es bei den meisten in diesen Lagern
bisher gefundenen Paarhufern vorkommt, nicht mehr zweifelhaft. Diese Tiere sind alle klein, und sie gehören zu drei
verschiedenen Gattungen. Eine derselben (Eomeryx) gleicht
genau dem Homacodon, zumeist im Skelett; da sind vier
Zehen, aber die Zähne zeigen wohl markierte Halbmonde
und einen teilweisen Übergang zu den Hyopotamus-Zähnen
aus dem Eozän von Europa. Mit dieser Gattung ist eine
andere (Parameryx) auch nahe verwandt mit Homacodon,
aber offenbar ist sie ein Ausläufer der Hauptlinie, da sie nur
drei Zehen hinten hat. Der am meisten ausgesprochene
Selenodont im Obereozän ist der Oromeryx, der verwandt
zu sein scheint mit der jetzt lebenden Hirschfamilie (den
Cerviden); er ist der älteste bekannte Vertreter dieser
Gruppe.

In dem untersten Miozän des Westens sind keine echten
halbmondzähnigen Paarhufer beglaubigt worden, ausgenommen eine einzige Art von Hyopotamus; aber in den über-
liegenden Lagern des mittleren Miozäns kommen Überbleibsel der Oreodontiden in so beträchtlicher Anzahl vor, daß
sie uns schließen lassen: diese Tiere haben in großen Herden
an den Ufern der Seebecken gelebt, in welchen ihre Knochen
begraben worden sind. Diese Becken bilden jetzt die ent-
blößten Steppen im Territorium Dakota, welche von den
früheren französischen Ansiedlern als „Mauvaises Terres"
so treffend bezeichnet wurden. Die am spätesten speziali-
sierte und offenbar die älteste Gattung dieser Gruppe ist
Agriochoerus, welche dem älteren Hyopotamus und dem
noch älteren Eomeryx sehr ähnlich ist, so daß wir kaum
zweifeln können, daß sie alle zu derselben Stammlinie gehören. Die typischen Oneodonten sind die Gattungen Oreo-

don und Eporeodon, welche von Leidy passend als „wiederkauende Schweine" bezeichnet worden sind. Die echten Oreodons, welche sehr zahlreich waren im Osten der Felsengebirge, erscheinen ungefähr so groß wie die jetztlebenden Pekaris, während der nahezu zweimal so große Eporeodon sehr stark verbreitet ist in der Miozänschicht des Pacific-Abhanges.

In der folgenden Pliozän-Formation zu beiden Seiten der Felsengebirge ist die Gattung Merychyus eine der vorwiegenden Formen, und sie setzt die Linie aus dem Miozän fort, wo die echten Oreodons ausgestorben sind. Außer jenen haben wir die Gattung Merycochoerus, welche mit der letztgenannten so nahe verwandt ist, daß beide von mehreren Naturforschern vereinigt wurden. Mit dem Schluß der Pliozänperiode endet plötzlich diese Reihe der eigentümlichen Wiederkäuer; kein Glied derselben blieb, soweit bekannt, bis zur nachtertiären Zeit am Leben.

Eine sehr interessante Linie, die zu den Kamelen und Lamas leitet, trennte sich von dem Ur-Selenodonten-Zweig im Eozän, wahrscheinlich mittels der Gattung Parameryx. Im Miozän finden wir in Poebrotherium und einigen näher verwandten Formen unverkennbare Andeutungen: daß der Kameltypus sich bereits von den übrigen Wiederkäuern teilweise abgesondert hatte, obgleich letztere noch eine vollständige Reihe von Schneidezähnen haben und die Mittelfußknochen getrennt sind. Zur Pliozänzeit war die Familie der Kamele, nächst den Pferden, die am reichlichsten vertretene unter den großen Säugetieren. Die Linie ist fortgeführt durch die Gattung Procamelus und vielleicht noch durch andere; in dieser Periode begannen die Schneidezähne zuerst sich zu vermindern und die Mittelfußknochen sich zu verschmelzen. In der nachtertiären Periode kommt in Nord- und Süd-Amerika eine echte Gattung Auchenia vor, vertreten durch mehrere Arten, von welchen die Alpakas und Lamas jetzt noch am Leben sind. Von der Eozän- bis zur

gegenwärtigen Zeit ist also Nord-Amerika die Heimat zahlreicher Arten von Kameltieren, und es kann keinem Zweifel
unterliegen, daß diese von dort stammen und in die alte
Welt ausgewandert sind.*)

Wenn wir nunmehr zu dem Obereozän zurückkehren, so
finden wir eine andere Stammlinie, ausgehend von Oromeryx, welche, wie wir sahen, sich augenscheinlich von dem
älteren Bunodonten-Typus abgesondert hatte. Durch das
ganze mittlere und obere Miozän ist diese Linie fortgesetzt
durch die Gattung Leptomeryx und ihre nahen Verwandten,
welche so auffallend den pliozänen Hirschen ähneln, daß sie
vernünftigerweise als deren wahrscheinliche Vorahnen angesehen werden können. Möglicherweise können einige dieser
Formen in Beziehung gesetzt werden zu den Traguliden
(den Zwergmoschustieren), aber gegenwärtig spricht der
Augenschein dagegen.

Mehrere Arten von Hirschen, der Gattung Cosoryx an-
gehörend, sind bekannt aus dem unteren Pliozän des Westens;
sie haben alle sehr kleine Geweihe, welche sich in einem
einzigen Augensprossenpaar gabeln. Diese Urhirsche haben
die Augenhöhle hinten nicht geschlossen, und sie besitzen
vier getrennte Mittelfußknochen, obwohl der zweite und
fünfte sehr schlank ist. Im oberen Pliozän ist ein echter
Hirsch von bedeutender Größe entdeckt worden. Im Nachtertiär kommen Hirsch, Elen und Renntier miteinander vor;
das letztere weit südlicher von seiner gegenwärtigen Heimat.
In den Höhlen von Süd-Amerika sind Überreste von Hirschen
gefunden und auch zwei Arten von Antilopen, deren eine
einer neuen Gattung — Leptotherium — angehört.

Die hohlhörnigen Wiederkäuer in Nord-Amerika
scheinen nicht weiter rückwärts geführt werden zu können

---

*) In der alten Welt hat man tertiäre Kamelknochen bisher nur in
den ostindischen Siwalikhügeln gefunden. Die als tertiärer Vorfahre des
Kameles in Anspruch genommene Gattung Macrauchenia gehört als
dreizehiges Tier zu den Unpaarhufern.

als bis auf das untere Pliozän, und hier sind bisher nur zwei
Arten von Bison entdeckt. Im Nachtertiär war diese Gattung
durch zahlreiche Individuen und mehrere Arten vertreten,
einige von bedeutender Größe. Der Moschusochse (Ovi-
bos) war nicht selten während einiger Perioden dieser Epoche,
und seine Überreste sind weit verbreitet.

Unzweifelhafte Überreste von echten Schafen, Ziegen
oder Giraffen, sind bisher in Nord-Amerika nicht gefunden
worden.

Wenden wir uns nunmehr zu den fossilen Selenodonten
der alten Welt, insbesondere Europas, so erfahren wir aus
W. Kowalevskys „Versuch einer natürlichen Klassifikation
der fossilen Huftiere" folgendes:

Als eine der reichsten und zugleich der ältesten Familien, die wir im unteren Eozän antreffen, und die freilich
noch von Paarhufern der Kreideperiode abstammen muß,
können wir die Familie der Hyopotamiden (zu der Kowalevsky auch die Anthracotherien und die Choeropotamen
stellt) bezeichnen. Wir finden zahlreiche Vertreter dieser
Familie schon in der ältesten uns bekannten Fauna, in Mauremont (Kanton Waadt) und Egerkingen (Kanton Solothurn),
wobei die verschiedenen Arten so bedeutende Größenunter-
schiede aufweisen, wie wir sie kaum noch jetzt in der lebenden Natur finden. Die Hyopotamiden stellen sich dar als
eine Familie, welche in der Eozän- und Untermiozänzeit
ebenso reich und mannigfaltig entwickelt war wie die Wiederkäuer in der gegenwärtigen Periode. Zu dieser großen Familie gehören augenscheinlich die Hyopotamen, die Choeropotamen, die Anthracotherien und die Rhagathe-
rien. Alle vier zeigen eine große Übereinstimmung in ihrem
Zahnbau, der besonders dadurch ausgezeichnet ist, daß die
oberen Molaren aus fünf Loben oder Halbmonden bestehen,
von denen drei Loben auf der Vorder- und zwei auf der
Hinterhälfte des Zahnes sich befinden.

Die nächste Familie oder Gruppe der Selenodonten-Paar-

hufer, über deren Skelett wir genaue Kenntnisse besitzen,
sind die Anoplotheriden (wohin Kowalevsky die Anoplotherien, die Diplobune bavarica und Anisodon stellt). Über
die Abstammung des Anoplotherium sind wir gänzlich im
Dunkeln; die Rudimente des zweiten und fünften Zehes,
welche alle Anoplotheriden besitzen, zeigen, daß diese Form
von einer vierzehigen Gattung abstammt, die Stammform
ist uns aber gänzlich unbekannt. Viele Eigentümlichkeiten
im Skelett, die einfache Form der unteren Molaren, welche
aus ungeschlossenen Halbmonden bestehen und eine große
Ähnlichkeit mit Unpaarhufer-Molaren besitzen, zeigt, daß
dieser Zweig sehr alt ist, d. h. sehr nahe an der Teilungsstelle des Ungulatenstammes sich abgezweigt hat. Die
oberen Molaren sind fünflobig, wie fast bei allen eozänen und
miozänen Selenodonten. Die Extremitäten des Anoplotherium sind auf zwei Mittelzehen reduziert.

Bemerkenswert ist bei Anoplotherium, insbesondere bei
der gemeinen Art aus dem Pariser Gips, der lange, fast bis
zum Boden reichende Schwanz, der nach Cuviers Ansicht
das Tier zum Schwimmen und Tauchen vortrefflich befähigte.
Die verschiedenen Arten schwanken nach Zittel in ihrer
Größe zwischen Esel und Schwein, und sie finden sich nur
in Eozänschichten.

Man hat das Anoplotherium als ein Bindeglied zwischen
den Wiederkäuern und den Suiden aufgestellt. Aber Kowalevsky ist der Ansicht, daß Anoplotherium ein Seitenzweig
der Paarhufergruppe ist, der seinen Kulminationspunkt erreicht hat und spurlos verschwindet, ohne Nachfolger zu
hinterlassen. Nicht nur der Bau der Extremitäten und der
meisten Knochen des Skeletts, sondern auch der der Zähne,
erlauben es gar nicht, die Anoplotherien in irgend welche
direkte verwandtschaftliche Beziehungen mit den Wiederkäuern zu bringen.

Das Xiphodon stellt uns eine Form dar, welche sich
zwischen den eozänen Hyopotamiden und die Anoplotherien

einreiher. läßt. Die Xiphodonten weichen von den Anoplotherien durch die Form der Oberarmrolle und einige weitere Verschiedenheiten im Skelett ab. Besonders aber ist Xiphodon von den Anoplotherien durch den Bau der Zähne und namentlich der Molaren des Unterkiefers verschieden. Diese unteren Molaren haben absolut dieselbe Gestalt wie bei den

Fig. 4. Anoplotherium commune Cuv., aus dem Gypse von Paris. a) Vorderfuß.   b) Hinterfuß.
(Museum in Paris. Originalaufnahme.

Wiederkäuern, während sie bei den Anoplotherien ganz anders gebildet sind; sie stehen jedenfalls den Unterkiefermolaren des Hyopotamus näher als den der Anoplotherien. Die Prämolaren im Ober- und Unterkiefer sind sonderbar verlängert und sehr scharf, daher der Name.*)

---

*) Der Name Xiphodon ist zusammengesetzt aus ξίφος Degen und ὀδούς Zahn, also degenzähniges Tier.

Die Extremitäten sind zweizehig, mit Rudimenten von
zwei Seitenzehen (des 2. und 4.). Die einzelnen Knochen
haben nach Zittel außerordentliche Ähnlichkeit mit denen
der jetzigen Moschushirsche; gleichzeitig nähert sich die
Schädelform in mehrfacher Beziehung den Gazellen, mit
denen die Größe des Tieres auch ungefähr übereinzustimmen
scheint.

Nach Kowalevsky sterben sämtliche Seitenzweige der
eozänen Hyopotamiden, d. h. alle nicht angepaßten Verwandten derselben, im oberen Eozän aus, und nur die Hauptlinie, welche durch angepaßte Gattungen fortgesetzt wird,
erreicht schließlich die Neuzeit und gipfelt in den jetztlebenden Wiederkäuern. Die gerade Richtung dieser Hauptlinie setzt sich fort in Hyaemoschus, und sie treibt einen
Seitenzweig, der in dem heutigen Tragulus (Zwergmoschus-
tier) gipfelt. Aber schon früher, im untersten Miozän, zweigte
sich aus der Hauptlinie eine Seitenlinie ab, die mit Gelocus beginnt und in den heutigen geweihtragenden und hohlhörnigen Wiederkäuern endigt.

Kowalevsky hält den Gelocus für den ältesten Wiederkäuer, den wir kennen. Das Gebiß desselben, obwohl dem
der Traguliden nahestehend, unterscheidet sich doch durch
die größere Komplikation der unteren Prämolaren, die nicht
so schneidend sind und mehr an die Prämolaren der Hirsche
erinnern. Kowalevsky kennt nur zwei Schneidezähne des
Unterkiefers, im Oberkiefer sind schon keine Schneidezähne
vorhanden; das Tier hat somit ein echt wiederkäuerartiges
Gepräge angenommen. Wenden wir unsere Aufmerksamkeit
auf die Bildung der Extremitäten des Gelocus, so finden wir,
daß dieselben aus zwei im Alter schwach verwachsenen
Mittelfußknochen zusammengesetzt sind. Das obere Ende
des Mittelfußes ist vollständig an die untere Fläche der Fußwurzelknochen angepaßt; am Vorderfuße ist der mediale
Fußwurzelknochen der unteren Reihe (das Trapezoid) schon
mit dem mittleren der unteren Reihe (dem os magnum) ver-

wachsen, und der dritte Mittelfußknochen breitet sich auf diese beiden Knochen aus; dasselbe sehen wir an der Hinterfußwurzel, wo der mediale und mittlere Knochen der unteren Reihe (das os cuneiforme II. et III.) verwachsen ist und gemeinschaftlich den vergrößerten dritten Mittelfußknochen trägt. Die Cuneiformen sind, abweichend von den Traguliden, nicht mit dem zentralen Fußwurzelknochen (dem Naviculare) verwachsen, sondern sie zeigen dasselbe Verhältnis wie bei Hirschen. Das Naviculare ist schon mit dem Cuboid (dem lateralen Fußwurzelknochen der unteren Reihe) vereinigt, und es stellt mit ihm zusammen das bekannte cubonaviculare der Wiederkäuer dar. Die unteren Enden der zwei verwachsenen Mittelfußknochen sind vorn ganz glatt, d. h. die Rolle für die Gelenkverbindungen mit den ersten Phalangen bleibt noch auf den hinteren Umfang beschränkt, wie bei den Hyopotamen und Traguliden, und sie umringt nicht das ganze untere Gelenkende, wie es bei allen späteren und auch heutigen Wiederkäuern der Fall ist.

Kowalevsky sieht in dem Gelocus die alleinige Form, welche, durch ihre allmähliche, ununterbrochene Entwickelung und Vervielfältigung in den nachfolgenden Schichten des Miozäns, den Anfang unserer heutigen Wiederkäuerfauna gegeben hat. Diese Form ist auf der Stufe, wo wir sie zuerst auftreten sahen, in allen ihren Merkmalen so vollständig wiederkäuerartig, daß sie wohl nur eines Schrittes weiter bedurfte, um als vollendeter Wiederkäuer aufzutreten. Dieser Schritt ist in der Zwischenperiode von den unteren bis in die oberen Schichten des Untermiozäns geschehen. Nach Verlauf dieser verhältnismäßig kurzen Zeit treffen wir in den Schichten der Auvergne eine reiche Fauna von Wiederkäuern. Der letzte Schritt zu einer vollständigen Wiederkäuer-Organisation wurde getan. Die Mittelfußknochen, die bei dem Gelocus noch lange getrennt bleiben, verschmelzen schon vollständig und zwar sehr früh, noch im knorpeligen Zustande: die Rolle des unteren Endes umzingelt die ganze

Gelenkfläche des Mittelfußes, und sie sichert eine festere Gelenkverbindung mit den ersten Zehengliedern. Die verkümmerten Seitenzehen (II. und V.) sind meistens (besonders am hinteren Mittelfuße) verbunden mit dem oberen Ende der aus dem dritten und vierten Mittelfußknochen verschmolzenen Röhre (Canon), und sie dienen dazu, dessen obere Fläche noch breiter zu machen. Die Wiederkäuung wurde wahrscheinlich vervollständigt durch die Entwickelung eines Psalters (der dritten Magenabteilung), der den Traguliden fehlt und vielleicht auch dem Gelocus noch fehlte. Betrachten wir das Skelett dieser neuen Formen, die als Nachfolger des Gelocus im Untereozän auf der Erde erschienen sind, so müssen wir uns überzeugen: daß die Reduktion im Skelett bei ihnen schon so weit vorgeschritten ist, daß es nicht mehr möglich war, etwas weiteres an den Knochen zu reduzieren. Die Ökonomie des Organismus forderte ein möglichst einfaches Knochengerüst, und ein solches hat sich in dieser Gruppe auch wirklich ausgebildet. Die Extremitäten waren schon zu einem Knochen (Canon) verwachsen, weiter konnten sie sich nicht vereinfachen; andere Knochen, wie das Ellenbogen- und Wadenbein, waren bis auf ganz unbedeutende Überreste verschwunden; zu einer schon so sparsam angelegten Organisation gesellte sich noch das Wiederkäuen, welches allen damit begabten Formen einen ungeheuren Vorteil über ihre Konkurrenten geben mußte.

Die Seitenlinie der mit Gelocus beginnenden angepaßten Wiederkäuer geht nach Kowalevsky durch Amphitragulus geradlinig fort zu den jetztlebenden Hirschen. Von dieser Seitenlinie aber zweigt wiederum eine Nebenlinie ab, welche durch die miozänen Antilopen hindurch zu den heutigen hohlhörnigen Wiederkäuern führt, nämlich zu den Antilopen, Schafen, Ziegen und Rindern.

Für diese Gattungen von Wiederkäuern wird seit altem das fundamentalste Unterscheidungsmerkmal in der Formgestaltung der Hörner gesucht. In der Tat ist auch der

Einfluß derselben auf die Bildung des Schädels und damit das Aussehen des ganzen Tieres ein so tiefgreifender, daß wir notgedrungen bei einer kleinen anatomischen Betrachtung über dieses Thema stehen bleiben müssen.

Die erste zu erörternde Frage wäre natürlich, warum überhaupt die Tiere Hörner bekamen. Schon Lamarck und Darwin erklären, daß die Hörner Schutzwaffen seien, die im Kampfe ums Dasein entstanden. Nach meinen früheren Untersuchungen*) steht fest, daß die Hornscheide und der Hornzapfen der hohlhörnigen Tiere, wie die Geweihe der Cerviden Bildungen der Haut sind und zwar, die Hornscheide eine Bildung der Epidermis, gleich wie das stratum corneum des gewöhnlichen Körperintegumentes, und der Hornzapfen eine Bildung des Coriums und stratum subcutaneums sowie des darunterliegenden Periosts.

Die Veterinärpathologie gibt uns nun einige Auskünfte, die sich zur Erklärung und Beantwortung der vorgelegten Frage vorzüglich eignen. Es ist hier vor allem der von Dr. de Matteis publizierte Fall einer Kuh zu nennen, die von ihrem Besitzer, einem Landwirte in Aguila (Italien) zum Ziehen des Pfluges verwendet wurde, und da das Tier sich weigerte, freiwillig diese Dienste zu leisten, jahrelang mit Stöcken grausam mißhandelt wurde; dabei schlugen die Knechte zur Erhöhung des Schmerzes stets auf gleichen Stellen der Brust des Tieres. Nach mehreren Jahren konstatierte der Besitzer Erhebung und Ausdehnung der Haut der geschlagenen Körpergegend, Fluktuation und Depilation an den gebildeten Beulen, Ausfluß von purulentem Material, Bildung von Narben und allmähliches Verhornen der Stellen. Nach acht Jahren hatte die Kuh beidseitig an der Brust zwei sogenannte „Hauthörner" von 14 cm Länge und 7,7 cm Durchmesser und einen dritten im Verhornen begriffenen Tumor.

---

*) Versuch einer Entwickelungsgeschichte der Hörner der Caricornia Frauenfeld 1902.

Es ist unter andern ähnlichen Fällen sodann die Entstehung von Hörnern auf der Nase mancher afrikanischer
Rinder zu erwähnen. Es findet sich diese eigentümliche Bildung überall da, wo bei Negervölkern die Gewohnheit
herrscht, die Rinder auf die Nase zu schlagen. Da dieser
Gebrauch in Senegambien besonders üblich ist, kommt dort
eine eigentliche Rasse dreihörniger Rinder vor, die von

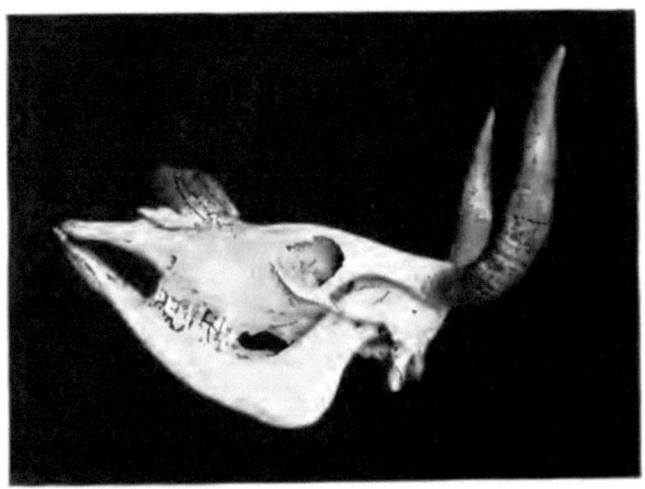

Fig. 5. Bos triceros, Rochebrune. Rind mit Hauthornbildung
auf der Nase, aus Senegambien.
(Museum in Paris. Originalaufnahme.)

A. v. Rochebrune in die Wissenschaft unter dem Namen
Bos triceros als neue Art eingeführt wurde.

In den erwähnten Fällen ist also die Bildung dieser hornigen Hypertrophie der Epidermis ein Schutzmittel gegen
Schläge und Stöße.

Es handelt sich nun aber darum, zu wissen, ob sich zugleich mit diesen „Hauthörnern“ auch ein knöcherner Hornzapfen bildet. Auf der Nase des Bos triceros findet sich
tatsächlich ein deutlicher Hornzapfen von etwa drei Zenti-
meter Höhe, und sogar auf dem Halse eines Rindes kann

ohne jede knöcherne Unterlage aus dem Bindegewebe allein innerhalb eines Hauthornes ein Knochenkern entstehen. Diese überaus wichtige Tatsache ist von Nörner 1887 publiziert worden, und ein besonders schöner Fall wurde von mir bei einem Rinde von Hawai (Sandwichinseln) beobachtet, welcher Hauthornzapfen in Fig. 6 wiedergegeben ist.

Damit ist zunächst klar, daß die Bildung einer Hornscheide auch diejenige eines Knochenkernes hervorruft.

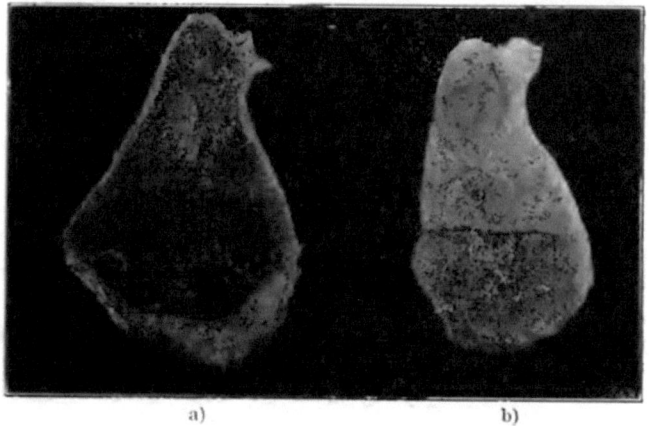

a)   b)

Fig. 6.   Hauthorn mit darin entstandenem Knochenkern vom Halse eines Rindes von Hawai (Sandwichinseln). a) Hornscheide. b) Hornkern, in der Mitte zersägt.

(Museum in Paris. Originalaufnahme.)

Über den Ursprung der Hörner ist nach der vorgehenden paläontologischen Skizze die Hypothese möglich, daß sich eine der Vorläufergruppen der Wiederkäuer, gezwungen durch die Veränderung des Gebisses, z. B. von den Hyopotamiden ein Zweig abgesondert hat, der nicht die Zähne zur Verteidigung benutzte, sondern vielleicht infolge von Temperament oder den gegebenen Verhältnissen zu der Verteidigung durch Stoßen mit dem Kopfe griff. Diejenigen Wiederkäuer, welche keine Hörner besitzen, wie die Traguliden, haben dafür zu langen Hauern vergrößerte Eckzähne

im Oberkiefer. Also doch eine Waffe! Die Idee der Verteidigung durch Stoßen des Gegners mit dem Kopfe ist jedenfalls das primäre. Die Hörner bildeten sich dann in der
vorbeschriebenen Weise als Schutz zunächst, und als direkte
pathologische Reaktion der Haut auf davongetragene Ver-
letzungen durch Stoß oder Schlag (Trauma), und allmählich
im Laufe der Jahrtausende durch Vererbung konstant werdend, sich differenzierend und umformend je nach den ein-
wirkenden Einflüssen, bis hinauf zu den Hörnern der Antilopen und Boviden, diesen ganz vorzüglichen Verteidigungs-
waffen.

Gleichzeitig mit der Ausbildung der Hörner geht die
Entwickelung des Gebisses zurück, und alle horntragenden
Tiere haben keine Schneidezähne im Oberkiefer mehr. —

Das einzige, was sich bei dieser Hypothese nicht direkt
demonstrieren läßt, ist die Vererbbarkeit der so, traumatisch,
entstandenen Hörner. Es ist jedoch der Wahrscheinlich-
keitsbeweis leicht zu leisten. Zunächst existieren Hörner
oder deren Equivoca, die Klauen, überall da, wo Körperteile
zum Stoßen und Schlagen Verwendung finden. Auch bei
den Klauen · paßt sich das Hufbein der Form des Horn-
schuhes an, wie viele monströse Bildungen beweisen. Ferner
wäre es ein circulus vitiosus, wenn man annähme, die Hörner
seien zuerst entstanden und dann erst hätte das Tier Lust
bekommen, mit denselben zu stoßen. Dem widerspricht alles,
was wir sonst über die Anpassungserscheinungen in der Natur wissen. Es vererbt sich stets das in der Natur, was ein
wirkliches Bedürfnis zur Erhaltung der Art darstellt, und
bei den waffenlosen Wiederkäuern war die Schaffung einer
Verteidigungswaffe Bedürfnis! —

Schließlich habe ich an Föten der vierhörnigen Antilope (Tetraceros quadricornis) gezeigt, daß sich in geologisch
neuester Zeit noch Hörner bilden können, indem das vordere
Hornpaar der Schikara sekundär gebildet worden ist und
sich im Fötalstadium noch gar nicht nachweisen läßt, wäh-

rend das hintere Hornpaar schon in der Anlage vorhanden
ist. —

Eine zweite Frage, die sich anreiht, ist die nach der
Art des Wachstums und der Entwickelung der Hörner
beim jungen Tiere.

Wenn man den Kopf eines Föten irgend einer Art von
Cavicornia daraufhin ansieht, so bemerkt man etwa vom

a) Auf den parallelen Horizontal-
lamellen des Frontales bildet sich eine
Verdickung der präössösen Substanz.
Äußerlich sieht man das gerunzelte
Hauthöckerchen und das Randgrübchen.

b) Das Hauthöckerchen hat peripher
zugenommen und Hornsubstanz abgeschieden. Gleichzeitig bildet sich auf
den Horizontallamellen des Frontales
eine vertikal-lamellare Knochenauflage-
rung. Im Frontalinnern beginnt die
Diploebildung.

c) Die Hornsubstanz wird durch die
Entwicklung des Zapfens gehoben und
bildet nun eine Kappe. Das Frontale
ist noch mehr verdickt, aber die Horizontallamellen haben der Diploe- oder
Sinusbildung weichen müssen. Geblieben sind nur die beiden Randtafeln von
denen die äußere durch Aufrichtung
ihrer Lamellen den Hornstiel bildet. Der
Hornzapfen wird nach wie vor vertikal-
lamellar abgelagert.

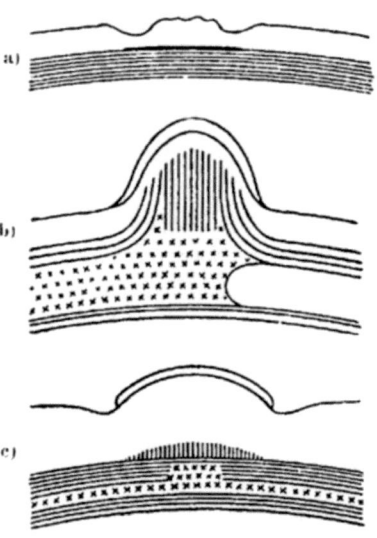

Fig. 7.   Schematische Darstellung
der Entwicklung des Hornzapfens

4. bis 5. Monat der Trächtigkeit an, an der Stelle, wo später
der Hornzapfen sich bildet, ein Höckerchen, das von einer
grabenartigen Vertiefung umgeben ist. Das Höckerchen ist
fast kreisförmig von Gestalt.

Im Längsschnitt sehen wir, daß die aus dem Periost
entstehende, präössöse oder osteoide Substanz das Frontale
noch mit einer überall gleichmäßigen, äußerst dünnen
Schicht überzieht. Die Knochenstruktur des Frontale ist
jetzt noch horizontal-parallel-lamellar.

Während der folgenden zwei Monate des intra-uterinen

Lebens wächst die äußere Hornanlage etwas in die Länge,
weniger in die Breite; sie wird dadurch oval. Gleichzeitig
beginnt das Auftreten einer Hautpigmentierung an dieser
Stelle und das Auswachsen der Haare. Je nach Individuen,
aber auch den Spezies, bilden sich mehr oder weniger Haar-
anlagen in dem Höckerchen, so z. B. bei Schafen mehr als
bei Rindern und Antilopen, bei Föten von Bison und Yak
mehr als bei solchen vom Hausrinde.

Mit dem 6. bis 7. Monat haben die Haare eine ziemliche Länge erreicht und bilden einen dichten Wirbel um
das Höckerchen, welches von nun an darunter verborgen
bleibt. Schlichthaarige Cavicornier zeigen eine stärkere
Haarwirbelbildung als wollhaarige. Ebenso ist dieselbe
stärker bei männlichen Tieren als bei weiblichen. Sie sehen
also schon hier einen gewissen Zusammenhang von Horn
und Haar. Ich komme darauf gleich noch zu sprechen. Die
Beschaffenheit des Frontales ist in diesem Stadium noch
gleich geblieben wie früher.

Im 9. Monat läßt sich beim Rinde schon eine deutliche Verdickung spüren, die aber nicht verschiebbar ist,
wie von Sandifort und Numan behauptet wurde. Diese Verdickung oder Erhöhung beruht auf einer Vermehrung der
präossösen Substanz unmittelbar unter dem Höckerchen.
Gleichzeitig tritt eine Veränderung der bisherigen horizon-
tal-lamellar Absonderung der Frontalknochensubstanz ein.
Die Trabekel werden nunmehr auch in vertikaler Richtung
abgesondert. Es setzen sich diese neu gebildeten Knochen-
bälkchen auf die horizontalen Frontallamellen auf und verschmelzen teilweise mit ihnen. Gleichzeitig beginnt im Innern der Frontalia eine Bewegung, die ihre Ausläufer bis
unter die Hornzapfen treibt. Es ist dies die Diploebildung. Sie
besteht in der Auflösung und Desorganisation der Lamellen-
struktur der Knochensubstanz und dem Aufbau eines aus kleinen, verzweigten Knochenfiguren, Sternchen und Kreuzchen
bestehenden, mit großen Markhöhlen durchzogenen Gewebes.

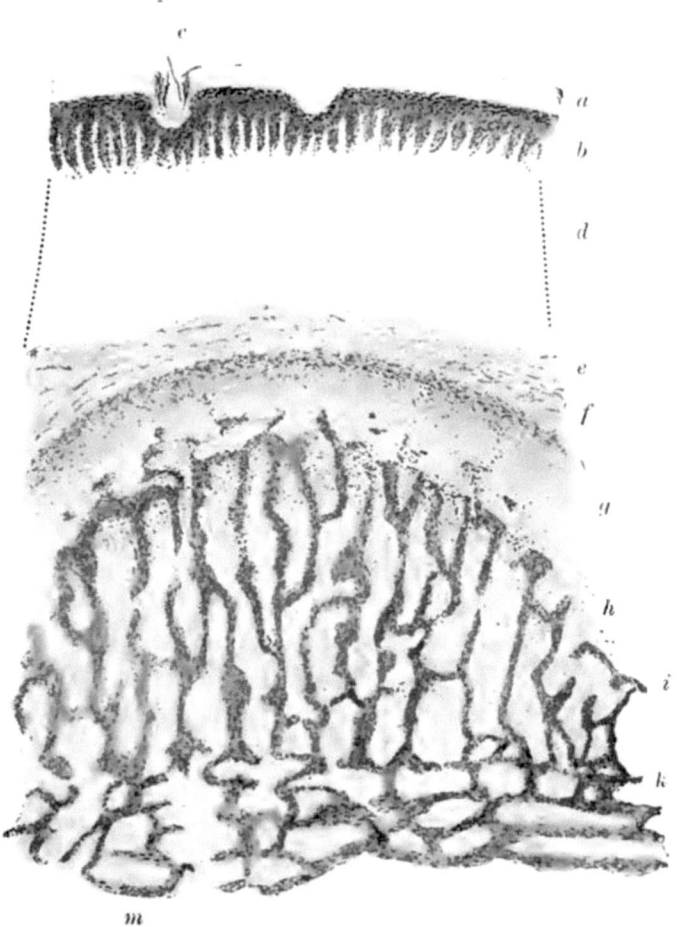

Fig. 8. Senkrechter Längsschnitt durch die Hornanlage eines Kalbes. 30 fache Vergrößerung. Die Bindegewebsschichten sind in der Zeichnung weggelassen.

a Hyaline Hornschicht „Jugendhorn“. die sich als Hypertrophie des Stratum corneum bildet. b Stratum germinativum, hier nun verstärkt und zu den horn-absondernden Papillen werdend. (a und b Epidermis.) c Verhornte Haaranlage. d An dieser Stelle sollte sich das in der Zeichnung weggelassene Corium und Stratum subcutaneum befinden. e Unterste Schichten des Stratum subcutaneum. f Periost. g Präossöse Substanz. Deutlich ist die ursprüngliche dunklere Haut-schicht zu erkennen; nach innen wird das Gewebe weniger kernhaltig, also heller. h Beginn der Ossification und häufiges Vorkommen von Osteoblastenzügen. i Neu entstehendes, vertikallamellares Knochengewebe des Hornzapfens. k Dessen Ver-schmelzungspunkt mit der äusseren Frontaltafel. l Horizontale Lamellen der Tab. ex-terna des Frontale. m Diploetische Durchbrechung der Horizontalstruktur derselben.

Diese Veränderungen nehmen bis zur Geburt fortwährend zu, und es wird je nach Spezies, Rasse und Individualität mehr oder weniger vertikal stehende Knochensubstanz gebildet, so daß nach der Geburt das sich entwickelnde Hornzäpfchen meist deutlich fühlbar ist.

Die präossöse Substanz wächst von diesem Zeitpunkte an nicht mehr in die Dicke, sondern sie wird durch das fortwährende Abscheiden neuer Knochensubstanz allmählich auf die Spitze des Zapfens emporgehoben und bildet nun bloß auf dem Scheitel desselben eine Schicht von größerer Mächtigkeit. Die Seiten des Zapfens sind mit einer nur dünnen Lage überzogen, die daher gerade wie die über dem Frontale befindlichen dünnen Schichten nur Lamellen bilden können, die zur Schicht selbst parallel stehen und so zum Dickenwachstume des Zapfens beitragen.

Da, wo die Hornscheide den Zapfen überdeckt, ist derselbe rauh, mit Furchen und Löchern versehen, die teils von Gefäßen, teils von Hautfalten herrühren.

Wo die Hornscheide den Zapfen nicht mehr deckt, bildet sich ein glatter Hals, den wir Hornstiel nennen.

Die Hornscheide ist dasjenige Gebilde, welches dem Zapfen seine Form gibt.

Die Hornabsonderung beginnt gewöhnlich etwas später als die Bildung der Zapfenanlage. Sie beginnt ungefähr vier Wochen nach der Geburt beim Rinde und den Antilopen. Beim Schafe hingegen entsteht sie schon während der intranterinen Periode gleichzeitig mit dem Zapfen.

Die Hornschicht wird von dem Stratum corneum der Epidermis gebildet, das von dem Stratum germinativum abgeschieden und allmählich verdickt wird. Der Mittelpunkt der Hornschicht verdickt sich am meisten, doch erst von dem Momente an, wo eine Hornkappe — oder Hornscheide — geformt wird. Diese Verdickung erfolgt durch das Verschmelzen der sukzessiv aufwärts gestoßenen Hornteile.

Die hornabsondernden Papillen stehen nicht, wie dies

in vielen Lehrbüchern angegeben wird, im Kranze an der Basis des Hornes, sondern das Horn entsteht auf dem ganzen Zapfen, gleich als wäre derselbe außen mit Haaren bedeckt, die nach seiner Spitze wüchsen und dann verschmölzen.

Beim Rinde ist die anfangs gebildete Hornsubstanz hyalin, also frei von Hornröhrchen. Es ist das „Jugend-

Fig. 9. Senkrechter Schnitt durch die Hornscheide eines 24 bis 26 Wochen alten Rindes. ²/₃ d. natürl. Größe.

Innen ist deutlich das weiße „Dauerhorn“ zu erkennen, dessen Bildung soeben beginnt. Es ist noch von einer dicken, abblätternden Schicht dunkelbraunen, hyalinen „Jugendhornes“ verdeckt.

Fig. 10.   Ansicht des Hornes eines 30 bis 40 Wochen alten Kalbes der Charolaisrasse. ²/₃ der natürl. Größe.

Man erkennt, wie sich das bräunliche, rissige Jugendhorn (a) von dem weißen, glatten Dauerhorn (b) ablöst, das hier schon die ganze Spitze bildet.

horn“, wie ich es zu nennen vorgeschlagen habe. Mit der 16.—18. Woche beginnt sich von der Spitze des Zapfens aus sowohl aufwärts wie abwärts eine hornröhrchenreiche Schicht auszubreiten, die gewöhnlich eine andere Farbe hat als das Jugendhorn und mit dem Zeitpunkte der Pubertät an der Spitze oder doch im oberen Teile zum Vorschein tritt, worauf dann das Jugendhorn abzubröckeln beginnt. Dieses neugebildete Horn nenne ich Dauerhorn.

Das Dauerhorn ist nicht allein in Färbung und Festig-
keit von dem Jugendhorn verschieden, sondern auch in der
Form.

So zum Beispiel ist das Jugendhorn der Antilope Bu-
balis kegelförmig und rauh. Erst mit dem Auftreten des
Dauerhornes entstehen die ersten Hornringe und die typische
Hakenkrümmung des adulten Tieres.

Das Jugendhorn des Arnibüffels ist rund und rauh.

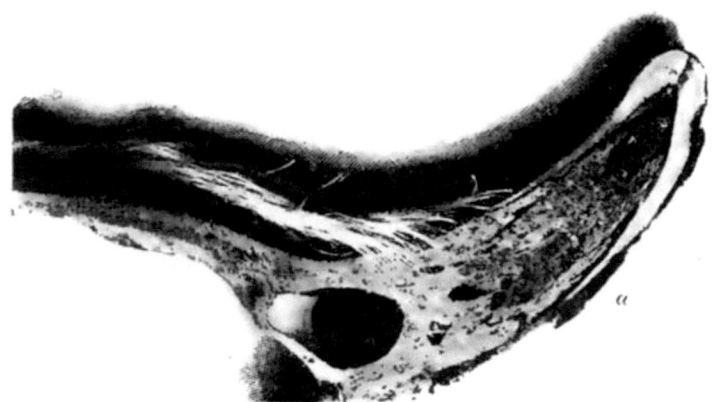

Fig. 11.   Senkrechter Schnitt durch dasselbe Horn.
³/₁ der natürl. Größe.

Erst mit der Pubertät tritt das Dauerhorn auf, das dann die
Form verändert und flachgedrückt und geringelt wird. Hier-
durch wird natürlich der Hornzapfen ebenfalls in diese neue
Form gezwungen.

Die Spitze des Hornes und des Hornzapfens entspricht
aber stets der Form, die das Jugendhorn besaß, deshalb
auch z. B. die Büffelhörner runde Spitzen haben.

Nach Angaben von Sandifort, Numan, Brandt,
Nitsche und Fambach soll der Hornzapfen der Wiederkäuer noch als ein isoliertes Knochenindividuum (os corum)
— also wie in einem Hauthorne — wachsen, eine Zeitlang
nur durch Bindegewebe mit dem Schädel verbunden sein und

dann erst später sich damit vereinigen. Dieser Modus des
Wachstumes würde noch weit schöner und besser zu meiner
Theorie des Ursprunges der Hörner passen, als die von
mir histologisch gefundene Wachstumsweise. Leider aber
ist dieser Modus nicht der gewöhnliche. Die Beobachtungen der genannten Forscher sind durchaus richtig; jedoch
sind solche Fälle eines Os corun überaus selten. In verschiedenen Schlachthäusern Deutschlands und der Schweiz,
vor allem aber in dem großen Abattoir de la Villette in
Paris wurde auf meine Veranlassung monatelang jedes Kalb

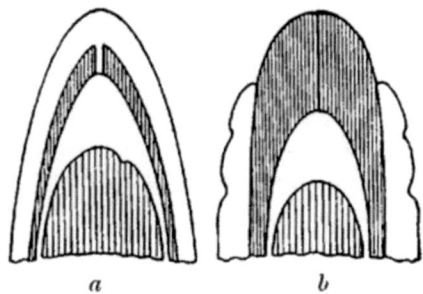

Fig. 12.   Schematische Darstellung des Horn-
wechsels.   a Beginn der Bildung des Dauerhorns.
b Beginn des Abschälens des Jugendhorns.

im geeigneten Alter durch Spalten der Hornzäpfchen auf
os corun untersucht, aber kein Fall bei lang- und kurzhörnigen Rinderrassen aufgefunden. Durch Herrn Dr. Fambach in Glauchau erhielt ich dann zunächst das Os cornu
von einer Ziege, die dem dortigen Landschlage angehört
haben soll. Nach Angaben Dettweilers wird aber jener
Landschlag mit der schweizerischen Saanenziege gekreuzt,
die bekanntlich hornlos ist. Sodann gelang es mir, noch ein
Os cornu aus Island zu erhalten von einem Kalbe, das aus
einer Kreuzung eines gehörnten und eines hornlosen Rindes
herrührte.
    Meine Untersuchungen über den gewöhnlichen Wachs-

tumsmodus wurden aber hauptsächlich an den langhörnigen
Rassen der Auvergne und der mittelhörnigen des Charolais
gemacht. Aus diesen Gründen halte ich das Auftreten eines
Os cornu für eine Degeneration der normalen Hornentwickelung, die in attavistischer Anlehnung an die ursprüngliche
Entstehung der Hörner vor sich geht und gewöhnlich nur
bei Tieren vorkommt, die die Tendenz zum Hornloswerden
aufweisen.

In neuester Zeit hat Gadow eine Wachstumstheorie

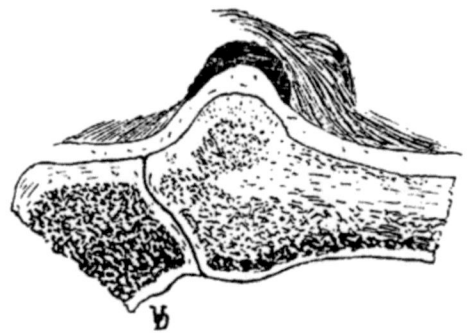

Fig. 13.   Schnitt durch den Hornzapfen eines
8 Wochen alten Kalbes.   Natürliche Größe.
Diploebildung in Parietale und Frontale.   Hier
nur unten dicht über der Tab. vitrea. Die Diploebildung ist hier die Vorläuferin der Sinusbildung.

der Hörner aufgestellt, die mit der meinen sonst identisch,
dennoch in einem Punkte davon abweicht. Gadow behauptet
nämlich, daß die Spitze jedes Hornzapfens aus einer Epi-
dondrosis mit Spitzenwachstum, also einem Stücke Knor-
pels, gebildet sei. Es liegt nach dem Vorgesagten auf der
Hand, daß ein solches Wachstum völlig unmöglich ist, nachdem wir gesehen, daß ein Knochenkern in Hauthörnern direkt
aus dem Bindegewebe entstehen kann und daß nach meinen
genauen Untersuchungen keine Spur von Knorpel jemals in
einem Hornzapfen vorkommt.

Sodann muß noch die Frage der Entstehung der
Form der Hörner erörtert werden.

Es ist nach dem Vorausgeschickten klar, daß die Form der Hörner abhängt von derjenigen, welche die Hornscheide annimmt. Diese wird aber ihrerseits beeinflußt von der Form und Kräuselung der Haare eines Tieres. Tiere mit wolligem, gekräuseltem Haar müssen gewundenere Hörner besitzen als solche mit schlichtem Grannenhaar. Je flacher die Wellung und je stärker und dicker die Haare,

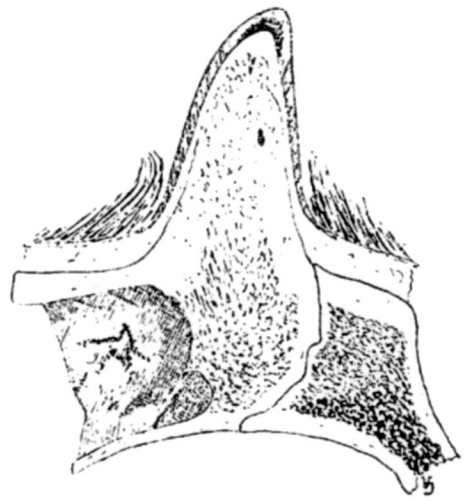

Fig. 14. Schnitt durch den Hornzapfen eines 26 bis 28 Wochen alten Kalbes. $^2/_3$ der natürl. Größe.
Starke Sinusbildung im Frontale und beginnende Sinusbildung im Hornzapfen.

desto gröber, dicker und ungleichartiger sind die Hörner und meist auch das ganze Tier selbst. Als zweiter Faktor, der die Form der Hornscheide, besonders auch ihre Dicke, ihren Umfang und ihre Länge beeinflußt, ist zu nennen: die Dicke der Haut und das Verhältnis von Oberhaut zu Unterhaut. Die Eigenschaft der Hautdicke hängt ab von dem Klima der Gegend, in der sich das betreffende Tier befindet. In einem warmen, trockenen Klima ist die Oberhaut auf Kosten der Unterhaut verstärkt. In einem kalten, feuchten Klima

ist die Unterhaut von größerer Mächtigkeit. Einer dickeren
Oberhaut entspricht aber eine stärkere Hornentwickelung,
und umgekehrt wird dünne Oberhaut eine Verkürzung der
Hörner zur Folge haben.

Wenn nun aber in einem warmen, trockenen Klima nicht
alle hohlhörnigen Tiere lange Hörner besitzen und in kalten
Gegenden nicht alle kurzhörnig oder hornlos sind, so liegt
dies daran, daß der Einfluß des Haares denjenigen der
Haut aufheben kann, da er gerade entgegengesetzt wirkt.
In kalten Klimaten ist das Haar der Tiere dichter und länger, in warmen Klimaten spärlicher, aber gröber und kürzer.

Wenn beide Faktoren einander unterstützen, so können
z. B. in tropischen Seengebieten riesenhörnige Formen von
Cavicorniern, wie die Rinder der afrikanischen Seenländer,
erzeugt werden.

Als letzte Faktoren der Entstehung der Hornform sind
Geschlecht und Spezies anzusehen, deren Wirkungen zur
Genüge bekannt sind.

Damit gelangen wir zur letzten Frage, deren ich hier
gedenken will, nämlich zu dem Einflusse der Hörner
und deren Form auf die Schädelbildung.

Bis anhin wurde in der Wissenschaft diesen Tatsachen
keine Aufmerksamkeit geschenkt, weil man ja den knöchernen Hornzapfen als die Ursache der Hornform ansah. Daher wurden auch von dem einen Forscher gewisse cranio-
logische Merkmale als maßgebende Charaktere zur Unterscheidung zweier Formen oder gar zur Aufstellung von Ab-
stammungshypothesen benutzt, welche andere Gelehrte bloß
als Charaktere geringen Wertes, wie Alters- oder Ge-
schlechtsmerkmale auffaßten.

Ich habe diese Frage des Einflusses der Hörner auf
den Schädel und die Bewertung der Merkmale desselben
durch das Experiment am lebenden Tiere zu lösen versucht.

Ich habe zunächst an einem jungen, langhörnigen Widder durch Trepanation ein Horn entfernt und dann nach zwei Jahren das Tier getötet. Der Erfolg war ein großer, indem sich der Einfluß des einseitigen Horngewichtes auf den Schädel — wie Fig. 15 zeigt — überaus deutlich wahrneh-

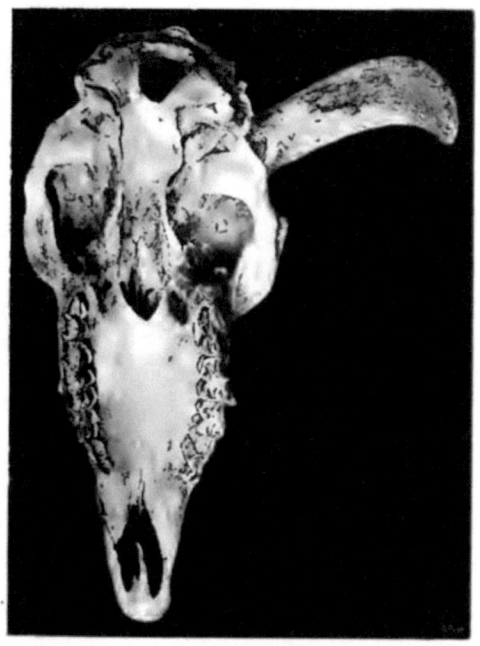

Fig. 15.　Schädel eines experimentell einseitig enthornten Widders. Basalansicht, zeigend die Verschiebung und Veränderung der Schädelbasis und der Zahnreihe.

men läßt. Spätere Experimente an Ziegen und Antilopen haben dazu beigetragen, die so erstmals erhaltenen Resultate zu bekräftigen und zu erweitern.

Es lassen sich danach allgemein folgende craniogenetische Schlüsse ableiten:

1. Es ist unbestreitbar, daß das Horngewicht und natürlich dessen durch die Hornform bedingte Schwerpunktsverlegung einen ungeahnten, überaus tiefgreifenden

Einfluß auf die Gestaltung des Schädels im allgemeinen und den einzelnen Schädelknochen im besondern ausübt.

Weil nun aber die Hörner und Hornzapfen, wie ich früher bewiesen habe*), nur als Hautbildungen aufzufassen sind und auf Grund von Hautreizen entstehen, muß

2. der Schädel als ein durch die mechanische Wirkung der seine Haut und Muskelbekleidung verändernden, äußeren Einflüsse umgestaltbarer Körperteil betrachtet werden. Also nicht die Knochen sind für seine Form maßgebend und verantwortlich, sondern die Haut und die Muskulatur.

Es ist im beschriebenen Falle deutlich, daß die Muskulatur auf der horntragenden Seite eine stärkere Ausbildung empfängt als auf der hornlosen Seite. Eine Verstärkung, die sich bis auf die Halswirbel und den Ansatzstellen des m. sterno-cleido-mastoideus, also bis auf den Rumpf, verfolgen läßt. — Dennoch hängt auch die Muskelausbildung nur von der Schwere des Kopfes resp. der Horngröße und Hornform ab.

3. Es ist klar, daß man aus dem verschiedenen Verhalten der einzelnen Schädelknochen gegenüber dem Einflusse des Horngewichtes imstande ist, deren Wert für Art- und Rassendiagnostik bei horntragenden Wiederkäuern festzustellen.

Es geht aus den großen ontogenetischen und phylogenetischen Serien, die mir zur Untersuchung vorlagen, hervor, daß folgende Merkmale der Schädelknochen am wenigsten von den Horneinflüssen berührt werden und sich daher nächst den Hörnern selbst am besten zur Art- und Rassen-Diagnose eignen:

1. Form der Zahnkauflächen.
2. Form des Körpers der Praemaxillae.

---

*) Sur le développement des cornes chez les Cavicornes. Bull. Mus. d'Hist Nat. Paris 1902. No. 3. No. 198.

3. Form der Hyoidea.
4. Form der Lacrymalia.
5. Form des Schläfenganges.

4. Es ist bekannt, daß Haar- und Hautbildung von den äußeren Lebensbedingungen beeinflußt werden und dieser Einfluß auch in den Hörnern als reinen Hautgebilden zutage tritt. Da nun aber die Einwirkung der Hörner auf die Morphogenie des Schädels eine überaus große ist, so liegt darin bei den horntragenden Wiederkäuern ein Weg und Mittel, dessen sich die Natur bedient, um am knöchernen Schädel neue Charaktere von Lokalrassen auftreten zu lassen, die bei Fortdauer der sie bedingenden Umstände zu Artmerkmalen werden können, wie z. B. die konvexe Stirne bei Büffeln usw.

Es verdient der Erwähnung, daß beim Schwein, wie H. v. Nathusius einst nachwies, die Profilstreckung durch das Wühlen bedingt wird, und daß beim Hunde nach experimentellen Beobachtungen von Anthony der sog. Scheitelkamm durch Wirkungen der Kaumuskeln zustande kommt.

Neben diesen allgemeinen morphogenetischen Folgerungen ergeben sich nach dem vorliegenden Schädel die folgenden für die Wertbestimmung der craniologischen Merkmale des Schaf- und Rinderschädels, behufs Art- und Rassendiagnose, grundlegenden Sätze:

1. Je nach der Größe und dem Gewichte der Hörner werden die übrigen Schädelknochen in ihrer freien Entfaltung gehindert. Ihre Entwickelung geht deshalb beim Vorhandensein von Hörnern mehr in die Breite als in die Höhe.

2. Die Wirkung der Hörner auf die Stirnbeine äußert sich zunächst in der Bildung eines sogenannten Stirn-, Zwischenhorn- oder Genickwulstes, der Prae- oder Postfrontale scheidet und in der Vereinigung der seitlich wirkenden Zugstrajektorien der Hornschwere besteht. Je nach dem Horngewichte oder der Form und Richtung der Hörner ist dieser Wulst mehr oder weniger stark ausgebildet und infolge da-

von der Winkel zwischen Prae- und Postfrontale mehr oder
weniger groß.

Form und Gewicht der Hörner wirkt noch in anderer
Weise auf die Gestaltung der Stirne. Große, schwere Hörner, deren Schwerlinie vor die Zwischenhornlinie fällt, verursachen notwendig eine Einknickung der Stirne, wie wir
ihr bei vielen Wildschafen begegnen. Leichte Hörner, die
in der Flucht der Stirne nach hinten gerichtet sind, rufen
eine flache Vorderstirne durch deren Anstreckung hervor.
Stark rückwärts und nach abwärts geneigte Hörner, deren
Schwerlinie weit hinter die Zwischenhornlinie fällt, können
eine konvexe, vorgewölbte Stirn verursachen. Dieselbe Erscheinung tritt auch mit dem Abnehmen des Horngewichtes
resp. der Verkümmerung der Hörner bei Schafen auf, wo
sich unter Wegfall des Zwischenhornwulstes als Übergang
zur hornlosen Form zunächst eine Konvexität der Stirn aus-
ausbildet.

Die Lage der Orbitae, diejenige der Supraorbitallöcher
und die Länge der Coronalnaht hängt ebenfalls von der
Größe und dem Gewichte der Hörner ab und ist durchaus
gesetzmäßig geregelt. Mit dem Abnehmen des Horngewichtes werden die Augenhöhlen größer, wie überhaupt sich
alle Schädelknochen mehr in die Länge auszudehnen imstande sind.

3. Die Wirkung auf das Parietale ist geringer; besonders da die Form der Coronalnaht, d. h. deren Winkel, wie
diejenige der Lambdanaht meist erhalten bleibt und gewöhnlich nur bei Ziegen und Halbziegen, wie Ammotragus tragelaphus, eine andere Gestalt annimmt. Dennoch ist bei
sehr starker Hornentwickelung ein Einknicken und Falten
auch des Parietales wahrnehmbar, wobei dasselbe sogar unter
das Frontale geschoben werden kann. Durchweg ist dasselbe aber bei starkgehörnten Tieren breiter, daher verhältnismäßig niedriger als bei schwachgehörnten.

4. Das Hinterhaupt hat bei schwerhörnigen Tieren durch-

weg eine stärkere Breitenentwickelung. Die Muskelhöcker und Gräten sind ausgeprägter, die Drosselfortsätze entwickelter, das Hinterhauptsloch ist klein, die Condyli und das Basioccipitale in die Breite gedrückt.

Mit der Abnahme der Hornbelastung zieht sich das Hinterhaupt scheinbar in die Länge, da es schmäler wird und Muskelhöcker, Gräten und Drosselfortsätze sich verringern.

Das Hinterhauptsloch wird größer und weiter, und die Condyli werden mehr in die Länge gezogen (jeder Condylus selbst wird dabei kürzer und breiter).

Zugleich erhält die Hirnkapsel mehr Wölbung.

5. Die übrigen Knochen der Schädelbasis werden in ähnlicher Weise beeinflußt. Die Pauke des Felsenbeines stellt sich mehr der Länge nach, und die Unterkiefergelenkrolle des Jochfortsatzes wird schmäler mit dem Abnehmen des Horngewichtes. Selbst die Krümmung der Zahnreihen wird durch die Horngewichtsabnahme verringert.

6. Die Beeinflussung des Facialteiles des Schädels geht mehr auf die Lage der Gesichtsknochen, weniger auf deren Form. Die Lacrymalia liegen bei schwergehörnten Tieren stets oraler und sind mehr quer gestellt. Die Oberkieferbeine und Jochbeine weisen dasselbe Verhalten auf.

7. Bei allen schwergehörnten Tieren ist der Kronfortsatz des Unterkiefers stark auswärts gebogen, während er bei den hornlosen Formen fast vertikal aufwärts gerichtet ist. Die Trochlea des Gelenkfortsatzes ist bei vermehrter Hornbelastung stets breiter und länger als bei schwächerem Horndrucke.

Alle diese Grundsätze gelten generell auch für die Angehörigen der Gattungen Bos und Capra.

Bei allen vorerwähnten Punkten muß jedoch vor allem Alter, Geschlecht und Lebenslauf der Tiere, soweit sie kontrollierbar sind, nicht außer acht gelassen werden.

Das junge Tier einer stark gehörnten Form durchläuft bis zum Alter alle Stadien, die ihrerseits wieder dem End-

stadium einer der schwächer gehörnten Rassen entsprechen
können, deren Entwickelung auf einer niederen Stufe stehen
geblieben ist.

Das Geschlecht wirkt ähnlich, so daß bei allen Cavicorniern das weibliche Tier gewöhnlich eine geringere
Hornentwickelung aufweist als das männliche und sein Schädel infolge davon anders beschaffen sein muß.

Was die Lebensbedingungen angeht, so ist es nach
dem Vorgesagten klar, daß unter bestimmten klimatischen,
geographischen oder züchterischen, meist Degeneration bedingenden Einwirkungen die Entwickelung und Ausbildung
der Hörner verändert werden kann und damit der Habitus
der ganzen Rasse eine Umgestaltung erleidet.

Daher ist zu empfehlen, vor allen Dingen bei der Anwendung der so experimentell festgestellten Wertbemes-
sung der craniologischen Merkmale nicht schematisch vor-
zugehen, sondern unter Berücksichtigung von Alter, Ge-
schlechts- und Lebensbedingungen von Fall zu Fall auf
Grund des durch das mechanische Gesetz der Wirkung der
Hornschwere auf die Entstehung der Schädelcharaktere gebotenen Schlüssels, alle Eigentümlichkeiten der Kopfknochen
auf die Ursache ihrer Entstehung zu prüfen. Nur so wird
man imstande sein, wirklich verschiedene Formen auseinander zu halten und Gleichartiges zu vereinigen.

Ordnung der unpaarzehigen Huftiere.

Die zoologischen Merkmale der Equiden.

Die Familie der Equiden, welche zur Tertiärzeit durch so verschiedenartige Formen vertreten war, umfaßt gegenwärtig nur noch zwei typische Formen: das Pferd und den Esel. Die zoologischen Merkmale derselben sind folgende:

Der Körper ist von ebenmäßiger und schlanker Form; die Höhe bis zum Widerrist beträgt ungefähr so viel wie die Länge von der Bugspitze bis zum Gesäßhöcker, und die Höhe der Vorderbeine bis zum Ellenbogenhöcker ist etwa die Hälfte von der Höhe bis zum Widerrist; die Länge von Kopf und Hals stimmt ungefähr überein mit der Höhe des Hinterfußes bis zum Fersenhöcker und mit der Länge des Schulterblattes.

Der Kopf erscheint in seiner Verbindung mit dem Halse keilförmig, aber der knöcherne Schädel für sich hat die Form eines Doppelkeiles, dessen Basis in der Höhe des Ganaschenwinkels vom Unterkiefer liegt; nach vorn und hinten spitzt er sich zu, so daß die Höhe der knöchernen Nasenspitze und des Hinterhauptes annähernd gleich erscheint. Die von einer sammetartigen Haut bekleidete Oberlippe überragt die Unterlippe nach vorn, sie ist sehr beweglich und ähnelt dem kurzen Rüssel des Tapirs. Der Eingang in die Nasenhöhle befindet sich im Grunde der leicht beweglichen Nüstern, die nach außen erweitert sind wie das Schallstück einer Trompete. Die Augen stehen etwas seitwärts und sind von mäßiger Größe; die Pupille ist quergestellt und ihr oberer Rand trägt kleine pigmentierte Körperchen (die „Traubenkörner"), welche die Blendungsfläche der Iris vergrößern. Die aufrecht gestellte Ohrmuschel ist klein und zierlich, auch leicht beweglich. Die etwas gewölbte Stirn ist zwischen den Augen sehr breit, die Scheitelgegend aber verschmälert sich nach dem Hinterhaupte zu.

Der aus sieben Wirbeln zusammengesetzte Hals ist schlank und seitlich zusammengedrückt, so daß seine Höhenachse größer ist als seine Querachse. Der Kamm (Nackenrand) trägt eine Mähne, deren Grannenhaar beim Esel kurz ist und aufrecht steht, während es bei den meisten Pferden lang ist und die eine oder andere Seitenwand des Halses überwallt.

Der Rumpf ist nahezu walzenförmig, häufig aber im Weichenteile etwas aufgezogen. Die achtzehn Rückenwirbel bilden mit ihren im Querschnitte dreiseitigen Körpern einen nach abwärts schwach konkaven Bogen, während ihre Dornfortsätze bis zum fünften Wirbel an Länge zunehmen und hier die Höhe des Widerristes bilden, dann aber an Höhe abnehmen, wodurch die Rückenlinie zwischen Widerrist und Kreuz etwas eingesenkt erscheint. Die Lende (Nierengegend) besteht aus sechs, mit sehr breiten Rippenfortsätzen (Querfortsätzen) versehenen Wirbeln; das Kreuzbein ist aus fünf bis sechs Wirbeln zusammengewachsen, der Schwanz zählt bis zu achtzehn Wirbel, und er ist beim Pferde in ganzer Länge, beim Esel aber nur am unteren Ende (an der Quaste) mit Grannenhaar besetzt.

Die Brusthöhle ist fast keilförmig und ihre in den Schnabelknorpel des Brustbeines auslaufende vordere Spitze liegt etwa mitten zwischen beiden Bugspitzen. Die achtzehn Rippenpaare, von welchen nur acht sich unmittelbar dem Brustbeine anschließen, sind auffallend schmal und wenig gewölbt. Der Bauch ist, wie schon erwähnt, etwas aufgezogen und die Weiche ist wegen der großen Zahl der sog. falschen Rippen verhältnismäßig kurz.

Die Glieder sind schlank; da die Muskeln des Unterarmes und des Unterschenkels an der Fußwurzel in Sehnen übergehen, so erscheinen die Füße sehr fein und zierlich. Am Vordergliede hat das Schulterblatt meistens eine schräge Lage, die sich dadurch kennzeichnet, daß der Nackenwinkel desselben in der Verlängerung der Höhenachse des Vordergliedes liegt; auch ist das Schulterblatt den flachgewölbten Rippen gut angeschlossen. Die Knochen der Schulter und des Oberarmes sind im Buggelenke fast unbeweglich und im Winkel von 90 bis 100⁰ miteinander verbunden; der Oberarm liegt unter der äußeren Haut des Rumpfes zu beiden Seiten des Brustkorbes. Der Unterarm steht mit der Fußwurzel und dem Mittelfuße im Ruhezustande gradlinig, und das am Hinterrande der Fußwurzel lateralwärts vorragende Hakenbein (os carpi accessorium) liegt ungefähr in der Mitte der bis zum Ellenbogenhöcker reichenden Höhenachse des Vordergliedes. Der Körper des Ellenbogenbeines ist verkümmert und das untere (distale) Ende fehlt, beziehungsweise es ist mit der Speiche verwachsen. Die distale Reihe der Fußwurzel besteht aus drei Knochen; das Trapezium fehlt und das Magnum ist in der Querachse sehr vergrößert. Der Mittelfuß wird in seiner ganzen Länge aus dem stark verbreiterten mittleren (dritten) Mittelfußknochen gebildet, dessen oberes (proximales) Ende sich vorn mit dem mittleren und lateralen (os magnum und unciforme), hinten mit allen drei Fußwurzelknochen der distalen Reihe verbindet; von den zweiten und vierten Mittelfußknochen (den sog. Griffelbeinen) sind nur die proximalen Teile erhalten, die sich medianwärts mit dem Trapezoid, lateralwärts mit dem Unciforme verbinden; der erste und der fünfte Mittelfußknochen fehlt. Der mittlere (dritte) Mittelfußknochen trägt an seinem, mit einer sagittal verlaufenden Rolle versehenen distalen Ende die einzige

aus drei Gliedern bestehenden Zehe, deren letztes Glied
(das Hufbein) in der Querachse verbreitert ist.

Am Hintergliede ist die Kruppe mehr oder weniger
gewölbt; der Oberschenkelknochen, der mit der Längsachse des Hüftbeines im Winkel von 90 bis 100° verbunden
ist, besitzt an seinem Gelenkkopfe eine Grube für das runde
Hüftenband und an der lateralen Seite seines Körpers einen
dritten Rollfortsatz (Trochanter). Mit dem Oberschenkel
bildet der Unterschenkel einen Winkel von 110 bis 120°.
Zur lateralen Seite des stark entwickelten Schienbeines
(Tibia) liegt am proximalen Ende das verkümmerte Wadenbein, dessen distales und zugespitztes Ende kaum die untere
Hälfte des Schienbeines erreicht. Das Rollbein (Astragalus) der Fußwurzel trägt an seinem proximalen Ende die
schräg gestellte Doppelrolle für die Schraubenmutter des
Schienbeines, während das distale glatte Ende des Rollbeines sich mit dem Naviculare (os tarsi centrale) verbindet. Das Fersenbein (Calcaneus) besitzt vier Gelenkflächen zur Verbindung mit dem Rollbein, von welchem eine
auf dem medianen Gelenkfortsatze (sustentaculum tali) und
drei lateralwärts liegen; eine fünfte Gelenkfläche verbindet
sich mit dem lateralen Fußwurzelknochen der unteren Reihe
(dem Würfelbein, Cuboideum). Medianwärts vom Cuboideum
liegt das mit dem Rollbein gelenkende Naviculare und das
stark verbreiterte dritte Keilbein (Cuneiforme III); diese
beiden in der Medianlinie des Fußes liegenden, platten Fußwurzelknochen sind zusammen so hoch, wie das Cuboideum.
Medianwärts und rückwärts vom Cuneiforme III liegt das
zweite Keilbein (Cuneiforme II); das erste Keilbein fehlt.
Der mittlere (dritte) Mittelfußknochen gelenkt mit allen
drei Fußwurzelknochen der distalen Reihe, der zweite Mittelfußknochen (das mediale Griffelbein) mit dem Cuneiforme I
und II, der vierte Mittelfußknochen (das laterale Griffelbein)
mit dem Cuboideum; im übrigen sind die Mittelfuß- und
Zehenknochen des Hintergliedes von gleicher Form, nur etwas

länger und schlanker als am Vordergliede; der Fesselwinkel
am Hinterfuße ist etwas steiler, der Huf etwas schmäler
und an seiner Vorderwand steiler als am Vorderfuße.

Der Ernährungsapparat ist der Pflanzennahrung angepaßt. Das Gebiß besteht aus 40 Zähnen mit folgender
Formel:

$$3 \quad 3 \quad 1 \quad 3 \quad 3 \quad 1 \quad 3 \quad 3$$
$$3 \quad 3 \quad 1 \quad 3 \quad 3 \quad 1 \quad 3 \quad 3$$

Die Schneidezähne besitzen an ihrer Kronenfläche eine
quergestellte ovale Grube (Marke oder Kunde), welche durch
Abreibung verschwindet; die Hakenzähne durchbrechen nur
beim Hengste das Zahnfleisch; die prismatischen oder säulen-
förmigen Backenzähne umschließen nur im Oberkiefer wahre
(ganz geschlossene) Marken, im Unterkiefer öffnen sich die
sog. falschen Marken an dem medianen, nicht geschlossenen
Rande der Backenzähne, und die letzteren sind schmäler als
im Oberkiefer; dagegen sind die Prämolaren und Molaren
jedes Kiefers von annähernd gleicher Form, und auch die
Milch-Prämolaren gleichen den bleibenden. Im Milchgebiß
erscheinen die Prämolaren und die ersten Schneidezähne
schon bei der Geburt, die zweiten Schneidezähne 4 bis 5
Wochen nach der Geburt und die dritten nach 6 bis 9 Monaten. Im bleibenden Gebiß erscheinen die ersten
Schneidezähne und die beiden vorderen Prämolaren im Ober-
und Unterkiefer im dritten Lebensjahre, die zweiten Schneidezähne und die hinteren Prämolaren im vierten, und die dritten
Schneidezähne, sowie auch die Hakenzähne, im fünften
Lebensjahre. Die ersten Molaren erscheinen von 1 bis $1^{1}/_{2}$
Jahren, die zweiten von 2 bis $2^{1}/_{2}$ Jahren, die dritten von
$4^{1}/_{2}$ bis 5 Jahren. Mit vollendetem fünften Lebensjahre ist
also das bleibende Gebiß vollständig.

Der Schlund ist verhältnismäßig eng; hinter dem
Schlundkopfe erweitert sich der Ohr-Nasenschlauch (die
Eustachische Röhre) zu einem Luftsacke. Der Magen ist
einfach, aber er besitzt einen großen Blindsack und zweierlei

Gewebe, nämlich im Blindsacke und in dem der Schlund-
öffnung zunächst liegenden Teile (dem Schlundteile) ein der
Schlund-Schleimhaut ähnliches drüsenfreies Gewebe, und im
übrigen Teile (dem Darmteile) ein der Darm-Schleimhaut
ähnliches, Lab- und Magenschleimdrüsen enthaltendes Gewebe. Der Blinddarm ist sehr groß, er durchzieht fast
die ganze Länge der Bauchhöhle und erreicht mit dem zugespitzten blinden Ende den Magen. Die Leber hat zwei
Haupt- und zwei Nebenlappen, aber keine Gallenblase; die
Galle fließt direkt in den Gallendarm.

Die Nahrung besteht aus Gräsern und Klee im grünen
und getrockneten Zustande, aus Körnern (hauptsächlich aus
Hafer, Gerste und Mais), aus Wurzelfrüchten (namentlich
Möhren), ungeschältem Reis, Datteln und Milch.

Der Harnapparat zeigt eine Besonderheit durch die
ungleiche Form beider Nieren: die linke Niere hat die gewöhnliche Nieren- oder Bohnenform, die rechte Niere aber
ist herzförmig und sie kehrt ihre Basis (die Aus- und Ein-
trittsstelle für den Harnleiter und die Blutgefäße) der Wirbelsäule zu. Der Harn reagiert alkalisch und er ist ausgezeichnet durch seinen verhältnismäßig großen Gehalt an
Hippursäure. Die Harnröhre liegt am unteren Umfange
der Rute und sie mündet innerhalb der Eichel.

Der Zeugungsapparat zeigt folgende Besonderheiten.
Die verhältnismäßig kleinen und von dem unbehaarten Hoden-
sacke umschlossenen Hoden liegen mit ihrer Längsachse in
der Sagittalachse des Körpers. Die Rute endet in einer
sehr starken Eichel, die im schlaffen Zustande in eine
weite Vorhaut (Schlauch) zurückgezogen ist. Auch der
Eierstock ist verhältnismäßig klein; das breite Tragsackband bildet um ihn eine vollständige Tasche (die Eierstock-
tasche). Der Tragsack besitzt nur zwei kurze Hörner. Das
weichenständige Euter umfaßt zwei verhältnismäßig kleine
Milchdrüsen mit je einer Zitze. Die Milch der Pferdestute
enthält im Mittel 86,3% Wasser, 2,5% Eiweißstoffe,

4,7% Fett, 6% Milchzucker und 0,5% Aschenbestandteile; die Milch der Eselin enthält im Mittel 90,2%
Wasser, 1,8% Eiweißstoffe, 1,3% Fett, 6,2% Milchzucker
und 0,5% Aschenbestandteile. Die Brünstigkeit tritt in
der Regel im Frühjahre ein, sie dauert bei der Stute 24
bis 36 Stunden und kehrt bei Nichtbegattung oder Nicht-
befruchtung in 8 bis 10 Tagen wieder. Die Trächtigkeit
dauert durchschnittlich 48 bis 50 Wochen. Die Familie der
Equiden lebt in Polygamie und es genügt 1 Hengst zur Befruchtung von 16 bis 20 Stuten, welche je ein Füllen werfen.

Die äußere Haut ist verhältnismäßig dick und mit
kurzem Deckhaar dicht besetzt; der Stirnschopf, die Mähne
und der Schweif (beim Esel nur die Schweifquaste) besteht
aus langem Grannenhaar. Der Huf ist von derbem Wandhorn
umgeben, das an dem hinteren Umfange des Hufes durch
feines und elastisches Strahlhorn unterbrochen ist. Die
Farbe des Deckhaares ist beim Pferde weiß (Schimmel)
meistens mit schwarzen, roten und braunen Strichen oder
Flecken (Eisenschimmel, Fliegenschimmel, Forellenschimmel
usw.), gelb (Falbe und Isabellen), rot (Füchse), braun und
schwarz (Rappen), beim Esel weißgrau und braun, mit
dunklen Streifen an Schultern und Beinen. Das Haar wird
im Frühjahre gewechselt.

Eine zum Systeme der äußeren Haut gehörige Eigentümlichkeit der Equiden sind die Hornwarzen (Kastanien),
welche an den Vorderbeinen medianwärts oberhalb des Vorderkniegelenkes und an den Hinterbeinen medianwärts unterhalb des Sprunggelenkes vorkommen; die Hornwarzen der
Hinterbeine finden sich übrigens nur beim Pferde und sie
fehlen dem Esel.

Pferd und Esel unterscheiden sich ferner durch folgende
Merkmale voneinander: der Kopf des Esels ist verhältnismäßig größer, die Ohren sind länger, die Mähne ist kürzer
und sie besteht nur aus aufrecht stehendem Grannenhaar;
das Pferd wiehert, der Esel schreit. Beide paaren sich

fruchtbar, aber sie erzeugen nur unfruchtbare Bastarde.
Der Bastard vom Pferdehengste und der Eselstute heißt
Maulesel (Hinnus), der vom Eselhengste und der Pferde-
stute — Maultier (Mulus).

Abstammung und Zähmung des Hauspferdes.

Die Wiege des ganzen Pferdegeschlechtes liegt augenscheinlich in Nord- und Zentralamerika, wo die tertiären
Ablagerungen eine reiche Zahl von Formen bergen, die dreizehige, vier- und fünfzehige Typen aufweisen.

Von seinem Überfluß hat Amerika wahrscheinlich frühzeitig wiederholte Abgaben nach der alten Welt gesandt,
wohl über die Länderbrücke, die zwischen Nordamerika und
dem nördlichen Asien existierte. In der ursprünglichen Heimat hat sich diese Sippe bis zu der am Ende der Reihe stehenden Gattung Equus zu entwickeln vermocht und Ausläufer
dieser Form bis nach Südamerika vorgeschoben. Dann aber
erlosch die ganze Pferdegruppe lange vor der Entdeckung
Amerikas, aus uns unbekannten Gründen und erst die Spanier führten hier wieder das Hauspferd ein, welches in der
Folge sich dann reich vermehrte.

Auf europäischem Boden begegnen wir dem Pferde in
quaternären Schichten oder Höhlen. Schon Owen hat gezeigt, daß diese primitivsten europäischen Funde zwei
distinkten Formen von Pferden angehörten. Die eine, die
Owen als Equus caballus bezeichnete, war so groß wie ein
mittelgroßes Pferd unserer Zeit und die andere (Equus
plicidens) so groß wie ein großer Esel, aber von dem vorigen
unterschieden durch eine kompliziertere Fältelung des Zahn-
emails. Später war es besonders Nehring, der durch seine
glänzenden Studien über das norddeutsche Diluvialpferd
die Kenntnis dieses Tieres weit gefördert hat und dessen
Untersuchungen vereint mit denjenigen französischer, bel-
gischer und englischer Forscher über die Pferde der Sta-

tionen von Solutré, Vezère, Cro-Magnon, La Madelaine, Dinat-sur-Meuse, und Kentischer Höhlen uns zu der Auffassung geführt haben, daß das europäische Diluvialpferd als Stammform der abendländischen, schweren Pferdeschläge angesehen werden muß.

Ich selbst habe auf Grund meiner Studien über die Viehzucht der alten Germanen die Hypothese aufgestellt, daß die kleine Ponyrasse der Germanen, welche ich als Equus caballus Nehringi bezeichnete, von dieser im Quaternär Nordeuropas, besonders Großbritanniens und der Küstenländer häufigen kleinen Pferdeform herstammt, die aber von Nehring auch in Fundorten der prähistorischen Waldperiode Deutschlands angetroffen wurde. (Alvesse, Spandau usw.) Die heutzutage in Großbritannien und Irland vorzugsweise lebenden Ponys wären somit als letzte Reste dieses Hauspferdes der germanischen und keltischen Bevölkerung Nordeuropas aufzufassen.

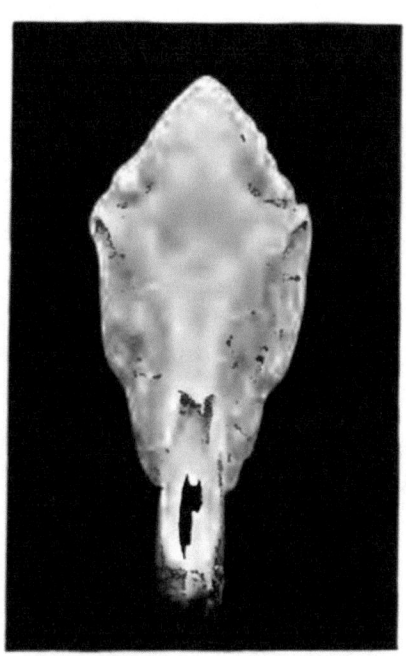

Fig. 16., Schädel eines Equus cab. Nehringi (Duerst). (Torfmoor der Somme, Frankreich.)

(Museum in Paris. Originalaufnahme.)

Wenn man die prähistorischen Kulturschichten Europas weiter durchforscht, so findet man schon vor dem Beginne der Römerherrschaft zunächst in Südeuropa eine dritte Form von Pferden sich bemerkbar machen, die gegenüber diesen beiden robusten Rassen, durch die Schlankheit der Knochen, besonders der der Extremitäten ausgezeichnet ist. Es wurde

diese dritte Form allgemein als eine orientalische erkannt.
Da nach Angabe der Klassiker die Gallier ihre einheimischen
Pferde mit orientalischem Blute verbesserten, so erhalten
wir hier eine Bestätigung dieser Überlieferung.

Es ist zunächst etwas unverständlich, wenn man hört,
daß nach einer so großen Häufigkeit des Vorkommens des
Wildpferdes während der Diluvialzeit, die Anzahl der Pferde
bei den Germanen und Galliern nur eine sehr geringe war.

Wenn in einer einzigen Diluvialstation z. B. derjenigen
von Solutré nach Toussaints Berechnungen die Reste von
100000 Pferden lagen, die zusammen mit dem Mammuth,
Ur und Höhlenbär jene Gegenden bevölkerten und dem Menschen zur Beute wurden, so deutet dies doch auf eine große
Verbreitung des Pferdes hin.

Das Pferd ist eigentlich ein Steppentier, das in der
Steppe am besten gedeiht, deshalb finden wir in der post-
glacialen Steppenperiode ein zahlreiches Vorkommen derselben. Die kräftigen, mittelgroßen Wildpferde zogen sich
mit dem Vorrücken des Waldes und dem Zurückweichen der
Steppenvegetation nach dem Osten zurück, so weit sie nicht
schon in ihrer freien Bewegung beschränkt, also domestiziert waren. Auch vollständig wilde Pferde werden auf
größeren Lichtungen, die offenbar zwischen den sich aus-
breitenden Wäldern noch Jahrhunderte lang bestanden, zurückgeblieben sein und mögen sich bis ins Mittelalter erhalten haben. Die Speisesegnungen des St. Galler Mönches
Ekkehard enthalten eine Danksagung für das Fleisch des
Wildpferdes: „Sit feralis equi caro dulcis sub cruce Christi".

Die Frage des Zeitpunktes der Domestikation dieses
autochthonen europäischen Wildpferdes hat in neuester Zeit
durch die Entdeckung der Felsenzeichnungen in der Höhle
von Combarelles (Dordogne) eine Förderung, vielleicht sogar eine völlige Klärung erhalten.

Während Toussaint die Pferde von Solutré zum Teil für
gezähmt hielt, welcher Ansicht Piètrement, Ecken u. a.

widersprachen, so glauben nunmehr Capitan und Breuil,
die Entdecker der Felsenzeichnungen von Combarelles und
Font de Gaume, Andeutungen von Zäumen und Decken bei
den dargestellten Pferden aufgefunden zu haben. Mit den
Resultaten der Palaeontologie steht diese Theorie durchaus
nicht im Widerspruch und kann daher Anspruch auf Wahrscheinlichkeit erheben, besonders da auch nach unseren

Fig. 17. Steinzeichnung eines Pferdekopfes von Gourdon. (Nach E. Piette.)

früheren Untersuchungen zur Vornahme der Domestikation
keine höhere Kulturstufe des Menschen erforderlich ist.

Treten wir aber aus der palaeolithischen Epoche hinüber in die neolithische, also in eine Zeit, wo mit der Verbesserung des Klimas, dem Auftreten von Wäldern, der
hüttenbewohnende Mensch schon sich der Kultur der Ce-
realien, und Früchte zugewendet und eine Menge von Haustieren, Rinder, Schafe, Ziegen, Schweine und Hunde besitzt.
Hier ist nun das Pferd ungemein selten. Rütimeyer, Rol-
leston, Avebury u. a. konstatieren das äußerst seltene
Vorkommen des Pferdes in neolithischen Zeiten. Ich selbst
fand es nur selten in dem Neolithicum von Böhmen und

Frankreich. Es scheint, als ob einige der Diluvialpferde entweder vereinzelt gehalten wurden oder als wilde Tiere unter die Knochenreste der Ansiedlungen gerieten. Wäre dies letztere der Fall, dann müßte man mit verschiedenen Archaeologen annehmen, daß mit dem Ende der palaeolithischen Periode die Hauspferde Europas ausstarben und dann erst später durch einwandernde östliche Völker solche wieder gebracht wurden. Sei dem wie da wolle, sicher ist jedenfalls, daß das Pferd zur neolithischen Zeit selten ist.

Zur Bronzezeit hingegen ist er besonders in Mitteleuropa, von Süden herkommend, recht häufig. In Norden in der kleinen Form des Bronzepferdes, dem Eq. cab. Nehringi, im Süden schon beeinflußt von orientalischem Blute, was auch durch das Vorkommen des Esels in den bronzezeitlichen Pfahlbauten von Auvenier und in den italienischen Terramaren noch bestätigt wird.

Von dann ab begegnet man dem Pferde immer in den Knochenresten. Ich habe aber gezeigt, daß für Germanien durchaus das gilt, was Caesar (Bell. gall. IV, 2), Tacitus (Germ. 6), Appianus (d. r. Celt. 3) sagen, daß die Germanen nur verhältnismäßig wenige, ungestalte, kleine, nicht schnelle, aber durch tägliche Anstrengung äußerst dauerhafte, in Notfällen sogar mit Baumrinde zufriedene Pferde haben, welche dessenungeachtet von ihnen denen, die man aus anderen Ländern einführte, vorgezogen werden. Im Laufe der Jahrhunderte wurden aber diese kleinen Pferdchen durch das andringende, größere Pferd verdrängt, dessen Zucht im Thüringischen zuerst größere Erfolge errungen haben soll.

In den außereuropäischen Ländern, hören wir vom Pferde zuerst bei den Ägyptern, Assyriern und Indern.

In Ägypten fehlt das Pferd vollständig unter allen Knochenresten und Bildwerken des alten Reiches. Erst mit dem neuen Reiche tritt dasselbe hier auf, d. h. erst um 1530 vor Christus. Auch in Altbabylonien finden wir keine Nachrichten über das Pferd und erst in der Assyrischen Periode,

also etwa gleichzeitig mit seinem Auftreten in Ägypten
findet sich das Pferd auf den Skulpturen der Paläste und
Tempel, den Siegelzylinder und Gemmen. Die Darstellung,
die man über die Jagd von Wildpferden auf den Mauern
des Palastes des Assurbanipal in Kujundschik fand, stammen
aus sehr später Zeit, um 668 v. Chr., als man längst schon
domestizierte Pferde besaß.

Immerhin scheint das Pferd in Zentralasien schon frühzeitig domestiziert gewesen zu sein, denn die Chinesen geben
in ihren sehr glaubwürdigen Annalen an, die Pferde im
Jahre 3468 v. Chr. nach China importiert zu haben und
die alten arischen Indier, die um 2000 v. Chr. Nordindien
eroberten, scheinen das Pferd ebenfalls schon mit sich geführt zu haben.

Wir werden für die Herkunft des orientalischen Pferdes nach diesen historischen Tatsachen auf eine mittel-
asiatische Stammquelle hingewiesen, also auf eine Gegend,
in der heute noch ein Wildpferd lebt, das erst seit kurzem
recht bekannt geworden ist, nämlich das Equus Przevalskii.

Dies in der Dsungarei lebende Wildpferd findet sich in
Herden von 5—15 Stück unter der Anführung eines alten
Hengstes. Er ist von kleiner Statur. Exemplare, die ich
lebend sah, hatten dieselbe Größe wie ein isländisches Pony.
Die Ohren sind kurz; die Mähne ist aufrechtstehend. Der
Schweif ist nur in der unteren Hälfte mit Haaren be-
wachsen. Die vorherrschende Färbung ist je nach der Jahreszeit falb bis weißgrau, die Beine sind vom Knie an etwas
dunkeler gefärbt. Schädeluntersuchungen ergaben den Nach-
weis der Zugehörigkeit zu den echten Pferden. Ob nun
das Przewalskische Pferd als die Stammquelle des orientalischen Pferdes aufgefaßt werden muß, oder ob ein prähistorischer Vorfahr derselben die Stammform abgab, ist
heute noch nicht völlig zu entscheiden.

Der in den Steppen des südöstlichen Rußlands lebende
„Tarpan" kann aber entgegen der früheren Meinung nicht

als Stammart des orientalischen Pferdes in Frage kommen, sondern muß nach Tscherski als ein verwildertes Pferd betrachtet werden. Merkwürdigerweise zeigt uns gerade die in dem skythischen Hügelgrabe von Tschertomlyk (bei Nikopol am Dnjepr) gefundene silberne Amphora, die Darstellung des Einfangens von Wildpferden, deren Zäumung und Sattelung. Es scheint danach, daß der Tarpan, welcher heute noch am unteren Dnjepr lebt, einen Rest dieser verwilderten Pferde der Skythen darstellt. —

Verwilderte Pferde finden sich in Europa auch noch in dem Rhonedelta, der sogen. Camargue. —

Die Rassen des Hauspferdes.

Schon L. Frank teilte dieselben 1875 in zwei Hauptgruppen, die orientalische und occidentalische, oder die morgenländische und abendländische, wie Wilkens in der ersten Auflage dieses Werkes die Bezeichnung wählte.

Die Fitzingersche Einteilung in solche Pferde, die das leichte Pferd zu Stammeltern haben, und solche, die sich vom schweren Pferde ableiten, und solche, die vom Zwergpferde herstammen, hat ebenfalls einiges für sich. Weniger Wert kommt hingegen der Sansonschen Einteilung in acht, teils dolichocephale, teils brachycephale Rassen zu, welche Einteilung durchaus nicht durchführbar ist.

Wir behalten jedoch die Wilkenssche Einteilung bei, da die Anzahl der Rassen des Hauspferdes eine so große, und die Literatur über dieselben eine so reichhaltige ist, daß es von vornherein unmöglich wird, mehr als eine kurze Skizze einiger Rassen zu geben.

Die der morgenländischen Rassegruppe angehörenden Pferde sind von mittlerer Größe, d. h. ihre Widerristhöhe beträgt etwa 1,50 m Galgenmaß. Ihr Kopf ist verhältnismäßig klein und das Gesichtsprofil häufig etwas kon-

kav; der Hals ist fein und lang, der Rücken fast gerade,
der Lendenteil kurz, die Kruppe schön gewölbt, der Schweif
hoch angesetzt und im Knochenteile kurz; die verhältnismäßig kurzen Beine sind fein und zierlich gebaut. Die feinen
aber sehr festen Knochen treten mit ihren Hervorragungen
unter der feinen und sehr derben Haut überall hervor, so
daß die Körperformen trocken und eckig erscheinen. Der Huf
ist schmal und von festem Horn umschlossen. Das Haar

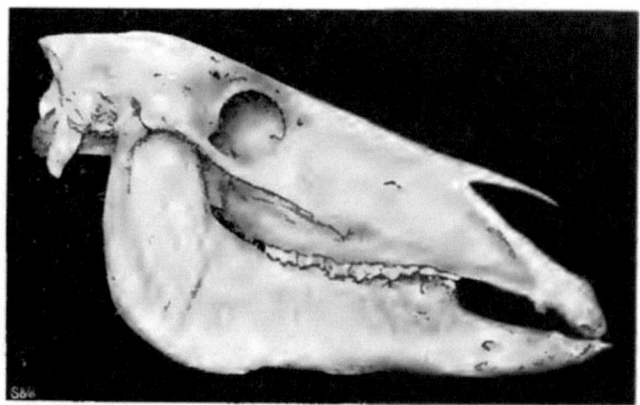

Fig. 18.   Schädel eines orientalischen Rassepferdes.   Kollekt. Sanson in
Grignon.   (Originalaufnahme.)

ist bei sorglicher Haltung fein und glänzend, die Mähne
lang und der Schweif dicht behaart.

Die bezeichneten Eigentümlichkeiten der Form stehen
in Beziehung zu dem trockenen Klima ihrer Heimat und zu
der in der Regel spärlichen Ernährung des morgenländischen
Pferdes mit vorwiegend trockenen Futtermitteln, sowie auch
mit der in den endlosen Steppen Afrikas und Asiens gebotenen
anstrengenden Benutzung im Reitdienste; der Orientale ver-
langt von seinem Rosse keine massige Kraftleistung, sondern
eine rasche Bewegung, welche den leicht ausgerüsteten
Reiter vorwärts bringt. Für den Zugdienst, und insbesondere
für landwirtschaftliche Arbeiten, wird das morgenländische

Pferd auf den vorwiegend von Nomaden bewohnten Steppen
Afrikas und Asiens selten benutzt; wo es aber geschieht,
wie z. B. in dem fruchtbaren Niltale, in Persien, Syrien und
in den ackerbautreibenden Provinzen des Kaukasus und des
südlichen Rußlands, da ist das morgenländische Pferd infolge
der besseren Ernährung auch größer und massiger geworden.

Die morgenländische Rassengruppe umfaßt folgende
Rassen: 1) die Berber-Rasse, 2) die Rasse der Nilländer,
3) die arabisch-persische Rasse, 4) die mongolisch-
tatarische Rasse. Jeder dieser Rassen gehören zahlreiche
Schläge an.

1. Die Berber-Rasse ist westwärts von Ägypten an
der ganzen Nordküste Afrikas, in der Wüste Sahara und in
Zentral-Sudan verbreitet.

General Daumas beschreibt das Berberpferd wie folgt.
Es ist durchaus proportioniert, hat kurze und bewegliche
Ohren, starke aber feine Knochen, fleischlose Wangen, weite
Nasenlöcher, schöne schwarze und nicht vorstehende Augen,
einen langen Hals, eine gewölbte Brust, vorspringenden
Widerrist, kräftige Nierenpartie und kräftige Hanken; die
Vorderrippen sind lang und die hinteren kurz, Leib und
Kruppe gerundet, die Hoden straff und schön hervortretend;
der Unterarm ist lang und muskulös mit wenig hervortreten-
den Adern, das Hufhorn schwarz und einfarbig, das Haar
dicht und fein, das Fleisch fest, der Schweif oben sehr stark,
unten aber dünn. Daumas unterscheidet im westlichen Teile
der algerischen Sahara drei Schläge: den Haymour, gewöhnlich von brauner Farbe, den Bou-Ghareb (Schimmel) und
den Merizigun (grau). Die Haymours sind die gesuchtesten;
sie haben eine schöne Figur, sind sehr kräftig und auch
sehr leicht.

Zur Berber-Rasse gehören auch die südspanischen
und die von diesen abstammenden mexikanischen Pferde.
Die letzteren haben nach C. Sartorius einen kleinen Kopf,
die Nase wenig gebogen, die Nüstern weit und fein; starke

Adern laufen an dem Kopfe hin, das Auge ist lebhaft und das kleine Ohr sehr beweglich. Ihre Knochen sind fest, obwohl die Beine fein gebaut sind; der Huf ist klein, hart und wird selten beschlagen. Das mexikanische Pferd ist abgehärtet, und es bedarf wenig Pflege.

2. In den Nilländern unterscheidet Rob. Hartmann

Fig. 19. Berberpferd aus Biskra.

folgende Schläge. Das Pferd von Dar-Fur hat einen breiten und kurzen Kopf mit meist geradem, selten leicht konvexem Nasenrücken, einen kurzen, dicken und geraden Hals, dicken Leib, etwas abschüssige Kruppe, lange und starke, auch in den Fesseln meist starke Beine, volle Mähne und vollen Schwanz. Von Farbe ist es grau, fuchsig, braun, schwarz, selten weiß. Es ist ein hartes und ausdauerndes Tier.

Das abessinische und Gala-Pferd ist schmächtig und nicht groß; es hat einen schmalen Kopf, mäßige Ohren, geraden, selten leicht gewölbten Nasenrücken, feine Beine, volle Mähne und elegante Schwanztracht. Von Farbe ist es meist grau, braun, schwarz und weiß. Es ist sehr genügsam und ausdauernd.

Das Dongola-Pferd ist edel und groß; es hat eine wenig breite Stirn, konvexen, selten geraden Nasenrücken, feine Schnauze, große Augen, dünnen und gebogenen Hals, hohen Widerrist, ziemlich hohe und abschüssige Kruppe, steile Schultern, hohe Beine, feine Fesseln, reichliche Mähne und voll behaarten Schweif. Von Farbe ist es meist fuchsig, braun oder schwarz, an der Stirn und an den Fesseln sehr häufig weiß.

Das ägyptische Pferd bezeichnet Hartmann als eine „jedenfalls wohl verdorbene arabische Rasse, die infolge steter Kreuzung mit anderen Pferden häufigen Abänderungen unterworfen ist." Das ägyptische Pferd hat ein geraderes Profil, einen kürzeren und geraden Hals, geraderen Rücken, ein volleres Widerrist und dickere Knie- und Fesselgelenke als das arabische. Die Farbe ist die des arabischen Pferdes.

3. Unter den Pferden Asiens nimmt die arabische Rasse den ersten Rang ein. Nach Martin besitzen die Araber gegenwärtig drei Pferderassen: die Attechi, die Kadishi und die Koheili oder Kohlani. Die beiden ersteren haben keinen erheblichen Wert, und sie werden nur zu gewöhnlichen Arbeiten verwendet. Die Kohlani bilden die edle Rasse, welche selbst wieder in fünf Stämme zerfällt, deren jeder zahlreiche Familien zählt. Von diesen Kohlani wird behauptet, daß sie von den fünf Lieblingsstuten Mahomeds abstammen; nach anderen wird ihre Abstammung bis auf die Pferde Salomos zurückgeführt, und wieder andere leiten sie ab von den Pferden alter nomadischer Häuptlinge. Von mehreren Familien der Kohlani existieren geschriebene und beglaubigte Stammregister, die mehr als vierhundert Jahre zurückweisen. Die edelsten arabischen Pferde sind von Nedjed. Hartmann beschreibt diese Pferde wie folgt: die durch-

schnittliche Größe beträgt 14 Faust (1,48 m); die Stirn ist
breit (quadratisch), die Schnauze fein, der Nasenrücken zeigt
sich etwas konkav, das Auge ist groß und feurig, das Ohr
eher klein als groß, der Hals ist gebogen, die Schultern
sind schräg und muskulös, der Widerrist ist mäßig hoch
und schmal, die Kruppe hoch, der Ansatz des Schwanzes
hoch, die Schenkel sind kräftig, die Fesseln zart; Mähne
und Schwanz sind üppig und vollhaarig; die Farbe ist fuchsig,
hellbraun, weiß, schwarz; Apfelschimmel sind nicht selten,
Braune und Eisenfüchse dagegen weniger zahlreich. — Die
in Europa vorkommenden arabischen Pferde sind meistens
Grauschimmel, und zwar vorwiegend Fliegenschimmel und
Forellenschimmel. Das Haar der arabischen Pferde ist
fein und seidenglänzend. Die Glieder sind sehr trocken und
sehnig, aber die Sprunggelenke stehen häufig etwas eng.

Dem arabischen mehr verwandt ist das syrische Pferd,
welches auf den Märkten zu Aleppo und Damaskus meistens
als arabisches Pferd verkauft wird; es ist größer und kräftiger als das arabische Nedjed-Pferd, aber weniger edel. Als
von dem syrischen Pferde abstammend gilt das Tscherkessen-Pferd am Kaukasus-Gebirge; man unterscheidet nach
Freytag am Kaukasus vier Schläge: das georgische, das
kabardinische, das daghestanische und das abchasische
Tscherkessen-Pferd.

Auch die persischen Pferde sind durchschnittlich etwas
größer und massiger als die arabischen, übrigens diesen sehr
ähnlich, da sie vielfach mit arabischem Blute durchkreuzt
sind. Nach C. Freytag ist der Kopf der persischen Pferde
klein, fein und trocken, mit gerader aber nicht sehr breiter
Stirn und feinen Ganaschen; der feine Hals ist schlank,
hoch gestellt und etwas gebogen; der Leib ist lang gestreckt, in vielen Fällen schmächtig und in der Rippengegend
immer schmaler als bei der arabischen Rasse; die Schultern
sind flach, die Brust ist nicht sehr breit, der Widerrist erhaben, die Kruppe hoch und lang; der Schwanz ist hoch,

aber nicht so frei angesetzt wie beim arabischen Pferde.
Die Farbe ist am häufigsten braun und schwarz, doch sind
auch Schimmel nicht selten. Man unterscheidet in Persien
vier große Schläge: das irak-adschemische Pferd ist das
schönste und edelste; daneben ist das hyrkanische Pferd
in der Provinz Mazenderan vorzüglich durch seine große
Dauerhaftigkeit; das karabachische Pferd in Mesopotamien
und das kandaharische in Afghanistan ist weniger edel und
kleiner als die erstgenannten. Nach Jak. Ed. Polak hat das
eingeborene persische Pferd (jabu, Klepper genannt) ein
unansehnliches Äußere, dagegen ist es unermüdlich, ge-
schickt im Erklettern der steilen Bergpfade und sehr genügsam. Das kurdische Pferd ist durch Kreuzung des
Arabers mit dem eingeborenen Pferde entstanden.

Die ostindischen Pferde sind den persischen nahe
verwandt. Youatt-Hering unterscheiden fünf Schläge: den
Turky, den Iraner, den Cosaky, den Mojinniss und den Tazsee,
von welchen nur der erstgenannte dem Perserpferde an Leistung gleichkommt.

Über das indische Pferd schreibt Schlieben: „Bis in
die neuesten Zeiten hat das indische Pferd niemals die Größe,
Schönheit und Leistungsfähigkeit der besseren Rassen anderer Länder erreicht; die klimatischen Verhältnisse und
besonders ein ihnen nicht zusagendes, zu gewürzreiches Gras
scheinen die Hauptursache davon gewesen zu sein. In
Kaschmir, Leh, Thibet, Bhutan, China, Vorder- und Hinterindien ist überall nur die kleine hinterasiatische Rasse der
Bergklepper zu Hause, welche Tangun genannt werden;
die besten Pferde finden sich noch im Lande zwischen Indus
und Hydaspes und besonders in Kak'ha; diese sind aber vielleicht arabischer Abstammung."

4. Die an Schlägen und Individuen reichste Rasse des
morgenländischen Pferdes ist die mongolisch-tatarische.
Das alte Reiter- und Räubervolk der Mongolen (das unter
Dschingiskhan ein großes Reich bildete vom Amur bis zum

Dnjepr, welchem in der Zeit vom Anfange des 13. bis zum
Ausgange des 14. Jahrhunderts auch Kaiser und Könige im
Westen Europas, ja selbst der Papst zinspflichtig war) ver-
dankt seine Eroberungen hauptsächlich den kleinen flüch-
tigen und dauerhaften Rossen, die noch jetzt im ganzen
nördlichen und östlichen Teile von Asien und im Osten von
Europa als Haupt-Pferderasse verbreitet sind. Man kann

Fig. 20.   Tanguns in Hinterindien.

diese Rasse kurzweg als die tatarische bezeichnen; da
man aber gegenwärtig unter „tatarisches Pferd" die Pferde-
Bevölkerung am Aral- und Kaspi-See, sowie in Kaukasien
versteht, so erscheint es zweckmäßig die kleinere und ge-
meinere mongolische Pferderasse, welche ihre Heimat hat
in der jetzigen Mongolei (insbesondere in der Wüste Gobi),
abzuzweigen. Diese kleinere mongolische Form, bzw. Unter-
rasse, ist hauptsächlich in Zentral-Asien, im chinesischen
Reiche, in Birma, Siam, Cochinchina und auf den Inseln

des indischen Ozeanes und der Sunda-See verbreitet. Das
größere und kräftigere tatarische Pferd ist im Besitze der
Kara-Kirgizen am Tschian-Schan und in der Dsungarei, der
Kirgiz-Kaizaken im russischen Turkestan, der Kalmücken
in Kaukasien und an der Wolga, der Baschkiren und Kosaken
am Ural, und der Kosaken am Don und an der Wolga. Be-
renger beschreibt diese Pferde als von mittlerer Größe,
stark, kräftig und verwegen; sie haben gute, aber etwas
enge Hufe; der Kopf ist gut geformt, mager aber zu klein;
die Schienbeine (Mittelfußknochen) sind zu lang. Die Pferde
besitzen eine große Schnelligkeit und sie sind nicht zu er-
müden.

Zu den besten Schlägen der tatarischen Rasse gehört
das turkomanische Pferd; seine Heimat ist in Turan, südöstlich vom Kaspisee. Nach Youatt-Hering erreicht das
turkomanische Pferd eine Höhe bis zu 1,70 m; es ist flüchtig
und unermüdlich in Strapazen; doch ist es etwas zu schmal
im Leib, die Gliedmaßen sind lang, hie und da hat es einen
sogenannten verkehrten Hals und immer einen außer Verhältnis großen Kopf.

Nach Polak ist das turkomanische Pferd auch in Persien
verbreitet; außer den auffallend hohen Beinen, den plumpen
Hufen, den ziemlich dicken Kopf, den sehr langen Hals erwähnt Polak als besondere Eigentümlichkeit noch den nackten schwieligen Kamm ohne Mähne; die Mähnenhaare fallen
nämlich aus, wenn sie $1^1/_2$ Zoll lang geworden sind.

Die tatarische Rasse dehnt sich weithin aus bis an die
östlichen Grenzen Österreichs und Preußens. Das Tataren-
Pferd bildet nämlich die eingeborenen Pferdeschläge in Bessarabien, in Rumänien, wo der moldauische Schlag einen
besonderen Ruf genießt, in der Bukowina, wo das kleine,
aber sehr ausdauernde Huzzulen-Pferd seine Heimat hat,
in polnisch-Galizien, wo es vielfach mit arabischem Blute
veredelt ist, in Siebenbürgen und Ungarn, wo es noch
Gegenstand einer wenig kultivierten Landeszucht ist, wäh-

rend die Staatsgestüte fremdes Blut züchten*), in Bulgarien und Rumelien, wo sehr tüchtige Pferde gezüchtet werden und viel mit arabischem Blut gekreuzt ist, und endlich in Griechenland, wo das Tataren-Pferd wieder herabsinkt zu dem ponyartigen Skyros.

Das morgenländische Pferd ist in Europa in direkten und mit orientalischem Blute gekreuzten Nachkommen vielfach verbreitet. Von der Berber-Rasse stammt das südspanische Pferd ab, insbesondere der Andalusier, ferner die leichten Reitschläge in Südfranreich (die Limousiner und Auvergnaten, sowie die Schläge von Camargue und Landes) und der unter dem Namen der „Barbari" bekannte italienische Reitschlag. Teils vom Berberpferde, teils von der arabisch-persischen Rasse abstammend, aber auch mit abendländischem Blute gekreuzt, ist die Zucht des k. k. Hofgestütes Lipizza*), im Karstgebirge bei Triest; das Lipizzaner Pferd, meistens von Schimmelfarbe, zeigt unverkennbar den morgenländischen Schnitt. Dies gilt auch von einem Teile der russischen Orlowtraber; die in den Gestüten Khränowoy und Padü im Gouvernement Woronesch gezüchteten Traber stammen von einem arabischen Hengste und einer holländer Stute; nach Schwarznecker werden in Khränowoy zwei Linien dieser Traber gezüchtet: eine größere mit vorherrschend holländischem Typus, unedler, aber gängiger, und eine kleinere mit überwiegend morgenländischem Typus, schärferen Konturen und strafferer Textur, welche aber weniger die charakteristische schnelle Aktion zeigt; die letztere enthält vorwiegend arabisch-persisches Blut.

Von morgenländischer Abstammung sind auch die kleinen

---

*) Babolna züchtet Araber; Kisber: englisches Vollblut und Halbblut; Mezöhegyes: Anglo-Normänner, Araber, englisches Halbblut und Norfolker; Fogoras in Siebenbürgen: Lipizzaner.

**) Das Gestüt Lipizza wurde nach Christoph Josch im Jahre 1580 durch Erzherzog Karl von Österreich begründet; die erste Stammzucht bestand aus 3 Hengsten und 24 Stuten aus Andalusien.

Pferde in preußisch-Litthauen, und durch den angeblich turkomanischen Hengst Turcmainatti ist auch in dem ostpreußischen Staatsgestüte zu Trakehnen morgenländisches Blut eingeführt worden.

Das abendländische Pferd*) bietet weniger gemeinsame Merkmale dar als das morgenländische. Im allgemeinen sind die abendländischen Pferde höher, länger und massiger, die Konstitution ist weicher, die Haut dicker, die Knochen sind gröber und minder dicht als die der morgenländischen Pferde; der Kopf ist in der Regel verhältnismäßig groß und schwer, der Hals kurz und dick, und die Schultern stehen nicht selten steil; die Hufe sind breiter und flacher; das Temperament ist ruhiger. Diese allgemeine Kennzeichnung gilt hauptsächlich für die Pferde der germanischen Völkerstämme, welche nicht mit morgenländischem Blute durchkreuzt sind.

Wilkens unterscheidet vom abendländischen Pferde folgende Rassen: 1. die englische Vollblut-Rasse, 2. die Yorkshire-Rasse, 3. die englische Karren-Rasse (Shire), 4. die Suffolk-Rasse, 5. die Clydesdale-Rasse, 6. die britische Pony-Rasse, 7. die Ardennen-Rasse, 8. die Flammländer-Rasse, 9. die holländische Traber-Rasse, 10. die dänische Rasse, 11. die skandinavische Rasse, 12. die Normänner Rasse, 13. die Bretagner Rasse, 14. die Boulogner-Rasse, 15. die Polesina-Rasse, 16. die norische Rasse, 17. die kanadische Rasse, 18. die indianische Pony-Rasse, 19. die Vermont-Rasse, 20. die Conestoga-Rasse, 21. die nordamerikanische Traber-Rasse, 22. die australische Busch-Rasse.

---

*) Ob das abendländische Pferd, beziehungsweise die europäischen Pferderassen, von dem europäischen Wildpferde abstammen, oder ob dieses untergegangen und das morgenländische Pferd in Europa eingeführt ist — angeblich zur Zeit der Einwanderung arischer Völker —, diese Frage harrt noch der Entscheidung. Aus morphologischen Gründen bin ich der Ansicht, daß die abendländische Rassengruppe eine selbständige und wahrscheinlich durch Zähmung des europäischen Wildpferdes entstandene ist.

1. Von vorwiegend morgenländischer, beziehungsweise von arabisch-berberischer Abstammung, ist das englische Vollblutpferd (thorough-bred), obgleich es nur noch in der Form des Kopfes diese Abstammung erkennen läßt; im übrigen ist das englische Vollblutpferd durch die eigentümlichen Verhältnisse des Klimas, der Lebensweise und der Züchtung in seiner Heimat zu einer durchaus selbständigen und konstanten Rasse geworden.

Die Vollblutzucht in England datiert nach Schwarznecker seit der Regierung des vorletzten Stuarts, Karl II. (1660—1685), der eine Anzahl morgenländischer Hengste und Stuten eingeführt hat; von letzteren (den „royal mares"), hat die Vollblutzucht ihren Ausgang genommen. Das Vaterland dieser Stuten ist zweifelhaft, Schwarznecker vermutet, daß es die Berberei und die Türkei gewesen sei. Mit diesen Stuten wurden nachmals im Morgenlande erworbene Hengste gepaart, woraus die berühmten Vollblutstämme entstanden sind. Zu den letzterwähnten Hengsten gehört nach Martin der von Darley zu Aleppo gekaufte, aus der Wüste Palmyra stammende Araber (Darleys Araber), der Vater von Flying-Childers, des schnellsten englischen Pferdes, und der Begründer des Eclipse-Stammes; später trug der Berber Lord Godolphins zum Ruhme des englischen Rennpferdes bei, und er begründete den Matchemstamm; der Byerley-Türke wurde der Stammvater des Herodblutes, zu welchem Highflyer gehörte, zu seiner Zeit das beste Pferd in England. Von diesen und anderen morgenländischen Rassen, sagt Martin, ist eine Rasse entstanden, welche, was Feuer und Flüchtigkeit betrifft, von keiner in der Welt erreicht wird.

Das englische Vollblutpferd, obgleich es von so verschiedenartigem Blute abstammt, zeigt doch sehr übereinstimmende Körperformen; es trägt einen kleinen trocknen Kopf auf einem sehr langen und dünnen, aber muskulösen und wohl angesetzten Halse, der Widerrist ist hoch, die

Schultern stehen schräg, die Rippen sind gut gewölbt, die
runde Kruppe ist etwas erhöht (überbaut), die Schenkel
und Hoden sind voll und kräftig, die Kniee und Sprunggelenke trocken und fest, die Röhrenbeine fein und verhältnismäßig klein, die Fesseln lang und elastisch, die Hufe
schmal und fest; die Widerristhöhe beträgt durchschnittlich
1,68 m. Die Haarfarbe ist vorwiegend braun, schwarzbraun
und fuchsig, selten sind Rappen und noch seltener andere
Farben. Nach Schwarznecker besitzt das englische Vollblutpferd ein größeres Herz*) als das gemeine.

Da der Begriff des englischen Vollblutes sich aus den
Leistungen auf der Rennbahn ergibt und die Sieger auf der
Rennbahn in dem Stud-book eingetragen sind, so entscheidet
dieses Buch über die Zugehörigkeit irgend eines Pferdes zur
englischen Vollblutzucht.

Durch Kreuzung mit englischen Vollblutpferden ist das
englische Jagdpferd (Hunter) und eine große Zahl von
genannten Halbblutpferden (Hackneys, Roadsters, Cobs)
für verschiedenartigen Gebrauch entstanden.

Zu den Halbblutpferden müssen wir auch den Norfolk-
Traber rechnen; nach Gayot ist derselbe durch Paarung
von Vollbluthengsten mit Percheronstuten entstanden. Der
Norfolk-Traber ist ein gedrungen gebautes, kurzbeiniges
Pferd mit breiter und runder Kruppe, welches die dem
Holländer- und Orlow-Traber eigentümliche runde Kniebe-
wegung besitzt; die vorherrschende Farbe ist Rotschimmel.

2. Die Yorkshire-Rasse ist nach Veltheim eine alte,
nicht mit ausländischem Blute gemischte Rasse. Die Pferde
dieser Rasse, die nach ihrem Haupt-Züchtungsgebiete und
ihrer Farbe auch als Cleveländer-Braune bezeichnet

---

*) Schwarznecker behauptet, daß das Herz gemeiner Pferde 4—4,5,
das vom englischen Vollblutpferde bis 5,5 kg Gewicht habe; der Größe
des Herzens entsprechend erweitern sich die Blutgefäße. Der Puls der
Vollblutpferde hat nach S. etwa 28—32 Schläge in der Minute, bei den
gemeinen Pferderassen ist 36—40 die Norm.

werden, sind gegenwärtig an Zahl sehr vermindert; durch
Kreuzung mit Vollblut haben die Cleveländer Braunen das
englische Kutschpferd geliefert und einen großen Anteil
gehabt an der Produktion des Oldenburger Pferdes.

3. Das englische Karren- oder Grafschafts-Pferd
(Cart-, Agricultural oder Shire Horse) ist ein kolossales, massiges Tier von etwa 1,90 m WiCderristhöhe, dabei aber von
wohlproportionierten Formen und von leichter Bewegung.
Die Shires sind meistens Rappen. Nach Culley stammen
die englischen Karrenpferde ursprünglich aus Holland, wo-
her sie zuerst von einem Herzoge von Huntingdon, und
nachmals u. a. von Bakewell nach England eingeführt sind.

4. Das alte Suffolk-Ackerpferd, meistens von Fuchs-
farbe, ist nach Veltheim wahrscheinlich etwas mit nor-
männischem Blut gemischt. Das gegenwärtige Suffolkpferd
hat durchschnittlich 1,75 m Widerristhöhe; es ist ein sehr
gedrungen gebautes und kräftiges Ackerpferd, mit verhältnismäßig kleinem Kopf, niederem Widerrist und breiter runder Kruppe.

5. Das Clydesdale-Pferd stammt nach Veltheim „er-
weislich von flandrischen Hengsten, mit Landesstuten gepaart"; es wurde ursprünglich an den Ufern des südschottischen Flusses Clyde gezüchtet, daher der Name. Das Clydesdale-Pferd hat eine Widerristhöhe von 1,70—1,75 m und
es ist wohl proportioniert, doch nicht gedrungen gebaut;
seine Konstitution ist etwas weich und seine Farbe meistens
schwarzbraun und braun; auffallend ist der lange Haar-
behang an dem hinteren Umfange der Füße.

6. Die Pony-Rasse, die den letzten Rest des prähistorischen Eq. cab. Nehringi bildet, ist in Großbritannien gegenwärtig (nach Schwarznecker) durch folgende Schläge vertreten:

Der Shetland-Pony, hat 1—1,20 m Widerristhöhe und
seine Farbe ist meistens graubraun mit Aalstrich; der Kopf
ist schmal, der Hals kurz, die Schultern sind dick und

niedrig, der Rücken ist fest, die Quarters sind lang und kräftig, die Beine fein.

Der Welsche Pony in der Provinz Wales, ist von normännischer Abstammung; er ist größer als jener und mit Vollblut veredelt.

Der Exmoor-Pony im schottischen Hochlande hat etwa 1,30 m Widerristhöhe; sein Körper ist rund, kompakt, gut gerippt, die Quarters sind kräftig, die Sprunggelenke stark, die Beine trocken und drahtig, die Farbe ist meistens braun oder weißgrau.

Der New-Forest-Pony kommt vor in den gleichnamigen, der Krone gehörenden Wäldern.

In Belgien und den angrenzenden Departements Frankreichs existieren zwei besondere Rassen: das Ardennen- und das Flamländer-Pferd.

7. Das Ardennen-Pferd, das am besten in den Provinzen Lüttich und Namur gezüchtet wird, enthält nach Schwarznecker arabisches Blut, das sich in der edel geschnittenen Kopfform kund gibt: es hat durchschnittlich 1,65 m Widerristhöhe und ist ein leichtes Zugpferd von lebhaftem Temperament und meistens von Rotschimmel-Farbe.

8. Das Flamländer Pferd ist ein kolossales, massiges Tier von durchschnittlich 1,80 m Widerristhöhe; es ist gedrungen gebaut, der Kopf ist verhältnismäßig klein, das Profil gerade, der Hals dick und kurz, die Vorbrust sehr breit, die Schulter steil, fleischig und kurz, der Widerrist niedrig, die Kruppe höher als letzterer, sehr breit, abschüssig und gespalten, der Rücken etwas eingesattelt, der Schwanz tief angesetzt und kurz, das Vorderteil ist entschieden überladen, die Hosen sind kurz, die Beine kräftig, mit kurzen Röhren und breiten und flachen Hufen; die Haarfarbe ist meistens schwarz. Dem Flamländer nahe verwandt ist das Brabanter-Pferd; es ist aber kleiner und von gedrungnerem Körperbau.

9. Die holländische Harttraber-Rasse soll gegenwärtig im Aussterben sein, doch verdient sie erwähnt zu werden, weil sie das Material gewesen ist für die schon genannten Orlow- und Norfolktraber.

10. Das dänische Pferd ist ein gedrungen gebautes, mittelgroßes Tier mit verhältnismäßig kleinem Kopf und geradem Profil, dickem und kurzem Hals, breiter Vorbrust, gut geripptem und geschlossenem Rumpf, niederem Widerrist, höherer, etwas abschüssiger und meistens gespaltener Kruppe, mit kurzen und kräftigen Beinen.

11. Das skandinavische Landpferd ist nach Schwarznecker ein semmelfarbener oder grauer, dickköpfiger und runder Doppelpony.

12. Die Normänner-Rasse hat gegenwärtig nur noch geschichtliche Bedeutung, da sie in der Normandie nicht mehr existiert. Von der Normänner-Rasse stammen größtenteils die schweren Zugpferde Englands und der Niederlande; das gegenwärtige Pferd der Normandie ist mit englischem Vollblut gekreuzt und es ist daraus ein kräftiges Acker- und Kutschenpferd entstanden — der Anglo-Normänner, dessen Zuchtgebiet übrigens eben sowohl England und Österreich-Ungarn angehört, wie der Normandie.

13. Auch die Bretagner-Rasse hat heute nur noch geschichtliche Bedeutung, da diese alte, bis auf die keltische Einwanderung zurückführbare Rasse jetzt mit englischem und englisch-arabischem Blute stark durchkreuzt ist. Das kleine, aber sehr kräftige und ausdauernde Bretagnische Pferd findet sich rein nur noch im bäuerlichen Besitz der Bretagner Haide (Sanson).

14. Die Boulogner-Rasse hat ihre Heimat im französischen Departement Pas-de-Calais, hauptsächlich im Arrondissement von Boulogne. Nach Sanson hat das Boulogneser Pferd einen kurzen und schweren Kopf mit kleinen Ohren, kleine aber lebhafte Augen, dicken Hals, breite und gut gerippte Brust, flachen Widerrist, kurze und breite

Lenden, kurze, sehr muskulöse, abschüssige und gespaltene Kruppe, buschigen, kurzen und tief angesetzten Schweif. Der Körper ist kurz, zylindrisch und tiefgestellt; die Glieder sind kurz und kräftig. Die Größe bemißt Sanson auf 1,66 m, doch habe ich in Paris weit größere Boulognesen gesehen, stimme übrigens sonst in der Beschreibung mit Sanson über-

Fig. 21. Boulogneser Karrengaul in Paris.

ein. Die Boulognesen sind vorwiegend Grauschimmel, häufig Apfelschimmel.

Mit Schwarznecker bin ich der Meinung, daß der Percheron-Schlag der Boulogneser-Rasse angehört und sich nur durch geringere Größe von derselben unterscheidet.*)

---

*) Sanson stempelt das Percheronpferd zur Varietät einer besonderen Rasse, die er race séquanaise (Seine-Rasse) nennt und zu seiner dolichocephalen Rassengruppe zählt, während er die Boulogneser als Varietät der britischen Rasse und seiner brachycephalen Rassengruppe unterordnet.

15. Die Polesina-Rasse, deren Heimat in der Niede-
rung zwischen Etsch, Po und dem adriatischen Meere ist,
gewährt heute auch nur geschichtliches Interesse, insofern
sie nämlich gekreuzt mit altspanischen Pferden, die altbe-
rühmte Zucht des k. k. Hofgestütes zu Kladrup in Böhmen
gebildet hat, welche die prächtigen Paradepferde für die
Hofkaleschen liefert; diese Pferde sind ausgezeichnet durch
ihren starken Ramskopf, ihren kurzen und dicken Hals,
ihren langen Rumpf, durch die starken Mähnen und Schweife
und vor allem durch die runde Kniebewegung und die stolze
getragene Haltung beim Traben; es werden gegenwärtig
nur Rappen und Schimmel gezüchtet. Die Polesina-Rasse
selbst scheint heute nicht mehr zu existieren.

16. Die norische Rasse hat ihre Heimat in den österreichischen Alpen, insbesondere in Salzburg, Tirol, im nördlichen Steyermark und Kärnten, zum Teil auch in dem
Alpengebiete Ober-Österreichs. Die norische Rasse umfaßt
mehrere Schläge; den stärksten und größten Schlag bildet
das Pinzgauer Pferd, zu den mittleren Schlägen gehören
die steyrisch-kärnthner Pferde und den kleinsten Schlag
bildet der in der Gegend von Bozen heimische Hafflinger
Klepper. Das Pinzgauer Pferd hat einen schweren und groben
Kopf mit geradem Profil, häufig schlaffe Ohren, einen kurzen
und dicken Hals, flachen Widerrist, steile kurze Schultern,
langen, häufig gesenkten Rücken, sehr breite, abschüssige
und gespaltene Kruppe, kurze und kräftige Beine, breite
und flache Hufe; die Muskulatur des Oberarmes und Oberschenkels ist verhältnismäßig nur schwach entwickelt, die
Hosen sind kurz und die Gelenke sind häufig schlaff und
schwammig; die vorwiegende Haarfarbe ist Schimmel,
namentlich Rot- und Eisenschimmel, häufig sind Schecken
(Tigerschecken) und Füchse. Das steyrische Pferd und
auch der im westlichen Ungarn und auf der Donau-Insel
Schütt gezüchtete sogenannte Insulaner ist weit gedrungener gebaut, freilich nicht so groß, aber von viel festerer

Konstitution als der Pinzgauer; die vorwiegende Haarfarbe
dieser Schläge ist braun. Der Hafflinger Klepper ist ein
durch karge Ernährung und rauhes Klima in seiner Größe
zurückgekommener Pinzgauer.

In den übrigen österreichischen Kronländern, sowie im
ganzen deutschen Reiche existiert keine besondere Pferderasse mehr. Die vormaligen Landschläge in Österreich und
Deutschland sind durch fremdes Blut, namentlich durch
englische Vollblut- und Halbblutpferde, derart durchkreuzt
worden, daß sie den Charakter von Landschlägen ganz eingebüßt haben. Am meisten nähern sich den englischen Halbblutpferden die Zuchten in Oldenburg, Hannover und Meck-
lenburg; Schleswig-Holstein züchtet Pferde von dänischer
Abstammung, aber von besonderer, stark ramsköpfiger Form.
Ausgezeichnete und zahlreiche Pferde mit arabisch-eng-
lischen Formen für mittelschweren Reit- und Zugdienst werden in Ostpreußen gezüchtet, was dem Einflusse des dortigen Staatsgestütes Trakehnen zu danken ist. In Böhmen
wird in der Gegend von Netolitz ein mittelschweres Ar-
beitspferd gezüchtet, welches sich eines großen Rufes erfreut; der Netolitzer Schlag ist ein Produkt von Pinzgauer
Hengsten und böhmischen Landstuten.

Wir wenden uns schließlich zu den nordamerikanischen Pferderassen, von welchen auch nur wenige besondere Formen existieren; die Mehrzahl der nordamerikanischen
Pferde besteht aus englischem Halbblut, das dort im allgemeinen niedriger auf den Beinen und von trocknerer Konstitution ist.

Von besonderen nordamerikanischen Rassen führt
Schwarznecker an:

17. Das kanadische Pferd mit fast unvermischt nor-
mannischem Blute, von kleiner Statur, mit hoch aufgerich-
tetem Halse, breiter und voller Brust, starkem und breitem
Rücken, runder und fleischiger Kruppe, bewunderungswürdigen Beinen mit Sehnen gleich Stahlfedern, kurzen Fesseln,

vollem Schweif mit dichtem, wellenförmig gekräuseltem
Haar. Die Aktion ist hoch und rund im Knie.

18. Verwandt nach einer Seite hin mit dem kanadischen
Pferde, aber kleiner als dieses (kaum 1,35—1,40 m hoch)
ist der indianische Pony, der von der anderen Seite wahrscheinlich südländisches Blut (vom Mustang) aufgenommen
hat. Diese Ponys, die hauptsächlich von den Mohawk-India-
nern auf den reichen Wiesen des Grand-River gezüchtet
werden und ziemlich wild aufwachsen, haben bei ähnlichem
Bau dieselben festen Beine und Hufe und besonders auch
denselben starken Haarwuchs mit wolliger Kräuselung wie
die kanadischen Pferde; zuweilen ziert sie eine vollständige
Löwenmähne. Nach M. v. Thielmann sind die indianischen
Ponys kleine sehnige Tiere und sie leisten an Ausdauer das
Unglaubliche; nie kommen sie unter Dach und nie erhalten
sie anderes Futter, als was ihnen die Prairie bietet, und das
ist im Winter herzlich wenig.

Außer diesen Rassen unterscheidet Schwarznecker
noch: 19. das Lastpferd von Vermont und 20. das Canes-
toga-Zugpferd. Das letztere, in Pennsylvanien heimisch, ist
das größte und schwerste Pferd in Amerika; es mißt bei
einem durchschnittlichen Gewichte von 725 kg — 1,75 bis
1,78 m; die Farbe ist gewöhnlich braun und schwarzbraun;
sie haben leichte Hälse mit zottigen Mähnen, breites Hinterteil, viel Behang und die großen und runden Hufe der englischen Karrenpferde; sie unterscheiden sich aber von diesen
vorteilhaft durch eine große Länge der Quarters, feinere
Schultern, leichteren Gang und einen höheren Stil. S.
glaubt, daß die Voreltern dieser Pferde aus Flandern und
Geldern auf die reichen Weiden des Delaware verpflanzt
worden sind.

21. Schwarznecker erwähnt noch eines besonderen
Traberpferdes, das an die Stelle des früher berühmt ge-
wesenen, aber seitdem eingegangenen Narrangansett-
Paßgängers getreten sei. Die amerikanischen Trotter

zeigen zwar eine gewisse Übereinstimmung in der Aktion und Leistung, nicht aber in der Körperform.

22. Zuletzt sei noch erwähnt, daß Australien, außer dem gemeinen Buschpferde von 1,60 m Widerristhöhe, nur vom Kap der guten Hoffnung und von Valparaiso eingeführte Pferde besitzt, die später mit englischem Vollblut gekreuzt worden sind.

Die vorstehende Übersicht der abendländischen Pferderassen zeigt uns, daß das abendländische Pferd in einer viel größeren Zahl von unterscheidbaren Formen vorkommt als das morgenländische. Die hier aufgezählten Pferderassen können ohne Zweifel noch vermehrt werden, wenn man die untergeordneten oder oberflächlichen Formverschiedenheiten, welche zu dem Begriffe des „Schlages" gehören, zu Rasse-Kennzeichen erheben will, was ja vielfach geschehen ist. Aber wenn man die Zahl der Pferderassen sowohl in betreff des morgenländischen wie des abendländischen Pferdes nach gleichen Grundsätzen erweitern will, so wird die Zahl der abendländischen Pferderassen doch größer, beziehungsweise die Körperformen desselben viel verschiedenartiger bleiben. Ich habe schon früher erwähnt, daß die typische Körperform des morgenländischen Pferdes viel leichter im allgemeinen zu kennzeichnen ist als die des abendländischen; ein Berberpferd ist von einem arabisch-persischen nur wenig verschieden, und selbst das gemeine tatarische Pferd zeigt im Schnitt sehr viel Übereinstimmung mit dem edelen Araber. Wenn wir dagegen die abendländischen Pferderassen unter sich vergleichen, so erkennen wir eine außerordentliche Verschiedenheit der Form, die einem oberflächlichen Beurteiler vielleicht zu der Frage führen wird: ob so verschiedenartig geformte Tiere einer und derselben zoologischen Art angehören; in der Tat, wenn wir z. B. das kolossale englische Karrenpferd, oder auch nur den Suffolk mit einem Shetland-Pony, oder ein englisches Vollblutpferd in Rennkondition mit einem Flamländer oder einem Pinzgauer vergleichen, welch verschiedenartige Formen!

Es unterliegt wohl keinem Zweifel, daß die große Über-einstimmung in den Formen der morgenländischen Pferde, ebenso wie die große Mannigfaltigkeit der abendländischen Pferde, die Folge des Einflusses von Klima und Lebens-weise ist. Weil das Klima einerseits in den Steppen Afrikas und Asiens, und selbst in Südrußland, Ungarn und Galizien gleichförmiger ist als andererseits in England und Südfrank-reich, in Dänemark und in den Alpen, weil das morgenlän-dische Pferd gleichartiger ernährt und gebraucht wird als das abendländische, deshalb sind die Formen des ersteren gleichartiger und ärmer an Varietäten. Die verschieden-artige Ernährungs- und Gebrauchsweise des abendländischen Pferdes aber ist die Folge der höheren Kulturstufe und des industriellen Fortschrittes im Abendlande.

Abstammung und Zähmung des Hausesels.

Die ältesten Spuren zahmer Esel, die man bisher an-getroffen hat, finden sich in der prähistorischen Zeit Ägyp-tens. Auf der bekannten Schieferplatte von Gizeh, die aus der Zeit der Eroberung des Nillandes durch die späteren Ägypter stammt, finden wir den Esel abgebildet, in Gesell-schaft von Rind und Palaeoägypticusschaf.

Auch auf Bildwerken der ältesten Dynastien finden wir häufige Darstellungen dieses Tieres, als Lasttier sowohl, wie in Verwendung zum Dreschen und in Herden. Ein Schädel aus den Mumienfunden von Abadieh wurde mir vom Bri-tischen Museum zur Untersuchung übergeben.

Auch die Israeliten kannten den Esel seit den ältesten Zeiten. Auf assyrischen Bildern ist mir nur ein einziges Tier bekannt geworden, das als Esel gedeutet werden kann. Maultiere sind aber häufig dargestellt, weshalb das Vor-kommen des Esels hier gleichfalls keinem Zweifel unterliegt.

Nach Europa scheint der Esel, wie uns der bronzezeit-

liche Funde von Auvernier und die Angaben Strobels von
den Terramaren Italiens beweisen, ebenfalls schon während
des zweiten Jahrtausends vor Christus gelangt zu sein. Zur
Zeit des klassischen Altertums war er in Südeuropa allgemein verbreitet. —

Man kennt gegenwärtig vier Arten wildlebender Esel;
zwei nordafrikanische Formen, die man früher unter dem
Namen E. taeniopus zusammenfaßte, die aber neuerdings
in den Somali-Wildesel (Equus somaliensis Noack) und
den Nubischen Wildesel (Equus africanus Fitz.) unterschieden werden und zwei asiatische Formen, den Gurkur
(Equus Onager s. Asinus hemippus) und den Dschiggetai
(Equus hemionus s. Asinus Kiang).

Der Gurkur oder Onager hat nach Brehm einen verhältnismäßig großen Kopf, dicke Lippen die bis an den
Rand mit steifen und borstigen Haaren dicht bekleidet sind,
ziemlich lange Ohren. Die Farbe des seidenartigen Haares
ist Weiß mit silberartigem Glanz; auf der Oberseite des
Kopfes, an den Seitenflächen des Halses und Rumpfes, sowie
an den Hüften geht jene Farbe in Blassisabell über. Die
aufrechtstehende Mähne besteht aus weichem, wollartigen,
etwa 10 cm langem Haar; die Schwanzquaste ist eine gute
Spanne lang. Der Onager ist in Syrien, Arabien, Persien
und Indien verbreitet.

Der Dschiggetai oder der Kulan der Kirgisen ist
eine Mittelform zwischen Pferd und Esel, weshalb sie
Messerschmied „fruchtbare Maultiere" nannte. Seine
Größe ist nach Brehm etwas über die kleine Art von Maul-
tieren, fast einem Klepper gleich. Der Kopf ist etwas
schwer, der Rücken gerade, die Ohren sind länger als beim
Pferde, aber kürzer als beim gemeinen Maultiere. Mähne,
Schweif und Hufe sind wie beim Esel. Brust und Vorder-
schenkel sind schmal, das Hinterteil ist hager, und die hohen
Glieder sind sehr leicht und fein. Die Haarfarbe ist licht-
gelbbraun, Mähne und Schwanz sind schwärzlich, und längs

des Rückens verläuft ein schwarzer Streifen; an den Beinen
finden sich Querstreifen. Die Heimat des Kulan ist die
Kirgisensteppe in Turkestan, die Mongolei und Tibet.

Der Somali-Wildesel ist nach Matschie von mäuse-
grauer Farbe; Schnauze, Unterseite und Innenseite der Beine
weiß; Kopf dunkler grau; dunkle Querbinden auf den Schenkeln und Füßen; Schulterkreuz fehlt oder ist sehr schwach
angedeutet; Rückenstreif nur an der Schwanzwurzel sichtbar.

Dieser Esel ist auf der Somali-Halbinsel von 8° nördlicher Breite an bis zur Küste verbreitet, bewohnt die Ebenen
am Roten Meere in den Adel- und Danakil-Ländern bis zum
Hawaschflusse.

Der nubische Wildesel, Steppenesel (Equus africanus
Fitz.) Rötlichgrau; Maulgegend, Unterseite, Innenseite und
Außenseite der Füße weiß; Schulterkreuz und Rückenstreif
schwarz; an den Beinen keine oder sehr undeutliche Binden.

Nördlich von Massaua beginnt das Gebiet seiner Verbreitung, die nicht wie bei den vorigen nach Westen durch
die Hochgebirge begrenzt wird, sondern sich bis zum Atbara
erstreckt.

Schon Darwin gibt an, daß unsere domestizierten Esel
alle von einer einzigen Art, nämlich dem Equus taeniopus abstammen. Derselben Ansicht ist auch Hartmann. C. Keller
bestätigt ebenfalls diese Angaben wenigstens für die kleineren Schläge des Esels, indem dafür nicht allein die Färbungsabzeichen, sondern auch die Körperproportionen sprä-
chen, hingegen glaubt er, daß die weiße oder isabellgelbe
Eselrasse Syriens und Arabiens, die häufig bis nach Kairo
gelanget, vom Onager abstammen möchte.

Die Rassen des Hausesels, des Maulesels und des Maultieres.

Ganz im Gegensatze zu den Pferderassen, sind die Rassen
des Hausesels und seiner Bastarde mit dem Pferd viel mannigfaltiger im Morgenlande als im Abendlande, weil sie dort

mehr gebraucht werden, und daher ihre Zucht verschieden-
artigeren Gebrauchszwecken sich anpaßt. Damit ist aber
nicht gesagt, daß die Zucht des Hauesels im Morgenlande
auf höherer Stufe als im Abendlande steht; das ist
durchaus nicht immer der Fall, denn die schönsten und
größten Esel werden gegenwärtig in England gezüchtet (wo
sie allerdings nur in geringer Zahl vertreten sind), dann aber
in Poitou und Spanien, wo sie zahlreicher sind und häufiger
gebraucht werden.

Mit Rücksicht auf das Alter der Domestikation müssen
wir mit dem Esel der Nilländer beginnen. Der ägyptische
Esel hat nach R. Hartmann große Ähnlichkeit mit dem
dortigen Wildesel; jener ist zwar um etwa 5—10 cm kleiner
und meist struppiger; er hat öfters einen dickeren und
breiteren Kopf, eine abschüssigere Kruppe und eine schma-
lere Brust, er nähert sich aber dem Wildesel im Äußeren
dennoch, und er hat wie dieser den schwarzen Rückenstreifen,
einen (auch wohl einmal doppelten) Schulterstreifen und
nicht ganz selten Zebrastreifen. Der nubische Esel ist
kleiner und in seinem Äußeren weit dürftiger als der ägyptische.

In Arabien zeigt der Esel, nach Martin, viel Feuer
und schöne Körperformen. Manche Schriftsteller, und unter
diesen auch Chardin, beschreiben den arabischen Esel als
ein in der Tat elegantes Tier. Sein Fell ist reich und rein,
sein Kopf wird stolz und hoch getragen, die Glieder sind
rein, gut gestaltet und muskulös, und er zeigt im Schritt
oder Galopp viel Anmut.

In Syrien gibt es vier Eselrassen: eine kleine aber
feingebaute und feurige Rasse, eine größere von arabischer
Abstammung, eine dritte von untersetzter und kräftiger
Form, und eine vierte größere Rasse, die nach Martin unter
dem Namen des Esels von Damaskus bekannt ist, weil sie
in dieser Stadt sehr häufig vorkommt; sie zeichnet sich aus
durch einen besonders langen Leib und sehr lange Ohren.

Auch in Persien gibt es starke und ausdauernde Esel; nach Polak unterscheidet man den großen weißen Esel von Bagdad und den kleinen chamoisfarbenen, auf dem Kreuze schwarz gezeichneten von Buschir. Von Dummheit und Insolenz zeigen die Esel in den trocknen und warmen Klimaten des Orients keine Spur. In feuchten Gegenden dagegen, z. B. in den Marschländern am Kaspisee, kommen sie gleich dem Kamel gar nicht fort.

Nach Martin ist in Europa kein Land so berühmt wegen seiner Eselzucht wie Spanien. Die spanischen Esel sind von großem Körperbau und sehr harmonischen Verhältnissen. Italien besitzt eine Eselrasse, welche der spanischen nicht oder nur wenig nachsteht; die beste Rasse ist die große schwarze piemontesische. Martin hält es für wahrscheinlich, daß diese von einer schon seit dem grauen Altertume einheimischen Rasse abstamme, denn sie wurde von den Römern sehr geschätzt. Die Esel Griechenlands standen

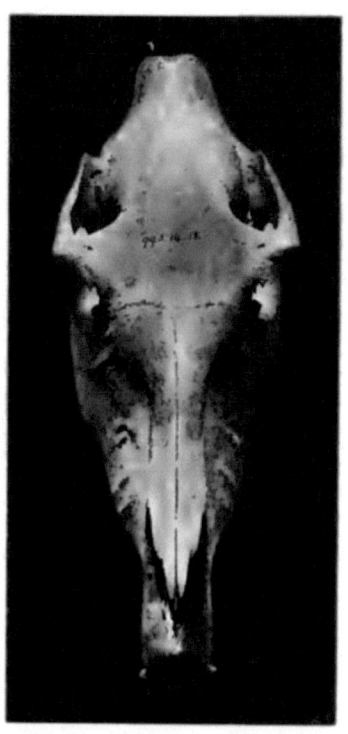

Fig. 22.   Schädel eines Esels von Sartan-Aden.
(Britisch Museum in London. Originalaufnahme.)

im Altertume sehr in Ansehen, die heutige Rasse ist aber von sehr geringer Qualität. In einigen Teilen Frankreichs (Poitou und Mirabelais) kommt nach Martin auch eine edle Eselrasse vor; der Esel von Poitou hat nach Sanson eine Größe von 1,40—1,48 m, einen langen und breiten Kopf, lange, dicke, breite und hängende Ohren; seine Figur ist untersetzt, seine Beine sind kräftig, die Hufe klein; die Farbe ist schwarzbraun bis schwarz; die Mehrzahl dieser unter dem Namen „baudets" bekannten Esel sind zottig wie Bären. Sardinien besitzt sehr viele, aber nicht so schöne Esel wie Spanien oder Italien. Im Norden von Europa ist der Esel wenig verbreitet. In Amerika, sagt Martin, ist der Esel gleich dem Pferde nur sehr gemein, und zwar besonders in Peru und Paraguay, wo er in großer Zahl, auch zur Maultierzucht gehalten wird.

Die Existenz des aus der Kreuzung des Pferdehengstes und der Eselstute entstandenen Maulesels hat man vielfach bestritten, aber er ist durchaus nicht selten in Ägypten, in Sizilien, und nach Brehm auch in Spanien und Habesch. R. Hartmann berichtet über den ägyptischen Maulesel: daß er von der Größe eines schwedischen Ponys sei; er besitzt einen edelgeformten Pferdekopf mit breiter Stirn und geradem, selten leicht konvexem Nasenrücken, mit feiner Schnauze und mäßig langen, aufrecht stehenden Ohren, einen kurzen und dicken, schwach gebogenen Hals, eine abgerundete Kruppe, runden Leib und kurze aber kräftige Beine mit feinen Fesseln. Das Auge ist wie das des Maultieres groß und von feurigem Ausdruck. Die Haarfarbe ist hellgrau, fast weiß, isabellgelb, braun bis zimmtfarben und schwarz, zuweilen mit zebraartigen Binden an den Beinen und schwachen Andeutungen eines dunklen Rückenstreifens, welcher hin und wieder auch beim Maultiere vorkommt.

Über die Mauleselzucht in Sizilien hat Pagenstecher Mitteilungen gemacht; er beschreibt einen in Girgenti angetroffenen Maulesel wie folgt. Er hatte eine Widerristhöhe von 1,20 m, eine Halslänge von 0,60 m und eine Rückenlänge von 1 m; er war stämmig, etwas lang im Leib und niedrig in den Beinen, er hatte eine bedeutende Brusttiefe, gut gefüllten Rücken und mäßig abgeschlagenes Kreuz, kräftige Schultern, Oberarme und Schenkel, breite Gelenke,

feine Röhrenbeine und Fesseln, sehr kleine Hufe; der Kopf
war klein, gut geformt und ganz dem des Esels ähnlich;
die Ohren waren mäßig groß, die Mähne stand dicht, der
Schwanz war gut behaart, die Haarfarbe dunkelbraun; die
Kastanien befanden sich, wie beim Esel, nur an den Vorderbeinen. Das letztere wird von Jul. Kühn bestritten, unter
dessen Augen die Paarung eines Pferdehengstes mit einer
Eselstute und die Geburt des daraus entstandenen Maulesels geschah.

Maultiere (die Kreuzungsprodukte des Eselhengstes
mit der Pferdestute) finden sich in den meisten Ländern,
wo Eselzucht betrieben wird. Eines besonderen Rufes er-
freuen sich die syrischen Maultiere aus Eselhengsten mit
arabischen Stuten; nach Martin zeichnen sie sich aus durch
Wohlgestalt und feuriges Temperament. Nach R. Hartmann gedeiht das Maultier am vorzüglichsten in den abessi-
nischen Hochgebirgen, wo es in besonderer Größe und
Schönheit vorkommt. Bei diesem Maultiere sind die aufrechtstehenden Ohren ziemlich lang, der Kopf ist fein, meist
mit leicht konvexem Nasenrücken- und breiten Gamaschen;
der Hals ist fein und gebogen, die Brust eng, die Kruppe
hoch, voll und wenig abschüssig; die Beine sind lang aber
kräftig, die Fesseln zart; die Farbe ist schwarz, weiß, grau,
isabellfarben und bräunlich fahl; farbige Abzeichen, z. B.
schwarze Querstreifen an den Unterschenkeln, finden sich
zuweilen.

Leichte Maultiere werden in Algerien, Italien, in Süd-
und Mittel-Frankreich gezüchtet. Ein schweres Maultier ist
das von Poitou, das nach Sanson oft eine Größe von
1,70 m und ein Gewicht von 700 kg hat; dasselbe hat einen
dicken und fleischigen Hals, eine weite und tiefe Brust,
einen geraden Rücken, breite Lenden, eine breite und gerundete Kruppe, sehr muskulöse Schenkel und Unterarme,
starke Beine und breite, solide Gelenke.

Die ausgedehnteste Maultierzucht wird in Spanien und

Portugal betrieben. Die spanischen Maultiere sind ausgezeichnet durch ihre Größe (bis 1,60 m und darüber) und ihre schönen Formen; sie werden dort nicht bloß als Reittiere, sondern auch als Zug- und Lasttiere gebraucht. Auch in den Minendistrikten von Südamerika werden die Maultiere nach Martin in großer Ausdehnung gebraucht und daher in ungeheurer Anzahl daselbst gezüchtet.

Sowohl der Maulesel wie das Maultier sind unfruchtbar unter sich; doch sind einzelne Fälle bekannt wo Maultier und Maulesel durch Anpaarung mit dem Pferde oder dem Esel Junge erzeugt haben.*)

Schließlich verdienen unter den Huftieren noch die sog. Tigerpferde Erwähnung, da man in neuester Zeit durch Kreuzungen derselben mit dem Hauspferde eine neue Form, die Zebroiden geschaffen hat, die möglicherweise der modernen Landwirtschaft gute Dienste zu leisten im stande sind.

Wir haben unter den Tigerpferden zunächst das Bergzebra (Equus zebra L.) auch Dauw genannt, zu erwähnen. Dies ist das kleinste gestreifte Wildpferd. Es hat, nach Matschie, die Gestalt eines Esels, lange Ohren, eine kurze Mähne und einen Kuhschwanz. Der Körper ist auf weißem Grunde mit schwarzen Streifen bis zu den Hufen herab gebändert, so daß 12—14 auf den Bauchseiten verschwindende Querbinden zwischen den Schultern und den Hüften sich befinden.

Es findet sich im südwestlichen Teile Afrikas bis an den Orangefluß als nördlichste Grenze.

Der Quagga (Equus quagga, Gm.) ist dunkelbraun, nach hinten zu heller. Kopf und Vorderleib hellbräunlich quergebändert. Bauch und Unterseite weiß.

Diese Form geht dem Untergange entgegen und ist nur

---

*) Dr. Yaudell berichtete, daß im Jardin des Plantes zu Paris eine Mauleselin sechs Fohlen gebracht habe, und zwar je zwei vom Zebra-, Esel-, und Pferde-Hengst.

noch in einem kleinen Gebiete zwischen Orange- und Vaal-
fluß verbreitet.

Burchells Zebra (Equus burchelli, Gray). Das „Bonte
Quagga" der Ansiedler ist größer als das Zebra und Quagga,
hat kleinere Ohren, einen mehr pferdeartigen Kopf, eine
längere Mähne und einen etwas volleren Schwanz. Auf hell-
gelbbraunem Grunde sind Kopf und Körper dunkel gebändert.
Die Hüften weisen nur wenige kurze Streifen auf. Schwanzwurzel, Schenkel, Beine sind weiß ohne Spuren von Binden.
Dieses Tigerpferd findet sich im Norden des Vaalflusses
und bis in die Kalahariwüste.

Chapmanns Zebra (Equus chapmanni, Layard). Ist
dem Burchell-Zebra sehr ähnlich, aber noch schlanker, mit
kürzeren Ohren, quergestreifter Schwanzwurzel, mit Querbändern, welche auf dem Bauche mit den betreffenden Binden
der anderen Körperhälfte in der Mittelbauchbinde zusammen-
fließen, bis zu den Hufen gebänderte Beine und einem kaffee-
braunen Fleck über den Nüstern. Die Grundfarbe ist gelbbraun.

Es findet sich in den Gebieten vom Limpopo bis zum
Zambese nach Norden und bis zum Nosop nach Westen.

Das **Damara-Zebra** (Equus antiquorum. H. Sm.) steht
dem Burchells-Zebra am nächsten, unterscheidet sich von
demselben nur durch einen rötlichbraunen Fleck über den
Nüstern, durch gestreifte Schwanzwurzel und bis zu den
Knieen gebändertem Körper.

Das Verbreitungsgebiet erstreckt sich auf der afrikanischen Westküste vom Orangefluß nach Norden bis zur
Flußscheide zwischen Cunene und Cuanza.

Böhms Zebra (Equus böhmi, Mtsch.) ist weiß, im Alter
mit einem Stich ins Gelbliche, hat sieben Querbinden über
den Körper, wie chapmanni und antiquorum, die Schwanzwurzel und die Beine sind fast bis zu den Hufen gestreift
wie bei chapmanni; dagegen fehlen die schwachen Zwischen-
binden fast vollständig und sind nur auf den Hüften ange-

deutet. Über den Nüstern befindet sich kein rötlich brauner
Fleck. Es findet sich zwischen der Flußscheide nördlich
vom Zambese und 1° 30′ nördl. Breite, also im Gebiete der
der großen Seen.

Grevys Zebra oder Somali-Zebra (Equus Grevy, A.
M.-E.) ist an Gestalt dem Bergzebra ähnlich, aber auf weißem
oder weißgelbem Grunde sehr eng schwarz bis an die Hufe
herab gebändert, so daß ca. 16—18 Querbinden zwischen
den Schultern und Hüften sich befinden. Der Fleck über
den Nüstern ist schwarz, und die Querstreifen fließen auf
der Bauchmitte nicht zusammen.

Dasselbe findet sich zwischen 1° 30′ nördl. Breite und
8°—10° nördl. Breite.

Die zoologischen Merkmale des Hundes.

Der Hund, zu der Familie der Caniden gehörig, hat mit
seinen wildlebenden Verwandten, dem Wolf, dem Schakal
und dem Fuchs den langgestreckten, in den Weichen eingezogenen Leib, die verhältnismäßig hohen Beine und die
eigentümlich trabende Bewegung gemein, wobei der Leib
schief gestellt ist; im übrigen aber ist die Figur des Hundes
so verschiedenartig, daß sie sich für die zahlreichen Rassen
desselben nicht allgemein kennzeichnen läßt. Nur das Skelett und der anatomische Bau der Organe zeigt bei allen
Rassen des Hundes die der Familie zukommenden Eigentümlichkeiten.

Der Schädel des Hundes hat den Charakter der fleisch-
fressenden Tiere. Die Scheitelbeine treten in der langen
Pfeilnaht zusammen, die sich bei Hunden mit starken Kaumuskeln zu einem Kamme erhebt. Die Augenhöhlen entbehren des hinteren Knochenrandes, und sie stehen am Schädel
in offener Verbindung mit der weiten Oberschläfengrube.
Die Nasenbeine sind verhältnismäßig schmal, die Zwischenkiefer verhältnismäßig breit.

Die Wirbelsäule besteht aus 7 Halswirbeln, 13 Rückenwirbeln mit 9 wahren und 4 falschen Rippen, deren erstere sich mit dem aus 9 Stücken bestehenden Brustbein verbinden, aus 7 Lendenwirbeln, 3 Kreuzwirbeln und 20 Schwanzwirbeln.

Am Vordergliede ist das Schulterblatt schmal, und es besitzt einen starken Kamm. Das Schlüsselbein ist verkümmert. Am Unterarme sind Speiche und Ellenbogenbein von annähernd gleicher Stärke, doch ist die Speiche am distalen Ende etwas stärker; beide Knochen berühren sich an der Grenze zwischen oberem und mittlerem Drittel, im übrigen verlaufen sie gesondert. Der Vorderfuß ist ganz ähnlich dem der Katze, nur ist die Krallenscheide kürzer, und sie entbehrt des zentralen Knochenblattes; die Krallen des Hundes besitzen den Mechanismus zum Zurückziehen, aber dieser Mechanismus funktioniert nur unvollkommen, und die Krallen sind nicht gegen Abnutzung geschützt, weshalb die Spitzen derselben bald stumpf werden.

Am Hintergliede ist das Darmbein lang und schmal. Der schlanke Oberschenkel entbehrt des dritten Trochanter. Am Unterschenkel ist das Wadenbein oben sehr dünn, unten stärker. In der distalen Reihe der Fußwurzelknochen ist das Cuneiforme I mit dem bei den meisten Rassen verkümmerten Metatarsus I verbunden; das Cuneiforme II ist sehr klein und sein distales Ende gelenkt bloß mit dem nach oben verlängerten Metatarsus II; das Cuboideum verbindet sich in ganzer Breite mit Metatarsus IV und V. Bei einigen Rassen ist Metatarsus I nebst zwei Zehengliedern als Afterklaue (Hubertusklaue) entwickelt.

Der Ernährungsapparat hat den Charakter der Fleischfresser, doch ist der Darmkanal verhältnismäßig länger und weiter als bei der Katze. Das Gebiß besteht aus 42 Zähnen mit folgender Formel:

$$\frac{2\ 4\quad 1\quad 3\ 3\quad 1\quad 4\ 2}{3\ 4\quad 1\quad 3\ 3\quad 1\quad 4\ 3}$$

Die beiden inneren Schneidezähne des Oberkiefers und sämtliche des Unterkiefers haben dreilappige Kronen; die äußeren (dritten) Schneidezähne sind größer, und bei denen des Oberkiefers erhebt sich zwischen den verkümmerten Seitenlappen der stark entwickelte keilförmige Mittellappen. Die Eckzähne des Oberkiefers sind etwas stärker als die des Unterkiefers, und jene stehen hinter diesen. Die sehr kleinen und einwurzligen 4. (vordersten) Prämolarzähne sind einlappig, die 3. und 2. Prämolarzähne des Oberkiefers und die 3. bis 1. des Unterkiefers sind zweiwurzlig und vierlappig; der zweite (von vorn gerechnet) ist der stärkste, und er ist scharf und keilförmig. Der erste (hinterste) Prämolarzahn des Oberkiefers bildet den Reißzahn und besteht aus zwei keilförmigen Hauptlappen und einem medianwärts neben dem vorderen Hauptlappen gelegenen stumpfen Nebenlappen. Die Molarzähne des Oberkiefers sind Mahlzähne, und der dritte (hinterste) fällt häufig aus. Von den Molarzähnen des Unterkiefers bildet der erste (vorderste) den Reißzahn; er besteht aus 3 Lappen, deren beide vorderen keilförmig sind, während der hintere Lappen stumpf ist und als Mahlzahn wirkt. Die beiden kleinen hinteren Molarzähne des Unterkiefers sind Mahlzähne. Das Milchgebiß des Hundes ist 6 Wochen nach der Geburt vollständig. Die Schneidezähne wechseln im 3. bis 5. Monat, die Eckzähne und Prämolaren im 6. Monat, und die Molaren erscheinen vom 4. bis 7. Monat nach der Geburt; der 4. (vorderste) Prämolarzahn (Wolfzahn) erscheint im 5. Monat, und er wird nicht gewechselt.

Die Organe des Ernährungsapparates sind ähnlich denen der Katze. Dasselbe gilt von den Organen des Zeugungsapparates; doch ist die nach vorn gerichtete Eichel des Hundes verhältnismäßig größer, aber ohne Stacheln; bei der Paarung schwillt der Eichelkopf stark an, so daß der männliche Hund seine Rute erst längere Zeit nach der Samenergießung aus der Scheide der Hündin ziehen kann.

Die Milch der Hündin enthält durchschnittlich $74^0/_0$ Wasser, $13,5^0/_0$ Eiweißstoffe, $8^0/_0$ Fett, $4^0/_0$ Milchzucker und $1^0/_0$ Aschenbestandteile.

Die Hündin brünstet in der Regel zweimal im Jahre, im zeitigen Frühjahre und im Spätsommer (gewöhnlich im März und August). Die Tragezeit dauert zwei volle Monate (63 Tage); die Hündin wirft bis zehn blinde Junge, die nach 10 bis 12 Tagen sehend werden.

Die Haut des Hundes ist fein, die Behaarung teils kurz, teils lang, und im letzteren Falle häufig gewellt oder gelockt; die Haarfarbe ist verschieden.

Abstammung und Zähmung des Haushundes und seiner Rassen.

Unsere Kenntnis von der Abstammung des Haushundes und seiner Rassen hat in den letzten Jahrzehnten bedeutende Fortschritte gemacht, die sich vor allem an den Namen Theophil Studers knüpfen.

Es ist klar, daß der Ursprung des Haushundes ein phylogenetischer sein muß, daß aber mehrere Wildformen bei der Schaffung der Rassen des Haushundes mitgewirkt haben.

Dies geht am deutlichsten aus den prähistorischen Funden hervor. Studer hat auf Grundlage langjähriger genauer craniologischer Studien und Vergleichungen zwischen dem Schädelbau der lebenden und der prähistorischen Formen eine Einteilung der modernen Rassen nach ihrer wahrscheinlichen Abstammung vorgeschlagen, der wir auch hier folgen werden.

Es lassen sich die Hunde generell zunächst einteilen in Palaearktische und Südliche Hunde.

Die Ansicht Studers über den Ursprung der altweltlichen Haushunde ist die folgende: Es existierte von der Diluvialzeit an neben dem Wolfe eine kleine Canisart, welche das Verbreitungsgebiet des Wolfes teilte, nur im Süden noch über dieses hinausging und daher allein Gelegenheit fand, bis auf das australische Festland überzuwandern. Diese Art zerfiel in zwei Hauptvarietäten, in der orientalischen Region den Dingo, in der palaearktischen den Canis ferus Bourg. Die Art war, wie der Wolf, sehr variationsfähig; es existierten mittelgroße und kleinere Rassen, wie Canis Mikii und C. hodophylax.

Diese schlossen sich zuerst an den Menschen an und wurden durch Zuchtwahl mannigfach verändert. Große Rassen entstanden an verschiedenen Orten durch einfache oder wiederholte Kreuzung mit Wölfen, deren Produkte, dank der Variabilität dieser Art, von vornherein verschiedene Rassen, wie C. f. Inostranzewi, Leineri, decumanus, ergaben.

Die ursprünglichen Verhältnisse Eurasiens wiederholen sich übrigens in der nearktischen Region, wo ebenfalls zwei Canisarten, der große C. lupus occidentalis und der kleine Coyote, C. latrans, nebeneinander vorkommen. Es wiederholt sich sogar hier der Fall, daß die kleinere Form sich weiter nach dem Süden ausdehnt als die große.

So wenig der Indianer auf seinen Jagdzügen den ihm folgenden Coyoten beachtete oder gar erlegte, so wenig schenkte der Diluvialmensch den ihm folgenden kleinen Wildhunde Aufmerksamkeit, daher erklärte sich auch das seltene Vorkommen seiner Knochen in den von Menschen der Diluvialzeit zurückgelassenen Überresten. Erst später scheint die Brauchbarkeit des freiwilligen Begleiters erkannt und zu Nutzen gezogen worden zu sein. —

Auf Grund der osteologischen Schädeldifferenzen teilt Studer die Rassen der Haushunde folgendermaßen ein, indem er die prähistorischen Hundereste in Beziehung zu den gegenwärtig lebenden Rassen bringt. Diese Einteilung bietet gegenüber derjenigen nach der Haarlänge, die Wilkens der ersten Auflage dieses Werkes zu Grunde gelegt hat, den entschiedenen Vorteil einer größeren Genauigkeit und Wissenschaftlichkeit.

A. Palaearktische Hunde.

a) Typus des Canis f. palustris, Rütimeyer.

Schädelmerkmale: Klein, Basilarlänge 140 mm im Mittel, Schädelkapsel schön gewölbt, die Muskelleisten wenig entwickelt, kurze, spitze Schnauze, konkaves Profil, Länge der Hirnhöhle größer als die Gesichtslänge.

Dieser Typus wurde durch Rütimeyer erstmals nach

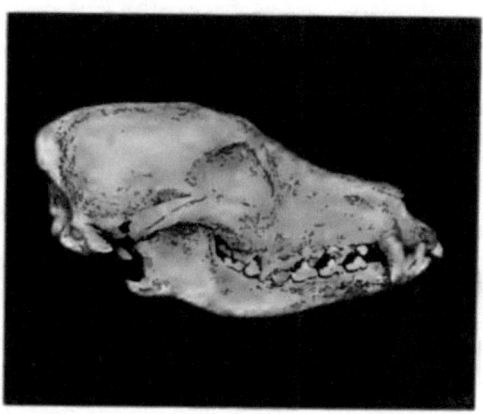

Fig. 23. Schädel eines Canis f. palustris aus dem Neolithicum von Kl.-Wanzleben (Magdeburg).

(Museum für Völkerkunde in Berlin. Originalaufnahme.)

Knochenresten aus den Pfahlbauten der Steinzeit der Schweiz beschrieben, aber ebenfalls auch in den neolithischen Kulturschichten des Ladogasees (Rußland), den Terramaren der Emilia, sowie an vielen Orten Mitteleuropas aufgefunden. In Europa nunmehr ausgestorben, ist es nicht unwahrscheinlich, daß sich diese Hundeform in Sibirien und Nord-West-Amerika erhalten hat, ebenso wie sie zweifellos in dem Battakerhund von Sumatra und Neuguinea vorhanden ist.

Modifizierte Formen dieses Typus sind unter den modernen Hunden:

A. Der Spitz oder Pommer.

Schon aus den Zeiten Griechenlands und aus altrömischer
Zeit sind uns vielfache bildliche Darstellungen dieser Hunderasse erhalten, die auch heutzutage noch ziemlich häufig
als Wachthund gehalten wird.

Der Spitz ist ein meist kleiner Hund, mit kurzen
Läufen und aufrecht getragenem, spiralig gewundenem
Schwanz. Die spitze Schnauze ist verhältnismäßig kurz, die

Fig. 24.   Terracottastatuette eines Spitzes aus mykenischer Zeit von
Kittion (Cypern).
(Museum des Louvre in Paris. Originalaufnahme.)

kurzen Ohren stehen ganz aufrecht. Das Haar ist glatt an
Kopf und Läufen, am übrigen Körper sehr lang, mähnenartig am Halse und von rein weißer, seltener gelber, grauer
und schwarzer Farbe; die weißen Spitze haben eine schwarze
Nase. Durch Kreuzung des Spitzes mit dem Malteser ist
der Seidenspitz entstanden, dessen langes, weißes Haar
von seidenartiger Weichheit ist.

B. Der Pintscher. Terrier.

Gegenüber dem Spitz, der in relativ wenige Unterrassen zerfällt und gegenwärtig überhaupt seltener gezüchtet

wird, da er sich bei Hundeliebhabern geringer Vorliebe erfreut, sehen wir die Terriers dank stets steigender Beliebtheit mit Sorgfalt gepflegt und in eine Menge von Unterrassen gespalten. Man unterscheidet gegenwärtig 16 gute Rassen von Terriers, die hauptsächlich in England zuerst entstanden sind. Dazu kommen die alten deutschen Rassen des rauhhaarigen und des glatten deutschen Pintschers und des Affenpintschers.

Die Größe der Terriers schwankt bei den nordischen Rassen zwischen 60 und 20 cm Schulterhöhe: Die Ohren sind bald aufrecht, bald halb, bald ganz hängend. Die Behaarung ist bald glatt, bald rauh, Drahthaar, bald lang, seidenartig oder gewellt; kurzer und muskulöser Hals, gerader Rücken, kurzer, meistens aufrecht getragener Schwanz, kurze und kräftige Läufe. So verschiedenartig auch das äußere Aussehen dadurch wird, so ist doch der allgemeine Typus der Hunde ein so übereinstimmender, daß die Terriergruppe eine voll definierbare und leicht kenntliche wird.

Historisch sind die Terriers schon seit langer Zeit als Rasse unterschieden. Im alten Bajuvarischen Gesetze kommt der Terrier vor als Hund, der unter der Erde jagt, „Bibarhunt vocant qui sub terra venatur." Im Mittelalter wird der Terrier oder Tannier aus Frankreich im 14. Jahrhundert von Gaston Phoebus erwähnt, in England wird er schon von William Twicy, Jägermeister König Richards II. (1307 bis 1327) angeführt.

Von den Pintschern sind folgende Rassen besonders erwähnenswert:

1. Der gemeine rauhhaarige Pintscher (Rattenfänger) ist ein häßlicher, aber sehr kluger, als Wächter und Rattenfänger nützlicher Hund. Seine Behaarung ist rauh, struppig über den Augen und an der Oberlippe (Schnurrbart) und vorwiegend von grauer Farbe.

2. Der veredelte rauhhaarige Pintscher wird in England in verschiedenen Formen gezüchtet, unter welchen

der Skye-Terrier den ersten Rang einnimmt. Er hat einen
sehr breiten Kopf mit aufrechten oder hängenden Ohren*)
einen verhältnismäßig langen Hals, gestreckten Leib und
sehr kurze Läufe. Die Behaarung ist sehr lang, dicht und
schlicht, von grauer, silbergrauer, gelber (Senf-) Farbe. Der
schottische Terrier hat eine gedrungenere Figur als der
vorige und eine kürzere und rauhere Behaarung von grauer
oder rotscheckiger Farbe. Der irische Terrier ist größer
als die beiden vorigen, der Kopf ist länger, das Gestell
höher, die Behaarung rauh und borstig, von mittelmäßiger
Länge und von hellroter oder gelber Farbe. Der Dandin
Dinmont-Terrier hat einen runden Schädel mit spitzer
Schnauze, hängende Ohren, einen sehr langen Rumpf, ein
kurzes und kräftiges Gestell, eine harte und borstige Behaarung, die nur am Kopfe weicher und etwas lockig ist.
Die Haarfarbe ist vorwiegend graublau und gelb. Der Bed-
lington-Terrier hat einen schmalen Kopf, hängende Ohren,
langen Hals, kurzen Rumpf mit gewölbtem Rücken, kurzen
Schwanz, lange Beine und eine rauhe, am Kopfe weichere
Behaarung von graublauer, auch brauner Farbe. Der York-
shire-Terrier hat eine kurze und gedrungene Figur, ziemlich kurze Läufe, mittellanges weiches Haar von graubrauner
Farbe. Der Toy-Terrier ist ein sehr kleines häßliches
Tier mit langer und glatter Behaarung von schwarzer und
brauner Farbe. Mit Ausnahme des letzteren, der bloß als
Spielzeug dient, werden die englischen Terriers zur Nieder-
jagd, insbesondere auf Füchse und Dachse benutzt.

3. Der gemeine kurzhaarige Pintscher gehört zu
den verbreitetsten kleinen Stubenhunden, und er besitzt vortreffliche Eigenschaften und große Intelligenz. Der Kopf
ist lang, die Schnauze spitz, die kleinen Ohren stehen aufrecht, und sie werden in der Regel gestutzt. Der Hals ist
schlank, der Rücken kurz und gerade, der Schwanz kurz,
und er wird fast wagerecht mit etwas aufwärts gerichteter

---

*). Man unterscheidet „prick-eared-" und „drop-eared-" Skye-Terriers.

Spitze getragen. Die feinen Läufe sind verhältnismäßig kurz und gerade gestellt. Das Haar ist fein und glänzend und die Haarfarbe schwarz mit braun und schwarz oder grau getigert. Eine veredelte Form ist der englische Black-and Tan-Terrier, dessen Farbe glänzend schwarz ist mit braunen Abzeichen am Kopfe und an den Läufen.

4. Der Fuchspintscher (Fox-Terrier) ist etwas größer als der Black- and Tan-Terrier. Er hat einen etwas breiteren Kopf als jener, sein Rücken ist länger, aber seine Läufe sind verhältnismäßig niedriger. Der Schwanz wird aufwärts getragen. Das harte Haar ist von weißer Farbe, oder weiß mit rotbraunen Flecken; Regel ist ein farbiger Fleck über dem inneren Augenwinkel. Der Fox-Terrier wird in England häufig gezüchtet aber nur noch selten zur Fuchsjagd benutzt.

C. Der chinesische Hund, Tschau.

An den Küstenplätzen des chinesischen Reiches und auch im indischen Archipel, überall, wo Chinesen sich niedergelassen haben, kommt eine kleine, spitzartige Hunderasse vor, die man im allgemeinen mit dem Namen „Tschau" bezeichnet. Sie gleicht nach Siber durchaus dem europäischen Spitz, ist nur länger, kurzbeiniger, mit kurzer, dichter Behaarung, die Zunge und die Schleimhäute des Maules sind schwarz oder grauschwarz gefärbt, die Farbe des Haares ist schwarz oder hoch rot. Der Schwanz ringelt rechts.

b) Typus des Canis f. Inostranzewi, Anutschin.

Schädelmerkmale: länger (177 mm) und weniger hoch wie der des Torfhundes. Die Scheitelleiste stark entwickelt, mit sinus frontales, lang gezogenem, vorne sich verjüngendem Gesichtsteil, mit weitem, abgerundetem Nasenloch. Der Gesichtsschädel ist vom Hirnschädel deutlich abgesetzt und die Profillinie in der Gegend der Nasenwurzel deutlich konkav. Die Stirn ist breit und in der Medianlinie eingesenkt.

Diese Form wurde durch Anutschin nach Schädeln beschrieben, die Inostranzew in den neolithischen Ablagerungen am Ladogasee (Rußland) auffand. Knochen derselben Rasse wurden durch Studer in den schweizerischen Pfahlbauten und von mir in den Ansiedelungen des Schloßberges bei Burg an der Spree aufgefunden.

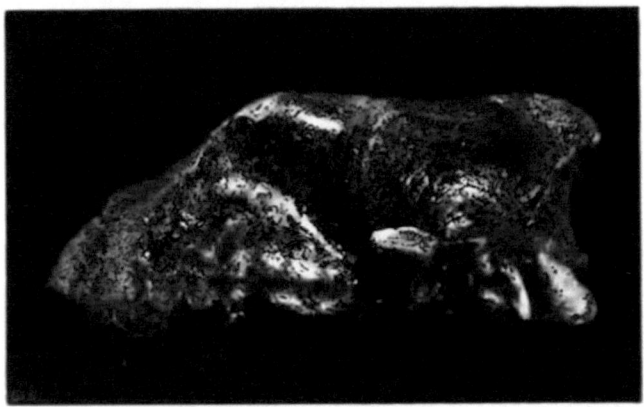

Fig. 25. Schädelreste von Canis f. Inostranzewi vom Schloßberg bei
Burg a. d. Spree.
(Museum für Völkerkunde in Berlin. Originalaufnahme.)

Als Descendenten dieses Typus müssen folgende rezente Rassen aufgefaßt werden.

A. Sibirische und Eskimohunde.

Im ganzen Norden der Erde, in der Umgebung des Eismeeres trifft man zum Teil als einziges Haustier der Polarbewohner einen Hund an, der bald zum Ziehen der Schlitten, bald als Hüter der Renntierherden, bald aber auch zur Jagd benutzt wird. Kulagin beschreibt diesen Hund, der in Rußland Laika genannt wird, folgend: als von wolfsähnlichem Aussehen, mit breiter, flacher, fast dreieckiger Stirne, zugespitzter Schnauze, schiefem Augenschnitt, stehenden Ohren, muskulösem Hals. Die Länge des Körpers ist nicht größer wie dessen Höhe. Füße und Pfoten stark, die Spur wolfsartig, nur ein wenig kleiner. Die Behaarung stockhaarig, die Rute buschig. Grundfarbe hell, schmutzig gelb, dunkeler an den Schulterblättern, Schenkeln, den Vorder- und Hinterfüßen.

B. Der Neufundländer.

Die Kynologen bezeichnen als Neufundländer einen mäßig großen Hund von 63—69 cm Schulterhöhe, von tiefschwarzer Farbe, ohne Abzeichen, höchstens wird noch rostbraun und schwarz und weiß angenommen, mit schlichter und dichter Behaarung und dichter Unterwolle, kleinen, dreieckigen, hängenden Ohren, die dicht am Kopfe anliegen und weit hinten rechtwinkelig angesetzt sind, starker, mäßig langer Rute, die dicht und buschig behaart ist und in Ruhe abwärts hängend getragen wird, starken Läufen mit großen breiten und flachen Pfoten, deren Zehen durch Bindehäute verbunden sind. Der Kopf ist breit und massig, der Oberkopf flach, der Hinterhaupthöcker vorspringend, der Stirnabsatz zum Gesichtsteil ist vorhanden, doch nicht stark ausgeprägt.

Der Neufundländer ist ein Luxushund von mittelmäßiger Intelligenz; er liebt das Wasser und ist ein ausgezeichneter Schwimmer.

C. Der Bernhardiner.

Als Bernhardiner bezeichnet man einen großen und schönen Luxushund, der von der ursprünglich von den Mönchen des Klosters auf dem St. Bernhardsberge gezüchteten Form recht verschieden ist, die aus der einheimisch schweizerischen Form des großen Sennenhundes hervorgegangen zu sein scheint. Das Alter dieser Rasse ist noch nicht genau festgestellt, obgleich H. Kraemer an Hand eines Schädels aus der Römerkolonie Vindonissa und vielen linguistischen Beweismitteln die Abstammung dieser Rasse vom Tibethunde und deren Import durch Römer behauptet.

Der heutige Bernhardiner hat ein sehr breites Oberhaupt, eine sehr breite Nase, eine mittellange Schnauze mit herabhängender Oberlippe, einen kurzen Hals, sehr breite Brust, geraden Rücken, straffe Lenden, starke Beine, breite Zehen, langen und hängenden Schwanz. Das Haar ist lang und straff, am Halse mähnenartig, mit wolligem Unterhaar durchsetzt; die Farbe ist gelbbraun mit schwarzem Anflug (vorherrschend bei der Leonberger Zucht) und gelbweiß (vorherrschend in England).

D. Die Doggen.

Unter diesem Namen faßt man nach Siber, die Doggen der alten Deutschen: Bärenbeißer, Bullenbeißer, die schweren Doggen Frankreichs (Dogue de Bordeaux), die englischen Mastiffs, die großen Doggen Spaniens (Mastin) und die kleinen Bullenbeißer und Möpse zusammen.

Alle diese Tiere wurden speziell auf die Ausbildung der Beißmuskulatur gezüchtet, damit sie imstande wären, große Tiere zu bewältigen. Aus diesem Grunde wurde der Kiefer dieser Hunde verändert nach dem physikalischen Gesetze, daß die entfaltete Beißkraft eine um so größere ist, je weniger weit der Endpunkt des Kieferhebels vom Ansatzpunkte der Kraft, d. h. je kürzer der Kiefer vor dem Ansatze des Schläfenmuskels und Kaumuskels ist. Dadurch wurden die Zähne zusammengeschoben, oft gezwungen, sich gegeneinander schräg zu stellen, namentlich die Praemolaren; die sich verkürzenden Kiefer wurden plumper und schwerer. Anderseits vergrößern sich infolge der stärkeren Muskulatur die Knochenleisten am Schädel, besonders die Scheitelleiste und die Jochbogen weiten sich aus, um Raum für den Mus. temporalis zu schaffen.

Da sich nicht immer alle Teile gleichmäßig verkürzen, wie z. B. der Unterkiefer weniger als der Oberkiefer, so kommt es vor, daß der Incisivteil des Unterkiefers über den Zwischenkiefer vorragt, wie bei Mops und Bullenbeißer.

Diese Doggenformen sind seit dem grauen Altertume bekannt und schon bei den Babyloniern, Assyriern, Ägyptern, Persern und Indern, wie auch den Griechen und Römern, Germanen, Galliern und Britanniern benutzt worden.

Studer glaubt, daß es nicht möglich sei, alle Doggenformen auf eine gemeinsame Stammrasse zurückzuführen, sondern daß man aus den verschiedenen Lokalformen des C. f. Inostranzewi durch züchterische Auswahl Doggen zu erzeugen vermochte.

Die hauptsächlichsten der modernen Doggenrassen sind folgende:

Haupt-Merkmale: Kopf kurz und breit, Ohren aufrecht stehend, an der Spitze überfallend, Hals kurz und kräftig, Leib gedrungen gebaut, Rücken gerade, Schwanz von mittlerer Länge und meistens gesenkt getragen, Läufe sehr kräftig und von Mittellänge, mit gebogenen Zehen, Haar glatt anliegend. Die Doggen sind vorwiegend Wächter für Haus und Hof, treu und anhänglich an den Menschen, aber von mittelmäßiger Intelligenz.

1. Die dänische Dogge ist von großer Figur und sehr kräftig gebaut; der Kopf ist fast viereckig und etwas flach in der Scheitelgegend, der mittellange Hals sehr kräftig, der Rücken häufig etwas gesenkt, der lange Schwanz wird gesenkt getragen; der Leib ist in den Weichen etwas aufgezogen; das Gestell ist hoch und sehr muskulös. Das kurze und etwas harte Haar ist gelbbraun oder schwarzbraun, auch hellgelb ohne Abzeichen.

2. Die Ulmer-Dogge ist etwas zierlicher gebaut und kleiner als die vorige; der Kopf ist platt, aber sehr breit zwischen den Ohren, der Leib gedrungener und niedriger gestellt. Das feine und glänzende Haar ist weich und von blaugrauer Farbe, häufig braun oder schwarz gestreift.

3. Die getigerte deutsche Dogge ist nach Radetzki schwerer als die Ulmer-, aber leichter als die dänische Dogge; der Kopf ist etwas schwerer als bei der

Ulmer-Dogge, doch schlank und nicht vierkantig; die Augen
sind meistens sogenannte Glasaugen, die Ohren klein, hoch
angesetzt, aufrechtstehend und mit der Spitze nach vorn
überfallend. Die Flanken sind eingezogen, die Läufe hoch
und schlank. Die Behaarung ist etwas länger, aber minder
weich als bei der Ulmer-Dogge, und von weißer Farbe mit
scharf abgegrenzten schwarzen Flecken verschiedener Größe.

4. Die Dalmatiner-Dogge ist kleiner als die vorigen,
der Kopf verhältnismäßig länger, die Läufe kürzer, das
Haar etwas hart und von weißer Farbe mit regelmäßigen
schwarzen Flecken.

5. Die englische Dogge (Mastiff) ist die schwerste
und kräftigste aller Doggen; der Kopf ist verhältnismäßig
groß und sehr breit zwischen den hängenden Ohren, vor der
Stirn etwas eingesenkt; die Schnauze ist breit und die Oberlippen hängen über. Der Hals ist kurz und sehr kräftig,
die Brust breit und tief, der Leib gedrungen gebaut, aber
etwas eingezogen in den Weichen, der Rücken fast gerade,
der dünne Schwanz lang und gesenkt. Die verhältnismäßig
kurzen Läufe sind sehr kräftig und gerade gestellt. Das
dicht anliegende Haar ist etwas hart und von gelbbrauner
Farbe, mit schwarzer Zeichnung im Gesicht und schwarzem
Behang.

6. Die Bulldogge ist von mittlerer Größe, selbst
kleiner als die Dalmatiner-Dogge, aber von sehr gedrungenem und kräftigem Körperbau. Der Kopf ist verhältnismäßig groß und schwer, sehr breit zwischen den kurzen
und aufrechtstehenden Ohren und eingesenkt vor der Stirn.
Die Schnauze ist sehr kurz, der Oberkiefer kürzer als der
Unterkiefer, und die Zähne des letzteren stehen vor denen
des ersteren; die Oberlippe bedeckt häufig die Zähne nicht,
ja selbst die Zunge bleibt unbedeckt; beides ist fehlerhaft,
ebenso wie die gespaltene Nase. Die Brust ist sehr breit
und tief, der Rücken kurz und etwas eingebogen, das Kreuz
erhöht und nach hinten abfallend, der Schwanzansatz stark,

der Schwanz spitz zulaufend. Die Läufe sind kurz und sehr
kräftig, der Gang schleppend wegen des überbauten Kreuzes.
Das glatte und weiche Haar ist vorwiegend von gelbgrau-
brauner oder Rehfarbe.

7. Der Bulldogg-Pintsch (Bull-Terrier) ist eine Kreu-
zung der Bulldogge mit dem kurzhaarigen Pintsch. Er ist
kaum von Mittelgröße, aber seine Formen sind denen der
Bulldogge ähnlicher; der Kopf ist länger und schmäler, das
Kreuz nicht erhöht, das Haar glatt und etwas hart, die
Haarfarbe vorwiegend weiß.

8. Der Mops ist die kleinste Form der Doggen, mit sehr
charakteristischem faltigen Gesicht. Der Kopf ist rund und
breit, im Oberhaupte gewölbt, vor der Stirn eingesenkt, die
Schnauze sehr kurz und aufgestülpt; die Augen sind sehr
groß (Glotzaugen), die Ohren sehr klein, aufrechtstehend,
mit der Spitze überfallend. Die Brust ist sehr breit, der
Rücken kurz und breit, der mittellange, geringelte Schwanz
wird aufwärts getragen. Die Läufe sind kurz und kräftig.
Die Behaarung ist glatt und weich und von hellgraubrauner
oder lichter Rehfarbe, mit schwarzen Abzeichen am Kopfe
und schwarzem Rückenstreifen.

c) Typus des Canis f. Leineri, Studer.

Schädelmerkmale: Basilarlänge nie unter 200 mm,
lange Schädelkapsel mit starker Scheitelgräte und einer
nach hinten stark verlängerten Protuberanz, eingeschnürten
Schläfen, und deutlich von der Stirne geschiedenen Parietal-
und Occipitalregion. Stirne flach, hoch und leicht in der
Mittellinie vertieft. Das Hinterhauptdreieck ist hoch und
die Schädelbasis breit. Der Gesichtsteil ist lang und schmal
und nicht deutlich von dem Hirnteil abgesetzt.

Keine Vertiefung des Profiles an der Nasenwurzel. Der
Originalschädel dieses Typus stammt aus der jungneolithi-
schen Pfahlbaustation von Bodman am Bodensee. Gleiche

Schädel, wenn auch hier und da größer, finden sich in den irischen Torfmooren.

Als rezente Rassen leitet Studer die Formen der Grey- und Deerhounds ab, wie des schottischen Hirschhundes und des irischen Wolfshundes.

1. Der irische Wolfshund ist nach George A. Graham*) ein mächtiges, hohes und schweres Tier, das aber nur noch selten vorkommt. Der Kopf ist lang, aber nicht schmal, die Nase eher breit, die Ohren sind klein im Verhältnisse zur Größe des Kopfes und aufgerichtet; der Hals ist dick und sehr muskulös, der Leib und das Gestell sind lang. Die Behaarung ist rauh, hart und lang am ganzen Körper und von schwarzer, grauer, scheckiger, roter und falber Farbe.

2. Der Greyhund spielt als Jagdhund (Schweiß- und Hetzhund) eine große Rolle in Großbritannien. Er ist ein großes und starkes Tier. Der Gehirnschädel ist ziemlich breit, die Ohren sind klein, der Hals ist lang und muskulös, aber nicht dick, der Rücken lang und gerade, der Schwanz lang und fein, das lange und rauhe Haar von schwarzer, weißer, fahler, blaugrauer und scheckiger Farbe. Zur Familie des Greyhundes gehört auch der schottische Hirschhund (Deerhound), der dem Greyhunde sehr ähnlich, aber kräftiger gebaut und höher gestellt ist. Der lange Schwanz wird meistens gesenkt getragen, mit der Spitze aufwärts gekrümmt. Die rauhe und stellenweise zottige Behaarung ist vorwiegend von blaugrauer Farbe.

d) Typus des Canis f. intermedius, Woldrich.

Schädelmerkmale: Länge durchschnittlich 160 bis 200 mm. Der Schädel zeigt in seiner Hirnpartie die Charaktere des C. f. palustris. Die Sagittalcrista ist meist vorhanden, aber niedrig. Die Stirn stark verbreitert und die

---

*) In Vero Shaw „The illustrated Book of the Dog".

Stirnbeine lang, der Gesichtsteil mäßig lang, stumpf, in der Gegend des Reißzahnes breit, von da an verschmälert. Teils mehr, teils weniger konkave Profillinie.

Die Originalschädel werden durch Woldrich aus der Bronzezeit von Weikersdorf und Pulkan in Niederösterreich beschrieben. Seither hat man diese Form noch vieler Orts, selbst in Norddeutschland aufgefunden.

Die hierher gehörenden Hunde sind mittelgroß und meistens Jagdhunde mit Hängeohren.

A. Die Bracken oder Laufhunde.

Diese besonders in der Schweiz und Frankreich gezüchtete Hunderasse ist uralt. Schon in den helveto-gallischen Pfahlbauten von La Tême am Neuenburgersee sind Schädel solcher Tiere aufgefunden worden und von den Germanen werden Laufhunde als segusii, seuces und Bracken als braccones erwähnt.

Bei diesen Hunden ist die Hirnkapsel sehr geräumig, der Gesichtsschädel ziemlich verschmälert und die Einsenkung der Nasenwurzel nur sehr gering, das Profil also fast gerade. Sie sind mittelgroß. Der Behang ist fein, lang und breit, die Brust breit und vorstehend, der Leib wenig gestreckt und an den Flanken eingezogen, der Rücken etwas eingebogen: der ziemlich lange und gerade Schwanz wird etwas aufwärts gekrümmt getragen; das Hinterteil ist kräftig und etwas überbaut; die Läufe sind von mittlerer Länge, die Pfoten klein. Das glatt anliegende Haar ist grob und nur am Behange weich und fein. Die Farbe ist meist schwarz mit rostbraunen Flecken, weiß mit schwarzen oder gelben Flecken. Die Bracke jagt laut.

B. Die Vorstehhunde, Pointers, Schweißhunde.

Aus der ursprünglichen, primitiven Form des Laufhundes hat sich diejenige des „zivilisierten" Vorstehhundes entwickelt, von dem wir folgende Rassen unterscheiden können.

a) Langhaarige Rassen.

1. Der flockhaarige deutsche Vorstehhund hat
nach Radetzki einen etwas platten Kopf mit wenig gewölbtem Vorkopf, eine lange Schnauze mit mäßig über-
fallenden Lippen, eine Brust ohne vorstehenden Brust-
knochen; an den ganz geraden Läufen sind die Zehen gebogen und mit Haar durchwachsen. Der Schwanz ist mäßig
gekrümmt, und er wird bei der Arbeit gerade getragen. Das
lange, wollige oder flockige Haar ist weich und von dunkelbrauner Farbe mit rotbraunem Schimmer, oder weiß mit
vielen braunen Fleckchen.

2. Der Espagneul (französischer langhaariger Vorstehhund) hat nach Radetzki eine stark gewölbte Stirn, eine
Schnauze von mittlerer Länge, Kinnbacken mit kurzen Lippen, etwas eingebogenen Rücken, gedrungenen und an den
Flanken etwas eingezogenen Leib, ziemlich lange Läufe mit
Hubertusklauen an den Hinterläufen, ziemlich starken, bis
an die Hacken reichenden Schwanz. Das am Kopfe und an
der Vorderseite der Vorderläufe kurze, an allen übrigen
Teilen lange und weiche Haar ist von weißer Farbe mit
braunen Flecken, auch hell oder dunkelbraun gesprenkelt;
der Behang ist stets dunkel gefärbt.

b) Kurzhaarige Rassen.

1. Der glatthaarige deutsche Vorstehhund ist von
Mittelgröße (größer als der flockhaarige) und von kräftigem
Körperbau. Der lange Kopf ist am Oberhaupte breit, die
Schnauze lang, die Nase ziemlich breit, mit der Spitze vor-
stehend, die Oberlippe überhängend, das Gesicht faltig, der
lange und breite Behang hängt ohne Falten herab; der Hals
ist kräftig, der Rücken lang und etwas eingebogen, der
Schwanz von mittlerer Länge wird wagerecht getragen, die
Brust breit mit vorragendem Brustbein, die Läufe sind ver-
hältnismäßig niedrig aber kräftig, mit breiter Pfote und

gebogenen Zehen. Hubertusklauen sind selten. Das Haar ist etwas hart und entweder von gleichmäßig brauner Farbe, oder weiß mit zahlreichen unregelmäßigen braunen Flecken.

2. Der glatthaarige französische Vorstehhund hat nach Radetzki einen großen und eckigen Kopf und der Hinterkopf endet in einer Spitze; die Schnauze ist mittellang, die Nase breit, am Übergange zur Stirn stark eingesenkt, die Oberlippe überhängend, der Behang breit, lang und faltig, der Hals rund und kräftig, der Rücken breit und leicht eingebogen, der Schwanz an der Wurzel stark; die Läufe sind kräftig, gerade und schwer; die Behaarung ist kurz und ziemlich grob, von weißer Farbe mit wenigen großen, braunen oder schwarzen Flecken, oder ganz fein gesprenkelt.

3. Der glatthaarige englische Vorstehhund (Pointer) kommt vor in einer größeren und in einer kleineren Form. Die erstere ist größer als die des deutschen und des französischen Vorstehhundes. Der Kopf ist breit zwischen den langen Behängen, etwas gewölbt an der Stirn und an der Stirn-Nasenbein-Verbindung eingesenkt. Die Nase ist lang, mit der Spitze etwas aufwärts gerichtet, die Schnauze breit, die Oberlippe überhängend, der Hals sehr kräftig, der Rücken gerade und lang; der verhältnismäßig kurze und zugespitzte Schwanz wird bei der Arbeit wagerecht getragen. Die Brust ist breit und tief. Die Läufe sind verhältnismäßig kurz und mit starken Knochen, einer kräftigen Muskulatur und runden Pfoten versehen. Die Behaarung ist weich und vorwiegend von rotbrauner und weißer Farbe.

4. Der englische Apportierhund (Retriever) ist von ähnlicher Figur wie der kleinere Pointer, aber von längerem Rumpf und verhältnismäßig kürzeren Beinen. Die Behaarung kommt in zwei Formen vor; glatt und lockig, in beiden Fällen vorwiegend von schwarzer Farbe; das glatte Haar ist übrigens meistens leicht gewellt.

5. Der englische Schweißhund (Bloodhound) gehört

zu den größten Hunden. Der Kopf ist an der Stirn breit,
am Hinterkopfe zugespitzt, die Nase lang und breit, von
vorzüglicher Witterung, die Schnauze breit, die Oberlippe
überhängend; die Augen liegen tief, und das untere Augenlid
ist etwas umgebogen (Leckauge); die Haut der Stirn und
der Backen liegt in zahlreichen Falten; der Behang ist an
der Wurzel schmal, er verbreitet sich nach abwärts und
hängt fast bis zur Bugspitze herab. Der Hals ist kurz und
sehr kräftig, der Rücken lang und gerade; der lange, spitz
zulaufende Schwanz wird nach aufwärts getragen; die Brust
ist sehr breit und tief, der Leib gestreckt und in den Flanken
wenig eingezogen. Die Läufe sind verhältnismäßig kurz und
sehr kräftig, die Pfoten breit. Das glatte Haar ist vorwiegend gelb und gelbbraun.

C. Die Setter.

Die englischen langhaarigen Vorstehhunde, welche den
Namen Setter führen, sollen nach Vero Shaw aus einer
Kreuzung von Espagneul mit Pointer hervorgegangen sein.
Doch hat möglicherweise auch der schottische Schäferhund
bei der Schaffung, wenigstens des Gordon-Setters, mit-
gewirkt.

Der Schädel ist länger und gestreckter wie bei den
Vorstehhunden. Die Oberlippen hängen nur wenig über, der
Behang ist breit und lang; der Leib ist in den Weichen etwas
eingezogen, der buschige Schwanz wird gestreckt, oder etwas
gesenkt getragen. Das dichte und schlichte Haar ist seidenweich und vorwiegend von schwarzweißer Farbe, auch weiß
mit gelben Flecken. Eine Spezialität dieses Setters ist der
Laverack-Setter, rot- und blauschimmelfarbig.

Man unterscheidet drei Schläge des Setters, den Gor-
don-Setter von schwarzer Farbe mit rostroten Abzeichen,
black and tan, wozu noch Weiß an einigen Stellen treten
kann, den Irish-Setter von goldroter Farbe, den englischen Setter, von weißer Farbe mit gelben Platten.

D. Die Spaniels oder Wachtelhunde.

Diese kleinen Jagdhundformen zeigen im Schädel völlig die Charaktere der Zwergrassen, das Extrem wird in den Toy-Spaniels und dem King Charles erreicht, dessen Schädel auf embryonaler Stufe zurückbleibt.

Die Wachtelhunde sind von kleiner Figur und kurzbeinig, der Kopf ist breit und schwer, die Schnauze stark, das Auge groß und fast immer feucht von Tränen, die aus dem inneren Augenwinkel über die Backen triefen, der Behang sehr lang, der Schwanz lang und hängend. Die Form und Farbe des Haares ist verschieden. Man unterscheidet mehrere Schläge von Wachtelhunden, die teils zur Jagd, teils als Stuben- und Schoßhunde benutzt werden. Zu den Jagdhunden gehören: der Sussex-Spaniel mit stark gewölbtem Schädel, breiter Brust, langem und rundem Leib, tief angesetztem Schwanz, lang gewelltem Haar von brauner Farbe; der Clumber-Spaniel mit langem und breitem Kopf, kleinen, tief liegenden Augen, breiter Brust, geradem Rücken, tief angesetztem Schwanz, sehr kurzen Läufen, dichtem, langem und schlichtem Haar von rotweißer Farbe; der irische Water-Spaniel mit sehr großem Kopf, sehr langem Behang, tief angesetztem Schwanz, gelocktem Haar von brauner Farbe, hier und da mit weißen Flecken. Außerdem erwähnt A. E. Radetzki unter den Jagd-Spaniels auch den Norfolk-Spaniel, den ich unter diesem Namen in England nicht kennen gelernt habe; derselbe soll nicht so schwer gebaut sein wie der Sussex- und nicht so niedrig auf den Läufen sein wie der Clumber-Spaniel, und reichlich lang gewelltes Haar haben von weißer Farbe, braun oder schwarz gesprenkelt. Übrigens habe ich in England auch kleine schwarze Spaniels gesehen, die zur Jagd benutzt werden. Zu den Stuben- (oder Tändel-) Spaniels gehören der König Karl (King-Charles)- und der Blenheim-Spaniel. Die ersteren haben ihren Namen von dem englischen Könige Karl II., der sie mit Vorliebe züchtete. Die Figur der König

Karl-Spaniels ist sehr klein, und das Lebendgewicht soll
3 kg nicht überschreiten. Der Gehirnschädel ist kugelrund
und vor der Stirn abgesetzt, Nase und Schnauze sind sehr
kurz und breit, der Oberkiefer ist etwas kürzer als der
Unterkiefer, doch soll jener die ruhende Zungenspitze bedecken. Das Auge ist sehr groß und der Behang sehr lang;
das Haar desselben reicht bis zum Boden. Die Läufe sind
niedrig und der mittellange, reichbehaarte Schwanz wird
gerade getragen. Das schlichte Haar ist lang und seidenweich, die Haarfarbe schwarz mit rotbraunen Abzeichen an
Läufen, Brust und Bauch, an den Backen und über den
Augen. Der Blenheim-Spaniel ist noch etwas kleiner und
leichter als der vorige, übrigens von ähnlicher Form; doch
ist der Behang nicht so lang, und das lange und seidenweiche Haar ist von weißer Farbe mit kastanienbraunen
Flecken am Kopfe und Leibe. Der Name Blenheim stammt
nach Radetzki von dem Schlosse des Herzogs von Marl-
borough.

5. Der Malteser wird von einigen zu den Wachtelhunden gerechnet, jedenfalls ist er denselben in der Form
sehr ähnlich. Er ist von sehr kleiner Figur, besitzt einen
runden Kopf mit kurzer Schnauze; die schwarzen Augen
und die hängenden Ohren sind nicht groß. Der Schwanz wird
aufrecht getragen. Das schlichte Haar ist sehr lang, seidenweich und von weißer Farbe.

6. Der Bologneser ist nach Radetzki von ähnlicher
Figur wie der Malteser, doch ist der Kopf etwas breiter,
und die Läufe sind etwas höher. Das Haar ist leicht gewellt, sehr lang, aber nicht so weich wie beim Malteser
und von weißer, gelber, schwarzer und grauer Farbe.

Malteser und Bologneser haben nur Wert als Stuben-
hunde.

E. Die Dachshunde.

Bei den Ägyptern, Griechen und Römern schon fanden
sich Hunde, die mit ihrem langen, niedrigen Leibe, Hänge-

ohren, langer, dünner, gerader Rute, Dachshundpfote mit
breiter Tatze auf das Vorkommen dieses Hundes zu jenen
Zeiten schließen lassen. Die Verkrümmung der Beine, resp.
die Verbiegung des Radius nach außen, machen den Dachshund, abgesehen daß es auch solche mit geradem Radius
gibt, noch nicht aus. Derartige Verbiegungen können bei
allen Rassen vorkommen und sind selbst bei wilden Tieren,
z. B. dem Jaguar, schon beobachtet worden, wie auch beim
Schafgeschlechte im sog. Anconschafe. Studer glaubt annehmen zu müssen, daß der rezente Dachshund aus einer
Kreuzung des Laufhundes mit dem Terrier hervorgegangen
ist. Das glatte Haar ist vorwiegend von schwarzer Farbe
mit braunen Abzeichen am Kopfe, an der Brust und an den
Läufen; außerdem kommt gleichmäßig rotbraune Färbung
vor. Der Dächsel ist ein sehr mutiger und trotz seiner
Kleinheit kräftiger Hund, der auf dem europäischen Kontinent zu Dachs- und Fuchsjagden verwendet wird. Sein Intelligenz ist gut, aber er ist häufig launisch und mürrisch.

e) Typus des Canis matris optimae, Jeitteles.

Schädelmerkmale: Länge 165—190 mm. Lang und
schmal, in der Parietalregion gewölbt, in der Schläfenenge
stark eingeschnürt, mit wenig verbreiterter Stirne, die flach
oder mit schwacher medianer Einsenkung versehen ist. Das
Hinterhauptdreieck ist hoch, der Gesichtsteil ist schmal, wie
auch der Gaumen.

Jeitteles beschrieb diese Hundeform erstmals nach
Schädeln, die er in den prähistorischen Ablagerungen von
Olmütz fand. Seither ist dieser Typus häufig unter Knochen-
resten der Bronzezeit aufgefunden worden.

A. Der Schäferhund.

Der Canis matris optimae ist der typische Schäferhund, wie er sich bis heute noch unverändert erhalten hat.
Er hat aufrechtstehende Ohren, das Haar ist dicht und kraus

und von graubräunlicher Farbe. Der mittellange buschige
Schwanz wird meistens gesenkt getragen. Der Schäferhund
dient als Hirtenhund, und er ist ausgezeichnet durch große
Intelligenz, Mut und Wachsamkeit. Einen besonderen Schlag
bildet der schottische Schäferhund (Collie), der durch-

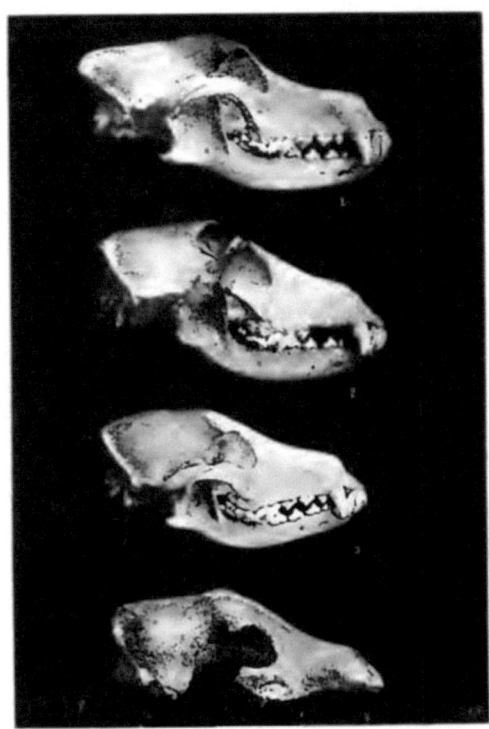

Fig. 26. Schädel von Schäferhunden in Profilansicht.
1 und 3 Deutscher Schäferhund. 2 Abruzzenhund. 4 Canis maris optimae von
Greng (Murtensee). (Nach Studer.)

schnittlich etwas größer ist als der gemeine; die Ohren
stehen halb aufrecht, und der Schwanz wird halb hängend
getragen; die Läufe sind verhältnismäßig kurz. Das Haar
ist am Kopfe und an den Hinterfüßen glatt, am übrigen
Körper rauh und lang und von gelbbrauner (Schildpatt-
farbe) und grauer Farbe.

B. Der Pudel.

Obwohl wir nach dem Vorgange von Jeitteles und Studer den Pudel dem Schäferhunde anreihen, so soll damit doch nicht gesagt sein, daß er ein reiner Nachkomme des C. matris optimae ist, sondern es überwiegen in seinem Habitus die Charaktere eines kleineren Vorstehhundes, wie hohe Schnauze und Stirn, Verbreiterung des Hirnschädels und Einsenkung der Nasenwurzel. Doch ist es möglich, daß diese Merkmale als Konvergenzerscheinungen infolge der Vermehrung der Hirnsubstanz aufzufassen sind.

Der Pudel ist von mittlerer Größe, von gedrungenem Körperbau und von großer Intelligenz, doch ist sein Mut und seine Treue gering. Der Kopf ist breit und verhältnismäßig kurz, das Oberhaupt gewölbt und über das Gesicht stark vorstehend, die Nase schmal, der Behang lang herabhängend, die Brust breit; die Läufe sind kräftig, die Zehen schmal, der Schwanz ist kurz und fast gerade stehend. Das Haar ist rauh und lockig, meist von weißer oder schwarzer Farbe.

B. Südliche Hunde.

A. Typus der Pariahunde.

Im Oriente finden sich überall, soweit sich Mohammedaner niedergelassen haben, eine eigene Hunderasse, die man in Indien als Pariahunde, in den malayischen Ländern als Glattacker, in den mohammedanischen Gegenden als Straßenhunde bezeichnet.

Es sind meist mittelgroße, kurzhaarige, hochläufige Hunde von schlankem Bau, mit schmalem Kopf, ziemlich langer, nach vorn zugespitzter Schnauze, aufrecht stehenden, spitzen oder auch halbhängenden Ohren, von rostroter oder auch falber Farbe, zuweilen dunkel gefleckt. Diese Tiere hausen halb wild in den Städten und Dörfern der Eingeborenen, wo sie von Abfällen leben. Bestimmte Herren haben sie nicht, doch schließen sie sich an den Menschen an, und lassen sich auch an einigen Orten zur Jagd abrichten.

Nahe verwandt mit diesem Pariahunde ist nach Studer der Dingo oder australische Wildhund. Die einzigen Kulturrassen der Pariahunde sind die Windhunde und die Tibetdogge.

Die Urform dieses Typus ist augenscheinlich der australische Dingo (Canis dingo Gould), dessen Reste schon in dem Pleistocän von Australien aufgefunden worden sind. Der Canis f. var. tenggerana Kohlbrügge, der wilde Hund von Java, dessen Art nun ausgestorben ist, scheint der letzte Rest eines Dingos gewesen zu sein, der sich in die Berge zurückgezogen hat.

Die wirklichen orientalischen Pariahunde, die von diesen wilden Stammformen sich herleiten, sind schon auf den ägyptischen Gräbern dargestellt und auch in Mumien konserviert. Aus ihrer so verschiedenartigen Menge hat sich durch eine sehr weit getriebene Selektion gebildet:

B. Der Windhund.

Derselbe wurde unter den Pariahunden von schlankem Wuchse ausgewählt und hat seine Organe ganz dem Bedürfnis eines schnellen Laufes angepaßt.

Der Gesichtsteil ist sehr verlängert, länger selbst als der Hirnteil, und infolgedessen erscheint der Kopf lang und schmal. Die Nase ist schmal und die Ausbreitung der Riechschleimhaut daher eine beschränkte, weshalb die meisten Windhunde ein geringes Geruchsvermögen besitzen. Die Tiere haben langen, schmalen Hals, halb aufrechtstehende, an den Spitzen umgebogene Ohren, langgestreckten, in den Weichen eingezogenen Leib mit breiter, tiefer Brust, etwas erhöhtem Hinterteil und mittellangem Schwanze, der meistens etwas gesenkt, aber mit der Spitze nach aufwärts getragen wird, hohe und feine Läufe, deren Muskulatur kräftig entwickelt ist.

Die kurzhaarigen Windhunde bilden die ursprüngliche Form, aus der die langhaarigen durch Anpassung hervorgegangen sind.

1. Der russische Windhund oder Barsoi hat eine sehr lange Schnauze, gut entwickelte Nase, helle, ziemlich große Augen, sehr kleine, zurückgeschlagene und kurz behaarte Ohren, ziemlich kurzen, an der Schulter stärkeren Hals, wenig breite Brust von mittlerer Tiefe, etwas eingebogenen, doch ziemlich kräftigen Rücken, sehr langen Schwanz. Das seidenweiche Haar ist glatt am Kopfe, an der Vorderseite der Vorderläufe und an den Hinterläufen von etwas über der Hacke nach abwärts; Hals, Brust, Hinterseite der Vorderläufe, Bauch, Hinterseite des Sprunggelenkes und besonders der Schwanz sind sehr lang behaart. Die Haarfarbe ist rein weiß mit gelben, gelbbraunen oder schwarzen Flecken. Radetzki hält den russischen Windhund für eine der schönsten und größten langhaarigen Hunderassen.

2. Den Steppenwindhund bezeichnet Brehm als ein ebenso edles wie anmutiges Tier, dessen Behaarung seidenweich und dessen Färbung ein leichtes Isabellgelb ist, welches nicht selten ins Weißliche zieht, häufig aber bis zur echten Rehfarbe dunkelt. Eine eingehendere Beschreibung der Körperform erspart sich Brehm. In Kordofan wurden diese Hunde nach Brehm als Wächter und als Jagdhunde benutzt, insbesondere zur Antilopenjagd. Denselben Zwecken dient der Steppenwindhund auch in Persien.

3. Der nackte afrikanische Windhund ist kaum von Mittelgröße, wenigstens bei den in Europa vorkommenden Formen. Er ist von zierlichem Bau, sein Kopf ist lang und etwas gewölbt, der Behang halb aufrecht, der Leib in den Weichen stark aufgezogen, der Rücken gekrümmt; die schlanken Läufe sind von mittlerer Länge. Die Körperhaut ist von stahlgrauer Farbe mit rötlichem Schein; Haare finden sich nur an der Stirn, der Schnauze und der Schwanzwurzel.

4. Der gemeine glatthaarige Windhund ist groß und sehr schlank, der Kopf lang und schmal, platt am Scheitelteile und am Hinterkopfe, die Schnauze lang, die Nase sehr schmal und das Geruchsorgan schwach entwickelt; die kleinen Ohren stehen aufrecht und die Spitzen fallen über. Die Brust ist breit und tief, der Leib in den Flanken stark eingezogen, der Rücken nur wenig eingesenkt, das Kreuz nach hinten abfallend; der lange Schwanz ist tief angesetzt, und er wird gesenkt getragen mit aufwärts gekrümmter Spitze. Die Vorderläufe vom Ellenbogenhöcker bis zum Vorderknie sind mindestens so lang wie der Höhendurchmesser des Brustkastens vom Ellenbogen bis zum Widerrist; die Hinterläufe stehen noch etwas höher. Die dichte Behaarung ist glatt und weich und von gelber oder brauner Farbe. Der gemeine Windhund ist in neuerer Zeit zu Hetzjagden abgerichtet worden; doch ist er vorwiegend Luxushund, von geringer Intelligenz, schwachem Mut und wenig Anhänglichkeit an seinen Herrn, auch launisch und boshaft.

5. Das italienische Windspiel (die Levrette) ist eine verkleinerte Form des gemeinen Windhundes und es dient lediglich als Stubenhund; es soll, wie Radetzki vorschreibt, nicht mehr als $4^1/_2$ kg Lebendgewicht haben. Die Haarfarbe ist rehfarben mit einem hellroten oder blauen Schimmer.

C. Die Tibetdogge.

Max Siber schildert dieselbe als ein mächtiges Tier, an Größe und Form den Neufundländern und Bernhardinern gleichkommend, jedoch mit kürzerer, schmälerer Schnauze.

C. Keller und H. Kraemer erblicken in dieser Form die Stammquelle der gesamten Doggengruppe und leiten den Tibethund von dem Wolfe des Tibets her.

Ordnung der paarzehigen Huftiere.

Unterordnung der höckerzähnigen Paarhufer.

Die zoologischen Merkmale der Suiden.

Der Körper der Suiden ist von Mittelgröße, langgestreckt und plump gebaut.

Der Kopf ist verhältnismäßig klein, sein Gesichtsteil
gestreckt, nach vorn zugespitzt und etwa dreimal größer
als der Gehirnteil. Die Oberlippe trägt den Rüssel; die
Nase ist lang, und sie geht mit einer geringen Einbiegung
auf die flache Stirn über. Das Auge ist sehr klein, und
die Augenhöhle ist von der Oberschläfengrube durch eine
Knochenwand nicht getrennt.

Der Hals ist sehr kurz, der Kamm mit einer kurzen
und borstigen Mähne besetzt.

Die Wirbelsäule besteht aus 7 Halswirbeln, 14 Rückenwirbeln, 7 Lendenwirbeln, 4 Kreuzwirbeln, 20 Schwanzwirbeln. Der Widerrist ist flach und die Kruppe nach hinten
abfallend. Die Brusthöhle ist keilförmig und in der Höhenachse mehr ausgedehnt als in der Querachse. Die Zahl der
schmalen und flachen Rippen beträgt vierzehn (7 wahre
und 7 falsche). Der Bauch ist etwas aufgezogen und die
Weiche sehr lang.

Am Vordergliede steht das Schulterblatt steil. Die
Speiche und das Ellenbogenbein des Unterarmes sind im
ganzen Verlaufe getrennt, und das letztere befindet sich
in Pronationsstellung. Die Fußwurzel enthält in der proximalen Reihe (ausschließlich des Hakenbeines, os carpi
accessorium) drei Knochen, und vier in der distalen Reihe.

Das Trapezium ist sehr reduziert; es liegt hinter dem Trapezoid und gelenkt mittelst einer kleinen Gelenkfläche mit dem Metacarpus II. Das Trapezoid hat zwei im stumpfen Winkel zusammenstoßende Gelenkflächen; die hintere mediale gelenkt mit dem Metacarpus II, die vordere laterale mit dem Metacarpus III. Die distale Gelenkfläche des Magnum verbindet sich allein mit dem Metacarpus III. Das Unciforme ist sehr breit, und es gelenkt mit dem Metacarpus IV. und V. Der Metacarpus I, wie auch die erste Zehe, fehlt. Metacarpus II legt sich lateralwärts an den medialen Gelenkfortsatz am proximalen Ende von Metacarpus III; der letztere hat eine große mittlere Gelenkfläche zur Verbindung mit dem Magnum, eine kleine mediale Gelenkfläche zur Verbindung mit dem Trapezoid und eine kleine laterale Gelenkfläche zur Verbindung mit dem Unciforme. Metacarpus IV legt sich medianwärts an den lateralen Gelenkfortsatz von Metacarpus III; in der Mitte seines proximalen Endes ist er mit dem Unciforme und lateralwärts mit dem Metacarpus V verbunden. Der letztere erreicht mit einer kleinen Gelenkfläche das Unciforme, und er legt sich medianwärts an Metacarpus IV. Metacarpus II und V sind ungefähr von gleicher Größe und kaum halb so groß wie Metacarpus III und IV, und jene erreichen mit ihren distalen Gelenkflächen kaum die distalen Epiphysen der beiden größeren Mittelfußknochen. Von den letzteren ist Metacarpus III etwas stärker; er bildet die Hauptstütze des Fußes und ist durch die Verbindung mit drei Fußwurzelknochen selbst am besten gestützt. Die distalen Gelenkflächen von Metacarpus III und IV tragen sagittal verlaufende Rollen, während jene an den beiden kleineren Mittelfußknochen glatt sind. Letztere sind mit kurzen Zehen verbunden, deren letzte (Klauen-) Phalange den Boden nicht, oder — bei starkem Niederfallstoß — nur mit der Spitze berührt. Die Suiden treten also nur mit den dritten und vierten Klauenbeinen auf den Boden.

Am Hintergliede fehlt dem Oberschenkel der dritte

Rollfortsatz. Das Wadenbein verläuft in ganzer Länge neben dem Schienbein, und es steht in Pronationsstellung. Das Fersenbein trägt eine vordere Gelenkfläche (am Sustentaculum tali) und zwei mediale Gelenkfläche zur Verbindung mit dem Rollbein, sowie eine untere schmale Gelenkfläche für das Cuboideum. Das Rollbein (Astragalus) besitzt eine etwas schräg verlaufende Doppelrolle zur Verbindung mit dem Schienbein, und eine gerade verlaufende Doppelrolle, deren medialer Teil sich mit dem Naviculare, deren lateraler Teil sich mit dem Cuboideum verbindet. Das Naviculare ist mit seiner Längsachse sagittal gestellt, und seine distale Gelenkfläche verbindet sich hinten mit dem platten Cuneiforme I, medianwärts mit dem kleineren Cuneiforme II und lateralwärts mit dem größeren Cuneiforme III. Naviculare und Cuneiforme III sind zusammen so hoch wie das lateralwärts mit ihnen verbundene Cuboideum. Das Cuneiforme I gelenkt mit einem hinteren Fortsatze des Metatarsus III, Cuneiforme II mit dem einen medialen Fortsatze der proximalen Gelenkfläche desselben, deren Hauptteil mit dem Cuneiforme III verbunden ist. Die proximale Gelenkfläche des Metatarsus IV gelenkt allein mit dem Cuboideum; lateralwärts aber legt sich ersterem Metatarsus V an, welcher das Cuboideum nicht mehr erreicht; dagegen findet er mit einem hinteren medianwärts gekehrten Fortsatze eine Stütze an dem hinteren Fortsatze des Metatarsus IV, so daß also dieser das proximale Ende von Metatarsus V allein trägt. Die Mittelfußknochen des Hinterfußes sind länger als die des Vorderfußes, im übrigen sind die Formverhältnisse gleich; nur bei Dicotyles sind Metatarsus III und IV verwachsen.

Der Ernährungsapparat der Suiden ist sowohl der animalen wie der vegetabilischen Nahrung angepaßt, und es sind in beiden Kiefern sowohl Schneidezähne, wie Eckzähne und Backenzähne vorhanden, doch ist ihre Zahl bei den verschiedenen Gattungen der Schweine verschieden.

Der Magen hat einen Blindsack und einen oder mehrere Divertikel. Die Leber besteht aus zwei Haupt- und drei Nebenlappen (Mittellappen). Die Lebergallengänge stehen durch den Blasengallengang mit der Gallenblase in Verbindung. Der Blinddarm ist klein, und der ganze Dickdarm ist mit zahlreichen, taschenförmigen Ausbuchtungen versehen, die durch ringförmige Einschnürungen voneinander getrennt sind.

Die Nahrung der Suiden besteht aus Gräsern, Halm- und Wurzelfrüchten, Eicheln und Bucheln, Pilzen, aus allen Arten des in der Erde lebenden Gewürmes, namentlich aus Insektenlarven, endlich aus Aas und allen möglichen vegetabilischen und animalischen Küchenabfällen.

Der Hodensack ist von mäßiger Größe und die Hoden stehen in ihrer Längsachse aufrecht in demselben. Die Rute ist in ihrem Verlaufe unter der Beckenhöhle S förmig gekrümmt und an ihrer, der Eichel entbehrenden Spitze mündet mit einem Schlitze die Harnröhre; der Schlauch erweitert sich vorn zu dem Nabelbeutel, der von einer talgartigen Masse erfüllt ist.

Der Eierstock ist von einer durch das breite Tragsackband gebildeten Tasche umgeben. Der Tragsack besteht aus einem sehr kleinen Körper und aus sehr langen, darmähnlich gewundenen Hörnern. Die Milchdrüsen liegen paarweise zu beiden Seiten der Medianlinie von Brust und Bauch. Die Milch enthält im Mittel 84% Wasser, 9% Eiweißstoffe, 4% Fett, 2% Milchzucker und 1% Asche. Die Trächtigkeit dauert durchschnittlich 120 Tage, und die Zahl der Jungen beträgt bei jedem Wurfe 4 bis 12.

Die Haut ist dick und hart und überall von Borsten besetzt, zwischen welchen im Winter ein feines Flaumhaar Platz findet; auf Nacken und Rücken bilden die Borsten einen längeren Kamm. Die Farbe der Borsten ist schwarz, rostgelb und weiß. Bei dunkelfarbigen Schweinen haben die Frischlinge hellfarbige Streifen.

Abstammung und Zähmung des Hausschweines.

Gegenwärtig leben folgende fünf Gattungen der Suiden-Familie:

1. Das Warzenschwein, Phacochoerus, mit sehr langem und am Schnauzenteile breitem Kopfe, mit zwei Paar Warzen vor den Augen und zur Seite der Nase; die Zahnformel ist:

$$3\ 2\quad 1\quad 1\ 1\quad 1\quad 2\ 3$$
$$3\ 2\quad 1\quad 3\ 3\quad 1\quad 2\ 3$$

Es hat also im ganzen 32 Zähne, von welchen in jedem Kiefer jederseits die Prämolaren und vorderen Molaren abgeworfen werden, so daß nur der hinterste, aus zahlreichen Schmelzsäulen zusammengesetzte (dem des Elephanten ähnliche) Backenzahn übrig bleibt. Das Warzenschwein ist in Mittel- und Süd-Afrika verbreitet.

2. Der Hirscheber, Porcus babyrusa, mit verhältnismäßig kleinem langgestreckten Kopf, kleinen Augen und Ohren, schlankem Leib und schwach gewölbtem Rücken, kräftigen und hohen Beinen; die Zahnformel ist:

$$3\ 2\quad 1\quad 2\ 2\quad 1\quad 2\ 3$$
$$\overline{3\ 2\quad 1\quad 3\ 3\quad 1\quad 2\ 3}$$

Die beiden Hauer des Oberkiefers durchbohren die Nasenhaut, und sie krümmen sich hornartig nach hinten. Der Hirscheber lebt nach Brehm auf Celebes, Sulla-Mangoli und Buru. Nahe verwandt dem Hirscheber sind die Stummelschwanzschweine, Porcula, in Indien lebend.

3. Das Höckerschwein, Potamochoerus, mit einem Knochenhöcker zwischen Auge und Nase, verlängertem Gesichtsteil, langen, in einem Haarbüschel auslaufenden Ohren, gestrecktem, in einer Quaste endigendem Schwanz, mit hellfarbigen Streifen um die Augen, an den Ganaschen (Backenbart) und auf Nacken und Rücken, bei rotbrauner oder rotgelber Körperfarbe; das Weibchen hat nach Brehm nur vier Zitzen; die Zahnformel ist:

$$\frac{3\ 3\quad 1\quad 3\ 3\quad 1\quad 3\ 3}{3\ 3\quad 1\quad 3\ 3\quad 1\quad 3\ 3}$$

Man unterscheidet zwei Formen von Höckerschweinen: das Pinselschwein, Potamochoerus penicillatus, an den Küstenländern Westafrikas (Guinea) lebend, und das Larvenschwein, Potamochoerus larvatus, welches seine Heimat in Mittel- und Südafrika hat.

4. Das Nabelschwein, Dicotyles, von kleiner gedrungener Figur, kurzem Kopf mit kleinen Ohren, verkümmertem Schwanz und einer in der Kreuzgegend liegenden, am Hinterteile des Rückens mündenden Drüse; die laterale (After-)Zehe des Hinterfußes ist verkümmert, so daß nur die Vorderfüße vier Zehen besitzen; der Magen besteht aus drei unvollständig getrennten Säcken und die Nahrung ausschließlich aus Pflanzenstoffen; die Zahnformel ist:

$$\frac{3\ 3\quad 1\quad 2\ 2\quad 1\quad 3\ 3}{3\ 3\quad 1\quad 3\ 3\quad 1\quad 3\ 3}$$

Die Hauer krümmen sich nicht nach aufwärts.

Man unterscheidet zwei Formen: den Pekari, Dicotyles torquatus, mit gelblichweißer Schulterbinde bei schwarzbrauner Körperfarbe, und das Bisamschwein, Dicotyles labiatus, mit hellem Wangenfleck bei grauschwarzer Körperfarbe. Pekaris und Bisamschweine haben ihre Heimat in den Wäldern Südamerikas.

5. Die Wildschweine, oder die Gattung Sus, deren zahlreiche Arten und Formen sowohl in Europa wie in Asien und Afrika wild leben, aber im Körperbau nur wenig von einander abweichen, indem fast alle, mit langgestrecktem Gesichtsteil und fast geradem Profil, breiter Schnauze, kleinen aufrechtstehenden Ohren, kurzem und gedrungenem Leib, gestrecktem und bequastetem Schwanz, hohen und kräftigen Beinen, mit groben Borsten, die auf Nacken und Rücken einen Kamm bilden, ausgestattet sind; die Zahnformel ist:

$$3 \ 4 \ \ 1 \ \ 3 \ 3 \ \ 1 \ \ 4 \ 3$$
$$3 \ 4 \ \ 1 \ \ 3 \ 3 \ \ 1 \ \ 4 \ 3$$

Die unteren Schneidezähne stehen schräg nach vorn; der mit großem Blindsack versehene Magen hat einen Divertikel. Die Sau hat 4 bis 6 Paar Zitzen, brunstet im Herbst und wirft nach etwa 18wöchentlicher Tragezeit 6 bis 12 Frischlinge.

Man kennt und unterscheidet jetzt mehr als 17 Arten desselben, die sich jedoch ziemlich deutlich in drei' größere Gruppen trennen lassen.

a) Sus scrofa, das europäische Wildschwein, dessen Verbreitungsgebiet sich über den Westen der alten Welt, nämlich über ganz Europa, Nordasien bis zum Amur, Westasien und Nordafrika erstreckt. (Das Fitzingersche Sus senneariensis gehört auch hierher.)

Die asiatischen Formen lassen sich zusammenfassen unter dem Speziesnamen

b) Sus vittatus, das Bindenschwein in einige ost- und südasiatische Formen, die einen recht einheitlichen Typus und meist eine von der Wange nach dem Halse verlaufende weiße Binde aufweisen. (Sus cristatus, leucomystax, taivanus, andamensis, moupiensis.)

Diese Bindenschweine sind nach Stehlin die ursprünglichste Form der Wildschweine. Ihr höchst entwickelter Zweig wird von Sus salvianus gebildet, welches zugleich die Zwergform dieses Typus darstellt.

Gegenüber dem europäischen Wildschweine unterscheiden sich die Angehörigen der Vittatusgruppe durch kürzeren, höheren und breiteren Schädel und kürzeres Tränenbein.

c) Sus verrucosus, Warzenschwein.

Unter diesem Speziesnamen können wir ebenfalls nach dem Vorgange Kellers und Stehlins einige sog. Spezies von Schweinen vereinigen, die sich durch einen stark in die Länge gezogenen Schädel und von den früher genannten differenziertes Gebiß anzeichnen. Außerdem besitzen diese

Schweine Gesichtswarzen. (S. barbatus, longirostris, cele-
bensis.)

Die anderen in der Literatur erwähnten Spezies wilder
Schweine dürften nur verwilderte Hausschweine oder mit
einer der genannten identische
Formen sein.

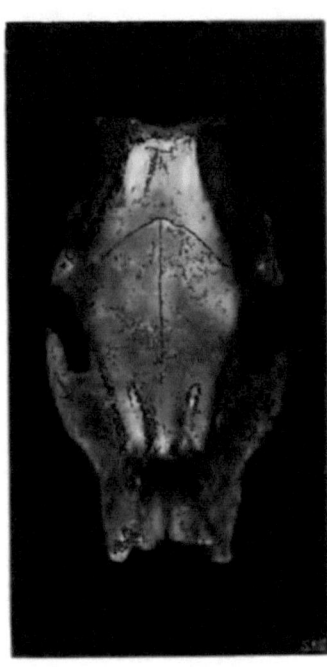

Durchgeht man die Reste aus
den ältesten neolithischen Fundorten Europas mit Rücksicht auf
die Schweine, so finden wir in
ältester Zeit neben dem Wildschwein, ein kleines, verkümmertes Schweinchen, welches Rütimeyer als Sus scrofa palustris,
das Torfschwein, bezeichnete, und
in dem Nehring eine seinen vorzüglichen Untersuchungen über
den Einfluß der Ernährung auf
die Schädelbildung des Schweines
entsprechende, verkümmerte
Zwergform des Wildschweines,
Sus scrofa nanus, sehen wollte.

Fig. 27. Sus s. palustris (Rütimeyer). Schädelrest eines Torfschweines aus den Ansiedlungen am Schloßberg zu Burg an
der Spree.

(Museum f. Völkerkunde in Berlin.
Originalaufnahme.)

Erst in der jüngeren neolithischen Periode und von da an
in immer wachsender Anzahl finden wir eine zweite Form des
Hausschweines, die aufs Haar
dem Wildscheine der nämlichen
Periode glich und nur durch ihre
geringere Größe und schwächere

Hauerentwickelung sich als ein zahmes Schwein auswies.
Ob dieselbe nun durch direkte Domestikation des europäischen Wildschweines entstanden oder durch bloße Anpaarung desselben an das schon vorhandene Torfschwein
gebildet ist und wird wohl nie zu ergründen sein. Wenn

ja auch bei neugeborenen Ferkeln hier und da die Strei-
fung der Frischlinge zu beobachten ist, so ist dies doch kein
gültiger Beweis für die direkte Domestikation des Wildschweines.

Über die Herkunft des Torfschweines ist man ebenfalls
noch nicht im klaren, obwohl sich aus der Gleichzeitigkeit
seines Auftretens mit der ebenfalls kleinen Form des neolithischen Torfrindes, Torfschafes und Torfhundes die Mög-

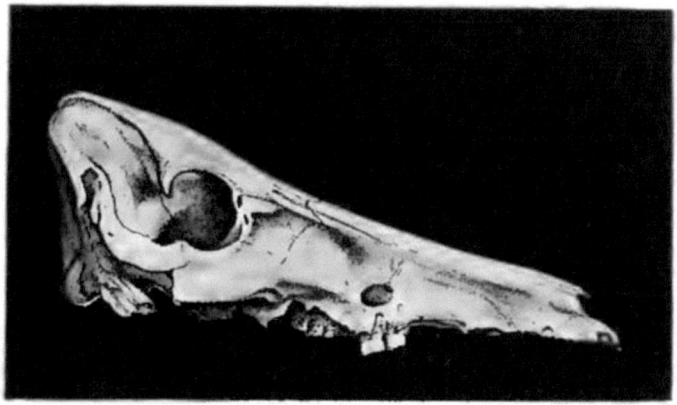

Fig. 28. Sus scrofa domesticus (Rütimeyer).
Schädel eines weiblichen Tieres aus englischen Pfahlbauten (nach Rollestone).

lichkeit ableiten ließe, daß es eine asiatische Stammform,
also wohl Sus vittatus, besitze.

Die Hauptargumente, nach denen schon der gründlichste Kenner der Schweineformen, Herm. Nathusius,
zur Unterscheidung der europäischen und indischen
Schweinegruppe verfuhr, liegen in der Form des Schädels
begründet und speziell in der Bildung des Tränenbeines
und Gaumens. Warum aber Tränenbein und Gaumen
diese bestimmte Bildung haben müssen, und ob diese
Ursache wirklich den genetischen Unterschied der beiden
Formen bestätigt, das wissen wir noch nicht, und glaube
ich, daß hier experimentelle Untersuchungen in dem Sinne

wie ich sie über die Ursache der Schädelbildung der Wiederkäuer vorgenommen, sehr aufklärend wirken könnten.

In Ermangelung aber dieser Erkenntnis über die bedingenden Ursachen der Schädeleigentümlichkeiten des
Schweines, behalte ich die von Nathusius und Wilkens gegebene Einteilung der Rassen bei, um nicht noch unsicherer
im Dunkeln zu tappen.

Die Rassen des Hausschweines.

Der Schädel des indischen Hausschweines ist im Vergleiche zu dem des europäischen überall breiter im Verhältnisse zur Länge; es betrifft dies alle Querdurchmesser im
Gehirn- und im Gesichtsteile. Das Tränenbein des indischen
Hausschweines ist kürzer, und zwar ist der Stirnbeinrand
desselben nicht länger als dessen Augenhöhlenrand, während
bei dem europäischen Hausschweine jener 2 bis $2^1/_2$ mal
länger ist als dieser. Die für das indische Hausschwein und
dessen Nachkommen so charakteristische Kürze des Tränenbeines steht nicht bloß im Verhältnisse zu der größeren
Kürze aller anderen Schädelknochen, sondern sie ist eine
selbständige und spezifische Differenz des indischen Schweines. Der Gaumen des indischen Hausschweines, der zwischen
den Molaren des Oberkiefers verhältnismäßig breiter als beim
europäischen Hausschweine ist, nimmt plötzlich mit dem
Anfange der Prämolaren nach vorn an Breite zu, so daß die
beiden Reihen der Backenzähne des Oberkiefers nach vorn
divergieren, während sie bei dem europäischen Hausschweine
parallel verlaufen.

Neben den durch das Tränenbein und den Gaumen dargestellten spezifischen Unterscheidungs-Merkmalen zwischen
den beiden Schweinerassen, erwähne ich noch, als dem indischen Hausschweine eigentümlich: die größere Einsenkung
des Gesichtsprofiles an der Nasenwurzel und die steilere
Stellung der Hinterhauptschuppe; beide Merkmale steigern
sich noch, d. h. die Profileinsenkung wird größer, und die

Stellung der Hinterhauptschuppe wird steiler (so daß diese von vorn-oben nach hinten-unten abfällt, während die Hinterhauptschuppe des europäischen Hausschweines wie des Wildschweines von hinten-oben nach vorn-unten geneigt ist) bei den von dem indischen Hausschweine abstammenden Kulturformen.

Nach Nathusius gehören alle bis jetzt bekannten und näher untersuchten Hausschweine zu einer der beiden Rassen: der europäischen (wildschweinähnlichen), oder der indischen, oder sie bilden eine Mittelform zwischen beiden, da sich beide fruchtbar miteinander paaren.

Das europäische oder richtiger das wildschweinähnliche Hausschwein (da es nicht bloß in Europa, sondern auch in Nordafrika und in Westasien heimisch ist) kommt in zwei Schlägen vor, die nach der Größe der Ohren unterschieden werden. Herm. v. Nathusius kennzeichnet diese beiden Schläge wie folgt:

1. Das großohrige Schwein. Die Ohren länger als der Raum zwischen Ohröffnung und Auge, nach vorn und hinten hängend. Perpendikular-Durchmesser der Brust gleich der Länge der Vorderbeine vom Ellenbogen bis zur Hufsohle, oder wenig größer — hochbeinig; horizontaler Durchmesser der Brust kleiner als der Perpendikular-Durchmesser derselben — flachrippig; Rücken gebogen, scharfgrätig — Karpfenrücken. Die Borsten schlicht oder schwach gelockt. Die Haarfarbe ist vorherrschend gelbweiß, strohgelb, mehr oder weniger dunkel, zuweilen ins Graue und Rostgelbe übergehend, oft mit Schwarz gemischt, nicht selten schwarz und weiß in bestimmten Grenzen (Elsterschweine).

2. Das kurzohrige Schwein unterscheidet sich hauptsächlich durch aufrechtstehende Ohren von dem großohrigen, während die übrigen Kennzeichen beider Formen gemeinsam sind. Ein wesentlicher Unterschied liegt jedoch in der Bildung des Kopfes: bei dem kurzohrigen Schwein ist im all-

gemeinen die Augenaxe länger im Verhältnisse zu den anderen Dimensionen; die Stirn ist höher und breiter. Außerdem ist der Rumpf niemals so lang gestreckt wie bei den extremsten Formen des großohrigen Schweines.

Sowohl vom groß- wie vom kurzohrigen Schweine sind zahlreiche Formen vorhanden und zwischen beiden mannigfache Mittelformen gebildet, was bei der außerordentlichen Bildsamkeit des Schweine-Organismus leicht erklärlich erscheint. Die Formen des groß- und kurzohrigen Schweines, welche vorwiegend geographische Namen führen, sind durch so wenig hervorstehende Merkmale zu unterscheiden, daß eine Aufführung derselben nur ein Verzeichnis von Ortsnamen sein würde, die lediglich als ein Zeugnis für das Vorkommen größerer Schweinezuchten angesehen werden müßte. Aber abgesehen von der in der Wahl der Namen zum Ausdrucke kommenden willkürlichen geographischen Abgrenzung, sind beide Schläge des europäischen Hausschweines in ganz ähnlichen Gestalten in ausgedehnten Landstrichen verbreitet. So erwähnt Nathusius vom großohrigen Schweine: es gebe durchaus identische Formen desselben in Deutschland, der Schweiz, Dänemark, Holland, Frankreich, England; in allen Ländern gleiche Farben- und Formverschiedenheit. Doch unterscheidet Nathusius vom großohrigen Schweine drei Formen:

a) Bei sehr gestrecktem, seitlich zusammengedrücktem Leibe verhält sich die Höhe des Widerristes zu der ganzen Längsachse (von der Rüsselspitze bis zur Schwanzwurzel) wie 1 : 2, selbst wie 1 : 2,25. Die Höhe der Brust verhält sich zur Länge der Beine vom Ellenbogen bis zur Sohle wie 1,5 : 1. Die Hinterbeine stehen mit schwachem Winkel im Sprunggelenk. Die fast trapezförmigen Ohren sind so groß, daß sie im Profil das Gesicht vollständig bedecken, daß höchstens der obere Rüsselrand sichtbar ist.

b) Bei weniger gestrecktem Leibe verhält sich die oben bezeichnete Höhe zur Länge wie 1 : 1,8. Die Höhe der Beine ist gleich der Brusthöhe, daher erscheint das Tier sehr hochbeinig. Die Hinterbeine stehen ohne Winkel im Sprunggelenk. Die länglich-ovalen Ohren bedecken nur die Augen, und sie lassen das Gesicht im Profile frei.

c) Bei noch weniger gestrecktem Körper verhält sich die Höhe zur Länge wie 1 : 1,5. Höhe der Beine und Brusthöhe sind nahezu gleich. Die Hinterfüße bilden einen starken Winkel im Sprunggelenk. Die Ohren sind so breit wie lang, und sie bedecken nur einen Teil des Gesichtes.

Diese drei Formen haben nach Nathusius wirtschaftliche Bedeutung, insofern die erste Form nur bei reichlicher Ernährung ohne Bewegung, die zweite bei mäßiger Ernährung und Bewegung, die dritte bei kümmerlicher Ernährung und vieler Bewegung in ihren Eigentümlichkeiten erhalten wird, unter veränderten Einflüssen aber sogleich ausartet und in der nächsten Generation schon eine wesentlich veränderte Gestalt hat.

Das großohrige Schwein ist im allgemeinen spätreif, es bildet sich erst nach dem zweiten Jahre aus, wird erst dann mastfähig und verschwendet bis zu seiner Ausbildung große Futtermengen. Wird das langsam entwickelte Tier nach fast vollendeter Ausbildung plötzlich besser ernährt und gemästet, so entsteht die eigentliche Speckbildung, während das Muskelfleich relativ mager bleibt.

Das kurzohrige Schwein ist in vielen Gegenden des mittleren Europas vorhanden und zwar gleichzeitig neben dem großohrigen.

Das indische Hausschwein kennzeichnet Nathusius wie folgt:

Der horizontale Durchmesser des Rumpfes ist annähernd gleich dem perpendikularen Durchmesser der Brust, demnach erscheinen die Rippen stark gewölbt; der Rücken zwischen Widerrist und Kreuz ist eingesenkt und breit; die Brusttiefe ist größer als die Länge der Beine vom Ellenbogen bis zur Sohle, zuweilen im Verhältnisse von 2 : 1. Die

Ohren sind kurz und aufrecht stehend. Die Stirn ist hoch, die Profillinie des Gesichtes konkav, der Rüssel kurz und sehr robust. Die Farbe ist schwarz, schwarzgrau und schwarz mit rotem Schein; der Bauch, die Füße, zuweilen auch die Kehle sind weiß; die an der Küste Chinas lebenden Schläge kommen in allen Farben vor, sie sind oft weiß, zuweilen gefleckt, und in dieser Form eine durch Kultur veränderte Rasse, welche oft so kurzbeinig ist, daß bei einigermaßen gutem Futterstande der Bauch die Erde berührt.

Das gewöhnlich kurzweg als indisches Schwein bezeichnete Hausschwein des östlichen Asiens ist in seinen kulturfähigsten, d. h. leicht mastfähigen und kurzbeinigen Formen verbreitet in China*), in Siam und anderen Teilen Hinterindiens, auf den Inseln des indischen Meeres, am Kap der guten Hoffnung und in Japan. In letzterem Lande kommt außer jener kurzohrigen Form auch eine großohrige vor, mit zahlreichen Falten im Gesicht und am Körper; diese großohrige Form des indischen Schweines ist das japanische Maskenschwein (Sus pliciceps Gray).

Als Mittelformen zwischen dem europäischen (wildschweinähnlichen) und dem indischen Hausschweine, d. h. aus einer Kreuzung beider entstanden, erachtet Nathusius drei vorwiegend in Europa verbreitete Formen: das romanische, das kraushaarige und das englische Kulturschwein.

Das romanische Schwein ist an der europäischen Seite des Mittelmeeres in zahlreichen Schlägen verbreitet, unter welchen sich der neapolitanische, der spanische und der Graubündtner Schlag größeren Rufes erfreut.

Nathusius beschreibt die Figur des romanischen Schweines wie folgt:

Der horizontale Durchmesser der Brust ist der Höhe

---

*) Aus den chinesischen Hafenstädten fand die erste Einfuhr des sogenannten indischen Schweines nach England statt.

des Rumpfes beinahe gleich, die Rippen sind gewölbt, der
Rücken ist breit und gradlinig bis zum Kreuz, letzteres ist
abschüssig. Die Beine sind vom Ellenbogen bis zur Sohle
kürzer als die Brusthöhe. Der Kopf ist kurz im Verhältnisse
zur Breite. Die Ohren sind länger als der Raum zwischen
Ohröffnung und Auge, nach vorn geneigt, nicht schlaff
hängend. Die Backen sind dick, zwischen ihnen und der
Schulter ist eine Halsfläche nicht deutlich zu unterscheiden.
Das Gesicht ist in der Augenachse eingesenkt, die Stirn
hervorstehend und gerunzelt; eben solche Hautfalten erscheinen um die Augen (als Zeichen einer feineren und loseren
Haut); der Rüssel ist schlank im Vergleiche zum indischen
Schweine. Die Behaarung im allgemeinen ist schwach, meistens von dunkler Farbe, vom Aschgrauen bis zum Kohl-
schwarzen, zuweilen kupferrot mit eigentümlichem Metallglanz der Haut. Die Größe wechselt bedeutend, sie erreicht
aber niemals die mittlere Größe des großohrigen Schweines.
Eigentümlich ist das zarte Muskelfleisch, welches bei reichlicher Ernährung mit Fett durchwächst und nicht scharf gesonderte Specklager gibt. Das romanische Schwein ist zur
Bildung von Kulturrassen durch Kreuzung in England in
großem Umfange benutzt worden, und Nathusius meint: daß
alle schwarzen oder bunten Kulturrassen dem romanischen
Schweine einen großen Teil ihres Blutes verdanken, und daß
einige Stämme derselben nahezu reinblütig romanisch sind.
In seinem Werk über den Schweineschädel (Seite 144) behauptet Nathusius sogar: „das sogenannte englische Halb-
blutschwein der Landwirte ist identisch dem romanischen
und dem Bündtner-Schweine", und er hält es für im höchsten
Grade wahrscheinlich, daß das romanische Schwein aus einer
Kreuzung des gemeinen (dem Wildschweine ähnlichem) und
des indischen Hausschweines entstanden ist.

Das kraushaarige Schwein beschreibt Nathusius
wie folgt:

Flachrippig, Rücken konvex, scharfgratig. Gesicht

unterhalb der Augen schmal, spitz in den dünnen Rüssel
übergehend. Die Ohren sind wenig länger als der Raum
zwischen Ohröffnung und Auge, sie stehen aufrecht oder
sind schwach nach vorn geneigt; der Rumpf ist kurz, die
Beine sind von gleicher oder etwas geringerer Länge als
die Brusttiefe. Stark behaart sind besonders die Ohrränder,
der Rücken und der Schwanz, oft auch die Stirn. Die Borsten
sind eigentümlich kraus, wodurch bei dichter Behaarung eine
filzartige Decke der Haut entsteht. Die Farbe ist aschgrau
bis schwarzgrau und einfärbig. Die Größe ist unter dem
Mittel des großohrigen Schweines.

Das kraushaarige Schwein ist verbreitet im südöstlichen
Europa; in Ungarn ist es bekannt unter dem Namen des
„Mongolicza"- und des „Bakonyer"-Schweines.

Nathusius macht darauf aufmerksam, daß diejenigen
Eigentümlichkeiten, durch welche sich das indische Schwein
so scharf von dem wildschweinähnlichen unterscheidet, nämlich durch sehr kurze Tränenbeine und Verbreiterung
des Gaumens zwischen den Prämolaren, sich auf das
frappanteste bei dem kraushaarigen Schweine finden, Eigentümlichkeiten, die ich an den mir vorgekommenen Schädeln
kraushaariger Schweine aus Ungarn bestätigen kann.

Die Körperform der Schläge des sogenannten englischen Vollblut-Schweines, nähert sich der Parallelo-
grammform, mit äußerst reduziertem Kopf und sehr kurzen
und feinen Beinen. Nathusius sagt: daß, während bei einem
gewöhnlichen Schweine der gemeinen Rassen die Länge des
Gesichtes zwischen den Augen und der Rüsselspitze sich
annähernd zu der Längsachse des Körpers (von den Augen
bis zur Schwanzwurzel) wie 1 : 6 verhält, dieses Verhältnis
bei den Kulturformen bis auf 1 : 9 fällt, und daß in neuerer
Zeit selbst Tiere erreicht sind, bei denen jenes Verhältnis
noch unter 1 : 11 fällt, wo dann die Schweinephysiognomie
kaum noch zu erkennen ist.

Nach Nathusius sind alle die neuern sogenannten eng-

lischen Schweinerassen ihrem Ursprunge nach ein und dasselbe: eine Mischung der indischen Rasse mit dem sogenannten gemeinen, dem Wildschweine ähnlichen, Hausschweine; in den meisten ist ein viel größerer Anteil von
indischem Blut, in vielen ist das des gemeinen Schweines bis
auf die letzten Spuren verdrängt. Die kurz- und langohrigen,
die großen und kleinen, die weißen, schwarzen, rotgelben

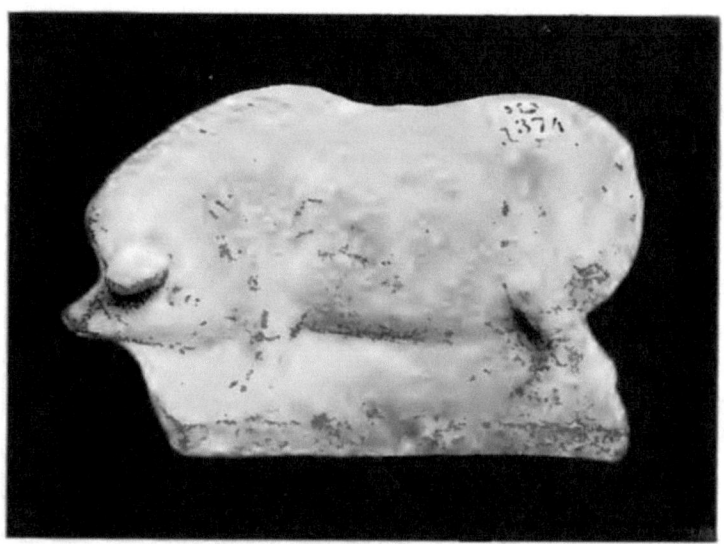

Fig. 28. Altgriechisches Mastschwein von Kittion (Cypern).
Terrakottastatuette. (Museum des Louvre, Paris.) Originalaufnahme.

und bunten, sie sind sämtlich osteologisch nicht voneinander
zu unterscheiden. In dieser Beziehung sind alle die ge-
läufigen Namen: Yorkshire, Berkshire, Essex, Suffolk, Leicester und hundert andere durchaus nichtssagende.

Die Engländer selbst bezeichnen ihre Schweinerassen,
insbesondere auf Tierschauen, nach der Größe und Farbe,
und sie würdigen die Individuen derselben nach dem Grade
der Kultur- oder Leistungs-Eigenschaften, welche sie durch
Züchtung und zweckmäßige Haltung erworben haben.

Unterordnung der halbmondzähnigen Paarhufer (Wiederkäuer).

Die zoologischen Merkmale der Kameliden (Tylopoda).

Die Familie der Kameliden oder Schwielensohler (Tylopoda) umfaßt die horn- und geweihlosen Wiederkäuer, welche mit der hinteren unteren (Palmar- und Plantar-) Fläche ihrer zwei (der III. und IV.) Zehen den Boden berühren.

Der Körper der Kameliden ist verhältnismäßig kurz und hochbeinig.

Der Kopf erscheint klein im Verhältnisse zum Rumpf, und das Oberhaupt ist größer als das Gesicht. Der Gehirnschädel ist schmal im Scheitelteile und er verbreitert sich nach dem Hinterhaupte und der Augengegend. Die Scheitelbeine tragen eine starke mediane Leiste. Die Augenhöhlen stehen seitwärts weit vor und der Gesichtsschädel ist vor der Augenhöhle sehr verschmälert. Die Nase ist sehr schmal und die Nasenbeine sind kurz. Die Oberlippe ist verlängert und in der Mitte gespalten.

Der Hals ist sehr lang; von den 7 Halswirbeln tragen nur der erste, sechste und siebente Dornfortsätze. Der übrige Teil der Wirbelsäule besteht aus 12 Rückenwirbeln, 7 Lendenwirbeln, 5 Kreuzwirbeln, bis 17 Schwanzwirbeln. Der Widerrist ist verhältnismäßig niedrig. Die Rippen sind sehr breit und die ersten sieben Paare verbinden sich mit dem Brustbein, das zwischen dem fünften und siebenten Rippenpaare sehr breit ist.

Der Bauch ist wenig vorgewölbt und im Weichenteile eingezogen.

Am Vordergliede ist das Schulterblatt verhältnismäßig kurz, aber an der Basis sehr breit; die Schultergräte ragt weit hervor. Am oberen Ende des Oberarmes befinden sich, wie beim Pferde, drei Rollfortsätze und zu beiden Seiten des Gelenkkopfes starke Muskelfortsätze. Das Ellenbogenbein verwächst schon früh mit der Speiche. Die letztere ist etwa um ein Drittel länger als der Oberarm, im flachen Bogen nach vorn gekrümmt, vorn stark konvex, hinten flach. Die Fußwurzel zählt in der proximalen Reihe drei Knochen und das Hakenbein, in der distalen Reihe zwei Knochen (das Magnum und Unciforme), entsprechend den zu einer Röhre verwachsenen dritten und vierten Mittelfußknochen, deren distales Ende jedoch unverwachsen erscheint. Die ersten Zehenglieder sind lang und schlank und sie berühren an dem Gelenke mit den zweiten Zehengliedern den Boden. Das zweite und dritte Zehenglied ist auf der unteren, den Boden berührenden Fläche, von einer breiten Hautschwiele überzogen, deren Oberhaut eine harte, nur an der Zehenspitze getrennte Hornsohle bildet.

Am Hintergliede sind die Darmbeine sehr schmal und lang. Der Oberschenkel ist schlank, ohne dritten Trochanter und kaum größer als der Unterschenkel. Der letztere besteht aus dem starken Schienbein mit weit vorragendem Kamme und dem bis auf den Kopf verkümmertem Wadenbeine. Die proximale Rolle des Rollbeines ist schräg von außen nach innen gerichtet. Die distale Reihe der Fußwurzelknochen besteht aus dem mit dem Naviculare verbundenen Cuneiforme III und dem Cuboideum, welches sich an seiner proximalen Gelenkfläche mit dem Rollbein und dem Fersenbeine, medianwärts mit dem Naviculare und dem Cuneiforme III verbindet. Die Mittelfuß- und Zehenknochen haben die gleiche Form wie am Vordergliede; die hintere Fläche der zu einer Röhre verwachsenen dritten und vierten Mittelfußknochen ist stark ausgehöhlt. Afterklauen fehlen am Vorder- und am Hintergliede.

Der Ernährungsapparat ist der Pflanzennahrung angepaßt. Das Gebiß besteht aus 6 Schneidezähnen im Oberkiefer, von welchen nur 2 (die beiden Eckzähne) gewechselt werden (die übrigen fallen aus); 6 bis 8 Schneidezähne im Unterkiefer und aus einem Paar Haken (beim Hengste) im

Ober- und Unterkiefer; in jedem Kiefer sind 3 Paar Molaren, im Oberkiefer 3 Paar, im Unterkiefer 2 Paar Prämolaren, von welchen das vordere Paar oben und unten ausfällt. Der Blättermagen ist verkümmert und die Gallenblase fehlt. Die Nahrung besteht aus Gräsern, Kräutern und Baumblättern.

Die Trächtigkeit dauert durchschnittlich elf Monate und es wird zur Zeit nur ein Junges geworfen.

Die Haut ist dick und mit grobem, wollartigem Haar bedeckt.

Die Familie der Kameliden umfaßt die beiden Gattungen Kamel und Llama.

Über die paläontologische Entwickelung der Kamele wissen wir nur weniges. Als älteste Reste sind die jungtertiären Funde des Camelus sivalensis aus den Siwalik-Hügeln (am Fuß des Himalaja zwischen Ganges und Jumna) aufzufassen. Darnach wurde bis vor kurzem allgemein Zentralasien als die alleinige Heimat der wilden Kamele angesehen. Nehring hat jedoch aus der Pleistocaenperiode von Lutschka in Süd-Rußland ein weiteres Kamel beschrieben, das er als Camelus Knoblochi bezeichnete. Außerdem sind Kamelsreste noch in Rumänien C. alutensis Stefanescu und in Algerien C. Thomasi Pomel, aus pleistocaener Zeit gefunden worden. Ich selbst finde bei meinen neuesten Untersuchungen der Tierreste aus der neolithischen Epoche von Anau (Turkistan) ebenfalls das Kamel als Haustier des damaligen Menschen.

Nehring glaubt daher annehmen zu müssen, daß das einhöckerige Dromedar und das zweihöckerige Trampeltier zwei verschiedenen Gebieten entstammt, eine Ansicht, der ich mich gleichfalls anschließen zu können glaube. Nämlich so, daß der Ursprung des Trampeltieres von dem sivalischen Kamel über die Kamele von Lutschka und Rumänien bis zu denen von Anau geht, welche, wie aus meinen diesbezüglichen Untersuchungen einleuchtend hervorgeht, in der neolithischen Periode domestiziert wurden, und daß die Stammreihe der einhöckerigen Dromedare auf afrikanischem Boden beginnt (wohl mit dem pleistocaenen C. Thomasi Algeriens). Immerhin ist doch zu bedenken, daß die Verwandtschaft der zentralasiatischen und afrikanischen Faunen der Pleistocaenperiode eine sehr große war, wie schon aus dem gleich zu erörternden Vorkommen des Bub. antiquus und B. Bainii hervorgeht.

Von beiden Gattungen der Kameliden kommen heute noch wilde Repräsentanten vor. Przewalski fand wilde Kamele in dem Tarim-Becken bei Lop-Nor, südlich vom Thian-Schan und einige Formen der Llamas (der Guanaco und die Vicuña) finden sich noch in wildem Zustande in Südamerika, während das eigentliche Llama und die Alpaca nur in domestizierter Form vorhanden ist. —

Das Kamel ist in sehr früher Zeit gezähmt worden.

Die persischen Denkmäler von Persepolis und die früheren assyrischen von Khoresabad, Nimrud etc., weisen meist Bilder des einhöckerigen Kamels auf, aber auf dem berühmten schwarzen Obelisk von Nimrud, der die Züge Salmanassar II. (889—825 v. Chr.) verherrlicht, kommen auch Bilder zweihöckeriger Trampeltiere als Tribut des Fürsten Asu von Gurzan (nördlich vom Urmia-See) vor.

In Indien nimmt das Manava-Dharma-Sastra, die Gesetze des Manu, mehrfach Bezug auf das Kamel, das schon sehr früh als Reittier der Brahmanen erscheint.

Unter den, jedenfalls dem höheren Altertum angehörenden Felsenskulpturen des Wadi-Mokattib am Sinai, welche Levy für das Werk nabataeischer Mesopotamier hält, finden sich zwar sehr rohe, aber doch immer deutlich erkennbare Darstellungen des einhöckrigen Kamels. In der Bibel taucht das Tier schon zu Abrahams Zeit auf und es wird daselbst häufiger erwähnt. In Asien ist das einhöckrige Kamel durch ganz Südsibirien, Turkistan, Indien, Persien, Armenien, Kleinasien, Irak-Araba (Mesopotamien), Arabien, Syrien und die Kaukasusländer verbreitet. In Turkistan, Sibirien, in den

Kaukasusländern, in Südrußland, in der Krim, kommt dasselbe neben dem zweibuckligen vor.

In Ägypten ist das Dromedar eingeführt worden, wohl von Lybien oder Mesopotamien, oder wie Chabas aus alten Texten ersieht, aus dem Lande Kusch (Äthiopien). Es wurde als Lasttier verwendet, denn ein Papyrus aus der Zeit der Ramessiden sagt:

„Das Kamel trägt die Waren; die, die seine Mutter war, hat sie sie nicht auch getragen?"

Gegenwärtig ist das einhöckrige Kamel nach Hartmann über ganz Nordafrika verbreitet, vom roten Meere bis zum Cap verde, vom Gestade des Mittelmeeres bis zum Bertalande, den Südufern des Zad, dem Nordufer des Senegal und bis zum Mittellaufe des Niger. Östlich reicht sein Verbreitungsbezirk durch das abessinische und Somaliküstenland, weit hinein in die Galagebiete bis zum Sabakiflusse abwärts. Westlich bildet etwa der 14° N. Br. die südliche Grenze. Im Binnenlande nach Osten zu hemmen erst südlich vom 12—10° N. Br. klimatische Schwierigkeiten, sowie zahlreiche Stechfliegen, namentlich zur Regenzeit, die Verbreitung des Kameles gegen die Äquatorialgegend.

Die Zähmung des Llamas und der Alpaka zu Haustieren hat ebenfalls schon in sehr früher Zeit stattgefunden. Nach Brehm fanden bereits die ersten Entdecker Amerikas beide im gezähmten Zustande; die Überlieferung der Peruaner verlegt die Zähmung der Tiere in das früheste Zeitalter menschlichen Daseins und sie bringt sie mit der irdischen Erscheinung ihrer Halbgötter in Verbindung. Die zuerst landenden Spanier fanden überall bedeutende Llamaherden im Besitze der Gebirgsbewohner.

Die Rassen des Kameles.

Es gibt zwei Formen des Kameles: das zweihöckrige Kamel oder das Trampeltier (Camelus bactrianus) und das einhöckrige Kamel oder das Dromedar (Camelus Drome-

darius). Jenes ist mehr in Inner-Asien, dieses mehr in Westasien und in Afrika verbreitet. Außer durch die Zahl der
Höcker*) unterscheiden sich diese beiden Formen des Kameles nicht wesentlich von einander. Brehm ist im Zweifel,
ob man das Trampeltier als besondere Art, oder mit dem
Dromedar als gleichartig anzusprechen habe. Beide ver-
mischen sich fruchtbar und sie erzeugen Blendlinge, welche
bald nur einen, bald zwei dicht nebeneinander stehende
Höcker haben und unter sich wie mit ihren Erzeugern wiederum fruchtbar sind.

Über die Rassen des Trampeltieres, das in allen
Steppenländern Mittelasiens gezüchtet wird, finden sich kaum
Andeutungen in der Literatur. Brehm sagt: „Man kennt
nicht viele, aber merklich verschiedene Rassen, deren Eigentümlichkeiten streng sich erhalten. Die besten Trampeltiere der Mongolei werden in der Provinz Chalcha gezüchtet."
Auch R. Hartmann macht keine Rassen des Trampeltieres
namhaft.

Von dem Dromedar sind zahlreiche Rassen bekannt,
welche teils zum Reitdienste, teils zum Lasttragen verwendet
werden. R. Hartmann erwähnt unter den asiatischen
Rassen des Dromedars (nach Arm. Vámbéry) das Ner-
Kamel im Khanat Andchuy, welches das gesuchteste Turki-
stans, mit reichem, von Hals und Brust lang herabwallendem
Haar versehen, schlanken Baues, durch besondere Stärke
ausgezeichnet sei, jetzt aber selten werde; auch die Dromedare von Bokhara rühmt Vámbéry als eine vorzügliche
Zucht, dagegen sind die Dromedare der Jomut-Turkmanen
am Görgen ärmliche Tiere von miserablem Aussehen, nied-

---

*) Nach Lombardini (Zeitschrift „Kosmos" 1879 Seite 144) findet
man den Höcker bei dem Kamel-Embryo kaum angedeutet; sogar beim
ausgewachsenen Kamel verschwindet der Höcker nach längerem Fasten.
Derselbe entdeckte ferner. daß der eine Höcker gewissermaßen eine Dis-
simulation des doppelten Höckers ist, welcher auch bei dem einhöckrigen
Kamele existiert, aber nur im embryonalen Zustande.

riger, schmächtiger und schwächer als die sonstigen Kamele Mittelasiens.

Russell schildert das nach Aleppo gelangende turkmanische Dromedar als größer, haariger, dunkler von Farbe und mutiger als die anderen daselbst vorkommenden Rassen.

Die Dromedare von Kâbul, Ghaznâ, Kandahar und Multân werden als sehr große, stämmige Tiere geschildert, von meist dunkler, grauer, graubrauner und graurötlicher Farbe, mit starkem Halse, dicken Beinen, mächtigen Sohlenballen und sehr entwickeltem Rückenhöcker.

Für Vorderindien scheinen die meist schwarzbraunen Dromedare von Marwar die berühmtesten zu sein. Die anatolischen Dromedare sind nach Hartmann groß, plump, dunkelgraubraun, rauhhaarig und mit starkentwickeltem, gerade emporstehendem Höcker versehen. Burckhardt schildert das anatolische Dromedar als dickhalsig, haarig, groß und stark, für das Gebirge sehr geeignet.

Arabien züchtet ausgezeichnete Dromedare, die besten nach Burckhardt in Nedjid, nach Gifford Palgrave in Omân, ganz im Winkel der Halbinsel Arabien. Hartmann erwähnt nach Burckhardt auch Kreuzungen zwischen dem Trampeltier und dem Dromedar: die sogenannte Maya-Rasse soll vom männlichen krimischen Trampeltier und dem weiblichen arabischen Dromedar abstammen; der „Taûs" soll Bastard des Trampeltieres und des weiblichen türkischen (anatolischen) Dromedares, der „Kufurd" Bastard eines männlichen türkischen und weiblichen arabischen, der „Daly" der Sprößling eines männlichen und weiblichen türkischen Tieres sein.

Die Rassen des afrikanischen Dromedares beschreibt R. Hartmann nach eigener Anschauung. In Unter- und im nördlichen Mittel-Ägypten findet sich die von den Arabern daselbst Mohallet genannte Rasse, groß und kräftig gebaut, vollen Leibes, mit dicken Kniegelenken und breiten Sohlenballen, mit leicht gekräuseltem Haar bedeckt. Der Höcker ist durchschnittlich stark entwickelt. Die meist graue Farbe wechselt zuweilen von Hellgrau in Gelblich, Bräunlich und Schwärzlich, selten in Weiß. Diese Rasse wird im südlicheren Mittel- und Ober-Ägypten, je weiter man nilaufwärts geht, desto schlanker, aber auch niedriger.

Eine noch weit zierlichere Rasse findet sich von der Gism-Halfah in Nubien über die Bejudahsteppe, über Taka, das Edbai- oder Bescharinland, über Nord-Sennar, einen Teil

Fig. 29. Lastkamele bei Biskra.

von Kordufan, über Dar-Fur und Tibbesti verbreitet. Diese Rasse ist im allgemeinen sehr klein, in der Wüste von Batn-el-Hagar, Sukkot, Mahass und Dongola oftmals auffallend klein; sie besitzt einen feinen Kopf, mit nur sehr schwach gewölbtem, manchmal sogar fast ganz geradem Nasenrücken, einen dünnen Hals, sehr wenig hervorragenden Höcker, stark eingezogene Weichen, sehr dünne Beine mit feinen Knieen, feinen Fesselgelenken und schmalen, nicht grobballigen Sohlen. Die Hauptfarbe ist ein in Gelblich, Bräunlich und Grau spielendes Weiß, seltener finden sich dunkle oder melierte

Individuen darunter. Diese Rasse ist sehr genügsam, sehr ausdauernd, besitzt jedoch eine nur geringe Tragkraft, liefert aber, namentlich in seinem besten Schlage, dem Bescharin-schlage, treffliche Reittiere.

Die Butana, d. h. das von den nomadischen Schukurîeh bewohnte, zwischen Albaca und blauem Nil sich erstreckende Savannengebiet, besitzt eine (nach Munzinger's und Graf Krockow's Angaben) hohe, schwerfällige, braune, oder schwarze Rasse, deren große Leistungsfähigkeit Schweinfurth dem guten Durrahfutter zuschreibt, eine Angabe die nach Hartmann auch für die schwere Rasse der Abu-Rof zu-treffen dürfte. Bei den Dromedaren der nomadischen Abu-Rof in Sennar sah Hartmann stets einen entwickelten, mit zot-tigen Haarbüscheln besetzten Höcker, dickere Beine und breitere Sohlen, als bei den Bescharin-Dromedaren. Die Farbe war seltener weiß, weit häufiger aber dunkelbraun bis schwärzlich, auch aschgrau und graubraun.

Das westlichere Afrika hat ebenfalls seine Rassen und Schläge. Man wird aus Alledem ersehen, sagt Hartmann, wie auch das Dromedar, dem man immer die größeste Kon-stanz zuzuschreiben geneigt gewesen, unter dem Einflusse der menschlichen Kultur eine außerordentliche Variabilität entfaltet, wie sich doch die Form selbst dieses Haustieres in eine Menge von Unterformen gliedert. Hochberühmt in diesen Teilen des Kontinentes ist die Tibestizucht, aus der namentlich durchschnittlich schöne, weißliche Reitkamele hervorgehen.

Llama und Alpaka.

Die Unterfamilie der Llamas (Auchenia) umfaßt vier Formen: den Guanaco, die Vicuna, das Llama und die Alpaka. Die beiden erstgenannten Formen kommen als Haustiere nicht in Betracht, da sie nur im wilden Zustande leben; man betrachtet den Guanaco als die Stammform, von welcher die übrigen abstammen.

Nach Brehm sind alle Llamas Bewohner der Hochebenen des gewaltigen Gebirges der Kordilleren in Südamerika. Sie befinden sich nur wohl in den kalten Gegenden
und steigen deshalb bloß im äußersten Süden der Andeskette
bis in die Pampas oder großen Ebenen Patagoniens herab.
In der Nähe des Äquators liegt ihr Aufenthaltsort in einer
Höhe zwischen 4000 und 5000 m über dem Meere, und
tiefer als 2000 m über dem Meere gedeihen sie hier nicht,
während ihnen dagegen das kalte Patagonien auch in geringeren Meereshöhen zusagende Aufenthaltsorte bietet. Die
Wildlebenden ziehen sich während der nassen Jahreszeit auf
die höchsten Kämme und Rücken der Gebirge zurück und
steigen während der trockenen Zeit in die fruchtbaren Täler
herab. Sie leben in größeren oder kleineren Gesellschaften,
nicht selten in Rudeln von mehreren hundert Stück, und
bilden Gegenstände der eifrigsten Jagd.

Das Llama (Auchenia Lama) wird vorzugsweise in Peru
gefunden und gedeiht dort am besten auf den Hochebenen.
Nach Brehm ist das Llama etwas größer als der Guanaco,
und es zeichnet sich durch die Schwielen an der Brust und
an der Vorderseite des Vorderkniegelenkes aus. Der Kopf
ist schmal und kurz, die Lippen sind behaart, die Ohren kurz
und die Sohlen groß. Die Färbung ändert vielfach ab: es
gibt weiße, schwarze, gescheckte, rotbraune und weiß gefleckte, dunkelbraune, ockerfarbige, fuchsrote und andere.
Das ausgewachsene Tier erreicht eine Widerristhöhe von
etwa 1,2 m. Das Llama dient hauptsächlich als Lasttier,
doch wird auch sein Fleisch genossen. Über die Rassen des
Llamas ist nichts Zuverlässiges bekannt.

Die Alpaka oder der Pako (Auchenia Paco) ist nach
Brehm kleiner als das Llama, und sie gleicht im Körperbau
dem Schafe, hat aber einen längeren Hals und einen zier-
licheren Kopf; ihr meistens ganz weiß oder schwarz gefärbtes Vließ ist sehr lang (an den Seiten des Rumpfes
10 bis 12 cm lang) und ausnehmend weich.

Die Alpakas werden nach Tschudi in großen Herden
gehalten ,welche das ganze Jahr auf den Hochebenen weiden;
nur zur Schur treibt man sie nach den Hütten. Die Indianer
verfertigen aus der Wolle des Pakos und des Llamas schon
seit uralten Zeiten wollene Decken und Mäntel. Außerdem
wird das Fleisch der Alpaka genossen.

Auch über die Rassen der Alpaka ist nichts bekannt.

Das Renntier, Rangifer tarandus.

Das Renntier gehört zu der Familie der Hirsche und es
ist das einzige Haustier dieser Familie; es ist aber auch

Fig. 30.   Bilder des prähistorischen Renntier Mitteleuropas aus der Höhle
von Font de Gaume. (Nach Capitan et Breuil.)

von allen Haustieren dasjenige, welches am wenigsten domestiziert ist und sich eigentlich nur im gezähmten Zustande
befindet; die Zähmung hat bereits in vorgeschichtlicher Zeit
stattgefunden. Übrigens leben wilde Renntiere gegenwärtig
noch in den Hochgebirgen Nord-Skandinaviens, im Norden
von Rußland und Nordamerika.*)

Das Renntier unterscheidet sich von den echten Hirschen
hauptsächlich dadurch: daß auch das weibliche Ren Geweihe
trägt, welche wie beim männlichen Ren auf einem kurzen
Rosenstocke aufsitzen und sich mit den Hauptsprossen bogen-

*) Das nordamerikanische Ren wird „Caribou“ genannt.

förmig nach rückwärts krümmen; das Geweih trägt zahlreiche an ihren Enden schaufelförmige Seitensprossen. Außerdem sind die Hufe breiter und die Afterklauen länger als die der Hirsche. Am Vordergliede gelenkt das distale Ende der beiden Griffelbeine mit den 2. und 5. Zehen; letztere sind am Hintergliede nur als kurze Stummeln vorhanden, die bis zur Mitte der ersten Glieder des 3. und 4. Zehes reichen. Die Gestalt der Renntiere ist durchschnittlich, bei niederen Beinen, größer, aber plumper als die der Hirsche, und die Decke ist dichter behaart, auch ist das Haar länger und dicker, und es gestaltet sich am Vorderteile des Halses zu einer Mähne. Die Farbe des Haares ist im Sommer dunkelgrau bis dunkelbraun, im Winter hellgrau.

Das Renntier ist neben dem Hunde das einzige Haustier der Lappen und Finnen, sowie der nordsibirischen Nomadenvölker. Es dient diesen Völkern als Zugtier, wie zur Fleisch- und Milchnutzung. Rassen des Renntieres sind nicht bekannt.

Die zoologischen Merkmale der Oviden.

Die Familie der Oviden, die Schafe und Ziegen umfassend, gehört zu den hohlhörnigen Wiederkäuern.

Die Oviden besitzen einen im Gesichtsteile verkürzten Schädel mit gebogenen Nasenbeinen und kurzen zahnfreien Zwischenkiefern. Den Schafen sind flache Tränengruben vor den Augenhöhlen eigentümlich. Die Oberlippe ist gespalten und der Nasenspiegel (Flozmaul) nur sehr klein. Die Stirnbeine tragen (ausgenommen bei einigen Kulturrassen und bei den weiblichen Tieren gewisser Wildformen) bei beiden Geschlechtern Hörner, deren Unterschied in der Windung der Hornspirale beruht, indem bei dem Schafe das rechte Horn in der Richtung gegen den Uhrzeiger, das linke Horn mit dem Uhrzeiger gedreht ist. Bei Ziegen ist dies Verhalten umgekehrt. Hinter den Hornwurzeln bilden die Scheitelbeine eine zum Hinterhaupte abfallende Wölbung.

Die Wirbelsäule besteht aus 7 Halswirbeln, 13 Rückenwirbeln, 6 Lendenwirbeln, gegen 20 Schwanzwirbeln. Von
den 13 Rippen sind 8 unmittelbar mit dem Brustbein verbunden.

Am Vordergliede ist das Ellenbogenbein mit der
Speiche verwachsen; in der distalen Reihe der Vorderfuß-
wurzelknochen ist das Trapezoid mit dem Magnum verwachsen, und die aus dem dritten und vierten Mittelfußknochen zusammengewachsene Vorderröhre gelenkt mit den
beiden distalen Fußwurzelknochen (Trapezoid-Magnum und
Unciforme). Am distalen Ende der Vorderröhre befinden
sich zwei Gelenkrollen für die beiden (III. und IV.) Zehen.
Das Schaf besitzt nur ein laterales sehr kurzes Griffelbein
(als Rest des fünften Mittelfußknochens), welches aber nicht
mehr mit der Fußwurzel gelenkt; der Ziege fehlt auch jener
Rest des fünften Mittelfußknochens. Dagegen besitzen die
Oviden noch kurze, als Afterklauen nur mit der äußeren Haut
verbundene zweite und fünfte Zehen.

Am Hintergliede ist das Wadenbein schon an seinem
proximalen Ende verkümmert und es fehlt häufig. In der
distalen Reihe der Hinterfußwurzelknochen ist das Naviculare mit dem Cuboideum verwachsen; das Cuneiforme I.
fehlt. Die aus dem dritten und vierten Mittelfußknochen zusammengewachsene Hinterröhre gelenkt mit den drei distalen
Fußwurzelknochen (Cuneiforme II und III und Cuboideum).
Das Rollbein besitzt drei Rollen, eine proximale für das
Schienbein, eine distale für das Cubo-Naviculare, und eine
hintere für das Fersenbein. Die Form der Mittelfußknochen
und der Zehen am Hintergliede ist die gleiche wie am Vordergliede; nur das Schaf besitzt ein verkümmertes mediales
Griffelbein, der Ziege fehlt es.

Der Ernährungsapparat ist der Pflanzennahrung angepaßt. Das Gebiß besteht aus 32 Zähnen in folgender
Anordnung:

$$\frac{3\ 3\quad 0\quad 0\ 0\quad 0\quad 3\ 3}{3\ 3\quad 0\quad 4\ 4\quad 0\quad 3\ 3}$$

Der Zwischenkiefer entbehrt also sowohl der Schneide-, wie der Eckzähne; im Unterkiefer hat der äußerste der jederseitigen 4 Schneidezähne die Bedeutung eines Eckzahnes, so daß also die Oviden, wie die Wiederkäuer überhaupt, nicht die Normalzahl von 6 Schneidezähnen im Unterkiefer überschreiten. Die Schneidezähne sind schmal und sie besitzen eine schaufelförmige Krone; die Backenzähne bestehen aus scharf getrennten Jochen, die der Mittelpfeiler (Basalwarzen) entbehren. Das Milchgebiß ist vier Wochen nach der Geburt vollständig. Die Schneidezähne wechseln von 1 bis zu $3^3/_4$ Jahren, die Prämolaren von $1^3/_4$ bis 2 Jahren; die Molaren erscheinen, und zwar der erste (vordere) im Unterkiefer im 4. Monat, im Oberkiefer im 6. Monat, der zweite von 9—12 Monaten und der dritte von $1^1/_2$ bis 2 Jahren.

Der Magen besteht aus vier Säcken (dem doppeltsackigen Pansen, der Haube, dem Psalter oder Löser und dem Labmagen). Der Blinddarm ist weit und lang. Die Leber besitzt zwei Haupt- und zwei Nebenlappen; mit dem linken Hauptlappen ist die Gallenblase verbunden. Die Nahrung besteht aus Gräsern, Blättern und Baumrinde.

Die Nieren sind bohnenförmig, nicht gelappt, und in das Nierenbecken mündet nur eine Nierenwarze.

Die Hoden sind sehr groß und mit ihrem Längsdurchmesser senkrecht gestellt. Die Rute der Böcke ist vorn zugespitzt und sie entbehrt der Eichel. Die Gebärmutter ist zweihörnig, das zweizitzige Euter weichenständig. Die Milch der Schafe enthält durchschnittlich 84$^0/_0$ Wasser, 5,5$^0/_0$ Eiweißstoffe, 6$^0/_0$ Fett, 4$^0/_0$ Milchzucker und 1,5$^0/_0$ Aschenbestandteile. Die Milch der Ziege ist etwas ärmer an Eiweißstoffen und etwas reicher an Fett. Die Brunst scheint selbst bei den wildlebenden Oviden nicht an eine bestimmte Jahreszeit gebunden zu sein; bei den im Hausstande lebenden Oviden ist sie es gewiß nicht. Die Tragezeit dauert etwa 5 Monate und die Zahl der Jungen ist 1 bis 2; fruchtbare Schafe können zweimal im Jahre lammen.

Die Haut ist dünn und bei manchen Schafrassen faltig. Die Schweiß- und Talgdrüsen sind um so zahlreicher, je dichter die Behaarung ist.

Das Gesicht und die Beine sind mit kurzen Flaumhaaren bedeckt, die übrigen Körperteile tragen Wolle oder Grannenhaar, untermischt mit Flaumhaar, die Ziegen außerdem einen aus Grannenhaar gebildeten Kinnbart. Die Klauen haben eine dreieckige Sohlenfläche mit nach vorn gekehrter Spitze; zwischen den Klauen besitzen die Schafe an jedem Fuße eine Klauendrüse.

Die wildlebenden Oviden.

A. Prähistorische Formen.

Fossile Reste von Wildschafen sind bis jetzt nur in geringen Mengen bekannt, und ist die Bestimmung ihrer Merkmale durchaus noch nicht sicher feststehend.

Es wären hier zu nennen:

a) Criotherium argaloides, Forsyth Major, aus dem oberen Miozän von Samos.

b) Ovis antiqua, Pommerol, aus dem Diluvium von Pont-du-Château (Dep. Puy-de-Dôme, Frankreich).

c) Ovis mannhardi, Toula, aus dem Diluviallöß von Eggenburg (Niederösterreich).

d) Ovis argaloides, Nehring, aus dem Diluvium der Certovahöhle bei Stramberg in Mähren.

e) Ovis palaetragus, Pomel, aus den diluvialen Ablagerungen von Tell in Algerien.

Außerdem wurden Reste von Oviden in dem Pliozän der Siwalik-Hills (Nordindien), in Nicaragua und in Sibirien aufgefunden, doch ist entweder deren genaue Bestimmung unmöglich oder ihre Alterszugehörigkeit unsicher.

Auch bei den Wildziegen ist die Sachlage nicht viel

besser. Es sind hier als die wichtigsten bekannten Fossilien zu nennen:

a) Capra sivalensis, Lydekker, ⎫ Aus den Pliozän der
b) Capra perimensis,   „   ⎬ Siwalik-Hills (Nord-
c) Capra spec.   „   ⎭   Indien).

d) Capra spec., aus dem Diluvium der ligurischen Höhlen von Mentone.

e) Capra Ibex fossilis, Nehring, häufig im Diluvium französischer Höhlen.

f) Capra Rozetti, Pomel, im alten Alluvium von Malbatu (Auvergne).

g) Ovis promaza, Pomel, im Neolithicum von Algerien.

B. Rezente Formen.

Wir können folgende Hauptgruppen auseinander halten:

I. Echte Schafe.
II. Halbschafe.
III. Ziegen.

I. Echte Schafe.

Die lassen sich ganz allgemein trennen in mufflonartige und argaliartige.

a) Mufflonartige Wildschafe.

α) Europäische Mufflongruppe.
1. Ovis musimon Goldf., Korsika und Sardinien.
2. Ovis Matschii Duerst, Korsika und Sardinien.
3. Ovis cypria, Blasius (Ovis ophion Blyth), Cypern.
β) Asiatische Mufflongruppe.
1. Ovis orientalis Gmelin (O. musimon Pallas, Ovis arkal Brandt), Persien, Kleinasien, Transkaukasien.
2. Ovis ophion (cypria) var. Urmiana Günther, Urmi-Insel.

3. Ovis Vignei Blyth, Süd-Persien, Nordindien, Tibet.

4. Ovis cycloceros Hutton, Pendschab.

Alle mufflonartigen Schafe sind augenscheinlich aus einer prähistorischen Wildform hervorgegangen, der wir im

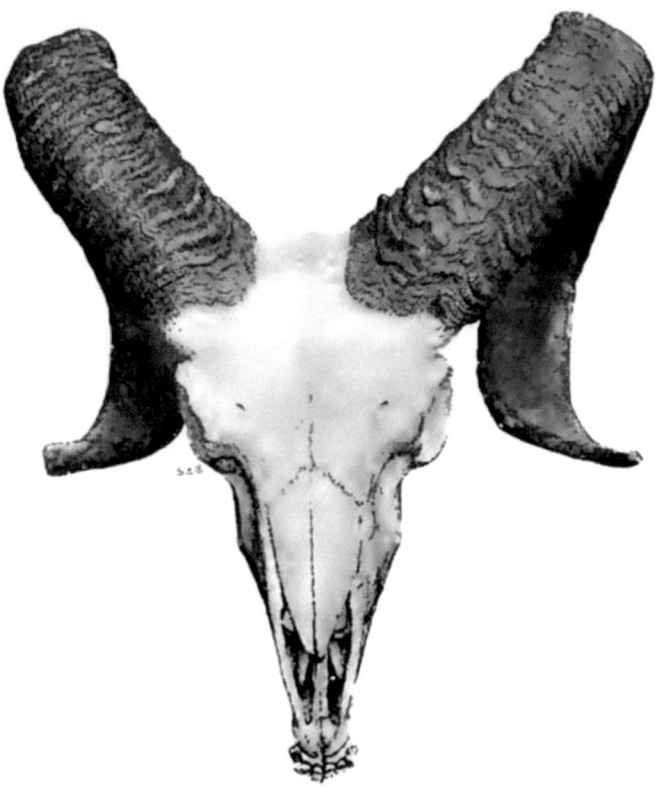

Fig. 31. Sardinischer „Umber“. Bastard zwischen Ovis Matschii und Ovis aries.

Diluvium Europas in dem Ovis antiqua und Ovis mannhardi begegnen. Die sieben und mehr Arten und Varietäten, welche man jetzt unterscheidet, dürfen nur als Lokalformen aufgefaßt werden, welche unter dem Einflusse der Lebensbedingungen und anderer Momente sich herausgebildet haben.

Fig. 32. Ovis Vignei Blyth, Thibet.
(British Museum, London. Originalaufnahme.)

Als charakteristischer Vertreter dieser Gruppe muß wohl das korsikanische und sardinische Mufflonschaf aufgefaßt werden. Dasselbe gehört zu den kleinsten Wildschafen; die Widerristhöhe beträgt etwa 70 cm, die Gesamtlänge (einschließlich des 10 cm langen Schwanzes) etwa 1,25 m. Die in schönem Bogen gekrümmten Hörner alter Böcke können bis 82 cm Länge erreichen. Der Leibesbau ist gedrungen. Die Färbung und Länge der Behaarung wechselt nach den Jahreszeiten und ist auch außerdem bei den beiden unterschiedenen Arten verschieden. Ovis musimon ist fuchsigrot mit braunem Rückenstreif, weißen Flecken an Kopf und Flanken und hellgefärbten Hörnern.

Das Ovis Matschii hat mehr braungraue Farbe, aschgraues, selten weißgeflecktes Gesicht und dunkelbraune Hörner, die außerdem eine Spirale bilden, deren Spitzen sich stark nach auswärts richten.

Die asiatischen Mufflonen sind in Form und Färbung nur wenig different, teils rötlichbraun, teils fahl und grau gefärbt, jedoch mit hellen Hörnern, deren Spirale sowohl nach Alter und Lokalform etwas variiert.

b) Argaliartige Wildschafe.

1. Typische Form. Ovis Argali, Pallas, Westsibirien, Altai.
2. Katschkare.
   α) Ovis Poli, Blyth, Nordindien, Tibet, Pamir, Tianschang, Altai.
   β) Ovis Hodgsoni, Blyth, Himalaja, Tibet.
3. Dickhornschafe.
   α) Ovis nivicola, Eschenholtz, Nordsibirien.
   β) Ovis montana, Cuvier, westl. Küstengebiete von Nordamerika.

Diese Schafe sind die Riesen unter ihrem Geschlechte. Ovis Poli hat eine Länge von reichlich 2 m und eine Widerristhöhe von etwa 1,2 m. Die Hörner des adulten Bockes sind stets länger als die Widerristhöhe. Die Windung derselben ist bei den einzelnen Arten verschieden, bei O. Poli ist die Hornspirale weit seitlich ausgezogen, bei den anderen ist sie kürzer. Je nach der Stärke der Hörner und anderen geringen Abweichungen derselben hat Severtzoff ein Ovis Karelini, O. Heinsii und O. Nigrimontana unterschieden.

Die Farbe aller dieser Formen ist mit kleinen Unterschieden ein im Winter helles, im Sommer dunkleres Braun, das nach hinten zu heller wird und weiße Fleckung um den Schwanz und an den Hinterbeinen aufweist. Am Halse tragen die männlichen Tiere reichliche, hellfarbige Mähnen. Die Hornfärbung ist dunkelbraun. Das Argali ist etwas heller, fahlgrauer gefärbt, als die übrigen.

Von Ovis montana, das von der nordsibirischen Lokalform des Ovis nivicola nur wenig verschieden ist, wurden ebenfalls nach geringen Form- und Färbungsdifferenzen vier Varietäten oder Arten unterschieden, nämlich: Ovis Dalli und O. D. kenaiensis, O. Nelsoni, O. Stonei. —

II. Halbschafe.

Diese Pseudoves bilden den Übergang von den Schafen zu den Ziegen. Ihre Hornwindung und glatte, runzellose Hornbeschaffenheit, der Mangel der Tränengruben, ihre Stimme, ihre fruchtbare Vermischung mit den Ziegen usw. lassen sie als eine eigene, zwischen Schaf und Ziege stehende Tiergruppe erscheinen.

Es gehören hierher:

a) Pseudovis nahur, Hodgson, Nordindien, Tibet und Mongolei.

b) Ammotragus tragelaphus, Gray (Blyth), Berberei, Algier, Tunis, Tripolis, Ägypten.

Der Nahur und das sogenannte Mähnenschaf sind ungefähr gleich groß, die Widerristhöhe ist etwa 1 m; die Gesamtlänge bei diesem bis 1,9 m, einschließlich des 25 cm langen Schwanzes, beim Nahur aber nur etwa 1,7 m, da der Schwanz bloß 10 cm lang ist. Die Farbe des Nahur ist braungrau bis zimmetbraun, mit weißem Bauch. Der obere Teil des Maules, die Brust, die vorderen Beinflächen, ein Strich, der die Flanken vom Bauche trennt und das äußerste

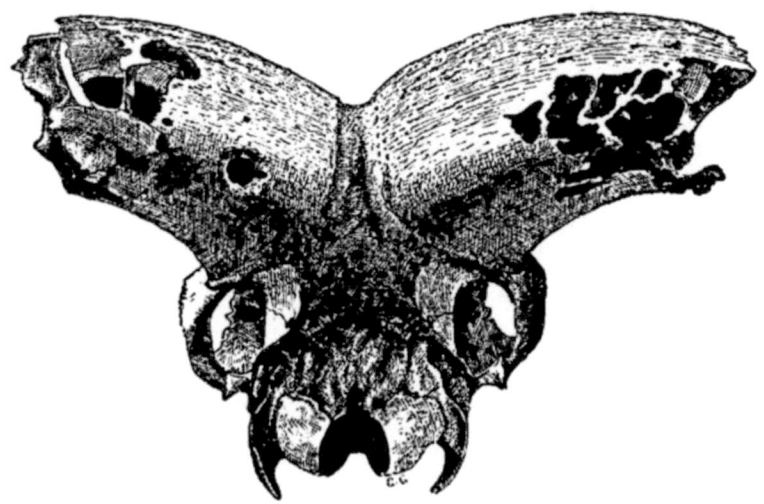

Fig. 33.   Ammotragus tragelaphus.
Mumienschädel. (Museum von Lyon.)   Zeichnung nach Original von C. Gaillard.

Schwanzende sind schwarz. Die Hörner, von dunkelbrauner Farbe, bestehen aus eigentümlicher, schwerer, glatter, hie und da rissiger Hornsubstanz, und sind im Querschnitte rundoval.

Das Mähnenschaf hat bei beiden Geschlechtern eine sehr starke helle Mähne, die am Winkel des Unterkiefers beginnt und längs der Mittellinie des Halses sich fortsetzt und am Bug sich in zwei Teile teilt, die am Ellenbogengelenke jedes Beines endigen. Die Vorderbeine tragen im unteren Drittel des Unterarmes lange Haare, die bis zu den Fesseln über den ganzen Mittelfuß hinabfallen und so eine Art Manschette bilden. Der Schwanz ist ebenfalls lang behaart und mit Quaste versehen. Das Körperhaar ist sonst kurz und von fahlroter Färbung. Die Hörner sind glatt und schwarz.

Der direkte diluviale Vorfahre des Mähnenschafes ist Ovis palaeotragus Pomel, dessen neuer Name eigentlich durch nichts gerechtfertigt ist.

III. Die wildlebenden Ziegen.

vermögen wir ebenfalls übersichtlich einzuteilen in:

A. Ture.

B. Steinböcke.

C. Eigentliche Ziegen.

A. Ture.

Die Ture stehen den Halbschafen am nächsten. Ihr Gehörn ist im Querschnitt mehr oder weniger stark gerundet und rückwärts und auswärts gebogen und ohne die dem Steinbock eigenen starken Wülste.

Hierzu gehören:

a) Capra hispanica, Schimper, der spanische Tur, dessen fossiler Vorfahr wahrscheinlich in der Capra-species von Mentone zu suchen ist.

b) Capra cylindricornis Blyth, und

c) Capra caucasica Güldenstern, die Lokalformen der Ture des östlichen und westlichen Kaukasus.

B. Steinböcke.

Ihr Gehörn ist weniger auseinander gebogen und im Querschnitte rechteckig. Der Vorderrand der Hörner ist mit stark vorspringenden, regelmäßig angeordneten Querwülsten besetzt.

Die Stammform dieser Gruppe ist vermutlich in der Capra sivalensis zu erblicken, von der

a) Capra sibirica Meyer, der sibirische Steinbock (Altai, Sajan, Thian-Schan) direkt abzuleiten ist. Capra sibirica

und deren Varietäten, wie C. Dauvergni Sterndale im Indus-
gebiet, stehen mit den europäischen Formen, wie auch den
nordafrikanischen, in engstem Zusammenhange gemeinsamer
Herkunft. Diese sind:

b) Capra Ibex, Linné, der Alpensteinbock.

c) Capra pyrenaica, Schinz, der Pyrenäensteinbock.

d) Capra sinaitica, Hempr. u. Ehrenbg. oder nubiana
F. Cuv., Sinai, Palästina, Oberägypten.

e) Capra Walie, Rüpp., Abessinien.

f) Capra Mengesi, Noack, Arabien.

C. Eigentliche Ziegen.

Diese Gruppe bildet das den Antilopen am nächsten
stehende Endglied der Capriden. Die Hörner sind hier immer
dreieckig im Querschnitte und mit scharfer, vorderer Kante.

Lydekker beschreibt aus dem Pliozän der siwalischen
Hügel einen scharfkantigen, dreieckigen Ziegenhornzapfen,
den er einer noch unbenannten Capraspezies als Stammvater des Markhures zuschreibt. Von dieser pliozänen
Stammform wären herzuleiten:

a) Capra Falconeri, Hügel, der Markhur, die „Schrauben-
ziege" von Afghanistan, mit ihren Lokalvarietäten der C.
megaceros Adam im Sulemangebirge und Cabul, der C. jer-
doni Hume im Hindukusch und Karakorum.

b) Capra aegagrus, Pallas, dem Paseng oder Bezoarziege, des großen Kaukasus mit ihren Lokalformen der Capra
sakeen Blyth in Persien, Transkaspien und dem kleinen Kaukasus und C. cretensis Brisson, der Wildziege von Kreta.
Von dieser Form stammt zweifellos unsere Hausziege ab.

Das Hausschaf (Ovis aries Linné).

Das Schaf ist eines der ältesten Haustiere des Menschen,
und die Epoche seiner Domestikation verbirgt sich im Dunkel
der Zeit.

Es sind aus prähistorischen Kulturschichten folgende
Rassen der Hausschafe bekannt geworden:

In Europa. Ovis aries palustris, Rütimeyer, das Torfschaf aus der altneolithischen Zeit.

Ovis aries Studeri, Duerst, das Kupferschaf aus der neolithisch-metallischen
Übergangszeit.

(Das hornlose Bronzeschaf muß als spätere Kulturrasse,
das Ovis primaeva Gervais als Steinbock aufgefaßt werden.)

In Afrika. Ovis aries palaeoaegypticus Duerst und
Gaillard aus neolithischer Zeit Ägyptens.

Ovis aries africana seu laticaudata Fitz.
aus neolithischer Zeit Algiers (Caverne
du Grand-Rocher, Pomel) und Madagaskars (Ambolisatra, Duerst).

In Asien. Ovis aries palustris Rüt.,
Ovis aries laticaudata Fitz.
nach Bildern aus babylonischer Zeit.

Von diesen Urrassen leiten sich, sofern nicht im Laufe
der Zeit neue Entdeckungen hinzukommen, alle unsere Haus-
schafrassen ab. Welche Wildschafe aber diese Urrassen gebildet haben, ist einstweilen noch nicht endgültig aufgeklärt.
Unzweifelhaft ist bloß O. aries Studeri als direkter Abkömmling oder Bastard des prähistorischen europäischen Mufflons,
z. B. Ovis mannhardi dargetan. Welche, zweifellos asiatische,
Wildschafform aber Ovis palustris gebildet hat, bleibt noch
der näheren Aufklärung vorbehalten, die sich vielleicht aus
der genauen Untersuchung der aus der neolithischen Zeit
Indiens stammenden, von Blanford signalierten Haustier-
resten ergeben wird. Daß Halbschafe, wie das afrikanische
Mähnenschaf, zur Bildung dieser Urrasse beigetragen haben
sollen, ist eine Hypothese, die durch keinen stichhaltigen
Grund zu beweisen ist.*)

---

*) Siehe darüber Duerst und Gaillard.

Die Entwicklung der Schafrassen in Europa.

Das Torfschaf ist das älteste Hausschaf Europas.. Man findet es schon in Kulturschichten, die aus der Grenzepoche zwischen der paläolithischen und neolithischen Zeit stammen. Es war, nach seinen Resten zu urteilen, ein kleines Tier, mit zweikantigen, seitlich komprimierten Hörnchen, die auf-

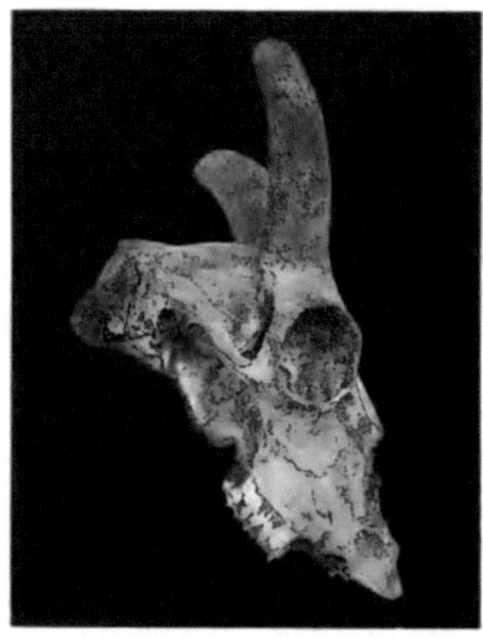

Fig. 34.   Ovis àries palustris Rüt.   Torfschaf aus einem Torfmoore Irlands.
(Museum in Paris.)   Original.

recht auf dem Kopfe standen.   Das Vlies war rauhhaarig, die Wolle nur sehr gering.

Es war dies das genügsame Tier, das zu den Zeiten der geringsten Kultur der Menschheit gute Dienste leistete. Mit der Hebung der Kultur, dem Importe der Metalle und zunächst des Kupfers, nach Mitteleuropa, gelangte auch eine starke, mittelgroße, gedrungene Schafrasse dahin, die ein sehr starkes Gehörn und ein weit besseres Vlies besaß. Dies war das **Kupferschaf**, das in Südeuropa wohl durch Kreuzen des Torfschafes mit dem europäischen Mufflon hervorgegangen war. Selbstverständlich erkannten die Spätneolithiker den Wert dieser Tiere und verbreiteten dieselben über ganz Zentraleuropa bis auf die nordische Inselwelt. Hierbei wurde aber durch die Fortdauer der Bastardierung mit dem Torfschaf dessen geringwertigere Rasse allmählich unterdrückt und diese größere, bessere Form zur herrschenden.

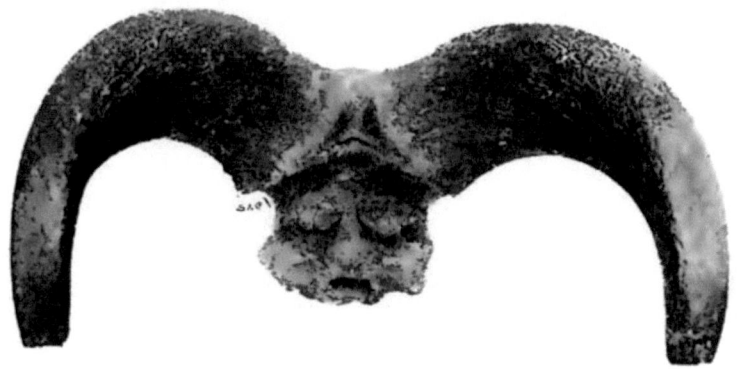

Fig. 35. Ovis aries Studeri Duerst. Kupferschaf von Lüscherz (Bielersee).
(Museum in Bern.) Originalaufnahme.

Dieses Verhältnis finden wir bei den Germanen der Bronze- und Eisenzeit (1400 v. Chr. bis 100 n. Chr.), wie aus Untersuchungen der prähistorischen Haustierknochen Mitteleuropas hervorgeht.*)

Zur Zeit des römischen Kultureinflusses macht sich nun noch eine dritte Schafrasse, nämlich die des **Fettschwanzschafes** oder Ovis a. africana geltend, das durch eine noch weit bessere, feinere Wolle ausgezeichnet war. Die Römer brachten diese in Algier und Tunis häufige Schafrasse nach

---

*) Duerst, Schloßberg.

Italien und Spanien, wo sie die Kupferschafbestände durch-
kreuzen und verbessern half. Darauf beruht auch die Entstehung der Merinorasse in Spanien, die noch zur Zeit
Peter IV. von Arragonien durch maurische und berberische
Schafe verbessert wurden. Diese neue Bastardform des afri-

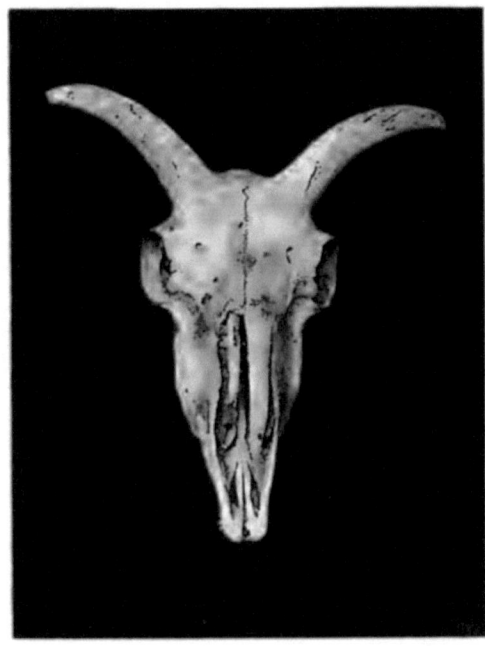

Fig. 36. Ovis aries palustris.   Rezentes Torfschaf aus Island.
(Museum in Paris.)   Originalaufnahme.

kanischen und Kupferschafes, das feinwollige Römerschaf,
läßt sich auf ihrem Zuge durch Mitteleuropa und dem Norden
leicht heute noch nachweisen, an der dem afrikanischen
Schafe besonders häufig eigenen Neigung zur Vielhörnigkeit.
Vielhörnige Schafreste wurden meist längs der Römerstraße
in Mitteleuropa und England aufgefunden. —

Die mannigfachen Durchkreuzungen und ganz verschiedenartigen Blutmischungen machen ein strenges Auseinander-

halten der modernen Schafrassen nach ihrer Abstammung ganz unmöglich, solange wir nicht mit der Zuchtgeschichte jeder Rasse genau und sicher vertraut sind.

Die ursprünglichen Rassen des Torf-, Kupfer- und Römerschafes sind nur noch in ganz wenigen Formen einigermaßen rein erhalten. So sind z. B. das Bergschaf von Wales in England, das sog. Nalpser Schaf im schweiz. Kanton Graubünden die letzten Reste des reinen Torfschafes der Neolithiker.

Das Kupferschaf ist am reinsten erhalten, in dem schottischen Schwarzkopfhochlandschaf, dem Baskenschaf der Pyrenäen und weniger rein auch in den Haidschnucken, den Walliser und Frutigschafen, die eine Kreuzung von Torfschaf und Kupferschaf darstellen.

Das Römerschaf ist hingegen in der ursprünglichen Form wohl nur noch auf den nordischen Inseln, den Hebriden, St. Kilda, Faröer usw. erhalten. Und die Insel Island besitzt alle drei Urrassen noch in ziemlich reiner Form. Ich habe Exemplare von fast reinblütigem Torf-, Kupfer- und Römerschaf aus Island erhalten, doch werden in neuerer Zeit leistungsfähigere, moderne Rassen importiert, die die alten bald verdrängen werden. —

Systematik der Schafrassen.

Die beim Rinde in Anwendung zu bringende, klare Einteilung nach den Hörnern ist beim Schafe nicht durchführbar, weil die Tendenz zum Hornloswerden so sehr verbreitet ist, daß ein Teil der Individuen ein und derselben Rasse hornlos und der andere Teil gehörnt sein kann. Ebensowenig befriedigt die Sansonsche Einteilung in kurzköpfige und langköpfige Rassen, die sich als undurchführbar erweist. Auch die Fitzingersche Einteilung nach 10 Stammformen läßt sich nicht gegenüber einer scharfen Kritik aufrecht erhalten.

Wilkens hat in der ersten Auflage dieses Buches die

Bohm-Nathusiussche Einteilungsmethode in lang- und kurzschwänzige Rassen adoptiert. Ich behalte dieselbe, in Ermangelung etwas besseren, bei, wobei ich aber darauf aufmerksam mache, daß diese Klassifikation eine rein willkürliche ist und es nicht gesagt ist, daß wirklich verwandte Formen zueinander eingereiht werden. Langschwänzigkeit läßt sich wie neuerdings die Vielzitzigkeit züchterisch erzeugen, so sind auch Fettschwanz-, Fettsteiß-, Stummelschwanzschafe alles Produkte der Kunst des Züchters. Weil wir aber die Haustiere sämtlich und speziell das Schaf so nach Belieben zu verändern imstande sind, so mag auch in Ermangelung einer gut durchführbaren, natürlichen Klassifikation nach der Abstammung, eine künstliche Gruppierung vorgenommen werden.

Zu der Gruppe der kurzschwänzigen Schafe rechnen wir diejenigen mit 13 und weniger Schwanzwirbeln, zu den langschwänzigen diejenigen mit mehr.

Die Rassen des kurzschwänzigen Schafes kennzeichnen sich nach Bohm hauptsächlich dadurch: daß der kurze Schwanz nicht mit Wolle, sondern mit kurzem und straffem Haar besetzt ist, was bei keinem langschwänzigen Schafe vorkommt. Die kurzschwänzigen Schafe sind entweder gehörnt oder ungehörnt.

Die im Norden Europas lebenden Formen des gehörnten kurzschwänzigen Schafes, meist Kupferschafe oder Bastarde derselben, sind von kleiner Figur, der Kopf ist kurz und spitz, die flachgewölbte Stirn ist durch eine leichte Ausbuchtung von dem fast geraden Nasenrücken abgesetzt; die spitzen Ohren stehen aufrecht. Die Hörner stehen auf der Stirn ziemlich weit auseinander und sie wenden sich halbkreisförmig nach hinten, unten und vorn. Das Haarkleid besteht am Kopfe, Schwanze und an den Beinen aus kurzem und straffem Stichelhaar, an den übrigen Körperteilen aus langem (bis 20 cm) und schlichtem, markhaltigem Grannenhaar, untermischt mit kurzem und markfreiem Flaumhaar. Die Haarfarbe ist braun, schwarz, blaugrau, selten weiß. Das gehörnte kurzschwänzige Schaf kommt vor in Skandinavien, Island, auf den Faröer Inseln, auf den Shetland- und Orkneyinseln (wo die Böcke den sehr kurzen und tief angesetzten, dabei aber breiten Schwanz nach Art der Ziege aufwärts gekrümmt tragen), auf den Hebriden und auf den nord- und nordwestdeutschen Haiden (Haidschnucken).

Nach H. v. Nathusius stehen in unverkennbar naher Verwandtschaft zu diesem nordischen kurzschwänzigen Schafe: Rassen aus Zentral-Asien, welche durch Hodgson schon seit dreißig Jahren bekannt geworden und gut beschrieben, aber von keinem Monographen beachtet sind. Als solche zählt Nathusius auf: das Hunia-Schaf in der Schneeregion Tibets, hauptsächlich als Lasttier verwendet; das Siling-Schaf in Tibet, südlich bis Katschgar; das Barwal-Schaf in der Bergregion des nepalischen Himalaja; das Kago-Schaf in der Zentral-Region des Stufenlandes vom Himalaja. Außerdem erwähnt Nathusius nach Buchanan als hierher gehörig: das Curumbar-Schaf auf den Ghatbergen und das Shaymbliar-Schaf (ohne Heimatsangabe); als „wahrscheinlich" zu dieser Abteilung der kurzschwänzigen Gruppe gehörig nennt Nathusius das Romanow'sche Schaf aus dem russischen Gouvernement Jaroslaw, dessen schlichte, mit weichem Flaum untermischte Wolle bläulich grau, das Haar an Kopf und Füßen schwarz sein soll.

Die an der südöstlichen Grenze Europas und im mittleren Asien bis China lebenden Formen des gehörnten kurzschwänzigen Schafes sind ausgezeichnet durch den Fettsteiß, eine Fettablagerung um die Schwanzwurzel. Bohm und andere unterscheiden tatarische, kirgisische, kalmückische und burätische Fettsteißschafe. Das kirgisische Fettsteißschaf ist 'nach O. Finsch von großem Wuchs, kräftig gebaut und ziemlich hochbeinig; es hat eine stark gebogene Nase und Hängeohren. Das Vlies ist grob, und die haarige Wolle wird zur Filzbereitung verwendet; der sehr kurze Schwanz ist in dem Fettpolster versteckt, welches vom Steiß ausgehend sich beutelartig über die obere hintere Hälfte der Keule ausbreitet. Pallas schreibt den Fettsteiß dem Salzgehalte des Futters der Steppenweiden zu; er soll sich verlieren, wenn die Schafe auf nicht salzhaltigen Weiden ernährt werden. Jul. Kühn hat jedoch vier kalmückische Fettsteißlämmer im Haustiergarten zu Halle bei landes- üblichem Schaffutter aufgezogen, bei welchem sie ihre Fett- steiße in Jahresfrist weit stärker entwickelt hatten als es in ihrer Heimat vorkommt.

Das ungehörnte kurzschwänzige Schaf läßt sich nach Bohm in zwei Gruppen trennen, von welcher die eine in den norddeutschen und holländischen Marschen und im nörd- lichen Frankreich ihre Heimat hat (Marschschaf); die andere ist im nördlichen Afrika und im südlichen Asien verbreitet (Stummelschwanzschaf).

Zu den Marschschafen gehören die langwolligen Schafe Frieslands, Budjadingens (Oldenburg), der schleswig- holsteinischen Marschen (Eiderstedt, Dittmarschen) und der holländischen Marschen; ferner das Texelschaf (der nord- holländischen Insel Texel), das flämische Schaf mit ver- wandten und gleichgeformten Schlägen in der Grafschaft Artois, in der Normandie, der Picardie und der Vendée, sowie das Vaggasschaf in der Weichselniederung.

Zu den Stummelschwanzschafen zählt man die kurz- und glatthaarigen Schafe, deren Schwanz an der oberen Hälfte durch ein Fettpolster verbreitert ist, aus welchem das kurze und dünne Schwanzende hervorragt, und deren Heimat Arabien, Persien und Oberägypten ist. Das in Ägyp- ten verbreitete Stummelschwanzschaf ist nach R. Hartmann mit gekräuseltem und glänzendem Grannenhaar bekleidet, unter welchem nur wenig feines und gekräuseltes Wollhaar sich befindet.

Die Rassen des langschwänzigen Schafes sind größtenteils bewollt, und sie zeichnen sich, außer durch die größere Zahl der Schwanzwirbel (13 bis 22), durch den mit Wolle bewachsenen Schwanz aus; nur die hochbeinige Form des langschwänzigen Schafes hat einen kahlen Schwanz. Die langschwänzigen Rassen lassen sich in zwei Gruppen teilen, deren eine bedeutend breite und mit einem starken Fettpolster versehene Schwänze hat, während die andere schmalschwänzig ist und des Fettpolsters am Schwanze entbehrt.

Die Gruppe der Fettschwanzschafe unterscheidet Bohm ferner in solche mit mittellangem und mit sehr langem Schwanze. Zu den Fettschwanzschafen mit mittellangem Schwanze gehören die Schafe in Anatolien (das Levante- oder karamanische Fettschwanzschaf) und Macedonien (Clementiner Schaf), in Ägypten und Abessinien, sowie in den nordafrikanischen Küstenländern und am Kap der guten Hoffnung, ferner in Persien*) und in den Ländern der alten Tatarei (tatarisches Fettschwanzschaf), endlich in Süd- und Mittel-Italien und in den südlichen Departements von Frankreich, wo sie unter dem Namen race barbarine gezüchtet werden. Es ist dies das alte Römerschaf.

Zu den Fettschwanzschafen mit sehr langem Schwanze zählt Bohm das syrische Schaf, das seinen breiten und bewollten Schwanz an der Spitze in die Höhe krümmt. Dieses Schaf trägt am Körper eine schmutzig weiße Wolle; der mit kurzem und straffem Haar versehene Kopf, sowie die Ohren und Beine sind hellbraun gefärbt.

---

*) Dem in Persien einheimischen tatarischen Fettschwanzschafe wächst nach Pollak ein Fettschwanz von 5 bis 10 Pfund Gewicht, welcher das Tier nicht erheblich belästigt. Das Fett ist schmackhaft, lipomartig, aber wenig stearinhaltig. In dem Maße als der Fettschwanz zunimmt, nimmt der Talgansatz im Netze ab, und umgekehrt. Die Schafe in den Küstenländern am Kaspisee setzen das Fett nicht am Schwanze an, sondern im Netze, und bei Schafen, die aus Irak dahin gebracht werden, atrophiert der Fettschwanz und er hängt zuletzt schlaff wie ein leerer Beutel herab.

Vom schmalschwänzigen Schafe kann man ebenfalls zwei Gruppen unterscheiden, die eine mit haariger, die andere mit wolliger Bekleidung. Die prähistorische Stammrasse dieser Schafe ist in dem Ovis aries palaeoaegypticus Duerst und Gaillard zu suchen, das von den neolithischen Zeiten bis zum Beginne des neuen Reiches von den Ägyptern gehalten wurde.

Zu der Gruppe des schmalschwänzigen Schafes mit haariger Bekleidung gehören folgende Rassen:

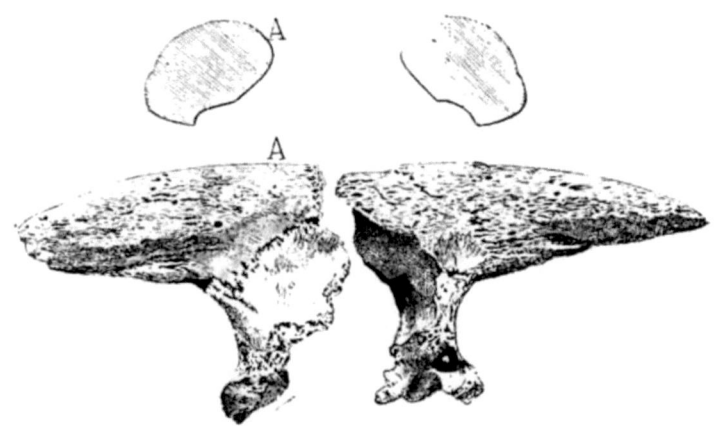

Fig. 37. Ovis aries palaeoaegypticus Duerst und Gaillard.   Schädelrest aus
dem Neolithicum von Toukh (Ober-Ägypten).
(Original.   Cliché aus dem Besitze von Claudius Gaillard.)

1. Das Etbaischaf oder das Schaf der Bischarin, von Poeppig Guineaschaf, von R. Hartmann Ovis Aries jubata genannt; seine Heimat ist in der nubischen Bischarin-Wüste, ferner am weißen Nil, in West-Zentralafrika, in den Gebieten des Senegal und von Guinea; es hat nach Hartmann einen kleinen, in den Scheitelbeinen zusammengedrückten Kopf, mittellange und schlaff herabhängende Ohren, einen kurzen und gedrungenen Rumpf, ziemlich lange und kräftige, mit kurzen Hufen versehene Beine und eine lange

und schlichte Behaarung, die am Kopfe und Halse von schwarzer, an den übrigen Körperteilen von weißer Farbe ist.

Das Dinka- oder Mähnenschaf ist ausgezeichnet durch einen schwarzgefärbten mähnenartigen Besatz der Schultern, der Brust- und Halsgegend, während der übrige Teil des Körpers kurzhaarig und weiß ist; es ist ein Haustier des

Fig. 38. Ovis aries longipes. Hochbeiniges Schaf aus Zentralafrika.
(Originalaufnahme im Jardin des Plantes in Paris 1901.)

Schilluk-Stammes am linken Ufer des weißen Niles bis zur Einmündung des Gazellenflusses.

2. Das hochbeinige Schaf mit stark geramstem Kopf, hängenden Ohren, langen und dünnen Beinen, und kurzer grannenhaariger Bedeckung; die Schafe sind stets hornlos, die Widder tragen kurze Hörner; die Heimat des hochbeinigen Schafes ist das westliche Afrika, von Fezzan ab durch Senegambien, Ober- und Nieder-Guinea. Bohm unterscheidet von dieser Rasse drei Schläge: das Kongoschaf,

das Fezzanschaf und das Zunu oder angolesische Kropfschaf.

Der Gruppe des schmalschwänzigen Schafes mit wolliger Bekleidung gehören zahlreiche Rassen an, die sich nach Bohm in drei Abteilungen trennen lassen:

Die erste Abteilung umfaßt diejenigen Schafrassen, deren Vlies aus Grannenhaar untermischt mit Flaumhaar besteht.

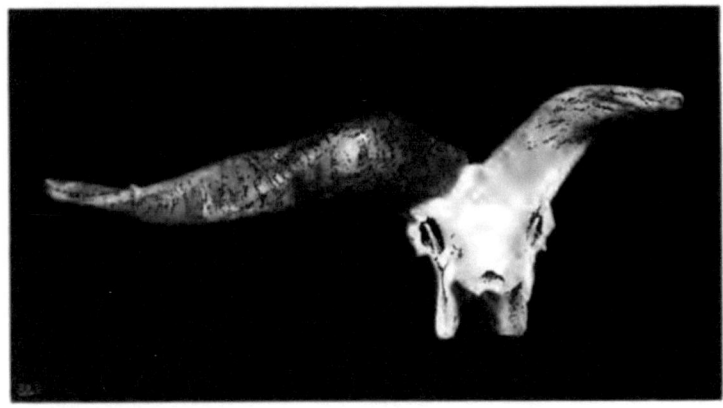

Fig. 39.   Schädel eines ungarischen Zackelschafes.
(Coll. Duerst.   Originalaufnahme.)

Der zweiten Abteilung gehören die Schafe an, deren Bekleidung nur aus Grannenhaar besteht.

Die dritte Abteilung enthält die Rassen, welche ein Vlies aus markfreiem und gekräuseltem Wollhaar tragen.

Zur ersten Abteilung mit einem aus Grannen- und Flaumhaar gebildeten Vlies gehören die Zackelschafe, die langohrigen Schafe Italiens und die zahlreichen Gebirgs- und Landschafe Europas.

Das Zackelschaf ist ausgezeichnet durch seine langen und schraubenartig gewundenen Hörner, sowie durch sein grobes, meistens blaugrau gefärbtes Vlies, in welchem das Grannenhaar im Jahreswuchse bis 24 cm, das Flaumhaar

bis 12 cm lang wird (Bohm); das Zackelschaf ist im südöstlichen Europa verbreitet, und man unterscheidet nach
seiner Verbreitung verschiedene Schläge: das kretische
Zackelschaf (auf den Inseln des griechischen Archipels), das
macedonische, wallachische, moldauische und unga-

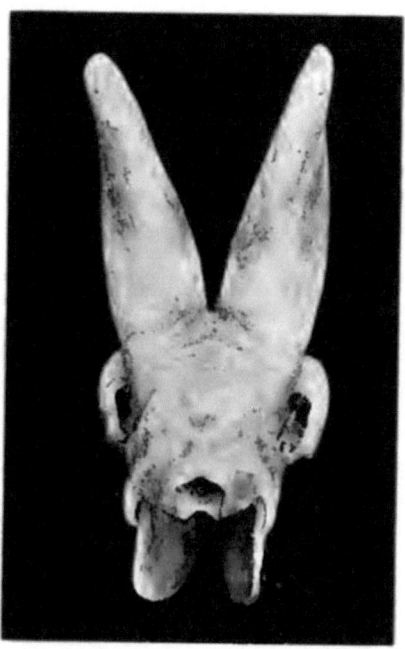

Fig. 40. Schädel eines künstlich aus einem sardinischen Schafe durch
Erweichung und Aufwärtsdrehung der Hörner erzeugten Zackelschafes.
(Coll. Duerst. Originalaufnahme.)

rische Zackelschaf; eine ungehörnte Form des Zackelschafes
war 1873 auf der Wiener Weltausstellung ausgestellt.

Zu den lang- und hängeohrigen Rassen gehören die
großen und hochbeinigen, ungehörnten Schafe der Lombar-
dei, die unter dem Namen der Bergamasker und Paduaner bekannt sind; der stark geramste Kopf, sowie Ohren
und Beine tragen ein kurzes und straffes Haar, die übrigen

Körperteile ein lockeres Grannenhaar, untermischt mit mehr
oder minder dicht stehendem Flaumhaar, das beim Paduaner-
schafe reichlicher auftritt. Ein Abkömmling des Paduaner-
schafes kommt unter dem Namen des „Seeländer" in Kärnten vor, und es sind Kreuzungen mit lombardischen Lang-
ohrschafen in den norischen Alpen vielfach verbreitet.

Die Gebirgsschafe (Bergschafe Bohms) sind im allgemeinen von mittlerer Größe und von gedrungener Figur;
sie sind meist hornlos in beiden Geschlechtern, und ihre
Bekleidung ist reicher an Flaumhaar als beim Zackelschafe.
Zu den Gebirgsschafen gehört das siebenbürgische Czurian-
Schaf, das sardinische Schaf, das Wallis- und Frutigschaf der Schweiz, das Pyrenäen-, Lauraguais-, Lar-
zac-,*) Causse- und das kleine Ségala-Schaf Frankreichs,
das Welsche- und schwarzköpfige englische Bergschaf, das kleine Herdwick- oder Cumberlandschaf mit
schwarz geflecktem Vlies und das irische Bergschaf (Wick-
low- und Kerryschaf).

Zu den verschiedenartig geformten Landschaften gehören das bayrische Zaupelschaf, das pommersche oder
polnische Landschaf, das hannöversche Landschaf, die
französischen Landschafe (race berrichonne,**) solog-
note, poitevine, marchoise, limousine und andere),
das spanische Landschaf (Lacha-Rasse), die englischen
Landschafe, unter welchen wegen größerer Verbreitung
hervorzuheben sind: das Romney-Marsh- oder Kentschaf,
das Cotswoldschaf, das Lincolnschaf, alle drei von
schönen und großen Figuren, hornlos und langwollig; die

---

*) Das Larzac-Schaf, in Aveyron heimisch, ist sehr milchreich und
es hat ein sehr geschätztes Fleisch; seine Milch dient zur Fabrikation der
Roquefortkäse. Auch die Milch der Lauraguais-Schafe wird zu Käse benutzt.

**) Durch Kreuzung des in den Departements Indre, Cher und Loir-
et-Cher heimischen Berrichonne-Schafes mit englischen Kent-Böcken ist der
durch schöne Formen und Frühreife ausgezeichnete Charmoise-Schlag
entstanden, benannt nach der Farm Charmoise im Departement Loir-et-Cher.

beiden letzteren vielfach mit Leicesterblut durchkreuzt;
ferner die kleinen gehörnten und kurzwolligen Dartmoor-
und Exmoorschafe, das gehörnte schwarzköpfige und
schwarzbeinige Norfolkschaf und andere.

Der zweiten Abteilung des langschwänzigen Schafes
mit reinem Grannenhaar gehören folgende Rassen an:

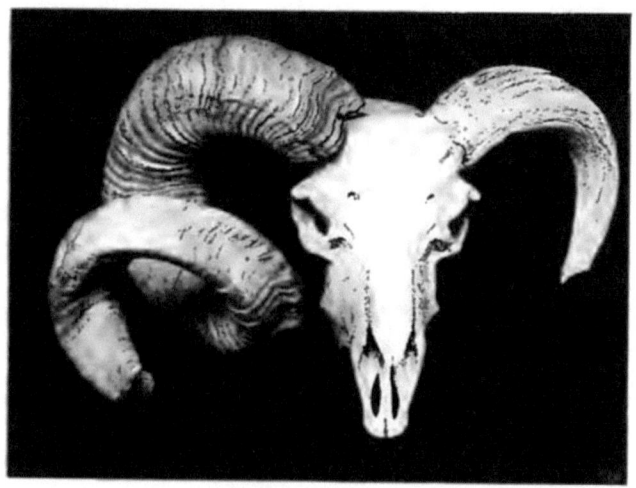

Fig. 41. Schädel eines Widders des schwarzköpfigen schottischen Hoch-
landschafes.
(Museum in Paris. Originalaufnahme.)

Das arabisch-syrische Beduinenschaf, das kabardi-
sche oder Tscherkessenschaf, und das englische Lei-
cester- oder Dishley-Schaf;*) das letztere über ganz
England verbreitete Kulturschaf ist von großer und ebenmäßiger Figur, und es trägt ein weißes und glänzendes, feines
und leichtgewelltes Grannenhaar. Von ähnlicher Körperform und Wolle sind die Lonk- und Devon-Schafe.

*) Die in Schottland gezüchteten Leicester sind kleiner und ge-
drungener gebaut, auch von härterer Konstitution; sie führen den Namen
„Border-Leicester's". Leicesterblut ist vielfach zur Veredelung verwendet
worden, so bei den Cheviot's, Cotswoldt's, Lincoln's, Shropshire's.

Die dritte Abteilung des Wollhaar-tragenden langschwänzigen Schafes zerfällt in eine Unterabteilung mit
schlichter Wolle und in eine andere mit gekräuselter Wolle.

Zu den schlichtwolligen Schafen gehört das thü-
ringische oder Rhönschaf, von mittlerer Größe und
dunkel gefärbtem Kopf bei übrigens weißer Wolle; wie alle
schlichtwolligen Schafe Deutschlands sind Schaf und Widder

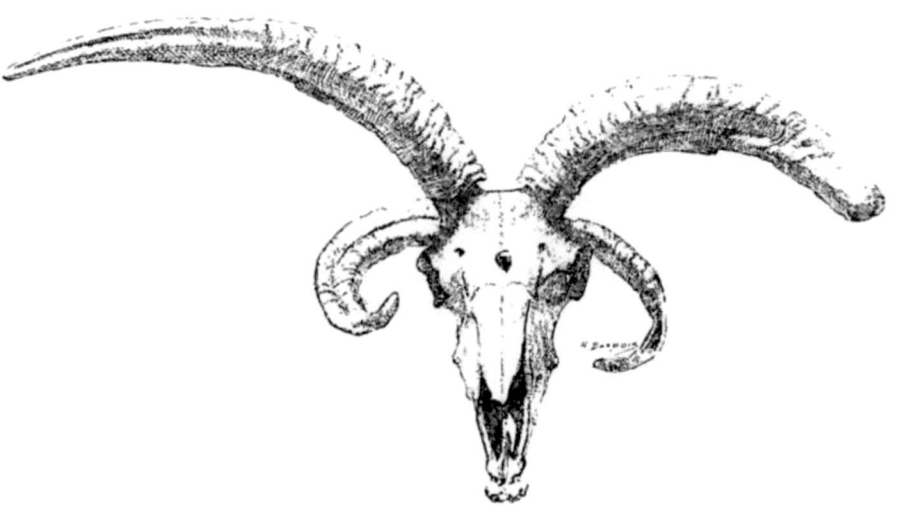

Fig. 42.   Vierhörniges Schaf von Nepal.
(British Museum, London.)

ungehörnt. Das rheinische Schaf ist dem Rhönschafe ähnlich, und es hat wie dieses einen dunkel gefärbten Kopf.
Das hessische oder lippesche Schaf, mit weißem Kopf,
ist in Hessen-Kassel, im Lippeschen bis an den Harz und
in Süd-Hannover (Leineschaf) verbreitet. Das mecklen-
burgische oder Spiegelschaf von mittelgroßer Figur mit
nackten Kopf und Beinen und einem braunen Augenring im
weißen Gesicht. In England sind die schlichtwolligen Schafe
teils ungehörnt, teils gehörnt. Zu den ersteren gehört das

Southdownschaf,*) von gedrungenem Körperbau, mit breiter Vorbrust und breitem Rücken, der kurze Kopf und die niedrigen aber kräftigen Beine sind von bräunlicher Farbe, während die kurze und leichtgewellte Wolle weiß ist; ferner das Ryelandschaf (Shropshire), groß und hochbeinig, mit braunem Kopf und Beinen, das im südschottischen Grenzgebirge heimische Cheviotschaf, von mittelgroßer Figur, mit stark geramstem und hornlosem Kopf, der gleich den Beinen, weiß und nackt ist, mit feiner, kurzer und dichtstehender Wolle. Von gehörnten schlichtwolligen Schlägen Englands existiert wohl nur noch in beschränkten Bezirken das Dorset- und das Wiltshireschaf.**)

Die Form mit gekräuselter Wolle ist gegenwärtig nur allein noch vertreten durch das spanische Schaf, von welchem eine größere Form mit gröberer Wolle (das Churraschaf) und eine kleinere mit feinerer Wolle (das Merinoschaf) unterschieden wird.

Das Merinoschaf***) ist der Typus des feinen Wollschafes, welches nach M. v. Neitzschütz zuerst im achten, spätestens im siebenten Jahrhundert vor Christi im Stromgebiete des Mäander, in Carien und Phrygien sich entwickelt hat; der Handelsplatz für die Wolle dieses kleinasiatischen Schafes war Milet, das zu jener Zeit berühmt war durch seine Wollenindustrie. Von Milet ist das feine Wollschaf

---

*) Durch Kreuzung mit Southdownblut sind in England zahlreiche Kulturschläge entstanden, so (nach einer brieflichen Mitteilung des Herrn J. Kirchner in Wandsbeck) die Oxfordshiredowns (Southdown- auch Hampshire-Schafe mit Cotswold-Böcken), die Hampshiredown (Kreuzung des Hampshire-Landschafes mit Southdown-Böcken), die Shropshire's (Kreuzung des Shropshire-Landschafes auch des Ryelandschafes mit Leicester-Böcken und nochmalige Kreuzung mit Southdownböcken).

**) Auf der großen Tierschau des Königl. Ackerbaugesellschaft zu London im Jahre 1879 waren Dorset- und Wiltshireschafe nicht mehr vertreten.

***) Die spanischen ovejas merinos bedeuten „Wanderschafe" und sie sind gleichbedeutend mit ovejas transhumantes.

hinübergeführt nach Attika und Megaris, und aus Athen über Tarent nach Italien, wo es sich namentlich in Calabrien und Apulien ausbreitete. Mit der römischen Herrschaft gelangte das tarentinische Schaf nach dem südlichen Spanien (Turdetanien), wo es in der Umgegend von Gades (Cadix) und Corduba gezüchtet wurde und von hier aus in ganz Spanien sich verbreitete. Das milesisch-tarentinische Schaf ist demnach der Stamm der spanischen Merinozucht. Von Spanien aus verbreitete sich die Merinozucht über einen großen Teil von Europa, Amerika und Australien. Das erste Land in Europa, welches aus Spanien Merinos einführte, war Frankreich; nach vereinzelten Ankäufen spanischer Merinos durch Privatzüchter, wurde im Jahre 1777 die Merino-Stammschäferei auf dem Staatsgute zu Rambouillet gegründet, welche noch gegenwärtig besteht, freilich mit ganz anderen Formen als zur Zeit der Gründung. Die übrigen, vormals berühmt gewesenen Merino-Staats-Schäfereien in Frankreich, wie Pompadour, Perpignan, Arles, Malmaison, existieren nicht mehr. Das ursprünglich kleine und hagere spanische Merinoschaf, mit kurzer und sehr feiner Wolle, hat sich in dem gegenwärtigen französischen Merinoschafe, das außer der Staats-Schäferei zu Rambouillet überall in Frankreich verbreitet ist (die berühmtesten Herden sind diejenigen in Soissonnais, in Châtillonnais, in der Beauce und der Champagne), zu einem großen und langen Tiere entwickelt mit ebenmäßiger Figur und zwar minder feiner, aber sehr kräftiger und langer Wolle.

In Deutschland geschah die erste Einführung spanischer Merinos im Jahre 1765 unter dem Kurfürsten Friedrich August von Sachsen. Diese aus den feinwolligsten spanischen Herden auserlesenen Schafe begründeten die Merinozucht im Kurfürstentume Sachsen; dem Kurfürsten (elector) zu Ehren wurden die in Sachsen gezüchteten feinwolligen Merinos „Electoralschafe" genannt. In Preußen wurden die ersten spanischen Merinos im Jahre 1785 durch Friedrich

den Großen eingeführt. In Österreich ließ die Kaiserin
Maria Theresia im Jahre 1775 dreihundert Merinos aus Spanien kommen, welche die Merinozucht der kaiserlichen Stammschäferei zu Marcopail in Kroatien begründeten; ein zweiter
Transport aus Spanien im Jahre 1784 unter Kaiser Josef II.
wurde in der k. k. Stammschäferei zu Mannersdorf in Nieder-
österreich untergebracht; ein dritter großer Transport kam
im Jahre 1802 unter Kaiser Franz II. ebenfalls nach Mannersdorf und nach dem kaiserlichen Familiengute Holice in
Mähren. Dieser dritte Ankauf soll aus den spanischen Herden
von Infantado, Guadelupe und Negretti geschehen sein, und
die Schafe sollen eine sehr faltige Haut und eine zwar
längere, aber minder feine Wolle gehabt haben als jene
sächsischen Electoralschafe; man bezeichnete jene in Österreich (namentlich in Mähren und Böhmen) gezüchteten Merinos als Negrettis; sie wurden aus Österreich nach Meck-
lenburg, Pommern, preußisch Schlesien und nach anderen
deutschen Ländern ausgeführt, und sie begründeten die dortigen Negrettizuchten.

Die gegenwärtig noch in Deutschland und Österreich
gezüchteten Merinos, die im allgemeinen größere Figuren
haben als die originalen spanischen, sonst aber diesen ähnlich sind, werden gewöhnlich nach der Qualität der Wolle
in Electoral- und Negretti-Merinos unterschieden; die
Wolle der ersteren ist kürzer, feiner und glänzender und
von entschieden besserer Qualität als die der Negrettis;
dagegen ist die Wolle der letzteren kräftiger und länger,
und die Negrettischafe sind durchschnittlich größer, auch
von gedrungener und kräftigerer Figur als die Electoralschafe. In neuerer Zeit aber hat die Zucht dieser Merinoschafe in Deutschland und Österreich sehr abgenommen, und
sie sind teils durch englische Fleischschafe, teils durch französische Merinos ersetzt worden.

In England sind verschiedene Male, zuletzt im Jahre
1811 Merinos aus Spanien eingeführt worden, sie haben

sich aber hier nicht gehalten; es scheint, daß das feuchte englische Klima der Zucht feiner Wollschafe nicht günstig ist.

Dagegen sind spanische Merinos in Südrußland, am Kap der guten Hoffnung und in Australien, hier insbesondere in den englischen Kolonien, mit großem Erfolge eingeführt und gezüchtet worden, und es bilden diese Länder gegenwärtig die Hauptzuchtgebiete für das feinwollige Merinoschaf.

Die Hausziege (Capra hircus).

Die Abstammung der Hausziege, Ort und Zeit ihrer Domestikation sind ebensowenig geschichtlich nachweisbar wie beim Hausschafe. Es muß indessen als feststehend angesehen werden, daß die vorbesprochene Bezoarziege (Capra aegagrus Pallas) oder richtiger deren prähistorische, (wohl palaeolithische) Form, die hauptsächlichste, wenn nicht alleinige, wilde Stammform unserer Hausziege ist. Ob ähnlich wie beim Hausschafe noch spätere Bastardierungen stattgefunden haben, ist zum mindesten nicht nachweisbar. Noch mehr aber gilt dies für die Annahme weiterer Stammformen.

Die Zucht der Ziege ist, wie die des Schafes, überaus alt. Die ältesten babylonischen Siegelsteine weisen Darstellungen von Ziegenherden auf, und auf den altägyptischen Denkmälern finden sich ebenfalls unzählige Bilder der Hausziege. Die Untersuchung der Ziegenmumien von Sarkkarah und Khozan durch Lortet und Gaillard hat das Vorhandensein zweier Rassen, der Mamberziege (Hircus mambricus) und der thebaischen Ziege (Hircus thebaicus) zur Evidenz erwiesen. Das mir zur Untersuchung überlassene von Petrie Flinders in Kenia und Abydos ausgegrabene Knochenmaterial hat diesen Befund durchaus bestätigt.

Aus den europäischen, prähistorischen Kulturschichten sind folgende Urformen der Hausziege bekannt geworden:

1. Die Torfziege (Capra hircus Rütimeyeri, Duerst) schon in altneolithischen Kulturschichten.

2. Die Kupferziege (Capra hircus Kelleri, Duerst) aus der neolithisch-metallischen Übergangszeit.

Diese beiden Typen lassen sich auch in den ägyptischen und algerischen Knochenresten, wie auch den rezenten außereuropäischen Rassen nachweisen.

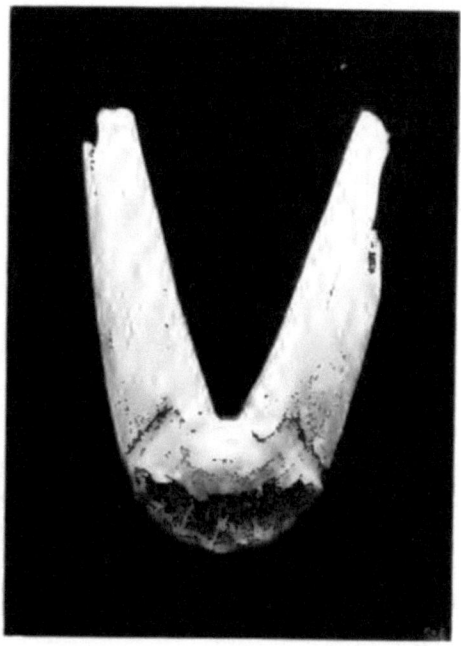

Fig. 43. Capra hircus Kelleri, Duerst, aus dem Neolithicum von Heidelberg (Nach Schoetensack.)

Die Torfziege ist nach Rütimeyer an den schlanken, zweischneidigen Hornzapfen erkenntlich, die an den Enden scharf zugespitzt, fast senkrecht in einem Abstande von 25—30 mm auf dem Schädel stehen. Es ist hier zu ergänzen, daß die Hornzapfen älterer Böcke dreikantig werden und eine ziemliche Dicke erreichen können. Die Schädelform ist diesen Hörnern entsprechend, eher eingeknickt im Profil als geramst.

Diese Hausziegenform entspricht noch genau der wilden Stammform, namentlich die Schädelreste weiblicher Exemplare weisen eine vollständige Kongruenz mit dem Schädel weiblicher Spezimen der Wildziege von Kreta (C. cretensis Brisson) auf.

In der späteren Steinzeit tritt dann eine zweite Rasse auf mitteleuropäischem Boden auf, nämlich die Kupferziege. (Fundorte: Heidelberg, Bielersee und Vindonissa.)

Dieser Ziegentypus ist größer und stärker als der vorige. Die Hornzapfen der Böcke erreichen viel stärkere Dimensionen, ein Umfang an der Basis von 20 cm und eine Zapfenlänge von 26 cm gehört nicht zu den Seltenheiten. Die Rumpf- und Gliederknochen sind hier ebenfalls dicker und stärker, das Gesichtsprofil dieser großen Hörner wegen konvex.

Diese beiden prähistorischen, europäischen Ziegenformen lassen sich in ihren Nachkommen, den rezenten europäischen Ziegen noch einigermaßen wiedererkennen; aber nicht bloß in diesen, sondern auch in den asiatischen und afrikanischen Ziegenformen erscheint eine entsprechende Trennung.

Eine systematische Einteilung der rezenten Rassen der Hausziege ist bis anhin nur von Fitzinger in wirklich umfassendem Maße vorgenommen worden. Dieser Autor stützt seine Systematik vor allem auf die Hornform, die Schlappohrigkeit und die Beschaffenheit des Haarkleides. Nun ist aber bei der Ziege die Tendenz zum Hornloswerden ebenso stark wie beim Hausschaf, und treffen wir innerhalb einer Rasse, ja einer einzigen Zuchtfamilie, sowohl gehörnte wie hornlose gleichgeschlechtige Individuen an. Durch die Form- und Richtungsveränderung der Hörner oder deren gänzlichen Wegfall muß auch nach meinen früher auseinandergesetzten Prinzipien die Schädelbildung eine entsprechende Veränderung erleiden. Die Hängeohren sind ebenfalls ein Produkt des züchterischen Einflusses des Menschen, wir haben ebensogut künstlich erzeugte schlappohrige Schafe,

Rinder, Schweine, Hunde und Kaninchen, ohne daß jemand an eine verschiedenartige Herkunft denkt. Das gleiche gilt auch für die Beschaffenheit des Vlieses, welches besonders bei den Angora- und Kaschmirziegen geschätzt ist. Unter diesen Gesichtspunkten reduziert sich auch die Fitzingersche Systematik der Ziegenrassen, die elf Stammformen enthält, auf zwei derselben.

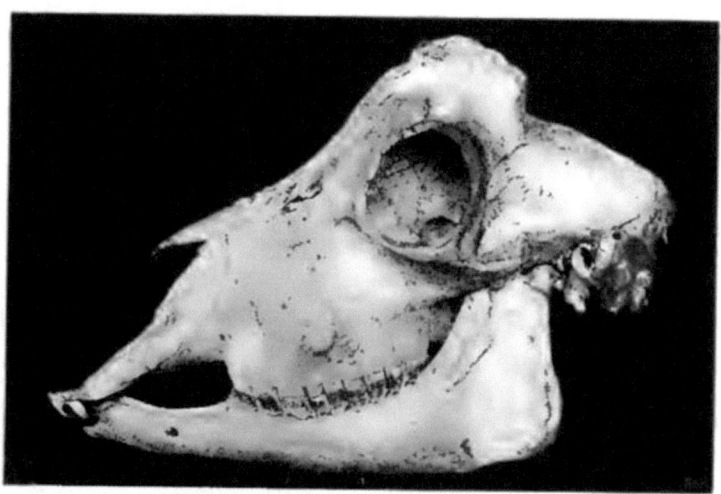

Fig. 44. Capra hircus Rütimeyeri, var. akeratos Duerst. Hornlos gewordener Ziegenbock der Toggenburger Rasse. Hornwarzen noch in Rudimenten vorhanden. (Coll. Duerst. Originalaufnahme.)

Ausgehend von den beiden Ziegenformen des europäischen Neolithicums läßt sich folgende einfache Gruppierung erreichen:

A. Typus der Torfziege (C. h. Rütimeyeri).

Mittelgroße bis zwerghaft kleine Tiere.

Behaarung kurz bis mittellang, bei Böcken immer länger.

Färbung vorherrschend graubraun oder rötlich braun mit dunklem Rückenstreif (Aalstrich), jedoch je nach der Vorliebe der Völker oder der einzelnen Züchter für eine Farbe auch schwarz bis weiß und selbst gefleckt.

Hörner kurz, wenn überhaupt vorhanden. Äußerst selten bei alten Böcken eine Länge gleich der halben Widerristhöhe erreichend. Ihre Form selbst in derselben Familie variierend.

a) Normalform.

Die gemsfarbige Alpenziege, Pyrenäenziege, die Ziege der Isère, Poitou und Mont d'Or lyonnais, ein Teil der deut-

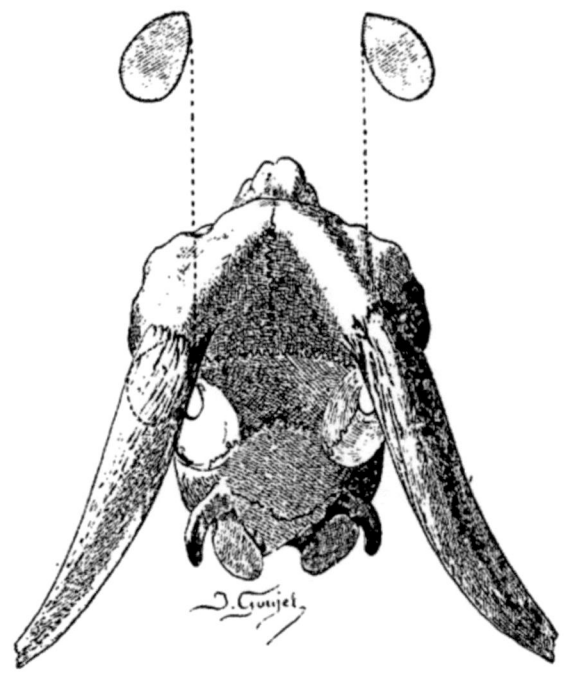

Fig. 45. Capra hircus Rütimeyeri. Duerst. Wüstenform vom Djebel Messeiris (Syrien). (Museum von Lyon).

schen Landschläge, so weit sie nicht verbessert (bastardiert) sind, z. B. die Neckarziege, Schwarzwaldziege, Pfalzziege, Rhönziege usw. Hierher gehört ferner die Ziege der Balkanstaaten, diejenigen von Korsika und Euboea.

b) Die Zwergform der Torfziege bildet die afrikanische Zwergziege, die eine ungeheuere Verbreitung durch ganz Zentralafrika bis nach Südafrika hinunter besitzt und die

Negervölker mit Milch und Fleisch versieht, außerdem in Indien, Arabien, Sibirien vorkommt und durch Import auch nach Westindien verpflanzt worden ist.

c) Die Wüstenform der Torfziege wird durch einen Schlag vertreten, der sich durch seine schlanken, hohen Beine, sein entweder völlig fehlendes oder dann seitlich divergierendes schwaches Gehörn, die langen Hängeohren

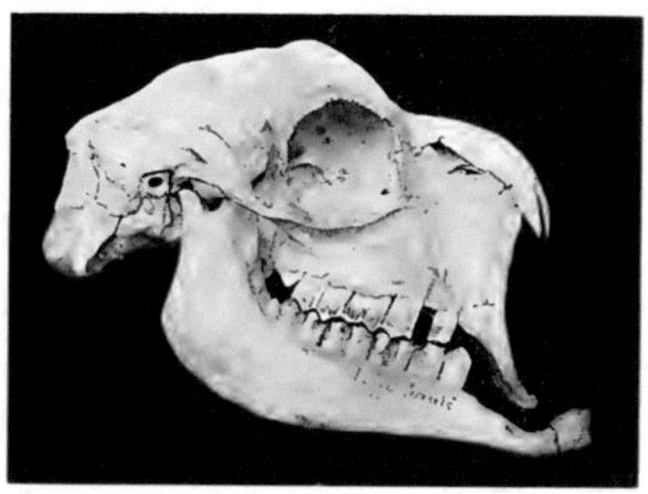

Fig. 46. Capra hircus theaica. Fitz. Mopsform der Torfziege von Oberägypten.
(Museum von Paris. Originalaufnahme.)

auszeichnet. Es ist dies ein besonders zahmer, sehr milchreicher Schlag, der nicht das Zeugnis der altägyptischen Bildwerke braucht, um zu beweisen, daß er schon eine undenkliche Reihe von Jahren unter der menschlichen Züchtung gestanden.

Das Hauptkontingent dieser Ziegenform bewohnt die Wüstengebiete Nordafrikas und Syriens, ein kleiner Ausläufer reicht bis nach Nepal in Nordindien. Den Gipfelpunkt der Züchtung erreicht dieser Schlag in der Mopsform der Capra hircus thebaica.

B. Typus der Kupferziege (C. h. Kelleri).

Große bis mittelgroße Tiere.

Behaarung lang, zottig, bald feiner, bald gröber.

Färbung vorherrschend weiß, oft auch schwarz, grau und braun.

Hörner, wenn vorhanden, lang und stark, und zwar bei alten Böcken meist so lang oder länger als die Widerristhöhe. Neigung zur Polyceratie.

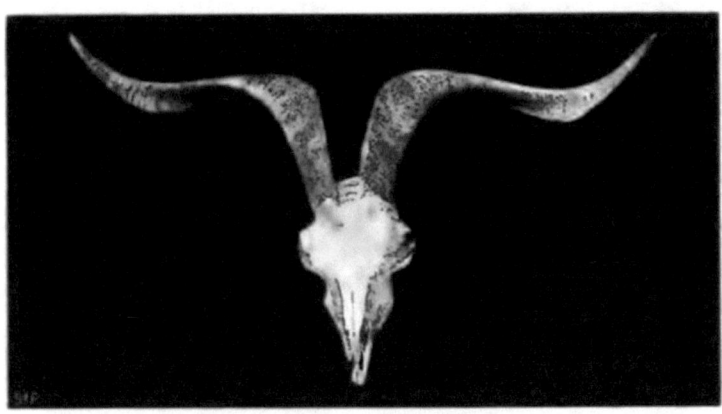

Fig. 47. Capra hircus Kelleri, Duerst. Schädel eines Bockes der Alpenrasse von Savoyen.
(Museum von Paris. Originalaufnahme.)

Wohl die ursprünglichste Form ist die der thibetanischen Ziege, von der die Kaschmirziege, mit schwarzem Kopf und Hals und feinem reichen Haare, eine spätere Kulturform darstellt.

Diese Ziege ist in Europa in der gleichgefärbten langhaarigen Oberwalliser Sattelziege noch erhalten, sowie in einigen auf dem Aussterbeetat stehenden brittischen Ziegenrassen der Berge von Wales und Kerry.

In Afrika ist diese Rasse in Tunis, in Kleinasien und Mesopotamien in der hochberühmten Rasse von Angora und deren Kreuzungsprodukten des Mereseschlages vertreten.

Auch die in Mesopotamien „Kurdi" oder Persische Ziege genannte kurzohrige, langhaarige Varietät gehört hierher.

Es ist nun evident, daß die wenigsten der rezenten Ziegenrassen noch reinblütig sind, es müßte denn sein, daß sie in ganz abgelegenen Gegenden sich erhalten hätten. Die deutsche Ziegenzucht wird seit einem Jahrzehnt durch Importe schweizerischer Saanenziegen oder toggenburger Ziegen verbessert. Diese Schläge sind aber durchaus nicht reinblütig. Dettweiler sagt, daß, als man im Simmental erstmals Zuchttiere der Saanenrasse aufkaufen wollte, die Ställe voll der verschiedensten Farben und Formen waren und kaum 200 weiße Rassentiere zu finden gewesen wären. Dem ist auch in der Tat so, gleich wie das Frutigschaf des Simmentales mit Walliser Schafen gekreuzt wurde, so ist auch der Saanenschlag eine Kreuzung der schönen, großen Walliser Sattelziege mit der gemsfarbigen Alpenrasse, also ein Bastard zwischen Torfziege und Kupferziege.

Die Angoraziege gilt allgemein für die edelste aller Ziegen. Sie ist nach Brehm ein schönes und großes Tier von gedrungenem Körperbau, mit starken Beinen, kurzem Halse und Kopfe, sehr eigentümlich gewundenem Gehörn (bei beiden Geschlechtern) und auffallendem Haar. Mit Ausnahme des Gesichtes, der Ohren und des untersten Teiles der Läufe, die kurzes und glatt anliegendes Haar tragen, hat der übrige Teil des Körpers eine sehr lange und dichte, feine und weiche, seidenartig glänzende und lockig gekräuselte Behaarung, die vorwiegend aus Wollhaaren (Flaumhaaren) besteht, welche die spärlich vorhandenen Grannenhaare fast überwuchern. Die vorherrschende Färbung ist ein blendendes und gleichmäßiges Weiß. Im Sommer fällt das Vlies in großen Flocken aus, wächst aber sehr rasch wieder nach. Ihren Namen trägt die Ziege nach der kleinen Stadt Angora im türkischen Paschalik Anadoli in Kleinasien. Von hier aus hat sie sich weiter verbreitet, und sie ist in neuerer Zeit auch in europäische Länder eingeführt.

Daß der Einfluß der Lokalität hier die Grundbedingung der hohen Qualität des Vlieses ist, geht daraus hervor, daß auch Katze und Hund in dieser Gegend seidenhaarige Spielarten bilden.

Im allgemeinen wird auf die Zucht der Ziege in den europäischen Kulturländern wenig Sorgfalt verwendet; sie ist vorwiegend das Haustier der armen ländlichen Bevölkerung und nur zur Ausnützung der höchsten Alpenweiden wird sie auch von reicheren Viehbesitzern gehalten.

Erst in neuester Zeit hat die Ziegenzucht besonders durch die Bestrebungen Ch. Dettweilers einen Aufschwung genommen, und ist es mit der Verbesserung der Schläge möglich geworden, den jährlichen Milchertrag von 500 auf 1000 Liter zu steigern.

Die zoologischen Merkmale der Boviden.

Die Boviden sind große und starke, aber schwerfällige Tiere.

Der Kopf ist schwer und im Verhältnis zum Rumpfe groß; der Gesichtsteil desselben ist größer als der Gehirnteil. Die Schnauze ist breit und die Oberlippe (das sogenannte Flozmaul oder die Muffel) mit einer drüsigen Schleimhaut bekleidet, auf der einzelne Tasthaare stehen; zu beiden Seiten des Flozmaules, umgeben von seiner Schleimhaut, liegen die Nüstern. Die Nase ist breit und die Nasenbeine sind verhältnismäßig kurz; sie stehen mit den Zwischenkieferbeinen öfters in Verbindung. Die Augen sind groß und liegen in einer nach hinten geschlossenen knöchernen Augenhöhle, die bei alten Tieren einiger Arten röhrenförmig zu beiden Seiten des Gesichtsschädels vorragen; die Pupille ist quer gestellt. Den Boviden fehlen die äußeren Tränengruben; das Tränenbein ist sehr groß, und es verbindet sich nach vorn und medianwärts mit dem Nasenbein. Die Ohrmuschel ist lang und breit, tief angesetzt und inwendig lang behaart.

Die Stirn ist sehr ausgedehnt, und mehr oder weniger gewölbt; sie geht an ihrem hinteren oberen Rande beiderseits in die knöchernen Hornzapfen über und ihre Seitenränder überdachen die Oberschläfengrube. Die Scheitelbeine sind größtenteils in letztere herabgedrängt, teils mit den Zwischenscheitelbeinen und der Schuppe des Hinterhauptbeines verwachsen, so daß die Stirngegend unmittelbar in die Hinterhauptgegend übergeht. Die letztere ist beim Rinde nach abwärts und vorn geneigt, und sie wird zum Teile von dem hinteren Rande des Stirnbeines und den in der Medianlinie mit ihm verwachsenen Zwischenscheitelbeinen überragt. Über die Hörner gilt das schon früher Gesagte.

Der Hals ist im Verhältnis zum Rumpfe sehr kurz und mit kräftigen Muskeln, bei einigen Arten und Rassen auch mit einer kurzen Mähne besetzt. Die Haut des Unterhalses ist in eine, zwischen die Vorderbeine herabhängende Falte (Wamme oder Triel) verlängert. Der Rumpf ist walzenförmig, doch ist bald mehr der Bauchteil, bald mehr der Brustteil ausgedehnt. Die Wirbelsäule besteht aus 7 Halswirbeln, 13 oder 14 Rückenwirbeln (die an dem Ursprunge des oberen Bogens ein besonderes Loch haben für die austretenden Rückenmarknerven), 5 oder 6 Lendenwirbeln, 4 bis 5 Kreuzwirbeln und meistens 18 Schwanzwirbeln. Die Rippen sind sehr breit, aber wenig gekrümmt; ihre Zahl beträgt 13 oder 14, von welchen 8 mit dem Brustbein unmittelbar verbunden sind. Die Weiche ist lang, häufig etwas aufgezogen und zu beiden Seiten der letzten Lendenwirbel etwas eingesunken (Hungergrube).

Am Vordergliede steht das breite Schulterblatt etwas steil. Der Oberarm ist stark aber kurz. Am Unterarme ist das Ellenbogenbein mit der Speiche verwachsen; sein distales Ende erreicht jedoch noch das Fußwurzelgelenk, wo es sich mit dem Pyramidale verbindet. Die proximale Reihe der Fußwurzelknochen besteht aus drei Knochen und dem lateralwärts nach hinten vorragenden Hakenbein (os carpi accessorium). In der distalen Reihe fehlt das Trapezium; das Trapezoid ist mit dem Magnum verwachsen. Von den Mittelfußknochen fehlt der erste; der fünfte besteht nur als kurzer Stummel, der dem proximalen Ende des vierten anhängt, ohne mit der Fußwurzel zu gelenken. Der dritte und vierte Mittelfußknochen ist bis auf sein distales Ende zu einer Röhre (Canon) verwachsen; die Verwachsungsstelle ist an einer Rinne kenntlich. Das distale Ende der Röhre trägt zwei Gelenkwalzen zur Verbindung mit den beiden proximalen (den dritten und vierten) Zehengliedern. Die beiden mittleren Zehenglieder sind sehr kurz und die beiden distalen (Klauenbeine) werden von Hufen umschlossen, die eines Strahles entbehren. Klauendrüsen fehlen den Boviden. Die zweiten und fünften Zehen sind zu Afterzehen verkümmert, die nur mit der äußeren Haut in Verbindung stehen.

Am Hintergliede fällt die Kruppe seitwärts und rückwärts ab. Die Darmbeine sind flach; die Gesäßbeine stehen fast horizontal, und die Gesäßhöcker sind nach aufwärts gerichtet. Das Wadenbein ist verkümmert und nur dessen Kopf ist erhalten. Am Sprunggelenke trägt das Rollbein zwei Doppelrollen, deren eine sich mit dem Schienbein, deren andere mit dem zentralen Fußwurzelknochen (os naviculare) verbindet. Das Cuneiforme I fehlt; das Cuneiforme II ist mit dem III, das Cuboideum mit dem Naviculare verwachsen. Die Form des Mittelfußes und der Zehen ist wie am Vordergliede.

Der Ernährungsapparat ist der eines Wiederkäuers und im wesentlichen dem der Oviden ähnlich. Die Schneidezähne der Boviden sind verhältnismäßig breiter als die der Oviden, und ihre Molaren sind ausgezeichnet durch Mittelpfeiler (Basalwarzen), die im Oberkiefer an der medialen, im Unterkiefer an der lateralen Wand des Zahnes vorkommen. Die Joche der Molaren sind nicht so scharf gesondert wie bei den Oviden. Der Ausbruch und der Wechsel der Zähne geschieht bei den Boviden wie folgt. Die Schneidezähne erscheinen im Milchgebiß unmittelbar vor oder nach der Geburt bis zur dritten Lebenswoche, und sie wechseln: die ersten von 18 bis 20 Monaten, die zweiten von 2 bis 2¹/₂ Jahren, die dritten von 2¹/₂ bis 3 Jahren und die vierten von 3¹/₂ bis 4 Jahren. Die Prämolaren erscheinen im Milchgebiß vor der Geburt oder in den ersten 2 bis 3 Lebenswochen, und sie wechseln von 2¹/₂ bis 3 Jahren. Von den Molaren erscheinen die ersten von 6 Monaten ab, die zweiten von 15 bis 18 Monaten und die dritten von 2 bis 2¹/₂ Jahren.

Die übrigen Organe des Ernährungsapparates bedürfen keiner besonderen Beschreibung, da sie von denen der Oviden sich nicht wesentlich unterscheiden. Auch die Nahrung der Boviden ist im wesentlichen gleich der der Oviden, doch ziehen jene mehr wasserreiche Futtermittel vor.

Auch der Harn- und Geschlechtsapparat der Boviden ist ähnlich dem der Oviden; nur folgende Verschiedenheiten finden sich bei jenen. Die Nieren bestehen aus zahlreichen Lappen, die an der Oberfläche hügelförmig auftreten und je einer Pyramide entsprechen, deren jede eine besondere Rinden- und Markschicht besitzt; letztere spitzt sich zu einer Nierenwarze zu, welche in das Nierenbecken hineinragt. Die Eichel bildet nur einen kurzen kegelförmigen Aufsatz der männlichen Rute. Das weichenständige Euter umfaßt vier Milchdrüsen mit eben so vielen Zitzen, die bei den Wisenten und Rindern in zwei Reihen, bei den Büffeln aber in einer Querreihe stehen. Die Milch der Kuh (vom gemeinen Rinde) enthält durchschnittlich 88% Wasser, 3,5% Eiweißstoffe, 4% Fett, 4% Milchzucker und 0,5% Aschenbestandteile. Die wildlebenden Boviden brunsten im August, und ihre Trächtigkeit dauert neun bis zehn Monate. Sie gebären in der Regel nur ein Junges.

Die äußere Haut ist sehr dick; sie ist im Sommer mit kurzen Deckhaaren bekleidet, die im Winter länger werden und mit Flaumhaaren untermischt sind; bei einigen Arten (Wisente und Yak) herrscht das wollige Flaumhaar vor. Die

Stirn, die Ohren, der Kamm, der Unterhals und die Schwanzquaste tragen langes und grobes Grannenhaar.

Die Farbe des Haares ist bei den verschiedenen Arten
und Rassen verschieden. Der Haarwechsel geschieht im
Frühjahre.

Die Einteilung der wildlebenden Boviden.

Schon Rütimeyer in seiner „Natürlichen Geschichte
des Rindes" zeigt das Bestreben, die Einteilung und die
Systematik der Rinder auf ontogenetische Beobachtungen
zu gründen, und zwar auf die Ausdehnung der Parietalia und
Occipitalia. Auch Wilkens hat dies anläßlich der Brachycephalus-Rasse durch Vergleiche zwischen Bison und Kalb
getan.

Der Mangel an Vergleichsmaterial von Föten der Wildrinder brachte es jedoch mit sich, daß diese Autoren Schädel
adulter Wildrinder mit solchen von Föten und Kälbern des
Hausrindes verglichen.

Wenn ich in der nachfolgenden Systematik nun andere
Grundsätze und Entwickelungsreihen aufstelle, als es die
früheren Autoren getan, so basiere ich mich auf ein voll-
ständigeres Material, das ich mir im Laufe der Zeit zu ver-
schaffen vermochte. Es sind dies an zweihundert Schädel von
Föten und Kälbern der verschiedensten Rinderrassen sowie
aller Wildrinder mit einziger Ausnahme des Gayal.*) —

Betrachten wir die Stellung der Parietalia und Interparietalia bei solchen Cavicornia, die in adultem Zustande
vollständig ausgebildete, breite Parietalia besitzen, also
gegenüber den Boviden die niedriger stehende Entwickelungs-
form sind, z. B. Oviden und Antilopen, so finden wir folgendes Verhalten:

Die Parietalia sind breit und stark entwickelt, sie stoßen

---

*) In diesem allgemeinverständlich gehaltenen Lehrbuch kann ich
mich nicht in Einzelheiten vertiefen. Ich verweise hierfür auf meine
Spezialabhandlung „Revision des Bovidés du Muséum d'Hist. Nat. de Paris."

sagittal zusammen, indem sie direkt an das Frontale anschließen. Das Interparietale ist verhältnismäßig klein und
gelangt nicht bis zum Anschluß an das Frontale.

Vergleicht man hiermit nun das Hinterhaupt eines taurinen Rindes, beispielsweise einen 30 wöchigen Fötus der
Charolaisrasse, so sieht man, daß die Parietalia sehr redu-

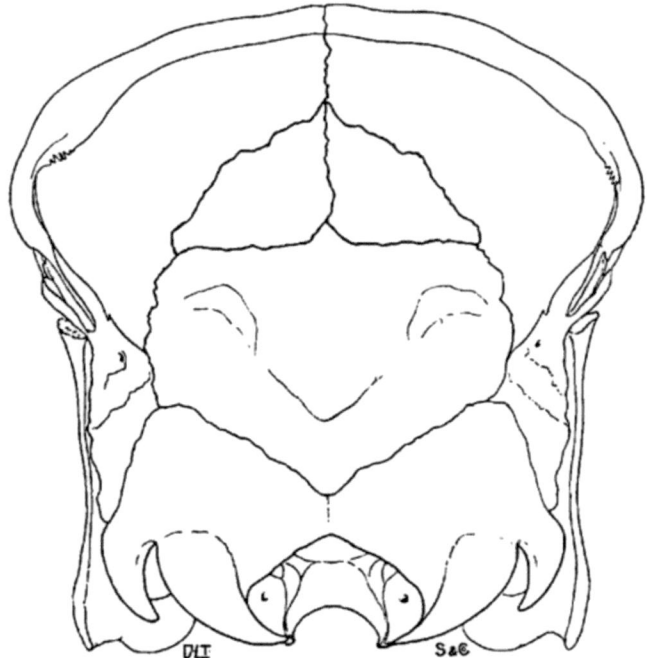

Fig. 48. Schematische Darstellung der Hinterhauptsbildung bei Ovis.

ziert und schmal sind, die Interparietalia aber breit und
groß. Außerdem befindet sich eine große Bregmafontanelle
zwischen den Parietalia, Frontalia und dem Interparietale.

Dieselbe schließt sich bei einem etwas älteren Stadium
allmählich durch Ablagerung neuer Knochensubstanz zu, wobei die Interparietalia sich scheitelwärts zuspitzen. In einem
noch späteren Stadium stoßen die beiden Parietalia sagittal

zusammen, das Interparietale kommt mit seinem Scheitel nur in seltenen Fällen bis zum Bregma, und die ganze Anlage wird durch das Wachstum des Schädels stark in die Breite gezogen.

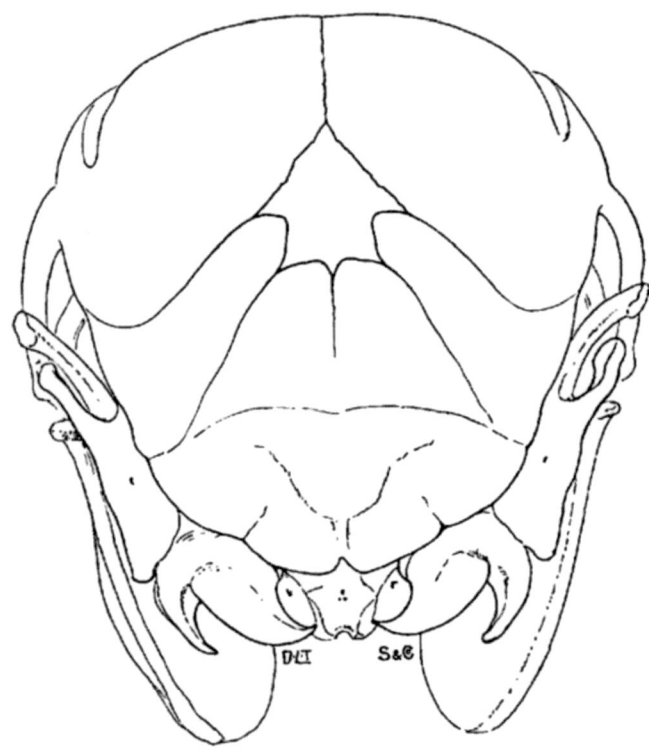

Fig. 49.   Schematische Darstellung der Hinterhauptsbildung bei Bos taurus.

Im geburtsreifen Stadium ist die Verwachsung meist eine vollständige.

Es ist auch noch beachtenswert, daß im Stadium bis ca. zur 30. Woche bei einigen Tieren die beiden Interparietalia noch durch eine Naht getrennt sind, was Rütimeyer aus Mangel an Material bestreitet.

Was nun dieses Verhalten der Wildrindformen und damit

deren Stellung in der Entwicklungsreihe angeht, so stehen den Schafen und Antilopen am nächsten:

1. Die Bubalina. Hier sind die Parietalia hoch und breit, von der frühesten Zeit an, und stoßen in der Mitte zusammen. Das Interparietale ist genau wie bei den Schafen

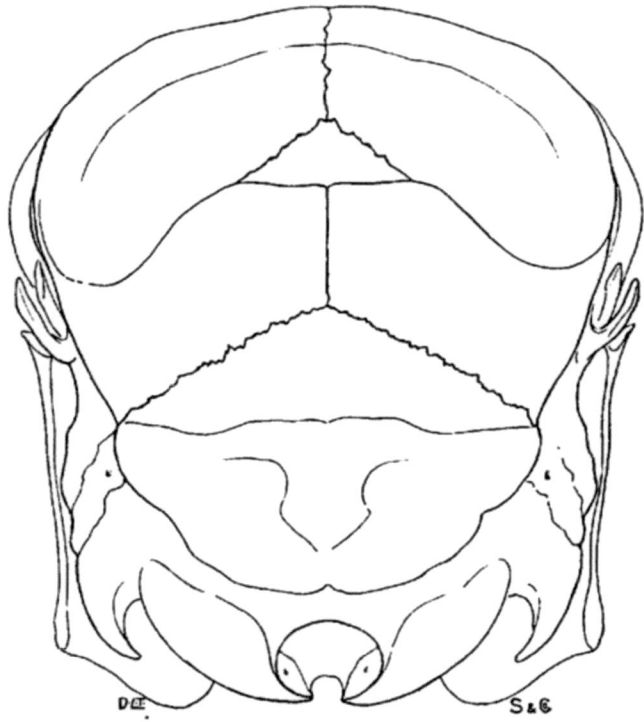

Fig. 50. Schematische Darstellung der Hinterhauptsbildung bei Bubalus indicus.

anfangs zweiteilig und kurz und bleibt so bis zum völligen Verwachsen. Es gelangt mit seiner Spitze nie bis zum Bregma. Die Fontanelle ist meist dreieckig.

Die Unterschiede im Parietale zwischen indischen und afrikanischen Büffeln sind ähnlich denjenigen zwischen Ziege und Schaf. Bei den indischen Formen sind die Parietalia höher und die Interparietalia kürzer und stumpfwinkeliger verlaufend, während z. B. bei B. caffer die Interparietalia sich höher hinauf **spitzwinkelig** zwischen die Parietalia einkeilen.

2. Den Bubalina am nächsten stehen einige Formen der Rütimeyer - Hodgsonschen Gruppe der **Bibovina**. Einige, nicht alle! Es gehören hierher **Banteng, Gaur** und **Gayal**.

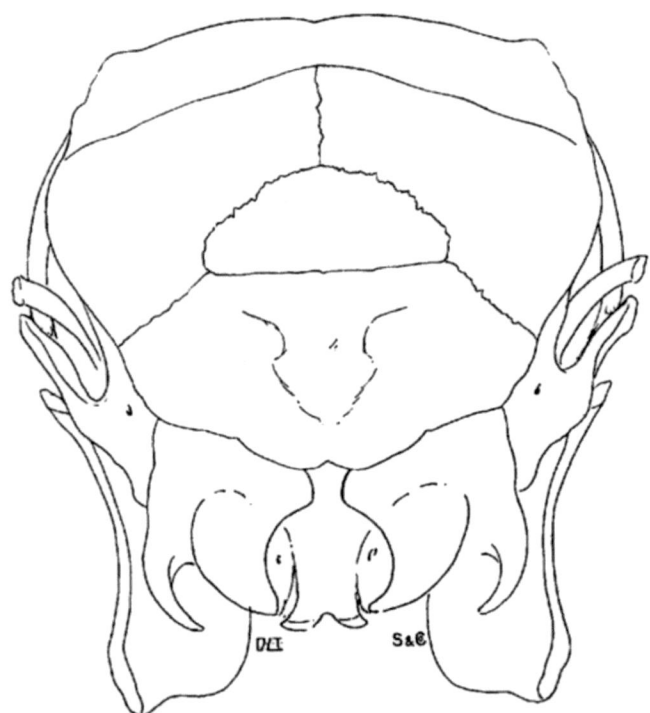

Fig. 51. Schematische Darstellung der Hinterhauptsbildung beim Banteng.

Bei diesen stoßen die Parietalia sagittal aneinander und bilden noch eine ausgedehnte Strecke vor dem Interparietale, welches also durchaus nicht mit dem Frontale in Berührung kommt.

3. Dicht an diese drei Rinderspezies reiht sich die Form des domestizierten Hausrindes (**Taurina**), sei es Zeburind

oder europäisches Hausrind, dessen Parietalformation schon früher skizziert und in Fig. 49 abgebildet wurde.

4. Auf sie folgt dann die Form des Yak (Poephagus grunniens), den Rütimeyer zu den Bibovinen rechnet.

Bei diesem Tiere sind die beiden Parietalia durch das

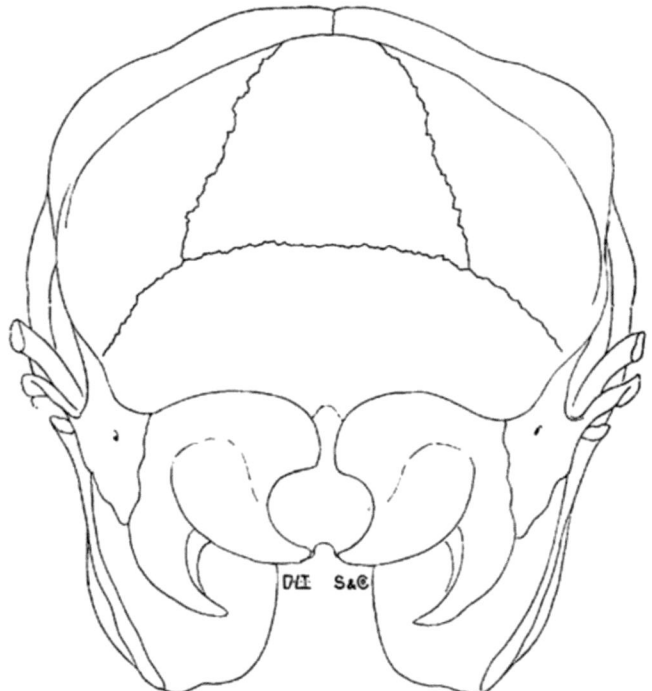

Fig. 52. Schematische Darstellung der Hinterhauptsbildung bei Poephagus grunniens, Yak.

große Interparietale getrennt, das mit einer großen Fläche an das Bregma, resp. die Frontalia anstößt. Die Parietalia also vereinigen sich nicht mehr.

5. Als letzte Stufe der Reduktion der Parietalia haben wir die Wisente oder Bisontina zu nennen, bei denen das Interparietale fast die ganze Hinterhauptsfläche der Parietalgegend bildet und die Parietalia selbst nur wenig an der-

selben beteiligt, also ganz durch das zwischengelagerte Interparietale verdrängt sind.

Unter Anerkennung des Wertes dieser Merkmale zur Einteilung der Rinder nach Rütimeyers System, geht jedoch

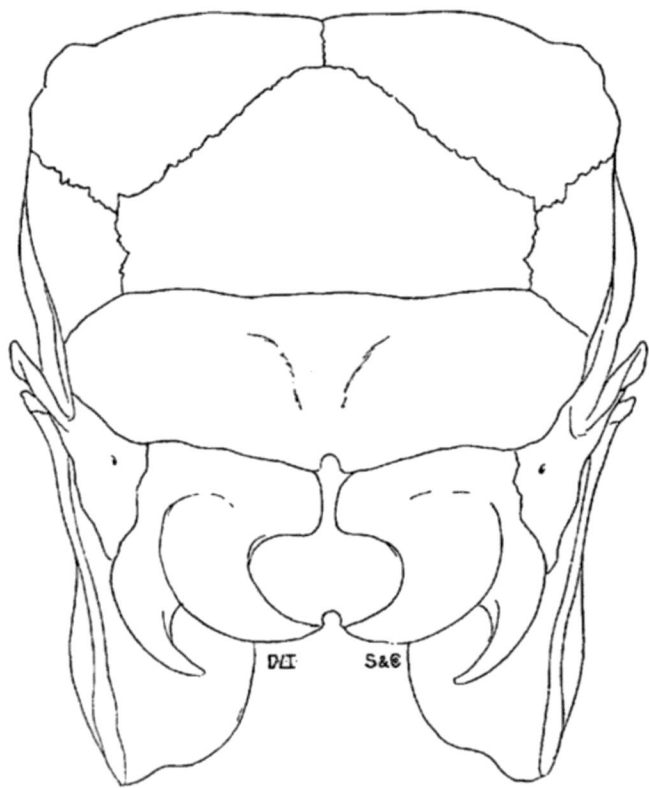

Fig. 53.   Schematische Darstellung der Hinterhauptsbildung bei Bos bison. Wisent.

zunächst im Gegensatze zu Rütimeyer hervor, daß nicht Bos taurus das Endglied der Reihe bildet, sondern Bos bison.   Sodann läßt sich ferner erkennen, daß die Gruppe der Bibovina (Wisentrinder) ganz differente Formen beherbergt, also eine unklar begrenzte ist.

L. Rütimeyer betrachtete als gemeinsame Stammform der Bibovina den Bos etruscus aus dem Pliozän Italiens.

Schon die Untersuchungen von Forsyth Major haben klar bewiesen, daß das gleichzeitig in Italien vorkommende hornlose Rind (Leptobos Strozzi Rütimeyer) das weibliche Tier des Bos etruscus ist. Dadurch fällt aber diese Stammform der Bibovina völlig dahin und ist dieselbe identisch mit dem in den Siwaliks gefundenen Leptobos Falconeri Rütim. Der dort noch aufgefundene hornlose Leptobos Frazeri Rütimeyer hat sich nach meiner genauen Nachprüfung der Originalstücke als eine irrtümlich aufgestellte Spezies herausgestellt, da der Schädelrest sicher gehörnt war, obgleich nun die Hornzapfen weggebrochen sind. Jenes Stück ist nach meiner Auffassung Bos namadicus Falc. zuzurechnen.

Dem Leptobos etruscus sind außer L. Strozzi, L. Falconeri auch noch identisch Bos stenometopon Sismonda und Bos elatus Croizet.

Die rezenten, von Rütimeyer der Gruppe der Bibovina zugerechneten Tiere sind daher nicht von dieser Stammform herrührend, sondern nur modifizierte Formen der Taurina und Wisente.

Die Leptoboviden müssen infolge der stets hornlosen Form des weiblichen Tieres nicht zu den Rindern, sondern den Antilopen und zwar zu den Portacinen gerechnet werden, diese, wie andere rinderähnliche Antilopen, gleich Palaeotragus Roueni, Palaeoryx Boodon usw. können hier aber keine Berücksichtigung finden.

Aus den genannten Gründen lasse ich somit die Hodgson-Rütimeyersche Gruppe der Bibovina vollständig fallen und teile, wie früher schon Ogilby und Turner, nur in drei Gruppen ein, indem ich zugleich die Reihenfolge Rütimeyers entsprechend verändere und nicht mehr Bubalina, Bisontina, Bibovina, Taurina unterscheide, sondern Bubalina, Taurina, Bisontina!

I. Büffel (Bubalina).

Die älteste Form der Büffel ist die des Bubalus sivalensis Rütimeyer (B. platyceros Lydekker) aus dem Miozän
oder Pliozän der Siwalikhügel. Sie hat sich in gleicher Gestalt
auch zur pleistozänen Periode des Nerbuddatales erhalten
und ist hier von Falconer Bubalus palaeindicus getauft
worden. Ich habe gezeigt, daß B. palaeindicus auch im
Pleistozän von Nordafrika vorkam, wo Duvernoy ihn B. antiquus nannte, und daß er noch zu historischer Zeit in Mesopotamien und Persien sich vorfand. Neue Funde aus den
Sümpfen von Ambolisatra (Madagaskar) haben auch das Vorkommen dieses Büffels im südlichen Afrika bewiesen, was
durch die Auffindung von Schädelresten dieses Tieres in
Transvaal, dort Bub. Bainii genannt, bestätigt wird.

Diese Form ist die des Arnibüffels, wie er sich heute
noch in Nordindien und Assam findet, nur hat man je nach
Lokalität und geologischem Alter eine neue Art konstruiert,
die aber wirklich nicht die geringsten Unterschiede von den
anderen aufweist.

Die Stammreihe der Büffel gestaltet sich dadurch sehr
einfach:

Miozän und Pliozän	Pleistozän		Gegenwart
B. sivalensis Rüt. (Syn. B. platyceros Lyd.)	B. palaeindicus Falc. (Syn. B antiquus. Duv. B. Bainii Seeley.)	Flach-hörnige Büffel	B. Arni B. mindorensis B. indicus usw.
		Rund-hörnige Büffel	B. caffer B. brachyceros B. aequinoctialis usw.

Die rezenten Büffel lassen sich einteilen in flachhör-
nige und in rundhörnige Büffel.

Beide Gruppen gehen ineinander über. Die afrikanischen
Arten sind meist rundhörnig, dennoch sind einige derselben
völlig flachhörnig, wie z. B. die Loandabüffel der Westküste
Afrikas. Andererseits werden manche zahmen, indischen
Büffel, wie ich z. B. an ägyptischen und tunesischen Tieren

beobachtete, häufig ganz rundhörnig. Beim Büffel der Walachei und Italiens trifft man eine Tendenz der Hörner zum quadratischen Querschnitte.

Daraus ist ersichtlich, daß die Anzahl der Arten der rezenten Büffel — wenn man die verschiedenen Lokalformen „Arten" nennen will — eine sehr große sein würde, man könnte sogar nach Matschie für jedes afrikanische Flußgebiet eine bestimmte Lokalform unterscheiden.

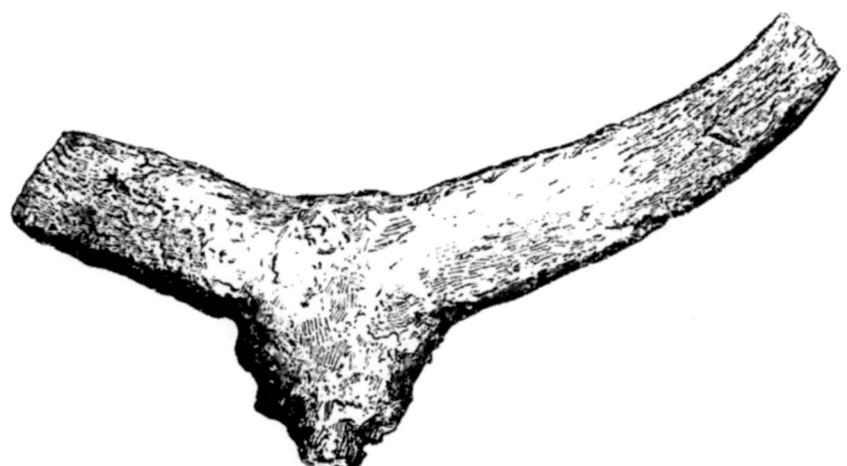

Fig. 54. Schädelrest von B. palaeindicus Falc. Nerbuddatal.
(British Museum, London. Zeichnung nach Original.)

Eine derartig detaillierte Schilderung hat für uns hier jedoch keinen Wert. Wir wollen nur die anatomischen und morphologischen Merkmale der Hauptgruppen der rezenten. Büffel kurz skizzieren.

Alle Büffel unterscheiden sich von den übrigen Boviden:
1. Durch die Form des Schädels.
2. Die Ringelung der Hornscheiden.
3. Die schwache Behaarung.

Die eigenartige Schädelform wird durch die starke Entwickelung der Parietalia bedingt, die die meist gewölbte

Stirn durch eine verschieden stark entwickelte, abgerundete Scheitelregion vom Hinterhaupte trennen.

Die asiatischen Büffel unterscheiden sich von den afrikanischen: einerseits durch das Vorhandensein eines sehr starken Pflugscharbeines, das bis an die Basis des Hinterhauptes reicht, und andererseits dadurch, daß die inneren Fortsätze der Nasalia kurz, während sie bei den afrikanischen Formen lang sind. Die Breite des Zwischenkieferbeinkörpers ist ebenfalls eine viel größere und die Praemaxillae bei den asiatischen Büffeln viel stärker entwickelt, als bei den afrikanischen.

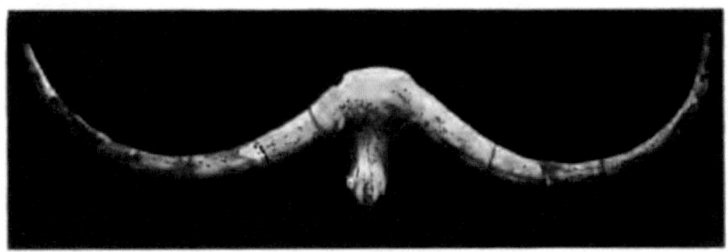

Fig. 55. Schädel von B. Baini Seeley. Pleistozän von Transvaal.
(Museum in Kapstadt. Originalaufnahme von Dr. Sclater.)

Die Ringelung der Hörner findet sich natürlich nur an der Basis derselben, da die Hornspitze Jugendhorn ist, als solches keine Ringelung besitzt und stets gerundet ist. Die Hörner aller Büffel sind während der ersten Jugend rund im Querschnitt, also kegelförmig, und erst mit dem Eintritte der Pubertät nehmen sie ihre definitive Formgestaltung an.

Die Haut ist im allgemeinen fast nackt, mit nur wenigen Haaren bekleidet, bei einigen Lokalformen ist die Behaarung jedoch eine stärkere, sie wird aber nie wollig.

Der Typus der flachhörnigen Büffel wird von dem direkten Abkömmling des sivalensischen Büffels, dem Arni (Bub. Arnee Kerr.), repräsentiert. Dieses Tier ist der größte rezente Büffel. Es gibt Spezimen, die mehr als 2 m Widerristhöhe und ein Gehörn von 1,30 m Länge besitzen. Die Hörner sind beim männlichen Tiere gewöhnlich in halbmondförmiger Krümmung nach rückwärts gerichtet. Diese Krümmung ist beim weiblichen Tiere meistens geringer, und stehen die Hornspitzen hier oft 1,75 m weit auseinander.

Der Hornquerschnitt ist dreieckig, an der Basis oft viereckig. —

Fig. 56. Arni-Gespann aus British Burma.
(Nach einer Photographie im Besitze von Dr. Wehrli.)

Von diesem Wildbüffel Indiens stammen verschiedene Rassen von Hausbüffeln ab, die aber alle von kleinerer Gestalt sind.

Wir haben zunächst die langhörnige Form (Bub. indicus macroceros) zu nennen, die auf dem indischen Archipel als „Kerabau" bezeichnet wird und auch in Hinterindien und Siam verbreitet ist. Daneben kommt noch die kurz-

15*

hörnige Form (Bub. indicus brachyceros) vor, die sich
schon vor Beginn der Kreuzzüge nach Kleinasien, Mesopotamien und Syrien verbreitet hatte und mit den Arabern
auch den Weg nach Nordafrika fand. Nach Süd- und Süd-
osteuropa gelangte dieses Tier erst gegen das Ende des
6. Jahrhunderts, wie uns Paul Warnefried, der Historiker
der Langobarden, mitteilt. Sein erstes Erscheinen verur-
sachte eine große Überraschung unter den Einwohnern.

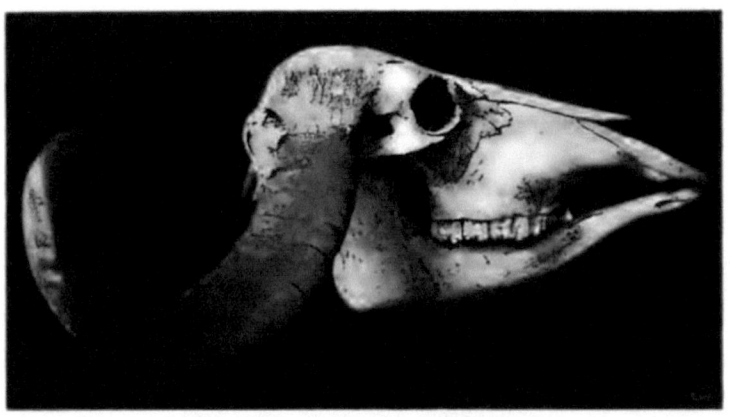

Fig. 57. Schädel eines indischen Hausbüffels von Bombay.
(Museum in Paris. Originalaufnahme.)

Der Büffel ward also ferne von Europa, wohl im indischen
Reiche, gezähmt und gewann nun als zahmes Rind allmählich
Strecke um Strecke jene Länder zurück, die seine wilden
Urväter als Tummelplätze besaßen. Der Hausbüffel genießt
als Zugtier infolge seiner Kraft und Genügsamkeit ein großes
Ansehen, und haben sich im Laufe der Zeit verschiedene
Lokalrassen gebildet. —

Die Gruppe der rundhörnigen Büffel wird am typisch-
sten durch den Kafferbüffel Zentral- und Südafrikas vertreten.

Es ist dies ein ziemlich großes, wildes und starkes Tier,

ausgezeichnet durch einen kurzen, breiten Kopf mit großen, langbehaarten Ohren. Die Widerristhöhe ist 1,40 m. Die Hautfarbe ist meist etwas rötlich, die Haare schwarz, ebenso wie auch die Hörner, Klauen und die Muffel. Die Hörner sind gerundet, an der Basis geringelt und rauh. Die ganze Oberstirne scheidet beim männlichen Tiere ebenfalls Hornsubstanz ab, so daß dadurch ein Zusammenstoßen der Hornwurzeln verursacht wird. Die Hornlänge ist bei alten Stieren 1,20 m.

Auch von dieser Art, die keine Haustiere geliefert hat, gibt es kurzhörnige und kleinere Varietäten, wie z. B. Bub. aequinoctialis, brachyceros, pumilus usw. Bub. aequinoctialis von Abessinien ist eine etwas kleinere Ausgabe des Kafferbüffels, bei 1,30 m Widerristhöhe, 0,50 m langen Hörnern und weit dichterem, schwarzem Haarkleid. Noch kleiner ist der B. brachyceros oder pumilus vom Kongo mit 1 m Widerristhöhe und 30 cm Hornlänge. Das Haarkleid dieses Tieres ist rötlich, die Hörner an der Basis flach. —

Außer diesen eigentlichen Büffeln, deren Herkunft und enge Verwandtschaft wir soeben klargelegt, existiert noch eine andere Gruppe, die von den Büffeln zu den Antilopen überleitet, nämlich die Gruppe der Probubalinen.

In den pliozänen Schichten der Siwaliks wurde diese Form durch Hemibos (Probubalus) triquetricornis Rütimeyer und acuticornis Falc. vertreten, deren Typus sich heute noch in dem Zwergbüffel der Sundainseln, speziell Celebes, erhalten hat, des Probubalus (Anoa) depressicornis. Ein Tier von ca. 1 m Widerristhöhe und schlanken Hörnern, die an der Basis vierkantig, an der Spitze gerundet, bis 20 cm lang sind.

Die Farbe ist schwarz bis dunkelbraun mit weißen Flecken.

2. Die Taurina.

Die Taurina sind diejenigen Rinder, welche unserem gemeinen Hausrind am nächsten stehen, von deren wilden Formen dasselbe also herstammt.

Auch von den Taurina existierte, gleich wie von den Bubalina, in pliozänen und pleistozänen Zeiten nur eine einzige Form, die allerdings hier ebenfalls, je nach Lokalität und geologischer Epoche ihres Auftretens von den Autoren verschiedene Namen erhalten hat.

Es ist das die Form des Bos primigenius, Bojanus, des Ures.

Die Stammreihe der Taurina stellt sich mit Angaben der verschiedenen Namen für dieselbe Form folgendermaßen dar:

Miozän und Pliocän.	Pleistozän.	Gegenwart.
Aus den Sivalik-Hügeln: Bos planifrons Lydekker. Bos acutifrons Lydekker.	Aus dem Nerbudda-Tal: Bos namadicus Falconer u. Cautley. Aus Nordafrika: Bos opistonomus Pomel. Aus Europäischen Fundorten: Bos primigenius Bojanus.	Eigentlicher Typus in wildem Zustande erloschen und nur noch im Hausrinde (B. taurus Lin.) vertreten. Primitivere, dem Typus nahe verwandte, aber in Horngestaltung und daher auch im Schädelbau etwas verschiedene Formen der Taurina (Protaurina): Bos gaurus, Evans. Bos frontalis, Lambert. Bos banteng, Raffles.

Charakteristische Merkmale der Taurina.

Ontogenetisches Schädelmerkmal:

Parietalia reduziert und schmal; das Interparietale breit und groß, es berührt jedoch bei der Verwachsung der Fontanelle nicht oder nur selten die Frontalia.

Schädelmerkmal der adulten Tiere:

Zwischen Stirn und Hinterhaupt bildet sich eine Knickung von fast rechtem Winkel, der nach Größe, Richtung und Gewicht der Hörner differiert.

Unterschiede der Taurina untereinander.

a) Protaurina (Gaur, Gayal, Banteng). Dieses sind die Zwischenformen zwischen Büffel und Taurina.

Die ursprüngliche Parietalzone zwischen Stirn und Occipitale ist noch in ziemlich großer Ausdehnung vorhanden. Die Einschnürung der Schläfengrube ist daher eine größere als bei der folgenden Gruppe und die Hinterhauptsschuppe weiter vom Frontale entfernt.

b) Eigentliche Taurina (Bos primigenius und Hausrind). Das Hinterhaupt schließt mit sehr gering ausgebildeter Parietalzone an das Frontale an. Die Hinterhauptsschuppe liegt hoch und stößt fast an das Frontale.

Es kommt in einzelnen Fällen, selbst bei Schädeln des Bos primigenius Boj. vor, daß das Parietalia größer ausgebildet ist und das Hinterhaupt dann ganz dem des Gaur entspricht. —

Äußere Körpermerkmale.

Alle wilden Formen besitzen ein etwas erhöhtes Widerrist, was auch bei nebenstehender Abbildung des Skeletts des Bos primigenius ersichtlich ist (Fig. 61). Sie haben im Gegensatze zu den anderen Boviden nur 13 Rückenwirbel und Rippenpaare und 6 Lendenwirbel.*)

Die Färbung der wilden rezenten Taurina ist dunkelbraun mit weißen Abzeichen an den Beinen, am Kopfe und mit weißem Aalstrich über den Rücken.

Den Angaben polnischer Autoren bei Wrzesniowski zufolge war auch der Ur ähnlich, wenn auch mehr schwarzgrau gefärbt.

Die wildlebenden Taurina.

A. Prähistorische Formen.

1. Bos planifrons Lydekker aus dem Miozän und Pliozänsandstein der siwalischen Hügel am Himalaya. Diese

---

*) Die Zahl ist nicht immer konstant, es kommen auch Individuen mit 14 Rückenwirbeln vor. (Vgl. Cornevin, Variation.)

Reste sind als diejenigen der Stammform aller Taurina aufzufassen.

Die Stirne ist vollkommen flach, das Hinterhaupt mit
schmalem Querwulst, ganz wie beim Hausrinde. Die Zwischenhornlinie gerade, die Hornzapfen lang und seitlich und aufwärts gerichtet. Die Länge des Restes der am besten erhaltenen Zapfen beträgt 48 cm, der Umfang an der Basis
36 cm.

Bos acutifrons Lydekker. Dieser Schädelrest, der

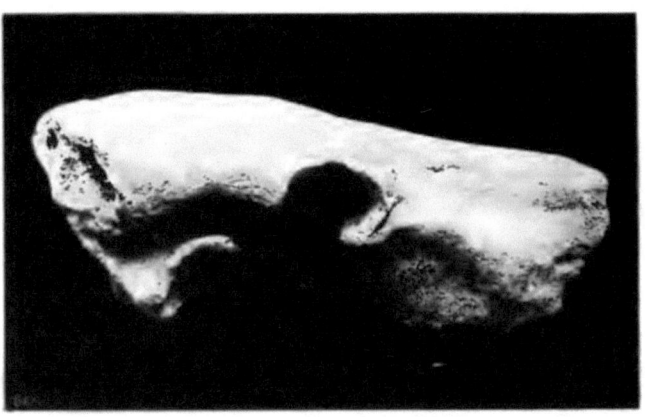

Fig. 58. Bos namadicus Falconer und Cautley. Schädelstück.
(British Museum London. Originalaufnahme.)

sehr wohl erhalten, stammt aus derselben Schicht wie der
vorige und ist einer der größten, die man überhaupt von
fossilen Rindern kennt. Die Hornzapfen, deren Spitze ab-
gebrochen ist, sind 122 cm lang und haben einen Basal-
umfang von 42 cm.

Diese Art ist, wie so viele der Lydekkerschen „Sports-
men species", ohne reellen Unterschied von der vorgenannten Form. Das Hauptunterscheidungsmerkmal liegt nach
Lydekker darin, daß das Frontale nicht flach ist, sondern
eine Crista längs des oberen Teiles der Sagittalnaht bildet,
und die Zwischenhornlinie sehr kurz ist. In meinen Unter-

suchungen über die Schädelbildung der Cavicornia habe ich
experimentell die Variation des Frontales und die Abhängig-
keit dieser Charaktere von der Form und Richtung der
Hörner und der dadurch hervorgerufenen Muskulaturent-
wickelung bewiesen, so daß also kein Grund zur Unterscheidung von Bos planifrons vorliegt.

  2. Bos namadicus Falconer und Cautley. Die aus
den pleistozänen Schichten des indischen Nerbuddatales stam-

Fig. 59. Bos namadicus, Falconer und Cautley, von Nerbudda.
(Nach Lydekkers India Paleont. Survey.)

menden zahlreichen Schädel und Skeletteile dieser Spezies
gestatten uns eine recht genaue Kenntnis dieses fossilen
Wildrindes. Die Schädelform ist eine dem Bos primigenius
entsprechende. Die Hornzapfen sind lang, bis 1 m, der
Umfang an der Basis ca. 30 cm. Es gibt bald mehr ellip-
tische, abgeflachte, bald mehr kreisrunde Querschnitte der
Hornzapfen. Lydekker hat mit Falconer als Unterscheidungs-
merkmal von Bos primigenius Boj. die öfters erhöhte Zwischen-

hornlinie angesehen. Ich habe gezeigt, daß dieses Merkmal ebenfalls von der Richtung und besonders der Verminderung des Gewichts der Hörner abhängt. Es findet sich dies Merkmal auch öfters bei Schädeln des Urs.

Die Größe der Schädel steht meist unter denen des europäischen Urs. Die vordere Schädellänge des pleistozänen europäischen Urs ist durchschnittlich 70 cm, die des indischen pleistozänen Wildrindes 45—60 cm.

Lydekker glaubt eine absolute Gleichartigkeit des Schädels von Bos namadicus mit Bos Banteng Raffles konstatieren zu können. Dem ist jedoch nur soweit so, als die Wirkung der gleichartigen Hörner reicht. Ich habe bei den Schädeln des Bos namadicus des Britischen Museums festgestellt, daß das Hinterhaupt immer völlig wie dasjenige der Hausrinder gestaltet ist, und also nicht die beim Banteng noch vorhandene Parietalzone aufweist. —

Wenn ein Unterschied des Bos namadicus von B. primigenius zu notieren wäre, ist es einzig der, daß die Hornbasen weit mehr angeschwollen sind, die Distanz von ihrem Ende bis zum Oberrande der Orbitalia sehr kurz ist und die seitliche Schläfenkante eine sehr starke Kurve beschreibt. Eigenschaften, die wir sowohl bei den afrikanischen, wie indischen Langhornrindern wiederfinden.

3. Bos primigenius Bojanus. Lange bevor durch Falconer, Theobald u. a. diese pliozänen und pleistozänen Reste von Wildrindern in Indien ausgegraben wurden, war in Europa eine andere fossile Ochsenart bekannt geworden, nämlich der Bos primigenius Bojanus.

Während man diese, zu unzähligen Malen in Flußablagerungen, in Torfmooren oder Kulturland gefundenen Knochenreste, noch bis zum Anfange des 19. Jahrhunderts für die Knochen des Wisents hielt, zeigte zuerst Faujas St. Fond, daß es zwei differente Rinderspezies sein müssen, von denen man Knochen auffand. Cuvier wies dann nach, daß die

eine dieser Arten dem Wisente, die andere aber dem Hausrinde ähnlich und daher wohl dessen Stammvater sei.

Bojanus gab dieser Form im Jahre 1826 den Namen
Bos primigenius.

Der europäische Primigenius ist charakterisiert durch
große, starke Hörner, die mehr oder weniger stark vor-

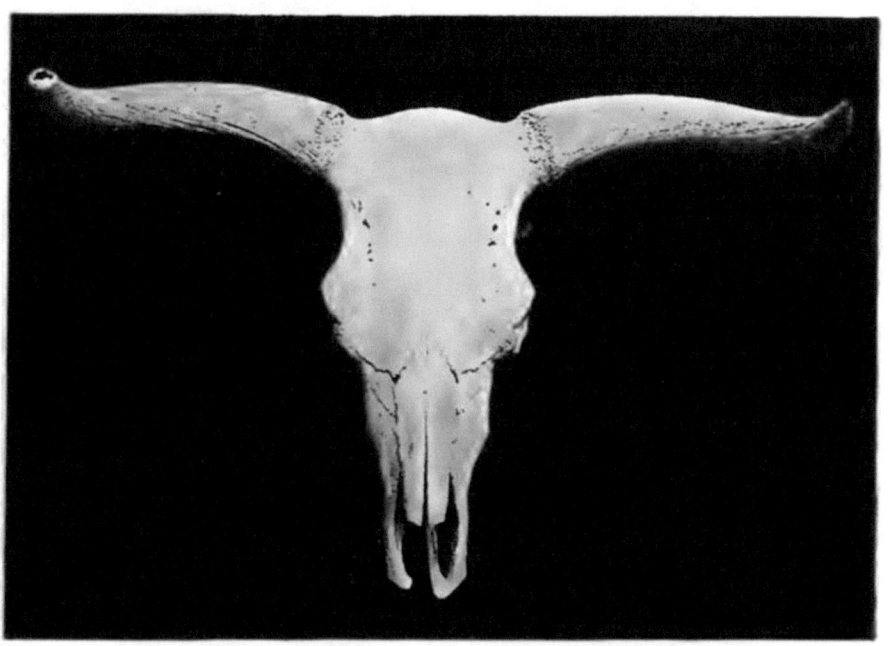

Fig. 60. Bos primigenius Bojanus von Athol (Schottland)
(Britisch Museum in London. Originalaufnahme.)

wärts und aufwärts gekrümmt sind. Durch diese Stellung
wird ein flaches Frontale bedingt, das gewöhnlich, wenn
die Hörner stark vorwärts gerichtet sind, eingeknickt, also
konkav ist. Das Horngewicht zieht auch den in der Zug-
linie zwischen dem Hornbasen verlaufenden Hinterhauptwulst
in die Breite, so daß er hier und da Dimensionen erreicht,
die derjenigen des Bos gaurus Evans ganz nahe kommen.
So ist z. B. dieser Wulst bei dem Schädel eines pleistozänen

Primigenius von Ilford (Essex) im Britisch Museum No. 50086
10 cm breit. Die Zwischenhornlinie ist bei normaler Horn-

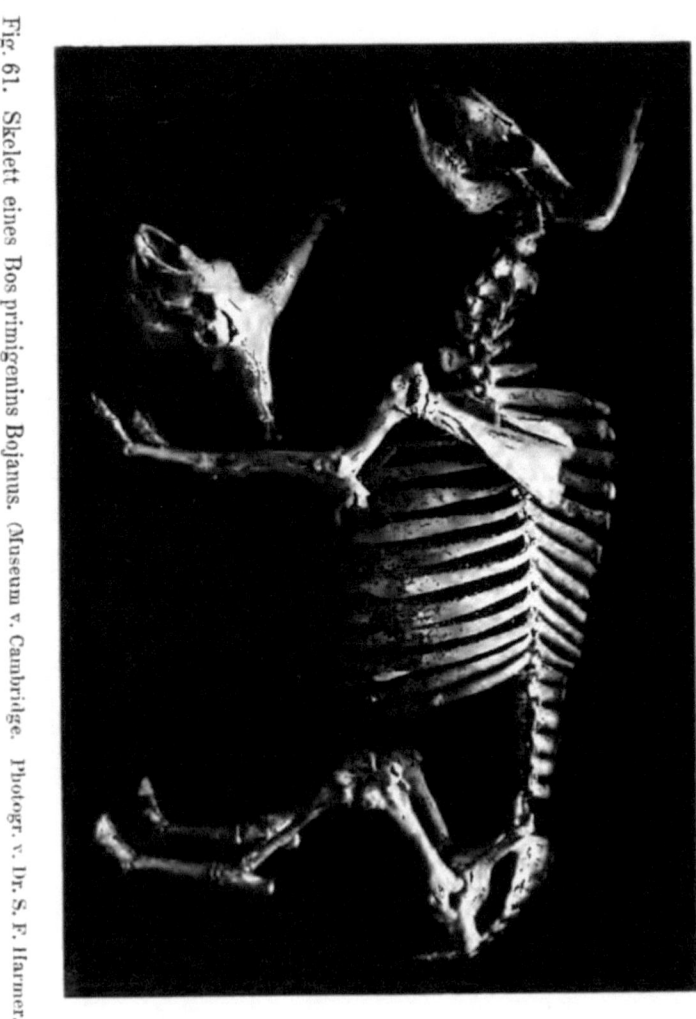

Fig. 61. Skelett eines Bos primigenius Bojanus. (Museum v. Cambridge. Photogr. v. Dr. S. F. Harmer.)

form meist gerade, sie kann aber auch mehr oder weniger
gekrümmt verlaufen. Die Orbitae springen, bei alten Individuen seitlich mit ihren Bändern stark vor.

Die Nasalia sind breit, stark gewölbt und parallelrandig,

die Praemaxillares stark, aber doch verhältnismäßig schlank. Die Nasenäste berühren je nachdem den Nasenrand oder bleiben bei einzelnen Individuen auch darunter zurück.

Die Unterkiefer sind ungemein schlank geformt.

Die Variabilität in Horn- und Schädelform ist sehr groß. Wer einmal fünfzig Primigeniusschädel bloß aus europäischen Fundorten nebeneinander zu sehen Gelegenheit hat, der wird erkennen, wie gewagt es ist, besondere Arten mit geringfügigen Unterschieden nach einem einzigen Stücke aus fremden Fundorten aufzustellen.

Die Verbreitung des Urs ist zu allen Zeiten eine große gewesen. Nach den bisherigen Kenntnissen muß jedoch Asien als seine Heimat angesehen werden, und aus diesem Grunde ist es unrichtig, in den vorgenannten asiatischen Formen etwas anderes als nur Lokalvarietäten des Urs zu sehen.

Der Ur findet sich in Europa erst zu Beginn der Pleistozänen Periode. In Asien will Koken ihn schon im Pliozän von China, Martin im Pliozän von Java, Thomas im Pliozän von Ain-Jourdel (Algier) aufgefunden haben, wozu dann noch seine Anwesenheit in den pliozänen Schichten der Siwaliks kommt.

Im Pleistozän finden sich in Asien die erwähnten, als B. namadicus beschriebenen Reste, ferner die als B. primigenius bestimmten Stücke aus dem chinesischen Löß, die der Abbé David dem Pariser Museum geschenkt.

In Nordafrika sind die Funde eben dieser Tierform zusammen mit Bubalus palaeindicus sehr häufig. Das taurine Wildrind hat von Pomel für die algerische Form den Namen Bos opistonomus erhalten und von Thomas den Namen Bos primigenius mauretanicus.

In Europa ist von der pleistozänen Epoche bis zum Beginne der historischen Zeit in allen Kulturschichten das Vorhandensein von Resten des Urs zu konstatieren.

Von den russischen Steppen, den brick-earth von Ilford und Mooren und Cavernen Großbritanniens und Skandinaviens

an, durch ganz Zentraleuropa bis hinunter in die südlichen
Teile von Italien, Sizilien, Spanien und Griechenland.

Aber nicht bloß die toten Knochen, sondern auch Denkmäler der Kunst und Sprache erloschener Völkerschaften
geben ein lebendiges Zeugnis ab für die Existenz dieses
Tieres noch in historischen Zeiten. Die Klassiker Herodot,
C. J. Caesar, Plinius, Martial und Seneca erwähnen in ihren
Schriften mehrfach den Ur. Caesar besonders beschreibt
dieses Tier in seinem gallischen Kriege als Bewohner des
hercynischen Waldes. Er gab ihm den Namen Urus wohl
im Anklange an den einheimischen Namen. Außer den
Sängern der Nibelungen erzählen uns auch die mittelalter-
lichen Chronisten gar mancherlei über die Jagd dieses Tieres.
So z. B. der heilige Karilef über die Jagden des Franken-
königs Childebert, der St. Galler Mönch Ekkehard in seinen
gereimten Speisesegnungen usw. Deutlich geht daraus die
Verbreitung dieses Tieres über ganz Zentraleuropa während
des Mittelalters hervor, und sieht man, wie mit der Vergrößerung der Kultur der Ur allmählich gegen Osten ge-
drängt wird. Der Baron Sigismund von Herberstein, der
während 24 Jahren zu politischen Zwecken in Polen
und Rußland reiste, berichtet Genaueres über den Ur in
seinem Werke „Commentarii Rerum Moscovitarum". Auch
bildete er dieses Tier wie auch den Wisent ab und stellte
in seinem Hause in Wien längere Zeit Hörner und Haut dieses
Tieres aus, wie uns ein Gedicht über Ur und Bison aus
dem Jahre 1552 erzählt. Das letzte dieser Tiere wurde
in Polen im Jahre 1627 getötet. Aus dem ersten Viertel
des 16. Jahrhunderts ist uns auch ein auf Holz gemaltes
Bildnis eines Urstieres erhalten, das Hamilton Smith in den
zwanziger Jahren des letzten Jahrhunderts bei einem Augs-
burger Kunsthändler erstand und publizierte.

Doch auch außerhalb Europas finden wir eine Großzahl von Darstellungen dieser Tierspezies. Beginnen wir mit
den ältesten Zeiten Chaldäas und Babyloniens, so haben wir

schon verschiedene Bilder auf Siegelzylindern, die wir als diesem Wildrinde entsprechende deuten müssen. In assyrischer Zeit endlich treffen wir auf viele Darstellungen der Jagd dieses Tieres durch die assyrischen Könige; Darstellungen, die nicht bloß auf kleinen Siegeln zu sehen sind, sondern zum Schmucke der Wandungen der Königspaläste dienten. Auch die assyrischen Texte sind reich an Angaben über das zahlreiche Vorkommen dieses Tieres. Zu spätassyrisch-babylonischer und zur Perserzeit ist dieser Wildstier schon zu einem Symbole von Kraft und Stärke geworden und wird von nun an künstlerisch stilisiert und oft mit Flügeln abgebildet.

Aus mykänischer Zeit sind uns schöne Kunstwerke erhalten, die die Jagd und den Fang dieses Tieres darstellen. Eine der schönsten ist das Schnitzwerk der Elfenbeinbüchse von Enkomi (Cypern), die sich im Britischen Museum in London befindet. Hier wird der Urstier nach der Weise der assyrischen und ägyptischen Großen mit Bogen und Pfeilen gejagt. Den Fang mit Netzen sehen wir auf den Goldbechern von Vaphio (Peloponnes), welche Darstellung als diejenige einer Domestikation gedeutet worden ist.

Außerdem sind ungemein zahlreiche Figürchen aus Bronze, Terracotta usw. bekannt, zum Teil sogar aus prähistorischen Zeiten und allen möglichen Teilen der alten Welt stammend, die sich aber alle auf den Ur beziehen.

B. Rezente Formen.

a) Protaurina.

Als niedrigststehende der rezenten taurinen Wildrinder fasse ich auf:

1. Den Banteng oder Sundarind (Bos banteng Raffles), der seine Heimat in den Wäldern der Sundainseln und Hinterindiens hat.

Dieses Tier steht in seinem Schädelbau und dem der Hörner den Büffeln am allernächsten. Zunächst sind hier beim Foetus die Parietalia noch verhältnismäßig sehr breit, fast büffelartig gebaut und das Interparietale gelangt auf keine Weise zur Berührung mit dem Frontale. Auch beim adulten Tiere bleibt diese Parietalzone zwischen Stirn und Occipitale noch in großer Ausdehnung bestehen. Daß aber in dieser eigenartigen Bildung des Hinterhauptes kein nachträglich aus der ursprünglichen Taurusform entstandenes Merkmal, sondern ein uralter Charakter vorliegt, scheint dadurch hervorzugehen, daß bei Kreuzungsprodukten zwischen Banteng und Hausrind, diese Formation des Hinterhauptes fast konstant auftritt und erst durch mehrfache Anpaarung verschwindet, die schöne Kollektion der „Boeufs des Stiengs du Cambodge", des Pariser Museums, zeigt Übergänge aller Art von bubalinem Bantenghinterhaupt bis zu dem echt taurinen.

Sodann ist noch eine weitere Eigenschaft, die klar einen Zusammenhang dieser Spezies mit den Büffeln beweist, nämlich das Verhornen der Stirnhaut. Bei allen älteren Bantengstieren treffen wir eine bald mehr, bald weniger dicke Zone von Hornperlen zwischen den Basen der beiden Hörner, über die ganze Oberstirn und die Zwischenhornlinie hinweg. Dies ist der letzte Rest, oder der Anfang zu den Stirnbeulenhörnern, wie sie z. B. die Kapbüffel besitzen. Die Basis der Hörner ist ebenfalls stark geringelt.

Die sonstigen Merkmale des Vorderschädels der Bantengs gleichen bei ihrer großen Variabilität vollkommen denjenigen des Hausrindes, weshalb man sogar versucht hat, dieses von jenem abzuleiten. Jedoch mit Unrecht, da die wirklichen domestizierten Bantengs und deren Kreuzungen, wie wir sie häufig in Siam und Cochinchina finden, deutliche Unterschiede in Schädel und Körperform gegenüber dem Hausrinde aufweisen.

Im Körperbau ist gegenüber dem Hausrinde auf den, sowohl beim Bos primigenius, wie auch den nachfolgenden rezenten Rinderarten ziemlich stark erhöhten Widerrist, auf-

merksam zu machen, wie auch auf das gerundete Hinterteil
und die kurzen, zierlichen Beine.

Das Haarkleid variiert sowohl nach Geschlecht, Alter
und Lokalität. Lydekker hat nach der Haarfarbe eine
dunkel schokoladenbraune Javanische Rasse und eine
schmutzig graue, rotbraun gefleckte Burmesische Rasse
des Banteng unterschieden.

Fig. 62. Schädel eines Gaur. (Museum in Paris. Originalaufnahme.)

Als auffallendes Merkmal in der Färbung ist der über
die Hinterbacken ausgebreitete Spiegel zu nennen, wegen
dessen Quoy und Gaimard, dieses Tier Bos leucoprymnus
nannten, die weißen Schienbeine, und der meist vorhandene
weiße Aalstrich.

Der Banteng wird gezähmt und ist als Hausrind, beson-

ders als Reitochse, Zug- und Fleischtier bei den hinter-
indischen und Inselvölkerschaften sehr beliebt. Seine Zucht
erreicht besonders in den siamnesischen Reitochsen ihre
Vollendung. Die Kreuzung mit dem Hausrinde ist allgemein
leicht durchzuführen und die Bastarde sind unter sich un-
begrenzt fruchtbar.

2. Der Gaur (Bos Gaurus Evans). Diese auf dem Fest-
lande von Vorder- und Hinterindien lebende Rinderart ist
nur kurze Zeit genauer bekannt.

Die erste wissenschaftliche Beschreibung dieses Tieres
wurde durch Geoffroy St. Hilaire gegeben, der auf Grund
einer Jagdschilderung des englischen Majors Roughsedge
und des Hauptmanns Rogers eine phantastische Form ent-
warf, deren Rückenwirbel aus der Haut des Widerristes
hervortreten und ein den Fischflossen analoges Gebildes
darstellen sollten. Dieserhalb nannte Schinz dies Tier Bos
aculeatus, den Stachelochsen. Von F. Cuvier, im Jahre
1824, in Bos sylhetanus umgetauft, erhielt er erst 1837
von Veterinär-Hauptmann George Evans unter gleichzei-
tiger Publikation von Schädeln den Namen Bos Gaurus.
Hodgson wollte diesen Namen dann in Bibos subhemacha-
lus, und später noch in Bibos cavifrons, umändern.

Der Gaur ähnt in Form und Färbung sehr dem Banteng
und besitzt ebenfalls einen erhöhten Widerrist. Die Farbe
ist schwarzbraun bis schokoladenbraun, mit weißem Flecken
auf der ganzen Stirne, weißen Beinen bis über das Vorderknie und Sprunggelenken, und weißem Aalstrich.

Die Widerristhöhe ist beim männlichen Tiere durchschnittlich 1,70 m, beim weiblichen 1,50 m.

Die Hörner des Gaurs sind nach dem Prinzipe der möglichst geringen Belastung des Frontale gebaut, aber dennoch sehr stark entwickelt. Dadurch erhält die Oberstirne
eine Ausbildung, ähnlich derjenigen eines hornlosen Rindes.
Doch ist dieser hohe Wulst durch die Hornbasen dann noch
seitlich verbreitert. Die Hörner sind seitlich und rückwärts

und dann in schöner Kurve aufwärts gerichtet und die Spitzen gegeneinander gedreht. An der Basis sind sie stark geringelt. Die Stirne erscheint durch den sehr starken Wulst vor dem Beginne desselben eingeknickt. Die Nasalia sind sehr breit und parallelrandig.

Daß diese eigenartige Schädelform nur auf Differenzierung der Hornform begründet ist, geht schon durch Anwendung der Erkenntnis der Gesetze der Schädelbildung hervor, sie wird bestätigt durch die von Nathusius gemachten Beobachtungen über die „Gaurartige" Schädelform eines Shorthornstieres.*)

Der Gaur ist ein Waldtier, der sich mit Tagesanbruch in die Tiefe der Dschungeln zurückzieht. Er ist sehr wild und furchtbar, wenn auch nicht so gefährlich wie der Büffel.

Er ist nicht domestiziert worden, wenn man nicht annehmen muß, daß

3. Der Gayal (Bos frontalis Lambert) die zahme Form des Gaur darstellt.

Dieses zweite Wildrind des indischen Festlandes ist, trotzdem es schon durch Lambert im Jahre 1802 bekannt wurde, viel mysteriöser geblieben als der Gaur und Banteng. Besonders dauerte es lange bis der Schädel dieses Tieres bekannt ward. George Cuvier sagte von demselben, daß er eine Mischung von Charakteren des Hausrindes und des Büffels aufweise. Die Stirne ist flach, breiter als hoch, und breiter zwischen den Hornzapfen als zwischen den Augenhöhlen. Die Zwischenhornlinie bildet einen Hinterhauptwulst; sie ist fast gerade, die Hörner sind flach und ohne jeden Winkel seitlich und aufwärts gerichtet.

Die Bildung des Hinterhauptes nähert sich schon mehr der eines Hausrindes als die des Banteng.

Die Form des Gayal hat sich aus derjenigen des Gaur oder Bantengs entwickelt, infolge des Konstantwerdens der seitlichen Richtung der Hörner in beiden Geschlechtern und

---

*) Schädelform des Rindes. Landw. Jahrbücher 1875.

der dadurch bedingten Schädelveränderung. Bei einigen männlichen Bantengs, wie z. B. dem ausgestopften Exemplare des zoolog. Museums in Berlin kommt durch die ganze seitliche Richtung und Abflachung der Hörner ebenfalls eine vollständig gayalartige Verbreiterung der Stirne zustande. Wir haben gehört, daß schon Bos namadicus, Banteng und Gaur häufig eine Abflachung der Hornzapfen aufweisen, dieselbe ist nun hier beim Gayal konstant geworden. — Die

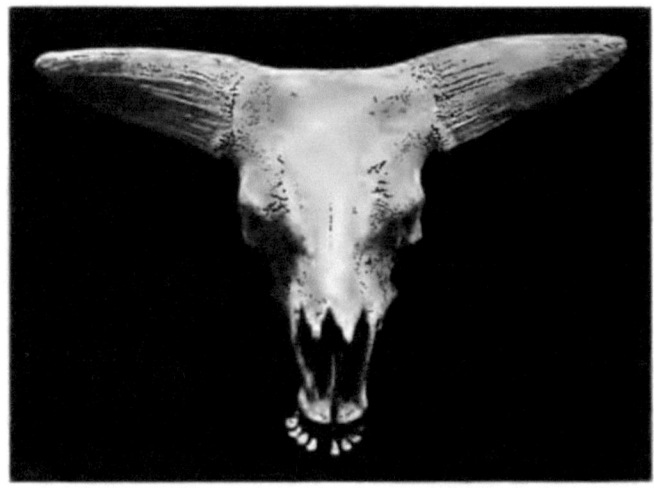

Fig. 63. Schädel eines Gayal.
(Britisch Museum in London. Originalaufnahme.)

Vorderseite des Hornes ist ganz flach, die Unterseite etwas gewölbt.

Der Gayal ist meist etwas kleiner als der Gaur, aber gleichfalls noch ein großes, schweres Rind. Seine Körperform und Färbungsabzeichen sind durchaus die nämlichen wie die des Gaur, sogar der weiße Fleck auf der Stirne ist vorhanden.

Dick (zitiert bei Vasey, Ox Tribe) gibt an, daß es unter den zahmen Gayals auch einfarbig helle, und manche ganz schwarze, nicht aber gefleckte Individuen gäbe.

Der Gayal ist eigentlich nur in einer halbdomestizierten Form bekannt, wie sie z. B. in Assam angetroffen wird. Die Herden irren den Tag über wie der Gaur in den Dschungeln umher, und kehren erst am Abend wieder in die Dörfer zurück, wo sie gefüttert werden.

Ob der Gayal nur die domestizierte Form des Gaur oder eine Abart desselben darstellt, ist noch ungewiß. Sicher ist jedenfalls, daß die Verschiedenheit dieser drei indischen Wildrinder eine äußerst geringe und hauptsächlich in der Hornform zu suchen ist.

Die zahmen Taurina stellen das Hauptkontingent aller Rinder der Erde.

Wir kennen an solchen:

1. Bos Taurus Linné, das Hausrind, dessen Herkunft und Rassenbildung in einem späteren Kapitel behandelt werden wird.

2. Bos Banteng domesticus, das zahme Bantengrind.

3. Bos Gayal (domesticus), das zahme Gayalrind, die beide schon besprochen wurden.

Die Bisontina.

Wie gesagt, fasse ich im Gegensatz zu Rütimeyer die Bisontina als das Endglied der Rinderreihe auf, weil bei dem Fötus dieser Spezies die Parietalia durch die besondere Ausdehnung des Interparietales fast verdrängt sind und nur noch die seitlichen Wände der Schädel-Kapsel bilden. Dies ist das ontogenetische Merkmal dieser Gruppe, das phylogenetische besteht in dem von vorne sichtbaren Hinterhaupte, den seitwärts und aufwärts gekrümmten, bald runden, bald dreikantigen Hörnern, die nicht an dem äußersten Stirnende angesetzt erscheinen, den stark seitlich vorspringenden Augenhöhlen und den schlanken Zwischenkieferbeinen mit sehr kurzen Nasenästen und breiten, kurzen Lacrymalia.

Die Zahl der Rückenwirbel und Rippen ist 14; es sind 5 Lenden- und 5 Kreuzwirbel vorhanden.

Ein weiteres Gruppenmerkmal ist das Vorkommen eines Wollvlieses, einer reichen Bemähnung, sowie die Existenz eines beim amerikanischen Bison namentlich stark entwickelten Höckers über dem Widerriste. Alle Bisontina kreuzen sich mit den Taurina und sind bedingungslos fruchtbar.

Gleich wie sich in den Protaurina zwischen Bubalina und Taurina eine Übergangsform gebildet hat, so findet sich auch hier eine in den Probisontina, die durch den Yak, Poephagus (Probisen) Grunniens, vertreten wird.

A. Probisontina.

Übergangsform der Entwicklung der Taurinen zu den Bisontina	Probison grunniens.

B. Bisontina.

Pliozän.	Pleistozän.	Gegenwart.
Alte Welt:		
Bison sivalensis.	Bison priscus.	B. europaeus.
Amerika:		
Bison ferox.	Bison latifrons.	B. americanus.
Bison Alleni.	Bison antiquus.	
	Bison appalachicolus.	

Während ältere Autoren, wie Sundevall und Giebel, den Yak zu den Büffeln rechneten, haben ihn H. Smith, Hodgson und Turner richtiger zu den Wisenten gezählt.

Aus der Beschaffenheit des Hinterhauptes beim Fötus geht aber die genaue Stellung klar hervor. Hier ist das Parietale vollständig durch das dazwischen gelagerte Interparietale getrennt und gelangen die Spitzen der beiden Parietale nicht mehr bis zum Bregma. Immerhin ist die Reduktion der Parietalia noch nicht so groß wie bei den eigentlichen Wisenten und das Verhältnis also ein zwischen Taurina und Bisontina intermediäres. —

Das Fell ist ebenfalls wolletragend wie bei den Bisontina.

Der Schädel des wilden Yak hat, abgesehen von der mehr bisontinen Bildung des Hinterhaupts, sehr große Ähnlichkeit mit demjenigen eines Bos primigenius. Diese Ähnlichkeit wird bedingt durch den Einfluß der gleichgerichteten, schweren, großen Hörner, die ebenfalls eine flache Stirn, oft sogar eine Einknickung des Profiles bedingen.

Die Augenhöhlen sind gewöhnlich sehr weit vorragend und daher die Stirne, genau wie bei den Bisontina, hier am

Fig. 64. Schädel eines wilden Yak, mat.
(Museum in Paris. Originalaufnahme.)

breitesten. Die Nasalia sind ungemein breit, die Praemaxillaria haben nur ganz kurze Äste, wie bei Bison, doch wird im Laufe der Entwickelung allmählich ein supplementärer Knochen eingeschaltet, der sich vom Maxillare teils völlig, teils partiell trennt und die Verbindung von Nasenast und Nasale wie bei den Taurina vermittelt.

Im Skelett und Körperbau steht der Yak ebenfalls zwischen Bisontina und Taurina. Er hat 14 Rückenwirbel und Rippen und besitzt ebenfalls die buckelige Erhöhung des Widerristes der Bisontina, die stärker als die der Taurina ist.

Er ist vor allen anderen Rindern ausgezeichnet durch die überaus reiche, roßschweifartige Schwanzquaste, die oft bis auf dem Boden schleift.

Das übrige Kleid ist beim alten Tiere ein bräunliches Schwarz, die Haare ums Maul sind grau, und längs des Rückens findet sich ein silbergrauer Aalstrich.

Der Yak bewohnt die Hochländer Tibets und alle mit ihnen zusammenhängenden Hochgebirgszüge Zentralasiens wie auch die Mongolei.

Der Yak ist ebenfalls in seiner Heimat domestiziert worden und findet eine rege Verwendung sowohl als Lasttier, wie als Milch- und Fleischtier.

Die zahmen Yaks verändern nicht allein die Färbung ihres Haares in braun, rot, silbergrau, und gefleckt, sondern sie werden ebenfalls kurzhörnig und hornlos. Man hat in neuester Zeit den Yak auch in die europäischen Alpenländer, speziell die österreichischen importiert und züchtet denselben entweder rein oder als Bastard mit dem Hausrind.

B. Eigentliche Bisontina.

Die Gruppe der Wisente ist ebenso alt wie diejenige des Urs. In dem Pliozän des nördlichen Indiens, sowie auch in Java finden wir Reste eines Wisents, der von Lydekker Bison sivalensis genannt wurde. Zu der Zeit da der siwalische Bison und der siwalische Büffel noch lebten, existierten die Außenketten des Himalajas, wo die Überreste gefunden wurden, noch nicht und die zentralen Ketten und das Plateau von Tibet waren viel niedriger als jetzt. Es ist daher leicht möglich, daß solche große Rinder wie ein Wisent aus dem Punjab nach Zentralasien hinüber gewechselt haben konnten, wie wir dies ja auch von dem Ur angenommen.

Der Unterschied des pliozänen Bisonten mit dem pleistozänen, dessen Verbreitung eine weit größere ist, kann daher nicht recht eingesehen werden, jedoch trägt dieser im Gegensatz zu Bison sivalensis den Namen Bison priscus. Seine

Reste sind sehr häufig in allen pleistozänen Ablagerungen Europas, von Großbritannien bis nach Spanien und Italien, ja bis hinein in den Norden Sibiriens, die neusibirische Inselwelt und Zentralasien. Auch die in Nordamerika frequenten pliozänen und pleistozänen Bisonten, Bison ferox, Bison Alleni (Pliozän), Bison latifrons, B. antiquus, B. appalachicolus

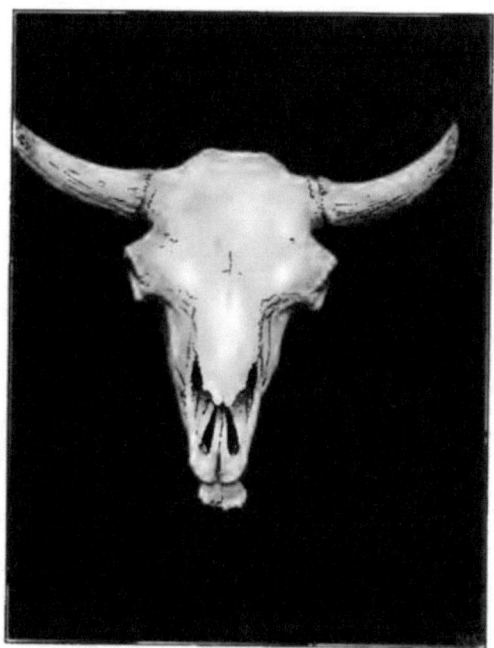

Fig. 65. Bison europaeus. Schädel eines alten Stieres.
(Museum in Paris. Originalaufnahme.)

(Pleistozän) sind nur Varietäten des Bison priscus oder besser gesagt, nicht einmal dieses, sondern nur von dem Speziesdrange einiger Zoologen auf unbedeutende Differenzen zwischen wenigen Individuen hin als Arten begründete Lokalformen.

Sicher ist, daß während der späten pliozänen und pleistozänen Periode ganz Europa, Zentral- und Nord-Asien und Nord-Amerika von ungeheuren Herden von Bisonten bevölkert waren, die sich im Laufe der Zeiten nur verhältnismäßig wenig verändert haben. Wohl aber sind sie mit dem Aufblühen des Menschengeschlechts zurückgedrängt und jetzt in allen Ländern auf den Aussterbeetat gesetzt worden (Bison americanus).

In klassischen Zeiten war der Bison noch in ganz Mittel- und Süd-Europa (Thracien) recht häufig, im Mittelalter noch wurde er mit dem Ur zusammen in den deutschen Wäldern gejagt, nun aber ist sein Bestand zu einer sorgfältig gehegten kleinen Stammherde von etwa 500 Exemplaren im Walde von Bielowitza zusammengeschmolzen. Außerdem leben noch einige wenige Stücke in den südlichen Tälern des Kaukasus an den Quellen von Laba und Bjellaja (Bison europaeus).

Auch dem amerikanischen Bison (Bison americanus) ist es nicht besser ergangen; doch ist seine Ausrottung dank den Feuerwaffen und Eisenbahnen in wenigen Jahrzehnten zustande gekommen. Während zur Zeit des Eintreffens der ersten Kolonisten in Nord-Amerika noch unzählige Millionen von Bisonten auf den Prairien und in den Wäldern lebten, beziffert sich jetzt ihre Anzahl nur noch auf wenige Tausend, die meist in Parks leben. Man wird diese Veränderung begreifen, wenn man berücksichtigt, daß laut Statistik in den Jahren 1870—1875 jährlich $2^1/_2$ Millionen Stück getötet wurden. —

Haustiere hat bis jetzt dieses Wildrind nicht geliefert, wenn man auch neuerdings angefangen hat auf verschiedenen Farmen den Bison zu domestizieren und mit taurinen Hausrindern zu kreuzen. Die Kreuzungen sind stets gut gelungen und deren Produkte sowohl unter sich selbst wie in Anpaarung mit dem Hausrinde fortdauernd fruchtbar.

Die Haarfarbe ist im Sommer glänzend dunkelbraun, im Winter matt graubraun. Die Haut ist mit wolligem Flaumhaar zwischen dem Deck- und Grannenhaar bedeckt und besitzt beim männlichen Tiere eine reiche Bemähnung an Kinn, Hals- und Brustseiten.

Der Brustteil des Rumpfes ist bedeutend stärker entwickelt als der Bauchteil.

Es ist nur seiner Benennungen willen, daß häufige Verwechselungen dieses Tieres vorkommen. Bojanus gab dem fossilen Wisent den Namen Urus priscus und der noch lebenden Art den Namen Urus nostras. Boddart hatte viel früher schon den Namen Bos Urus für den Wisent gebraucht. Wenn man dagegen den Namen Bos Urus (Cäsar) vergleicht, den Boyd Dawkins und andere jetzt noch dem Ur (Bos primigenius Bojanus) geben, so kann man sich denken, daß sogar in der wissenschaftlichen Terminologie große Unklarheit herrscht, die eine sehr schädigende Wirkung ausübt. Diese Verwirrung wird noch dadurch erhöht, daß auch der deutsche Name gemeinhin verwechselt wird. Der Name „Auerochs", den man diesem Tiere bis vor kurzem noch ziemlich allgemein gab, und von dem die Franzosen ihr „auroch" abgeleitet haben, gehört nicht diesem Tiere, sondern dem Ur.

Die Abstammung des Hausrindes und seiner Rassen.

Nach dem vorhergehenden Überblicke der wilden Rinder und deren Eigenschaften ist es klar, daß an der Entstehung des Hausrindes nur die Gruppe der Taurina beteiligt sein kann, weil ihre Vertreter allein eine anatomische, sowohl ontogenetische, wie phylogenetische Übereinstimmung zeigen.

Wir sahen, daß alle taurinen Wildrinder sich von dem pliozänen Bos planifrons Rütimeyer, als Stammform, herleiten lassen, und daß die pleistozänen Ure Asiens, Afrikas und Europas, Bos namadicus Falconer und Cautley und Bos primigenius Bojanus nur Lokalformen derselben Art darstellen, die sich durch keine sicheren Merkmale unterscheiden, wenn auch Bos namadicus meist kleiner und zierlicher gebaut ist als Bos primigenius.

Tabelle der Abstammung der Hausrinder.

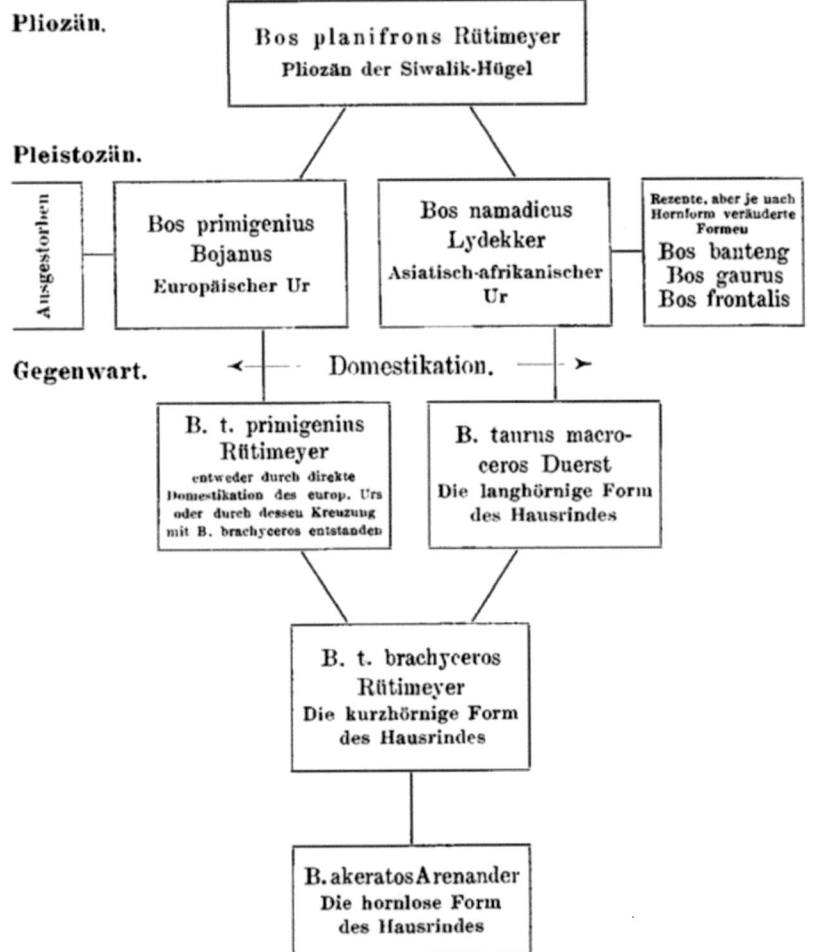

Pliozän.

Bos planifrons Rütimeyer
Pliozän der Siwalik-Hügel

Pleistozän.

Ausgestorben

Bos primigenius
Bojanus
Europäischer Ur

Bos namadicus
Lydekker
Asiatisch-afrikanischer
Ur

Rezente, aber je nach
Hornform veränderte
Formen
Bos banteng
Bos gaurus
Bos frontalis

Gegenwart.   ◄── Domestikation. ──►

B. t. primigenius
Rütimeyer
entweder durch direkte
Domestikation des europ. Urs
oder durch dessen Kreuzung
mit B. brachyceros entstanden

B. taurus macro-
ceros Duerst
Die langhörnige Form
des Hausrindes

B. t. brachyceros
Rütimeyer
Die kurzhörnige Form
des Hausrindes

B. akeratos Arenander
Die hornlose Form
des Hausrindes

Beide Tiere lebten gleichzeitig mit dem Menschen. Die
Reste von Namadicus finden sich häufig zusammen mit
Feuersteinäxten, wie Blanford aus der Umgegend von
Madras angibt, es ist nicht unwahrscheinlich, daß diese
Rinderreste des indischen Neolithicums dem zahmen Nama-
dicus angehörten, wie ja die Indier auch heute noch die

Verwandten dieses Tieres, den Gayal, Banteng, Yak, Büffel in zahmem Zustande neben dem wilden halten. Auch der europäische Ur kam gleichzeitig mit dem Menschen vor, sogar bis weit hinein in die historische Zeit.

Welche dieser beiden Lokalformen des Urs soll als die Stammquelle des Hausrindes angesehen werden?

Ein direkter Beweis der einstigen Domestikation einer dieser beiden Formen existiert noch nicht. Man hat Jagd-szenen auf Kunstwerken des Altertums auf Schilderungen der Domestikation gedeutet, indem man annahm, daß dieselbe gleichzeitig stattgehabt hätte. Aber alle diese bisherigen Erklärungen und Angaben sind unsicher, denn man findet Bilder des Fanges der Rinder in Netzen schon zu altbaby-lonischer und die Jagd auf Wildrinder in ägyptischer Zeit. Schließlich ist das Bild des wilden Stieres im Palaste zu Tiryns, das selbst nach Cornevin u. a. vollständig denjenigen auf den Bechern von Vaphio entspricht, rot und weiß ge-fleckt. Es konnte sich also hier nicht um wilde Rinder, sondern um verwilderte Rinderherden handeln, die gleich den amerikanischen Rindern gefangen oder gejagt wurden.

Wir dürften daher nur aus dem erstmaligen, zeitlichen und örtlichen Vorkommen des Hausrindes Anhaltspunkte da-für gewinnen, welche der beiden Lokalformen des Ur als Stamm angesehen werden muß.

Im Pliozän sind noch nirgends Haustierreste angetroffen. Im Pleistozän nur selten. Sie finden sich an der Grenze der Schichten der Gegenwart, der paläolithischen und neo-lithischen Kulturepochen.

Solche Reste sind aus dem Quaternär vom Ouëd-Seguin in Algerien bekannt geworden, wo sich das kurzhörnige Rind (B. t. brachyceros Rüt.) neben dem fossilen Arnibüffel vor-findet. Sodann habe ich aus den von Grandidier in den Sümpfen von Ambolisatra (Madagaskar) gefundenen Knochen-mengen ebenfalls ein Hausrind, und zwar das große, langhörnige (B. t. macroceros Duerst) isoliert. Es findet sich dasselbe auch hier in Gemeinschaft mit dem fossilen Arni-büffel.

Der fossile Arnibüffel, wie auch andere der damals vor-kommenden Tierspezies, weisen deutlich auf indische Ein-flüsse in den genannten Gegenden hin. Genaue Unter-suchungen der indischen Kulturschichten würden uns noch bessere Aufklärung bringen.

Wir finden sodann das Hausrind in der neolithischen Zeit Ägyptens, die bei der hohen Kultur dieses Landes in den ältesten historischen Zeiten vor 4000 v. Chr. angesetzt wer-den muß, es findet sich hier zusammen mit dem Ovis palaeo-aegypticus Duerst et Gaillard.

Auch auf den ältesten babylonischen Kunstdenkmälern, die bis zu 5000 v. Chr. hinabreichen, finden wir neben Bildern des Arnibüffels auch diejenigen des Hausrindes. Es war also hier damals noch dieselbe Rinderfauna, wie im Quater-när Algeriens und Madagaskars. — Und doch muß das Rind schon lange domestiziert gewesen sein, bevor der Mensch eine so große Kultur besaß, so künstlerische Siegelsteine zu schnitzen wie die der alten Babylonier!

Die europäische Kultur war aber um diese Zeit erst am Anfange der Steinzeit und die Hausrinder in Europa noch selten.

Dies alles deutet darauf hin, daß die erstmalige Domesti-kation des Rindes auf zentralasiatischem Boden stattgefunden hat und von dort aus schon zu den allerältesten Zeiten sich das Hausrind nach Afrika und Europa verbreitet hat.*)

---

*) Meine neuesten, während der Redaktion dieses Lehrbuchs durch-geführten Untersuchungen der Tierreste von Anau in Turkestan, am Nord-westrande des Hindukusch, die teils aus paläolithischer, teils aus neolithisch bis bronzezeitlicher Periode stammen, bestätigen vollständig das gesagte. Bos namadicus findet sich auch hier, wenn auch erst in der neolithischen Periode, als Haustier. Die älteste paläolithische Zeit von Anau besitzt noch kein Haustier als vielleicht einen Hund.

Die Annalen der Chinesen geben an, daß der 17. König des 9. Ki, Fo-Hi mit Namen, der vom Jahre 3468 an regierte, die sechs Haustiere (Pferd, Rind, Huhn, Schwein, Hund und Schaf) nach China importierte und ihre Zucht in seinem Reiche befahl. Es mußten diese Tiere also alle schon vorher gezähmt worden sein. Und wo? Jedenfalls hat sie China nicht von Osten, sondern von Westen holen müssen, also aus Indien oder Zentralasien.

Daß die Indier das Hausrind erstmalig domestizierten, ist nicht allein aus den vorgenannten Gründen, des allgemeinen Vorkommens des asiatischen Urs in Indien gleichzeitig mit dem Menschen, die Gewohnheit der Indier, fast alle rezenten Rinder und andere großen Säuger in den Hausstand übergeführt zu haben, sondern auch noch aus dem Grunde höchst glaubwürdig, weil die Indier in ihrer Religion einen wahren Rinderkultus besitzen. Sei es nun, daß der Kultus der Kultur des Rindes voranging oder umgekehrt, die hohe Verehrung des Rindes, wie wir sie nur noch bei den Ägyptern und einigen afrikanischen Negervölkern finden, die aber abendländische Völker nie besaßen, läßt nach den früher entwickelten Ursachen der Domestikation überhaupt, die Wahrscheinlichkeit zur Gewißheit werden, daß im indischen Kulturkreis die ersten Hausrinder geschaffen wurden.

Es wäre damit die asiatische Form des Urs der Bos namadicus Lydekker die erste Stammquelle des Hausrindes. War sie aber die einzige? Das wird uns die Entwickelung der Rinderrassen zeigen!

Wenn wir uns die Reste der Hausrinder der frühesten neolithischen Epoche der europäischen Länder ansehen, so finden wir mit Ausnahme der südlichsten Gegenden Europas nur ein zwerghaftes Hausrind, das etwa 110 cm Widerristhöhe besaß. Dieses Tier hatte kurze, schlanke Hörner, und war häufig sogar hornlos. Owen und Rütimeyer gaben diesem kleinen Hausrinde den Namen Bos taurus brachy-

ceros, der, wie wir gleich sehen werden, sehr gut ge-
wählt ist, besser jedenfalls als der zweite von Owen später
vorgeschlagene Name B. longifrons.

Jm Süden Europas trifft man zu denselben früh-neo-
lithischen Zeiten schon ein anderes, jedoch langgehörntes,

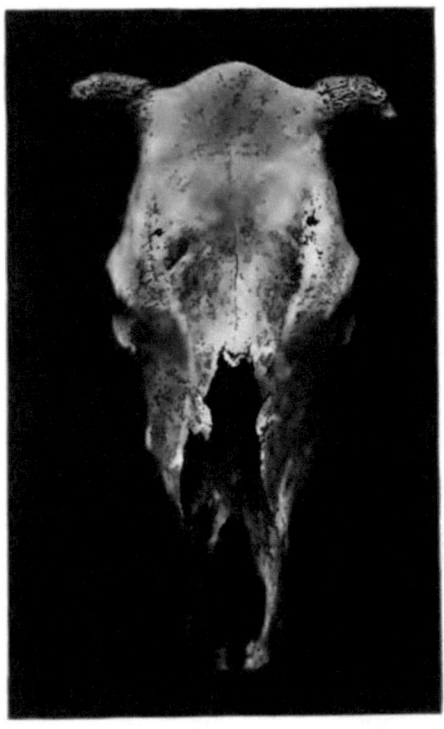

Fig. 66.   Kuh der Brachycerosform der Bronzezeit Englands.
(Pfahlbau von Walthamstow, Grafschaft Essex. Britisches Museum in London.)

großes Rind an, das mir in sizilischen und griechisch-klein-
asiatischen Knochenresten bekannt geworden, und das man
fast gleichzeitig in Ägypten und Babylonien antrifft. Diese
Form, die ich im Gegensatze zur erstgenannten als B. taurus
macroceros bezeichnet habe, hat sich in den rezenten,
langhörnigen, grauen Steppenrindern Ungarns und des Bal-

kans, sowie den gleichgestalteten italienischen Razza maremmana, Razza chianina usw. und den portugiesischen raca
barroza, r. gallega, r. mirandeza, r. arouqueza usw. und die
spanische raza brava u. a. erhalten.

Ob diese Rassengruppe völlig identisch ist mit der in
späterer neolithischer Epoche nunmehr in Mittel- und Nordeuropa auftauchenden, langhörnigen, großen Rinderform,
deren große Knochen sich ganz auffallend deutlich von den
kleinen des kurzhörnigen oder hornlosen Zwergrindes ab-
heben, bleibt späteren Untersuchungen vorbehalten. Rütimeyer hat diese Form, die er zum ersten Male in den schweizerischen Pfahlbauten der späteren Steinzeit zu Gesichte be-
kam, wegen der auffallenden Ähnlichkeit in Hornform und
Hornlänge, sowie in den übrigen Schädelmerkmalen mit dem
europäischen Ur als B. t. primigenius bezeichnet. Wir
wollen so einstweilen an einer zwar nicht beweisbaren, aber
doch möglichen Domestikation des wilden, nordeuropäischen
Urstieres durch die Neolithiker festhalten, dessen zahme
Nachkommen dann dieses nordeuropäische Langhornrind darstellen würde.

Es hat das Hausrind vom Momente seines Überganges
in den Hausstand als langgehörntes Tier die drei Formen
durchlaufen, die wir auch für die anderen horntragenden
Haustiere kennen, wie für Yak, Büffel, Banting, Schaf und
Ziege, nämlich die langhörnige (Macrocerosform), die kurzhörnige (Brachycerosform) und die hornlose (Akeratosform).
Die Unterscheidung zwischen diesen drei Hauptgruppen aller
horntragenden Tiere ist einfach und klar, und wir wissen,
daß sie wenigstens für die beiden ersten Gruppen auf Kon-
venienz beruht, indem die Variationsgrenzen festgestellt
werden müssen.

Durch meine Experimente am lebenden Tiere habe ich
unzweifelhaft bewiesen, daß die Schädelform der horntragenden Wiederkäuer vor allem auf der Belastung durch
das Horngewicht beruht und alle Knochen des Schädels,

selbst die als so überaus konstant geltenden der Schädelbasis sich durch Hornoperationen verändern lassen, so daß
sich die von früheren Autoren gemeinhin als maß-

Fig. 66. Kuh der langhörnigen (macroceren) Form des Hausrindes der
Bronzezeit Englands.
(Pfahlbau bei Stanway, Grafschaft Essex. Britisches Museum in London.)

gebend aufgefaßten Schädelcharaktere, wie Stirn-
wulstbildung usw. hauptsächlich durch die Hornform und das Horngewicht bedingt erweisen. Weil
nun aber nach meinen früheren Untersuchungen über Hornbildung die Entstehung von Hornscheide und Hornzapfen

Sache der Haut ist und diese bekanntlich durch klimatische Bedingungen beeinflußt wird, so zeigt sich darin das Mittel, dessen sich die Natur bedient, um den Schädel in seinen

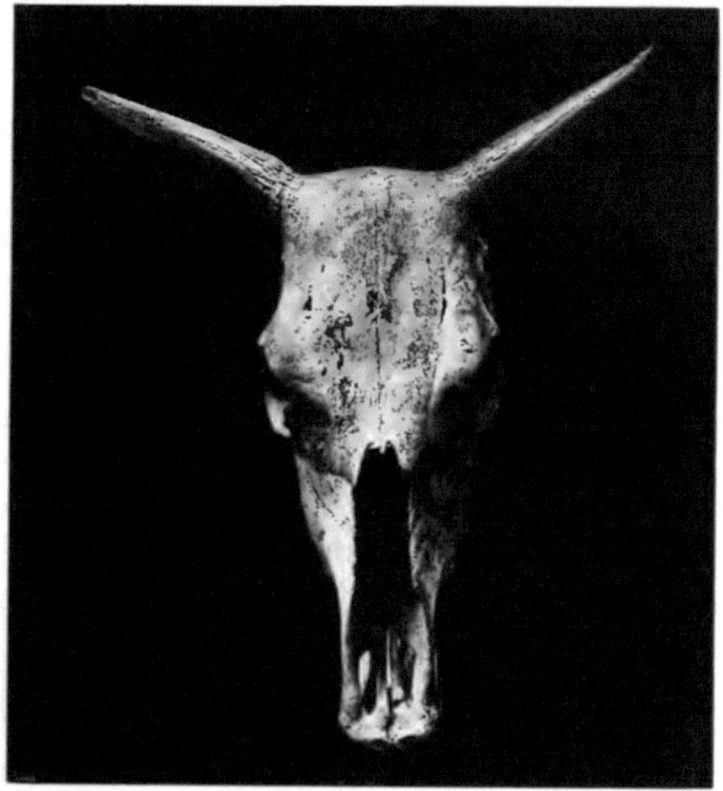

Fig. 68. Kuh der Macrocerosform des alten Ägyptens. IV. Dynastie von Abadieh.
(Flinders-Petrie-Kollektion im Britischen Museum in London. Originalaufnahme.)

Charakteren den äußerlich wirkenden Naturbedingungen anzupassen.

Aus den zwei zur neolithischen Zeit in Mittel- und Nordeuropa auftretenden Hausrinderformen konnten sich durch Kreuzung, wie leicht erklärlich, neue Bastardformen bilden, die die Merkmale der beiden Grundtypen vereint aufwiesen und je nach ihrer Beeinflussung mehr von der einen oder mehr von der anderen Stammform eine Präponderanz der einen Eigenschaft zeigten. So stellt sich denn die sogenannte Stammform von Rassen des Hausrindes, die Nilsson aus skandinavischen Fundorten als B. t. frontosus beschrieb, als eine Kreuzung zwischen der langhörnigen und der kurzhörnigen Urrasse dar, deren Rassencharaktere nur in solchen beruhen, die stets durch eine Verkleinerung des Horngewichtes hervorgerufen werden. Dieses Resultat wird übrigens noch dadurch bestätigt, daß übereinstimmende, einheitliche Typen dieser sogenannten Frontosusform sehr selten sind. Unter 85 wohlerhaltenen Schädeln von Hausrindern aus britischen und skandinavischen prähistorischen Stationen habe ich bis jetzt nur drei gefunden, auf die die von Nilsson gegebene Charakteristik vollständig paßt, davon war der eine noch das Originalstück Nilssons.

Diejenigen Rinder, die man also heutzutage gemeinhin als Frontosusrassen bezeichnet, sind deshalb als Kreuzungsprodukte zwischen B. t. primigenius und B. t. brachyceros anzusehen. Sie können sich durch Anpassung an eine der früheren Stammformen leicht verändern und außerdem wie alle anderen auch durch die lokalen Züchtungsbedingungen beeinflußt werden.

Die hornlose Form des Hausrindes trifft man in früher neolithischer Zeit noch ziemlich selten inmitten der kurzhörnigen Rinder; selbst in russischen und sibirischen Kulturschichten (Kurganen von Tobolsk), die mir zur Untersuchung übergeben wurden, fanden sich mehr kurzhörnige. Später herrscht aber die hornlose Form dieser Rinder in Rußland, Sibirien und Skandinavien vor und ist deshalb mit Recht als neue Rassengruppe, B. t. akeratos, bezeichnet worden.

Die Rassen des Hausrindes.

Die Einteilung der Rinder in gewisse Formengruppen, die als Rassen bezeichnet wurden, ist verhältnismäßig neuen Datums. Erst im 17. Jahrhundert begann, wie schon früher erwähnt, eine Unterscheidung der Haustiere in Rassen platzzugreifen, und erst mit dem 19. Jahrhundert entstand die systematische Klassifikation.

Die gebräuchlichsten der früheren Einteilungen, diejenigen von Thaer, Sturm u. a. stützen sich auf geographisch begründete Unterschiede. Weckherlin schlug zuerst eine Einteilung nach der Körperform vor. Diese Methode ward durch Rütimeyer wissenschaftlich begründet und auf die Schädelbeschaffenheit als Charakteristicum basiert. Auch Sanson hat in Frankreich die Schädelform der Tiere als Grundlage seiner Rasseneinteilung in dolichocephale und brachycephale Rassen gemacht, während Baron nur die Körpergröße, den Umriß (Silhouette) und die Proportionen des Tieres als Rassenmerkmale gelten läßt. —

Wilkens und auch H. v. Nathusius haben schon dargetan, daß sich das Rassenschema Rütimeyers nur auf ein ganz beschränktes Gebiet anwenden läßt, und schon bei einer Anwendung bloß auf die europäischen Rinderrassen nicht mehr durchführbar ist.

Rütimeyer unterschied die Hausrinder in folgende Stammrassen: B. taurus primigenius Rüt., B. t. brachyceros Rüt. und B. t. frontosus Nilsson, denen Wilkens den B. t. brachycephalus beifügte.

Auch die Einteilungsmethode Sansons läßt sich unmöglich durchführen, indem innerhalb derselben Rasse dolichocephale und brachycephale Individuen vorkommen. Marchi hat neuerdings die Schwächen dieses Systems recht ins Licht gerückt. —

Es ist nun aber dennoch feststehend, daß die Merkmale des knöchernen Schädels der Wiederkäuer die vor-

züglichsten und am wenigsten zu beanstandenden Charaktere
einer Rassenklassifikation sind. Durch meine experimentellen
und ontogenetischen Untersuchungen glaube ich nunmehr diejenigen Punkte festgestellt zu haben, nach denen eine Einteilung der Rinder sich vornehmen läßt. —

Innerhalb der nach diesen allgemeinen, anatomischen
Gesichtspunkten erhaltenen Hauptgruppen muß notwendig
die geographische Einteilung Platz greifen. Denn es
ist absolut feststehend, daß die lokalen Verhältnisse einer
Gegend auf die Gestaltung der Form und Leistung eines
Tieres einen durchgreifenden, gleichartig verändernden Einfluß ausüben. Es ist eigentümlich, daß ganz verschiedene
Arten der Haustiere und auch wilder Tiere, die unter denselben Bedingungen, dem gleichen züchterischen „Milieu"
leben, in gewissen Eigenschaften einander ähneln, welche
Ähnlichkeit einzig und allein nur auf die lokalen, geographischen Verhältnisse zurückzuführen sind.

Die größtenteils lokal bedingten Einflüsse sind zunächst
in der Ernährungsweise zu suchen. Abgesehen von der
reichen oder geringen Fütterung, hängt die Gestaltung der
Tiere von der Beschaffenheit des Futters ab, die nach Untersuchungen von S. Bieler von den Dimensionen des Terri-
toriums eines Landes, der Bodenbeschaffenheit, von
Klima und Trockenheit der Luft beeinflußt wird. So
nämlich, daß kleine Inseln im allgemeinen Säugetiere von
kleiner Gestalt beherbergen (Sardinien, Korsika, Shetland
usw.), daß kieselsäurereiche und granitische Böden dem Vieh
nicht genug Kalk zuführen können und dasselbe daher im
Wuchse zurückbleibt (Bretagne und Kanalinseln), daß endlich in feuchtem Klima die Verdunstung aus Haut und Lungen
eine geringere ist und die Masse des Tierkörpers eine größere
werden kann, als in trockenen Klimaten. —

Außerdem ist jedoch auch der Einfluß der zu jungen
Paarung, wie Adametz für manche Gegenden der österreichischen Balkanländer bewiesen hat, für die Kleinheit

und Schwäche der Konstitution mancher Viehschläge verantwortlich zu machen.

Auch der Einfluß der Inzucht kann auf die Dauer dieselben Wirkungen haben, was Nehring einleuchtend an den Grunzochsen und Wildschweinen des Berliner zoologischen Gartens erläutert hat.

In der Vereinigung dieser Faktoren finden wir die Ursache, warum das erste Vieh, das wir in Europa mit dem neolithischen, ja möglicherweise schon dem palaeolithischen Menschen zusammen vorfinden, so ungemein klein war. —

Wie sehr die Übung der Organe auf deren Entwickelung von Einfluß sein kann, ist bekannt. Besonders instruktiv ist der Fall der Schenkelausbildung bei afrikanischen oder asiatischen Reitochsen oder Trabrindern, deren Formgestaltung durchaus pferdeartig wird.

Schließlich sind solche Ähnlichkeiten auch im Haarkleide bemerkbar, und hier wiederum hauptsächlich von den geographischen, lokalen Verhältnissen bedingt, und da das Haar auf die Hornbildung der Wiederkäuer einen bedingenden Einfluß ausübt, für unsere Rassensystematik von größter Wichtigkeit. —

So sehen wir z. B. im Donaugebiet Schweine, die mit lockigem Haar bedeckt sind, Gänse, die ein lockiges Federkleid haben und Schafe mit langer lockiger Wolle und schraubenzieherartig gewundenen Hörnern. Ähnliches finden wir auch in Kleinasien in der Gegend von Angora, wo Ziege, Katze, Kaninchen und Hund dasselbe lockige, seidenweiche Haarkleid aufweisen.

Und was noch speziell die Hörner angeht, so kommen in dem abgeschlossenen, feuchten und warmen Klima der afrikanischen Seengebiete am Viktoria Nyassa, und am Tschad in den sumpfigen Gegenden Siams und Brasiliens riesenhörnige Rinderformen vor, deren übermäßiges Hornwachstum durch den Einfluß der Feuchtigkeit der Luft verbunden mit der tropischen Wärme bedingt wird.

Aber auch in der Färbung der Tiere zeigten sich geographisch bedingte Ähnlichkeiten, die von Cornevin schon teilweise signaliert wurden.

In einer so flachen, offenen, trockenen, mäßig warmen oder kühlen Gegend wie der ungarischen Pußta treffen wir alle Pferde von grauer oder fuchsiger Farbe, mit meist gelben oder weißen Mähnen, die Rinder haben eine hellgraue Färbung, die Schafe sind weiß mit rötlichen oder grauen Abzeichen, die Kaninchen weiß mit dunkeln Extremitäten, die Gänse völlig weiß.

Wenn bei gleichen topographischen Verhältnissen aber bei Vermehrung der Wärme infolge südlicherer Lage geht die Färbung in eine dunklere über, und zwar in eine rötlich fahle Erdfarbe, die wir z. B. bei den Haustieren und meisten Wildtieren der Wüstenländereien Syriens, Nordafrikas und den rötlich abgetönten Ödländereien Kleinasiens finden. —

Vergleichen wir damit nun die Berggegenden mit der so ungleichen Bodenbeschaffenheit, der verschiedenen Höhenlage, dann erkennen wir, daß sich hier überall eine noch dunkelere Färbung gelten macht, dunkeler als wir sie in den Ebenen und Tälern finden.

Zugleich tritt schon hier eine Eigenschaft auf, nämlich daß die nebelreichen Gegenden die Pigmentation in Flecken hervorrufen.

Deshalb finden wir dann auch in den feuchten und nebeligen Meeresküstenregionen und den Gegenden an großen Strömen geflecktes Vieh.

Schließlich wirkt auch noch neben der Beschaffenheit des Bodens und seiner Fruchtbarkeit die topographische Gestaltung derselben auf die Körpergröße, indem die Ebene und Steppe auf eine Verlängerung, die Gebirgsgegend auf eine Verkürzung des Typus hinarbeitet.

Dieses sind einige allgemeine Gesichtspunkte, die allerdings nicht unbedingt immer anwendbar sind, da der Einfluß des Menschen beliebige Abänderungen von diesen Regeln zu erzeugen vermag. Sie sind aber doch im großen und ganzen leicht erkennbar und dienen dazu, unser System zu einem recht natürlich begründeten zu machen.

Einige Konvenienzbegriffe müssen allerdings auch hier festgelegt werden, wie ja nichts in der Natur ist, was sich von selbst in eine menschliche Systematik füget. Es sind dies zunächst die Begriffe langhörnig (macroceros) und kurzhörnig (brachyceros). Ebensogut wie diese zwei Begriffe ließe sich noch ein dritter, mittelhörnig (medioceros) einschalten. Ich habe auch dieses versucht, ohne daß ich aber zu einer größeren Präzision in der Rassensystematik gelangt wäre. Hingegen schlage ich vor als Abgrenzung der Gruppen der lang- und kurzhörnigen Rinder, die Hornlänge von 35—40 cm für das männliche Tier zu wählen. Dabei ist natürlich für Ochse und Kuh eine größere Hornlänge möglich. Die Länge des Hornzapfens würde dann entsprechend ca. 25—32 cm sein.

Oder in der Verhältniszahl von Hornlänge zur Kopflänge beim Stiere ausgedrückt.

Langhörnige Rinder:

Hornlänge = mindestens dreiviertel der Schädellänge.

Kurzhörnige = unter dreiviertel.

Darnach stellt sich nun die systematische Einteilung der Rinderrassen wie folgt:

I. Bos taurus macroceros, Duerst.

Langhornrinder.

a) Schädelmerkmale.

Hörner meist über 40 cm lang oder mindestens $^3/_4$ der Schädellänge, mehr oder weniger schlank. Teils fast senkrecht zur Horizontalebene des Schädels gestellt, teils mehr nach vorne oder hinten gerichtet. Je nach der Richtung ist das Profil eingeknickt, oder konvex und der Schädel daher sowohl brachycephal wie dolichocephal.

b) Zootechnische Merkmale.

Meist große, starkknochige Tiere, gewöhnlich mit rauhem, langem Haar.

Sie stellen den der Stammform noch am nächsten stehenden, also den primitivsten Typus dar.

A. Europäische Rassen.
I. Die Steppenrasse.

Mit diesem Sammelnamen bezeichnet man eine ungeheuer große Zahl von Rindern, die den Osten und Südosten Europas bevölkern, sich aber auch in den Balkanstaaten und außerdem in den gewaltigen Gebieten Zentralasiens bis hinein nach China, vorfinden. Man unterscheidet je nach den Ländern ihres Vorkommens verschiedene Schläge, die zwar durch Größe und Farbe der Behaarung von einander abweichen, dagegen aber in ihren morphologischen und physiologischen Eigenschaften so viel Übereinstimmung zeigen, daß sich die typischen Formen der Steppenrasse im Gegensatze zu denen anderer Rinderrassen leicht feststellen lassen.

Das Steppenrind hat einen verhältnismäßig schmalen, nach dem Maule zugespitzten, häufig kurzen Kopf mit grobem und rundlichem Gehörn, das bald von mittlerer Länge, 40 bis 50 cm, bald sehr lang ist, bis 125 cm; Augen und Ohrmuscheln sind klein. Der Kamm ist schmal, der Widerrist hoch, der Rücken hinter demselben etwas gesenkt, die Kruppe nach hinten abfallend, der Schwanzansatz niedrig, die Brust sowohl in der Höhen- wie in der Breitenaxe erweitert, der Leib lang und etwas aufgezogen, die Hüfte breit und am Darmbeinhöcker vorstehend; die Schenkel sind häufig leer und schwach in den Hosen, die Beine verhältnismäßig lang und fein, die Hufe klein und fest; die Haut ist derb, und sie liegt fest auf ihrer Unterlage; das Haar ist grob und struppig, häufig gekräuselt und vorwiegend von heller Farbe, das Flozmaul stets bleifarbig; das Euter ist klein und die Milchdrüse schwach entwickelt; demnach ist auch die Milchgabe gering, doch ist die Milch sehr reich an Fett. Das Steppenrind ist ausgezeichnet zur Zugleistung.

Unter den Schlägen der Steppenrasse sind erwähnenswert: a) Der podolische Schlag, in dem kleinrussischen
Gouvernement Podolien, mit einer geramsten Nase, sehr

Fig. 69. Schädel eines Stieres des podolischen Schlages.
(K. K. Hof-Museum in Wien. Originalaufnahme.)

langen Hörnern, kurzer Wamme, langer und schräger Schulter, dickem und etwas gekräuseltem Haar von aschgrauer
Farbe; die Figur ist groß, und das Lebendgewicht beträgt
durchschnittlich 500—600 kg. b) Der ukrainische Schlag,

in den südrussischen Gouvernements Kiew, Tschernigow, Poltawa und Charkow, hat nach C. Freytag einen auffallend langen Kopf, der sich nach dem breiten Maule nur etwas verschmälert, ein großes und gerade aufrecht stehendes Gehörn, eine sehr dicke und derbe Haut mit hartem und glänzendem Haar von grauweißer bis aschgrauer Farbe, und eine große (bis 1,88 m Widerristhöhe) und stattliche Figur. c) Der kubanische und Tschernomorskaya-Schlag, in der ciskaukasischen Provinz Kuban und im Gebiete der kubanischen und tschernomorischen Kosaken, ist nach Freytag von Mittelgröße (1,25 m Widerristhöhe) aber äußerst kräftig gebaut und tief gestellt; der sehr breite Kopf trägt ein mittellanges und sehr starkes Gehörn; die Wamme ist auffällig stark entwickelt, und auf dem Widerrist liegt ein mäßig erhöhtes Fettpolster; die sehr dicke und derbe Haut ist mit einem im Winter sehr langem, leicht gekräuseltem und dunkelgrau oder graubraun gefärbtem Haar bekleidet. d) Der bessarabische Schlag, in dem kleinrussischen Gouvernement Bessarabien, ist nach Freytag von Mittelgröße (1,45 m Widerristhöhe), stets kräftig gebaut, etwas tiefleibig, mit breiter Brust, und von dunkelgrauer und graubrauner Farbe. e) Der kalmückische oder ordünskische Schlag, in den Steppengebieten jenseits des Don, ist nach Freytag von kleiner aber muskelkräftiger Figur; die Kühe sind meist etwas dickköpfig, mit einem mittellangen, starken und gerade aufrecht stehenden Gehörn; die Haarfarbe ist meistens einfärbig dunkelgrau oder graubraun, hin und wieder mit weißen Abzeichen am Kopfe und an den Füßen. f) Der ungarisch-siebenbürgische Schlag hat einen verhältnismäßig kurzen Kopf mit sehr langen, bei den Kühen lyraförmig gewundenen Hörnern, stark gewölbter Nase und kleinen aber vorstehenden Augen; die Wamme ist kurz, die Schulter breit und schräg stehend; der hochgestellte Rumpf ist kräftig gebaut, die Haarfarbe weiß und aschgrau. Dasselbe findet sich zusammen mit dem podolisch-moldauischen Schlage in der Bukowina, Ostgalizien und Dalmatien, in Ungarn und Siebenbürgen.

2. Die italienischen Langhornrinder.

Die italienischen Schläge wie die Razza maremmana und Razza romagnola haben eine ungewisse Ähnlichkeit mit dem ungarischen Steppenschlage. Bieler glaubt sogar aus alten Manuskripten feststellen zu können, daß ungarische Rinder um 1800 nach Italien importiert worden sind. Jedenfalls ist sicher, daß, wenn diese Rassen auch nicht erst so spät nach Italien eingeführt wurden, sie doch daselbst nicht einheimisch sind, denn zur Römerzeit kamen solche langhörnige Rinder weder nach Angaben der klassischen Autoren noch nach Bildwerken der Römer in Italien vor. Wohl aber findet sich das Bild eines solchen Langhornrindes schon auf dem Wandgemälde der Belagerung von Perugia in der Pinakothek in Perugia aus dem 14. Jahrhundert, dessen Photographie ich Prof. Marchi-Perugia verdanke. Es ist deshalb wahrscheinlich, daß vielleicht die Langobarden unter ihrer Herrschaft das Langhornrind nach Italien einführten. Die Figur der italienischen Lokalform der Steppenrasse ist sehr groß, hochbeinig, grobknochig und eckig in den Formen. Der Kopf ist lang und schmal und mit kräftigen, langen Hörnern versehen. Der Widerrist ist erhöht und der Rücken dahinter eingesenkt; die Hüfte ist schmal, der Brustkorb eng. Die Haut ist derb, hart und wenig verschiebbar; das dicke, etwas struppige Haar ist von blaugrauer bis weißer Farbe. Das Vieh ist ausgezeichnet zur Arbeit, aber wenig geeignet zur Mast und zur Milchproduktion.

3. Die portugiesischen Langhornrinder.

Die portugiesischen Landschläge sind, sofern sie nicht neuerdings importiert sind, alle langhörnig. Moraes unterscheidet den Minhota- oder Gallegaschlag in der Gegend zwischen Minho und Douro bis nach Galizien, den Barrozaschlag in der Gegend von Barrozo und Boticas, den Alemtejana-Schlag in der Provinz Alemtejo und den Algarvia-Schlag als die langhörnigsten.

Weniger langhörnig ist der Mirandezaschlag aus der Provinz Traz-os-Montes.

Der Arouqueza-Schlag aus der Umgegend von Aveiro im Tale der Vouga und die Kampfrasse von Ribatejo aus dem Tale des Tejo, die die Stiere zu den Stierkämpfen liefert.

Die Farbe dieser portugiesischen Rassen ist meistens rot, Flozmaul und Schleimhäute, wie beim Steppenvieh bleifarbig. Die Hörner haben die Tendenz zur Vorwärtsrichtung, dadurch tritt eine Schwerpunktsverlegung ein und das Profil wird meistens schwach konkav, der Schädel brachycephal.

Sämtliches portugiesisches Rindvieh ist sehr wenig geeignet zur Milchproduktion.

4. Die spanischen Langhornrinder

sind nach Prieto y Prieto dieselben wie in Portugal, so wird z. B. hauptsächlich in den spanisch-portugiesischen Grenzgebieten der Barrozaschlag gehalten und im Innern Spaniens die Kampfstierzuchten (Raza brava), von denen eine Menge von Stämmen mit eigenen „Gestütsmarken" existieren.

5. Die französischen Langhornrinder.

Den vorgenannten portugiesischen und spanischen Rinderschlägen stehen die französischen Pyrenäenschläge am nächsten. Es sind dies die Races basquaise und béarnaise, Sansons, welche sich besonders in den Tälern von Aspe, von Ossau und Baretons vorfinden. Es sind mittelgroße (1,30—1,35 m), grobknochige Tiere von lebhaftem und zum Teile wildem Temperament, die sich vorzugsweise zur Arbeit eignen, für die Milchproduktion aber wenig leisten. Der Schlag von Lourdes im Departement Hautes-Pyrénées, insbesondere im Tale von Argelès, besitzt kleine gedrungene Figuren und einen langen, etwas schweren Kopf mit langen,

wenig abgeplatteten und nach vorn gebogenen Hörnern. Der
Schwanz ist etwas hoch angesetzt und die Haarfarbe hellgelb. Die Kühe sind gute Milcherinnen.

Außerdem gehören hierher die langhörnigen Schläge
der Auvergne, von denen besonders derjenige von Salers
oder von Cantal nach Sanson zu nennen ist. Diese Rasse hat
ihre Heimat in der alten Provinz Auvergne, in den heutigen
Departements Cantal und Puy-de-Dôme. Die Figur ist groß
und starkknochig. Der Kopf der Stiere ist sehr breit, während die Kühe einen langen und schmalen Kopf besitzen.
Der Rumpf ist lang und zylinderförmig, die Beine sind etwas
hoch. Die Hörner sind lang, walzenförmig und seitwärts gekrümmt; sie sind von hellgelber Farbe mit grauen Spitzen
und sie lassen bei einzelnen Tieren (besonders Stieren) die
Blutgefäße durchscheinen.

Die Haarfarbe ist rotbraun und häufig getalert, die
Haare selbst sind meistens gekräuselt, das Flozmaul ist fahlrot. Dieser Schlag ist ausgezeichnet zur Arbeit, aber nur
mittelmäßig für Fleisch- und Milchproduktion.

Ferner kann die Rasse der Vendée genannt werden,
die nach der Meinung Sansons der direkte domestizierte
Nachkomme des Bos primigenius sein soll. Diese Rasse gehört zu den großen. Die Widerristhöhe schwankt zwischen
1,45 und 1,35 m. Dieser Schlag ist von schwerem Bau mit
dicker Haut. Flozmaul, Hornspitzen und Klauen immer
schwarz gefärbt.

Die Haare sind immer einfarbig, aber verschieden gefärbt vom hellsten Gelb bis zum dunkelsten Fahlgelb. Um
Muffel und Augen findet sich immer ein weißer Rand.

Dieser Schlag findet sich in der ganzen Gegend von der
Mündung der Loire und der der Gironde bis zu den Cevennen.

In der Gegend der Sümpfe von St. Gervais und St. Louis
erhält der Schlag eine dunkelere, braune, Färbung, die nach
Sanson auch bei hellen Tieren eintritt, sobald dieselben in
dieser Gegend leben. —

Dieser Schlag ist sowohl für Arbeitsleistung als auch für Mast und Milch (Butter) ziemlich geeignet. —

Schließlich müssen wir noch des Rindes der Camargue Erwähnung tun, das sich in halbwildem Zustande, nur von wenigen berittenen Hirten gehütet in den sumpfigen Ebenen des Rhonedeltas herumtummelt.

Die Farbe dieses Schlages ist dunkelrot bis schwarz. Schwarz ist auch das Flozmaul und sind auch Hörner und Klauen. Die kleinen Tiere (höchstens 1,30 m hoch) haben aber relativ lange, dünne Hörner. —

6. Die englischen Langhornrinder.

Der ursprüngliche Typus der englischen Langhornrinder dürfte in dem schottischen Hochlandvieh zu suchen sein, das seinerseits wieder eine vollständige Übereinstimmung mit der französischen Rasse der Auvergne aufweist, nur daß es kleiner ist als jene.

Schädel dieser Tiere finden sich schon in den Pfahlbauten Englands. Diese Rasse ist also schon sehr alt. Der Schädel ist kurz und breit, die Hörner sehr lang und hellgefärbt, meist mit dunkeln Spitzen.

Das Haar ist rauh, gekräuselt und lang, von gleichmäßig schwarzer, rötlicher oder grauer Farbe. Der Nutzen ist ein nur geringer. Diese Rinder finden sich in Schottland und den Hebriden.

Als Lokalform dieses Schlages müssen die Rinder der Gebirge von Wales, die Kyloes oder Runts aufgefaßt werden, die lange, gelbe Hörner mit schwarzen Spitzen und eine schwarze Haarfarbe besitzen.

Eine weitere Varietät, die ursprüngliche „Longhorn"-Rasse, war nach Youatt seit undenklichen Zeiten über ganz Irland und die westlichen Teile Englands verbreitet und aus diesem Material bildete Bakewell dann seine einst so berühmte Dishley-Zucht heran. Die Longhorns werden aber jetzt mehr und mehr durch die Shorthorns oder den Durham-Schlag verdrängt, wenn ich auch bei einer zootechnischen Studienreise durch England denselben, besonders im Süden, noch häufig begegnete.

Die Hauptfarbe dieser Rinder ist schwarz und braun, meist mit einem hellen Aalstrich längs des Rückens, die Hörner sind lang, seitwärts oder abwärts gerichtet. Die Tiere gelten als gut zer Arbeit, geringer zur Mast und Milch.

Fig. 70. Kuh der Schottischen Hochlandrasse.

Bakewell schuf aus diesem Stamm Rinder mit dicker, weicher Haut und vorzüglicher Mastfähigkeit. Die Haarfarbe der alten Dishleyzucht war braunrot und weiß gestriemt oder getigert.

B. Asiatische Langhornrinder.
1. Die Steppenrasse.

Die vorerwähnte Steppenrasse bevölkert auch den ganzen Strich von Persien, Turkestan bis nach China.

2. Die Rasse von Cochinchina und Siam.

Diese Tiere sehen der genannten Steppenrasse vollkommen ähnlich. Die Farbe ist grau bis fahl, das Flozmaul dunkelgefärbt; gewöhnlich ist ein heller Aalstrich über den ganzen Rücken vorhanden. Die Tiere sind groß bis mittelgroß und haben größtenteils einen etwas erhöhten Widerrist, wenn nicht einen Buckel. Die Hörner sind genau so gerichtet wie diejenigen der Steppenrasse.

3. Die langhörnige indische Rasse.

Hier ist zunächst die Form des indischen Götterrindes zu nennen, das gewöhnlich in der Flucht der Stirne nach oben und hinten gerichtete Hörner besitzt, infolge deren die Stirne konvex wird. Es kommen jedoch auch abweichende Typen vor, die ganz den siamnesischen Rindern gleichen. Die Hornrichtung ist wohl künstlichen Ursprunges. Die Färbung ist ebenfalls hellgrau oder fahl. Ein Fettbuckel ist ausgebildet.

Hodgson hat aus Nepal den Schädel eines langhörnigen Rindes mitgebracht, der im britischen Museum deponiert ist und eine auffallende Ähnlichkeit mit den europäischen Langhornrindern besitzt.

Die asiatischen Langhornrinder finden hauptsächlich als Arbeitstiere Verwendung, wobei die indischen und siamnesischen Rinder sogar zum Trabfahren benutzt werden.

C. Afrikanische Langhornrinder.

Dieselben lassen sich allgemein einteilen in:

1. Die Langhornrinder des Nilgebietes.

Der Typus derselben, wie überhaupt derjenige der Langhörner Afrikas, ist in dem langhörnigen Rinde der alten Ägypter zu suchen, über das ich anderorts berichtete und von dem ich weiterhin noch manches mitzuteilen haben werde. Die alte Langhornrasse ist durch Seuchen in Ägypten gänzlich ausgerottet. Erst oberhalb Kordofan, bei den Hassanieh finden wir zum erstenmal das Langhorn wieder, das in ungeheueren Herden die Steppen bevölkert. Es ist ein großes Tier, im Dar Sennar meist hell, bei den Hassanieh dunkeler gefärbt. — Bei allen afrikanischen Langhornrindern kann ein Fetthöcker vorkommen, wie dies beim indischen Zebu

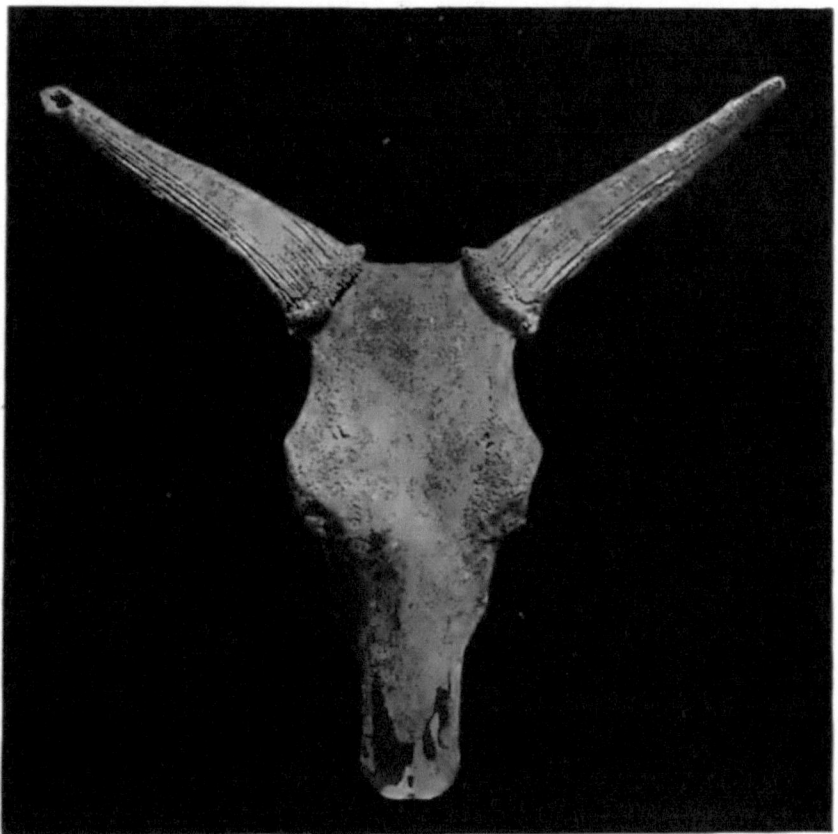

Fig. 71. Schädel eines Apisstieres.
(Museum in Gizeh. Photographie von Dr. Sarasin.)

der Fall ist. Es variiert derselbe aber stark in der Größe, oft ist derselbe gar nicht, oft sehr ausgebildet vorhanden.

Das Langhornrind findet sich dann ferner in Abessinien, wo man an der geringeren Horngröße und der dunkleren

Färbung einen Bergschlag gegenüber dem Schlag der Ebenen unterscheidet.

Der Zusammenhang dieser Rinder mit den Langhörnern des äquatorialen Seengebietes fehlt an der Küste; er wird jedoch im Innern des Landes durch die langhörnigen Rinder

Fig. 72. Reit-Ochse der Hereros.
(Zoologischer Garten in Berlin. Originalaufnahme.)

von Süd-Darfur und der Lango hergestellt. Im ganzen Seengebiet finden wir ein langhörniges Rind. Es ist meist buckellos und sehr mastfähig, von grauer oder fahler Farbe. Alle diese Rinder werden als Wahuma- oder Watussirinder bezeichnet, nach dem hamitischen Volke, das die Region der Seen bewohnt.

2. Die südafrikanischen Langhornrinder.

Wenn wir die Mündung des Sambesi mit derjenigen des Cunene, dem nördlichen Grenzflusse von Deutsch-Südwestafrika durch eine Linie verbunden denken, dann beherbergt alles Land, was südlich davon liegt, langhörnige Rinder in großen Herden, die allerdings neuerdings durch Seuchen schwer gelitten haben.

Das Rind des Kontinentes ist hier gewöhnlich buckellos und sehr häufig gefleckt oder sonst wie mit bunten Zeichnungen versehen.

In Madagaskar findet sich ebenfalls ein langhörniges Rind, das aber meist einen starken Fettbuckel besonders beim männlichen Tiere aufweist, und gewöhnlich eine dunkele Färbung besitzt.

Die Herero sind die bedeutendsten Viehzüchter des westlichen Südafrikas. Ihre Rinder, deren Hörner schlank aber ungemein lang sind, werden sowohl zu Milch- und Fleischproduktion als auch zum Reiten verwendet.

3. Die Senegambischen oder Fulbenrinder.

Schon in Sierra Leone kommt eine Rasse mit sehr langen Hörnern vor, die sich besonders in Senegambien vorfindet und hell- bis dunkelgrau gefärbt ist. Im Innern des Kontinents finden wir eine ununterbrochene Verbreitungszone des Langhornrindes bis nach Darfur und dem Sudan. Für seine Verbreitung sorgt hauptsächlich der das Land von West nach Ost durchziehende Völkerstamm der Fellata oder Fulbe.

In den Seegebieten finden sich überall riesenhörnige Formen, die infolge der lokalen Einflüsse des Klimas entstehen. Es kommen dieselben an allen afrikanischen Seen der heißen Zone, am Viktoria und Albert Nyassa, am Zuai und Tschadsee. Ähnliche riesenhörnige Formen finden sich auch in der brasilianischen Provinz San Paolo und in Siam.

D. Amerikanische Langhornrinder.

Die gegenwärtig in Südamerika und Zentralamerika vorkommenden großen verwilderten Rinderherden, die in
früherer Zeit noch eine weit umfassendere Verbreitung selbst

Fig. 73.   Ochse der Watussis.
(Zoologisches Museum in Berlin.   Originalaufnahme.)

auf die westindische Inselwelt besaßen, stammen von den
gleich nach der Entdeckung Amerikas von Spanien und Portugal aus importierten Rindern her. Die ersten Rinder wurden
1531 von Kap Verde und San Vincente aus importiert. Es
waren meist Langhornrinder, und so ist denn auch der ameri-

kanische Stamm der spanisch-portugiesischen Rinder zu der Form der Langhornrinder gehörig.

II. Bos taurus brachyceros Rütimeyer.

Kurzhorn-Rinder.

Hornlänge: unter $^3/_4$ der Schädellänge, meist unter 35 cm beim Stier.

Schädelmerkmale. Mit der Verkürzung der Hörner geht auch eine Verringerung der Streckung der Zwischen-hornlinie Hand in Hand. Die Bildung dieses Stirn- oder Hinterhauptwulsts findet gewöhnlich beim weiblichen Tiere in stärkerem Maße statt als beim männlichen, dennoch hängt dies vollständig von der Größe und Richtung der Hörner ab.

Zootechnische Merkmale. Entsprechend der Kurz-hornigkeit dieser Tiere ist auch die Beschaffenheit von Haut und Haar gewöhnlich feiner und kürzer.

A. Europäische Kurzhornschläge.

1. Niederungsrassen.

Das Rindvieh Belgiens läßt sich ganz allgemein ein-teilen in:

1. Den sog. einheimischen Schlag, der sich in Hesbaye, Brabant, Hainant, Flandern und einen Teile von Limburg findet. Dieser Schlag schließt sich dem holländischen Vieh nahe an. Er ist mittelgroß, grau- oder schwarzscheckig. Seine Milchergiebigkeit wird gerühmt.

2. Die Vlämische Rasse, die sich in den spezifisch bel-gischen Schlag von Furnes-Ambacht, und die auch in Frankreich verbreitete eigentliche Flamländische Rasse teilt.

Der Schlag von Furnes-Ambacht findet sich in den reichen Poldern von Ostende bis zur französischen Grenze bei Dünkirchen. Der Name kommt von dem Bezirk und Stadt Furnes-Ambacht in Westflandern. Nahe verwandt mit dem holländischen Vieh, erscheint er etwas kleiner und breiter, mit gut abgerundetem Leibe und starken Knochen.

Der Kopf ist kürzer und etwas breitmäuliger als bei den Holländern. Die Haarfarbe ist vorwiegend schwarzscheckig, doch kommen auch braune und braunscheckige Tiere vor. Die Milchergiebigkeit wird gerühmt und die Mastfähigkeit gelobt.

Die Flamländer Rasse finden wir sowohl in Frankreich, wie in Belgien. Sie ist von braunroter Farbe mit oder ohne weiße Abzeichen. Besonders ist der Schlag von Cassel in Belgien beliebt, da dieser als besonders milchreich gilt. Aber auch alle anderen Varietäten der Flamländer Rasse sind sehr milchergiebig. Der Kopf ist mittelgroß und fein, die Hörner auswärts gebogen und vorne emporgekrümmt. Der Hals ist schmal mit mittelgroßer Wamme. Der Widerrist bei den Kühen oft spitz, beim Stiere kräftig. Die Rückenlinie meist gerade. Rippenwölbung nur schwach, auch Kreuz und Lenden könnten kräftiger sein. Die Gliedmaßen sind durchschnittlich schwach bemuskelt und entwickelt, und die Haut ziemlich derb.

3. Weniger wichtige Schläge Belgiens sind der Ardenner-Schlag, südlich von den Städten Lüttich und Namur und im Herzogtume Luxemburg. Er ist ähnlich dem flamländischen Vieh und von schwarz-weißer Haarfarbe; er liefert mittelgutes Milchvieh von eckigen und unschönen Formen und von geringer Mastfähigkeit.

4. Schließlich ist noch die Rasse der Campine zu nennen, die von kleinen, armseligen, eckigen rotgefärbten Tieren gebildet wird. Wenn diese Tiere jedoch den mageren Sandboden der Campine verlassen und in fruchtbare Gegenden gelangen, können sie sehr groß und stattlich werden. Zu der Campinerrasse gehört auch der Limburger Schlag. Derselbe ist nur ein modifiziertes Holländervieh, gar sehr dem Drentheschen Vieh Hollands ähnelnd, das gleichfalls auf dem Sandboden seiner Heimat verkümmert, in besseren Verhältnissen merkwürdig emporwächst. Das Limburgervieh ist ziemlich klein, hat einen schweren Kopf mit ziemlich starken Hörnern. Hals schmal, Brust eingeschnürt. Die Milch-

ergiebigkeit ist ziemlich gut bis gering, ebenso auch die Mastfähigkeit, je nachdem der Boden mehr oder weniger sandig ist.

Die Farbe ist schwarzscheckig.

Die Schläge in Holland — insbesondere in den Provinzen Groningen, Friesland, Nord- und Süd-Holland — gehören zu den größten und schwersten Marschviehschlägen, unter welchen der „Amsterdamer" den ersten Rang einnimmt. Sehr merkwürdig ist nach G. J. Hengeveld die Entwicklung des ganzen Hinterteiles, der breiten Hüften, der lateralen Darmbeinhöcker und der Gesäßknorren, wodurch die Oberfläche des Kreuzes ein beinahe vollkommenes Viereck bildet. Die breite Lende und der große Bauch mit dem umfangreichen Euter geben dem Hinterteile einen bedeutenden Umfang. Die Farbe des Haares ist bunt, mit mehr weißen als schwarzen Flecken. Der jährliche Milchertrag beträgt 3500 bis 4400 l, wovon jährlich 200 bis 250 kg fetter Käse und 10 bis 20 kg Butter gewonnen werden. Das Lebendgewicht fettgeweideter Ochsen beträgt 1000 bis 1235 kg, die Widerristhöhe bis 1,45 m. Nächst den „Amsterdamern" gehören die „Witkoppen" (Weißköpfe) in der Provinz Groningen, die Friesen und die Seeländer zu den milchreichsten Schlägen Hollands.

Der Clever-Schlag, im nordwestlichen Teile des preußischen Regierungsbezikes Düsseldorf, kommt nach H. Werner in seinen Eigenschaften den Holländern im ganzen sehr nahe, nur sind, den veränderten Verhältnissen entsprechend, die Tiere leichter als der schwere Marschschlag Hollands, etwas weniger milchergiebig, gröber in Haut, Haar, Knochen und Hörnern.

Der ostfriesisch-oldenburger Schlag ist ähnlich dem friesisch-groninger Schlage, im allgemeinen aber noch kräftiger und grobknochiger; der Kopf ist etwas kürzer und breiter, der Hals stärker und kürzer, das Gehörn stärker und länger als bei jenem. Die Oldenburger eignen sich mehr für Milchproduktion, die Ostfriesen mehr zur Mastung. Ähnlich dem Oldenburger ist der aus ihm hervorgegangene Birkenfelder-Schlag in der oldenburgischen Enklave an der Nahe. Die Farbe dieser Schläge ist meistens schwarzbunt, doch findet man in Ostfriesland auch viel rotbuntes und blaubuntes Vieh.

Die schleswig-holsteinischen Marschschläge sind durchschnittlich von etwas kleinerer Figur als die ostfriesisch-oldenburger. Man unterscheidet vier Marschschläge in Schleswig-Holstein: den Eiderstedter-Schlag nördlich der Eider bei Tönning, den Ditmarscher-Schlag zwischen der Eider und der Mündung der Elbe, den Wilstermarsch-Schlag nordwestlich vom Flüßchen Stör, und den Krempermarsch-Schlag, südöstlich von diesem Flüßchen; in der Krempermarsch liegt der Flecken Breitenburg, in dessen Umgegend das beste Milchvieh der holsteinischen Marsch gezüchtet wird; auch der Wilstermarsch-Schlag eignet sich gut zur Milchproduktion, während der Eiderstedter- und Ditmarscher-Schlag besser zur Mastung ist. Die Körperform der schleswig-holsteinischen Marschschläge ist im allgemeinen kürzer und gedrungener als die der holländer und ostfriesisch-oldenburger Schläge, was auf die Durchkreuzung jener mit Shorthornblut zurückzuführen ist. Namentlich ist der Kopf kürzer und breiter, der Hals gedrungener, die Brust breiter und tiefer, der Brustkorb gewölbter und der Schenkel voller als bei den Holländern. Das durchschnittliche Lebendgewicht ist 450 bis 600 kg. Die vorherrschende Haarfarbe ist Rotbunt.

Ähnlich den schleswig-holsteinischen sind die Schläge auf den hannoverschen und hamburgischen Elbmarschen.

Der Danziger-Niederungsschlag, auf den Marschen an den Ausflüssen der Weichsel und der Nogat, ist ganz ähnlich den Holländer-Schlägen, von welchen jener abstammt. Der Kopf ist meistens licht, der Hals ohne Wamme, der Rücken ziemlich gerade, die Breite der Hüften und die Wöl-

bung der Rippen ist gering, das Euter tief und voll, die
Hinterbeine sind häufig eng gestellt (kuhhessig). Die Haar-
farbe ist vorherrschend schwarz oder schwarzbunt gefleckt.
Die Milchergiebigkeit ist gut.

Der Normänner-Schlag in der französischen Normandie (in den nordwestlichen Departements la Manche, Calvados,

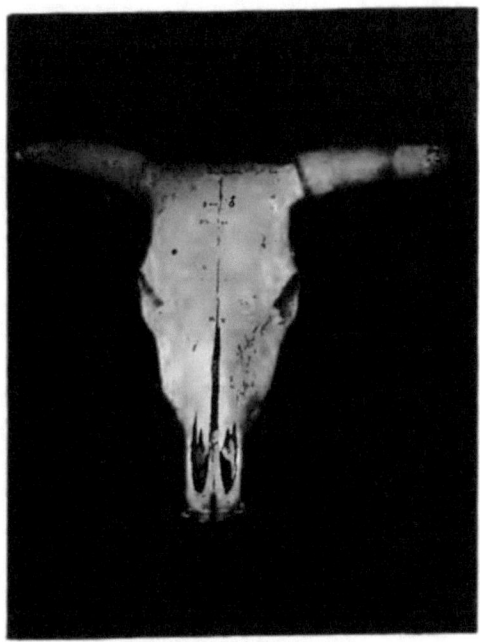

Fig. 74. Stier des Bretagner Schlages.
(Museum in Paris.)

Eure und Orne) ist groß und schwer und von ähnlicher
Körperform wie die holländer und oldenburger Marschschläge. Der Kopf ist kurz und breit, der Hals kurz und
dick, der Widerrist breit, der Brustkorb gut gewölbt, das
Gestell sehr kräftig. Die besten Stämme der Normänner sind
mit Shorthorn-Blut gekreuzt. Die Haarfarbe ist weiß und
braun mit schwarzen Streifen (getigert).

Der Flamländer Schlag wurde schon anläßlich der belgischen Schläge besprochen.

Der Bretagner Schlag hat einen gedrungen Körperbau, feine aber derbe Knochen, eine dünne, feine und leicht verschiebbare Haut mit feinem schwarzscheckigen Haar. Das Euter ist meist wenig entwickelt, doch wird die Milchergiebigkeit der Bretagner Kühe gerühmt. Dieses Rind, von sehr kleiner Figur (durchschnittlich 1,10 m Widerristhöhe), ist verbreitet in den Departements Morhiban, Finistère und Côtes du Nord.

Von den dänischen Landschlägen ist das Rotvieh und der jütische Schlag bekannt, der auf den schleswigschen Marschen häufig gemästet wird; er ist kaum von Mittelgröße, ähnlich den schleswig-holsteinischen Geestschlägen, aber höher auf den Beinen und von eckigen Formen. Die Haarfarbe des letzteren ist grauschwarz und weiß. Die Mastfähigkeit ist rühmenswert. —

Die schleswig-holsteinischen Landschläge umfassen das sogenannte Geestvieh auf dem Mittelrücken des Landes und an der Ostseeküste. Es sind kleine bis mittelgroße Tiere von eckigen Formen und feinen Gliedern, ausgezeichnet zur Milchproduktion. Der berühmteste Schlag ist der in der schleswigschen Landschaft Angeln; er ist kaum von Mittelgröße und hat schöne Formen. Die Haarfarbe ist rot und kastanienbraun. Bei einem mittleren Lebendgewicht von etwa 400 kg geben die Kühe durchschnittlich 3000 l Milch jährlich. Der Tondernsche Schlag steht in Körperform und Nutzung dem Marschvieh näher; er ist von rotbunter Farbe. Der Haderslebener-Schlag im nördlichen Schleswig ist der kleinste der dortigen Geestschläge und von grau- und fahlbunter, mitunter auch von blaubunter Farbe. Der Bramstedter-Schlag im südlichen Holstein ist klein und von rotbraunbunter Farbe und er liefert gutes Melkvieh.

Der Ayrshire-Schlag in der schottischen Grafschaft Ayr ist dem Angeler-Schlage ähnlich und wie dieser von

Mittelgröße. Der kleine Kopf ist verhältnismäßig lang und schmal, der Hals kurz, der Rücken gerade, der Brustkorb schön gewölbt, die Hüfte breit, die Schenkel sind voll und gut behost, die Beine niedrig und feinknochig. Die Haut ist von mäßiger Dicke, leicht verschiebbar und elastisch, das Haar fein und von rotbunter Farbe, das Flozmaul fahlrot,

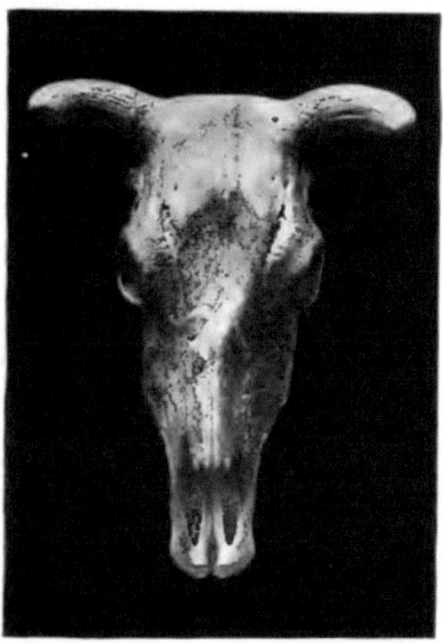

Fig. 75. Brachycerosstier aus der Bronzezeit Irlands.
Pfahlbau bei Loughour, Limerick.
(Britisches Museum in London. Originalaufnahme.)

häufig grau gefleckt. Die Ayrshires liefern ausgezeichnete Milchkühe, die jährlich bis 4000 l fettreiche Milch geben; sie sind durch ganz Schottland und England verbreitet. Der von den britischen Kanalinseln stammende Guernsey-Schlag ist von Mittelgröße; der Kopf ist lang, der Rumpf von eckigen Formen, die Beine sind hoch und grobknochig. Das Gehörn ist klein und fein, die Haut fein und weich, das

Haar gelb- und rotscheckig, das Flozmaul ziegelrot. Die Guernseys sind ausgezeichnet zur Milchproduktion.

Die Krone der britischen Rindviehzucht bildet der Durham- oder Shorthorn-Schlag. Die Rumpfform der Shorthorns ist die eines Parallelogrammes. Der Hals ist kurz, der Rücken fast vollkommen gerade und sehr breit, der Schwanzansatz tief und breit, die Bauchlinie fast wagerecht, die Vorbrust mächtig entwickelt, aber der Brustkorb häufig flachrippig. Kopf und Beine sind kurz und feinknochig; die feinen und kurzen Hörner krümmen sich bogenförmig nach aufwärts. Die Haut ist sehr dick, weich und elastisch und das feine kurze Haar ist vorwiegend von heller Farbe, d. h. Milchweiß, Isabell, Rotschimmel und Rotscheck. Die rotfleckigen Stämme sind noch recht gut zur Milchproduktion, aber die Mehrzahl der Shorthornkühe gibt nur wenig Milch. Dagegen liefern sie das vorzüglichste Mastvieh mit vorwiegender Fettproduktion. Der ursprünglich in der Grafschaft Durham heimische Shorthorn-Schlag stammt von dem dortigen, ursprünglich wohl der Niederungsrasse angehörenden Landvieh, welches durch sorgfältige Zuchtwahl und gute Pflege die heutige frühreifste Kulturform des Rindes erlangt hat.

2. Bergrassen.

1. Die gefleckte Alpenrasse hat ihre Heimat in der westlichen und nördlichen Schweiz, hauptsächlich im Kanton Bern. Die Rasse ist durchschnittlich groß und schwer und von starkem Knochenbau. Der Kopf ist breit und verhältnismäßig kurz, die gewölbte Stirn sehr breit zwischen den Hörnern, und sie überragt die Hinterhauptfläche mit einem starken Wulst. Die Hörner sind von mittlerer Länge, etwas abgeplattet und abwärts, seitwärts und aufwärts gekrümmt. Die Ohrmuschel ist sehr breit und inwendig mit langen Haaren besetzt. Die großen Augen stehen seitwärts. Der Hals ist kurz und dick und mit langer Wamme versehen. Der Rumpf

ist verhältnismäßig kurz und das Vorderteil mehr entwickelt als das Hinterteil. Die Vorbrust ist breit, die Schulter breit und muskulös, häufig etwas steil gestellt. Die Rippen sind meistens gut gewölbt und die Flanken geschlossen. Der Bauch ist wenig ausgedehnt, das mittelgroße Euter an den Leib gut angeschlossen. Der Widerrist ist breit und etwas erhöht, der Rücken gerade, das Kreuz etwas erhöht über der Rückenlinie, der Schwanzansatz hoch, der Schwanz dick, in einer langen Quaste endend. Die Hüfte ist meistens breit und die Kruppe breit und rund; die Schenkel sind voll und gut besetzt, die Beine kräftig und gut gestellt, die Sprunggelenke breit. Die Haut ist dick und weich, leicht verschiebbar und mit dickem und kurzem, bei Stieren an Kopf und Hals häufig gekräuseltem Haar besetzt. Die Haarfarbe ist rot-, gelb- und schwarzfleckig, mit weißen Abzeichen an Kopf und Füßen; selten sind einfarbig rote und gelbe Tiere. Die Größe ist verschieden nach den Kulturverhältnissen. Die Milchproduktion ist gewöhnlich geringer als die der einfarbigen Alpenrasse; sie kann bei den Simmentalern aber auch bis über 3000 l jährlich betragen.

Der gefleckten Alpenrasse gehören folgende Schläge an.

a) Der Simmental-Saanen-Schlag, in den gleichnamigen Tälern des westlichen Teiles vom Kanton Bern, ist der größte und schwerste dieser Rasse; die Widerristhöhe erreicht 1,5 m und das Lebendgewicht im nichtgemästeten Zustande 750 kg. Man unterscheidet einen kurzköpfigen, feinhäutigen, grobknochigen und hochschwänzigen Schlag von rotbunter Farbe, der mehr zur Milchproduktion geeignet ist, und einen langköpfigen, dickhäutigen und feinknochigen Schlag von gelbbunter Farbe, der ebensowohl milchreich wie mastfähig ist.

b) Der Frutig-Adelbodener-Schlag, im Kander- und Engstligentale des Kanton Bern, ist kleiner und leichter als der vorige, aber gedrungener gebaut und tiefbeiniger. Farbe rotbunt.

c) Der Jura-Schlag ist der kleinste der Berner-Schläge, von mehr eckigen und knochigen Formen. Ihm ähnlich und auch von rotbunter Farbe sind die kleinen Viehschläge im waadtländischen Bezirke Ormond, im Walliser Illiertale und am Lötschen-Paß in Ober-Wallis.

d) Der Freiburger-Schlag im schweizerischen Kanton Freiburg ist groß und schwer, in der Form ähnlich dem rotbunten Simmental-Saanenschlage, aber von schwarzbunter

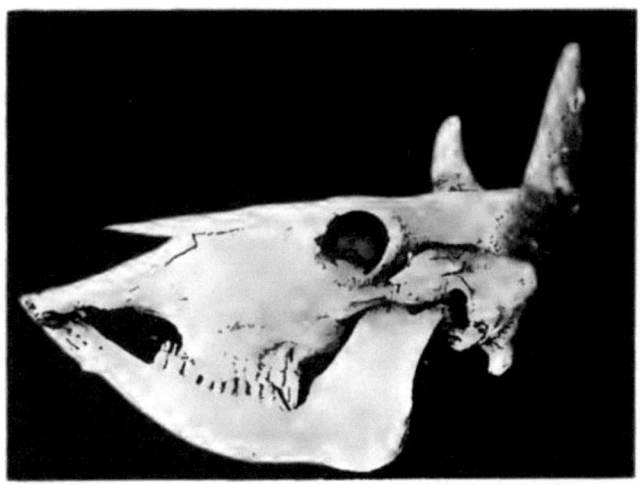

Fig. 76. Stier der Simmentalrasse. Von der Seite gesehen.
(Museum in Paris.)

Farbe. Die Milchergiebigkeit dieses Schlages ist sehr rühmenswert.

Als Abkömmlinge der obengenannten Berner Schläge sind erwähnenswert: der Miesbacher-Schlag in Oberbayern und der Meßkirchner-Schlag im Großherzogtum Baden. Das Bernerblut ist vielfach verwendet zur Bildung deutscher und französischer Landschläge, die wir unter den Landschlägen kennen lernen werden. —

Der englische Hereford-Schlag hat in der Körperform große Ähnlichkeit mit dem verbesserten Simmentaler-

Schlage. Der Kopf ist sehr breit in der Stirn, welche an ihrem hinteren Rande dachförmig in die Hornwurzel abfällt. Das Hinterteil ist sehr breit, der Schwanzansatz tief, die Schenkel sind voll und abgerundet, die Beine niedrig und feinknochig. Die Haut ist dick und weich und die Haarfarbe rot oder kastanienbraun, von großen weißen Flecken unregelmäßig unterbrochen; der Kopf ist meistens ganz weiß, das Flozmaul hellrot, Hörner und Klauen sind gelb. Die Herefords sind ausgezeichnet zur Mast und sie stehen in bezug auf Fleischproduktion auf erster Stufe. Nicht minder ausgezeichnet durch Mastfähigkeit ist der Sussex-Schlag, der nur von Mittelgröße, aber sehr gedrungen gebaut und und den Devons in der Körperform ähnlich ist. Die Schenkel sind kräftig entwickelt und voll, die Haut ist dick und weich. Die Haarfarbe ist gleichmäßig kastanienbraun.

Die zweite Gruppe umfaßt folgende Schläge: den Charolais-Schlag in der Charolaise (dem westlichen Teile des Departements Saône-et-Loire) und in den mittleren Teilen von Frankreich. Die Körperform der Charolaisen ist sehr gleichmäßig und sehr ähnlich der Shorthorn-Form. Der Rücken ist durchaus gerade, das Hinterteil abgerundet und voll (die sogenannten Hosen übertreffen an Fülle die der Shorthorns), der Schwanzansatz breit und niedrig. Die Brust ist sehr breit, die Schulter voll und der Brustkorb gut gewölbt. Der Kopf mit dem feinen und kurzen Gehörn ist verhältnismäßig klein, und die Beine sind niedrig. Die Haut ist etwas dick, aber weich und mit feinem und kurzem Haar besetzt von Isabellfarbe. Die Milchproduktion ist nur gering, aber die Mastfähigkeit ist vorzüglich; die Charolaisen bilden das beste Mastvieh Frankreichs, und sie stehen den englischen Shorthorns kaum nach; auch ihre Arbeitsleistung wird gerühmt. Ähnlich dem Charolaiser- ist der Limousiner-Schlag in dem Departement Haute-Vienne; nur sind die Limousiner etwas kleiner und ihre Haarfarbe ist hellgelb; sie sind ausgezeichnet zur Arbeit, und ihre Frühreife und Mastfähigkeit wird gerühmt. Von ähnlicher gedrungener Körperform, aber etwas heller in der Haarfarbe ist der Femelin-Schlag in den Departements Doubs, Haute-Saône, Jura und Ain, also im östlichen Frankreich zunächst der Schweizer Grenze. Die Femelin-Kühe haben feinere Formen, einen kleineren Kopf, kürzere Beine und eine feinere weiche Haut als die beiden vorerwähnten Schläge, und sie eignen sich besser zur Milchnutzung.

Der Schlag von Mezenc hat seine Heimat am Cevennen-Gebirge in den Departements Ardèche, Haute-Loire und einem Teile der Loire. Die Körperform und die hellgebe Farbe dieses Schlages ist ähnlich der des Femelin-Schlages. Der Mezenc-Schlag hat einen schweren Kopf, große Hörner, eine dicke Haut und einen kräftigen Knochenbau. Man rühmt die Arbeitsleistung und die Mastfähigkeit; das Fleisch der Mezenc-Ochsen soll besonders schmackhaft sein, was man der alpinen Flora der Weiden am Mezencberge zuschreibt.

Zur dritten Gruppe gehören die Schläge von Bazas und von den Tälern Aure und Saint-Girons. Der Bazas-Schlag hat seine Heimat in den Departements Gironde, Lot-et-Garonne, Tarn-et-Garonne, Landes und Gers. Es ist der Hauptschlag der Heidegegend zwischen dem Meerbusen der Gironde, der unteren Garonne und dem westlichen Teile der Pyrenäen. Die Tiere dieses Schlages sind von mittlerer Größe; die Stirn ist breit und mit fast schwarzem krausen Haar besetzt. Die Hörner sind lang und seitwärts, vorwärts und aufwärts gerichtet, von gelblicher Hautfarbe mit schwarzen Spitzen. Der Körper ist lang gestreckt, die Beine sind hoch und die Schenkel voll. Die Haarfarbe ist graubraun und braun mit Apfelflecken; das Flozmaul, die Schleimhäute der Körperöffnungen und die Zungenoberfläche sind hellrot. Die Tiere besitzen ein wildes Temperament, und sie sind schwer lenkbar.

2. Die einfarbige Alpenrasse hat ihre Heimat in der Zentral- und Ostschweiz, in Vorarlberg und Tirol und in

den angrenzenden bayrischen Bezirken. Der Kopf dieser Rasse ist durchschnittlich schmäler und kürzer als der der groß-stirnigen Alpenrasse, aber breiter als der der Steppen- und Niederungsrasse; die Stirn ist sehr uneben, eingesenkt zwischen den vorstehenden Augenhöhlen und erhaben gegen den Stirnwulst; die Nase ist schmal und gerade. Die Hörner sind walzenförmig und kurz, vorwiegend seitwärts und aufwärts gekrümmt. Der Rumpf ist kurz und gedrungen, der Brustkorb geräumig, die Schulter verhältnismäßig schmal, wenig beladen und etwas steil gestellt. Die Rippen sind schwach gewölbt und namentlich flach hinter den Schultern, die Flanken häufig leer. Der Bauch ist nicht übermäßig weit, das Euter von mittlerer Größe und an den Bauch gut angeschlossen. Der Widerrist ist hoch, der Rücken häufig etwas gesenkt, das Kreuz etwas erhöht und gerade in die Schwanzwurzel verlaufend; der dünne Schwanz reicht mit seiner langen Quaste bis weit über das Sprunggelenk. Die Hüften sind von mittlerer Breite und meistens vorstehend, die Beine von normaler Länge und deren Knochen derb; die Muskulatur ist kräftig. Die Haut ist von normaler Dicke und etwas derb, übrigens elastisch und leicht verschiebbar, das Haar kurz und stark, häufig etwas rauh. Die Haarfarbe ist einfarbig grau oder graubraun, das Flozmaul schiefergrau, von hellen Haaren umrandet; häufig, namentlich bei dunkelfarbigen Tieren, ist ein hellfarbiger Rückenstreifen. Die Größe ist eine mittlere bei etwa 1,25 m Widerristhöhe, das Lebendgewicht durchschnittlich 400 kg. Die Milchproduktion ist eine gute (durchschnittlich 2500 l) und die Milch ist von sehr guter Qualität. Die Mastfähigkeit ist gering, die Zugleistung befriedigend.

Zur einfarbigen Alpenrasse gehören folgende Schläge.

a) Der Schwyzer-Schlag, in den Kantonen Schwyz, Uri, Unterwalden, Zug, Glarus, St. Gallen, Appenzell, Graubünden und Tessin, bildet die Haupt- und Stammform der kurzhornigen Alpenrasse. Er hat ein sehr schön entwickeltes

Hinterteil, eine sehr breite Hüfte und einen ebenen Schwanzansatz; die Hinterschenkel sind voll und kräftig und die
Hosenmuskeln gut entwickelt. Die Gelenke sind breit und
kräftig, aber die Knochen etwas grob, die Rippen gut gewölbt. Der Nacken der Stiere ist zuweilen übermäßig entwickelt, wodurch das Vorderteil zu schwer wird. Die Haarfarbe der Schwyzer ist dunkelgraubraun. Man unterscheidet
nach der Größe einen großen, mittleren und kleinen Schlag,
ersteren hauptsächlich im Kanton Schwyz, den mittleren in
den übrigen Kantonen der Zentralschweiz, den kleinen in der
Ostschweiz und namentlich in Graubünden. Am besten zur
Milchproduktion ist der mittelgroße Schlag mit einer durchschnittlich jährlichen Milchgabe von 2200 l.

b) Der Montavoner-Schlag, im südöstlichen Teile (Ill-
tal) von Vorarlberg, ist von ähnlicher Körperform wie der
mittelgroße Schwyzer-Schlag, aber etwas eckiger und
knochiger. Die Haarfarbe ist dunkelgraubraun mit einem
hellbraunen Rückenstreifen; auch der Stirnkopf und die Ohrmuscheln sind hellbraun; das Flozmaul ist hellgrau umrandet. Der Kopf ist kurz und breit und die Stirn zwischen
den Augen tief eingesenkt. Der Rücken ist häufig gesenkt
und das Hinterteil spitz. Das Euter ist mittelmäßig entwickelt und die Milchproduktion gering. Die Haut ist ziemlich hart und von mittlerer Dicke. Der Montavoner Schlag
hat bei durchschnittlich 1,25 m Widerristhöhe eine mittlere Größe und ein mittleres Lebendgewicht von 400 bis
450 kg.

c) Der Bregenzerwälder-Schlag, im nördlichen Teile
von Vorarlberg, ist kleiner und meist von eckiger und gedrungener Körperform. Der Kopf ist durchschnittlich kurz
und breit, die Haut dünn und fein, das Haar vorwiegend gelbbraun mit hellerem (Semmelfarbe) oder dunklerem Ton; die
Stirn der hellfarbigen Bregenzerwälder trägt dunkelfarbige
Streifen einwärts der Augen. Die mittlere Widerristhöhe
beträgt 1,15 bis 1,20 m, das mittlere Lebendgewicht 350 kg.

Die Milch ist von sehr guter Qualität, und ihre jährliche Menge beläuft sich durchschnittlich auf 2100 l.

d) Der Algäuer-Schlag, im gebirgigen Oberlande des bayrischen Kreises Schwaben, hat einen längeren und spitzeren, auch minder breiten Kopf als die übrigen Schläge der kurzhornigen Alpenrasse. Die Hörner sind sehr fein und kurz. Die Rippen sind gut gewölbt und die Hüften breit, die Schenkel kräftig aber nicht voll . Die Haut ist bei mittlerer Dicke meist weich und fein, das Euter nicht stark entwickelt. Der Größe nach unterscheidet man einen größeren, meist dunkelfarbigen, und einen kleineren, meist hellfarbigen Schlag; jener hat ein mittleres Lebendgewicht von 400 bis 450 kg, dieser von 350 bis 400 kg. Die schönere Form ist auf Seite des kleineren, dachsgrauen Schlages, aber der größere, dunkelgraubraune Schlag gibt mehr Milch.

e) Der Oberinntaler-Schlag, im westlichen Tirol, ist von ähnlicher Form und Hautfarbe wie der kleinere Algäuer-Schlag. Der Kopf ist verhältnismäßig kurz, er spitzt sich nach dem Maule zu, wird aber am Maule selbst wieder breiter. Die Vorderbeine sind kräftig entwickelt, die Hinterbeine aber etwas schwach und häufig fehlerhaft gestellt. Die Knochen sind im allgemeinen fein. Die Haut ist fein und zart, das Euter gut entwickelt. Die Haarfarbe ist lichtgelb (Semmelfarbe) und lichtgrau. Die Milchleistung ist gut (1800 bis 2100 l), Mastfähigkeit und Zugleistung sind gering.

f) Der Mürztaler-Schlag, im nordöstlichen Steiermark, im Stromgebiete der oberen und unteren Mürz und der oberen Mur, ist eigentlich eine Mischlingsform zwischen der kurzhornigen und der Steppenrasse, aber das Blut der ersteren überwiegt, weshalb der Mürztaler-Schlag der kurzhornigen Alpenrasse zugezählt werden darf. Der Kopf ist breiter in der Stirnenge und schmäler in der Stirnbreite als bei den übrigen Schlägen dieser Rasse. Die Kühe haben einen auffallend langen und schmalen Kopf, dessen Länge hauptsächlich auf Rechnung der (wie bei dem podolischen Rinde) gebogenen Nase kommt. Der Rumpf ist im allgemeinen schmal und eckig, das Kreuz spitz, der Hinterschenkel flach. Die Beine sind lang und knochig. Das Euter ist schwach entwickelt und die schwarzgefärbte Haut etwas hart. Das Haar ist grau mit schwarzem Grunde und schwarzer Spitze, das bleifarbige Flozmaul hat eine dreieckige, mit der Spitze aufwärts gerichtete Schnippe; Flozmaul und Augen sind hellgrau umrandet. Die Größe ist eine mittlere (Widerristhöhe 1,30 bis 1,35 m); das Lebendgewicht beträgt 300 bis 400 kg. Die Milchproduktion ist gering (jährlich 1500 l), die Mastfähigkeit ebenfalls, dagegen ist die Zugleistung sehr gut.

g) Der Aubrac-Schlag, in den französischen Departements Aveyron und Lozère, ist ähnlich dem Mürztaler, nur von besseren Formen, insbesondere ist der Leib zylinderförmiger und die Beine sind niedriger. Der Kopf ist breit in der Stirn und verhältnismäßig kurz, das Gehörn lang, seitwärts und aufwärts gekrümmt, weißgelblich mit schwarzen Spitzen, der Hals kurz, mit langer Wamme versehen, die Brust breit, der Hinterschenkel voll. Die Haarfarbe ist graubraun und häufig getalert; Kopf und Hals sind dunkler gefärbt. Die Größe ist eine mittlere (1,25 m Widerristhöhe). Die Ochsen sind ausgezeichnete Arbeits- und Masttiere und wird ihr Fleisch gerühmt. Die Milchnutzung ist gering.

h) Die Schläge von Gascogne und Carolles, jene am Nordabhange der Pyrenäen im Departement Ariège, diese im Departement Gers, insbesondere im Arrondissement Lombez, umfassen kleine, den dachsgrauen Algäuern ähnliche Tiere von kräftigem Körperbau. Die Zugleistung ist rühmenswert, die Milchproduktion gering.

i) Der Parthenesen-Schlag, in den französischen Departements Loire-Inférieure, Maine-et-Loire, Indre-et-Loire, Vienne, Deux Sèvres, Vendée und Charante-Inférieure, ist von mittlerer Größe und von gedrungener aber zierlicher Körperform. Der Kopf ist verhältnismäßig klein und breit in der Stirn, die Hüfte breit und das Euter gut entwickelt. Die

Haarfarbe ist ähnlich wie bei den Mürztalern, vorwiegend grau, das einzelne Haar am Grunde und an den Spitzen schwarz. Die Stirn ist mit krausem Haar besetzt. Die Ochsen sollen ausgezeichnet sein zur Arbeit und sich leicht mästen lassen; ihr Fleisch gilt in den Schlächtereien von Paris als das von erster Qualität, insbesondere das der Ochsen von Chollet. Auch die Milchproduktion wird gerühmt.

k) Der Tarentesen-Schlag, in den vom mittelländischen Meere und Savoyen begrenzten Alpen-Departements, ist von kleiner aber gedrungener Figur; der Kopf ist kurz, und er trägt lange und schwere, vorwiegend aufwärts gekrümmte Hörner, die hellgelb gefärbt sind und schwarze Spitzen haben. Die Beine sind kurz und feinknochig. Die Haarfarbe ist gelbgrau und semmelfarbig, ähnlich wie die der Bregenzerwälder. Man rühmt die Arbeitsleistung und die gute Milchqualität dieses Schlages.

l) Der Jersey-Schlag, dessen Heimat die englische Kanalinsel Jersey ist, ist ähnlich den kleinen Formen des Schwyzer-Schlages, wie sie in Graubünden und Appenzell gezüchtet werden. Die Haarfarbe ist graubraun, das Flozmaul schieferfarbig. Die Kühe geben reichlich und fettreiche Milch, und sie sind als Milchvieh in England sehr geschätzt und weit verbreitet.

Zur einfarbigen Alpenrasse gehört auch dasjenige Vieh, welches Wilkens als „kurzköpfig" (B. t. brachycephalus) bezeichnete. Um jedoch dem Wilkensschen Buche nicht seine Eigenart zu rauben, lasse ich den betreffenden Abschnitt unverändert folgen.

Die kurzköpfige Alpenrasse ist ausgezeichnet durch den kurzen Kopf, der sowohl im Schädel- wie im Gesichtsteile verkürzt ist; die Stirn ist zwischen den Augenhöhlen sehr breit und tief eingesenkt, und sie verengt sich unter den Hörnern; auch der Gesichtsteil ist sehr breit, insbesondere an den Wangenhöckern und am Maule. Der Stirnwulst ragt nur wenig nach hinten über, und er ist mit einem starken Haarschopf bekleidet. Die Hörner liegen an ihrem Ursprunge mit dem vorderen Umfange in gleicher Fläche mit der Stirn, sie sind fast walzenförmig, von starkem Durchmesser, von beträchtlicher Länge und seitwärts und aufwärts gerichtet. Die Nase ist breit aber kurz, am Grunde etwas eingesenkt, an der Spitze etwas erhöht (Mopsnase). Der Hals ist kurz und mit einer kurzen Wamme besetzt. Der Rumpf ist sehr gleichmäßig entwickelt, ohne daß das Vorder- oder Hinterteil vorwiegt. Der Brustraum ist geräumig und die Vorbrust sehr breit. Die gut beladenen Schultern stehen schräg, die Rippen sind gewölbt und die Flanken wohl geschlossen. Der Bauch ist straff, und das Euter an denselben gut angeschlossen aber wenig entwickelt. Der Widerrist ist breit und über der Rückenlinie kaum erhöht. Rücken und Kreuz stehen in einer geraden Linie, aber der Schwanzansatz ist etwas erhöht. Die Hüfte ist breit, doch treten die Darmbeinhöcker wenig hervor, die Kruppe eben, der Schwanz etwas dick. Die Haut ist dick, weich und elastisch, das Haar straff und etwas hart, von rot- oder schwarzbrauner Färbung mit spärlichen weißen Abzeichen. Die dunkelfarbigen Tiere haben einen helleren Rückenstreifen, und das Flozmaul ist schieferfarbig; bei den hellfarbigen ist letzteres hellrot. Die Beine sind kurz, und sie haben sehr feine aber dichte Knochen. Die Schenkel sind voll und die Hosenmuskeln gut entwickelt; die Sprunggelenke sind meistens breit und kräftig gebaut. Die Größe ist eine mittlere (1,25 m Widerristhöhe), das Lebendgewicht durchschnittlich 400 kg. Die Milchproduktion ist mittelmäßig (1600 bis 1800 l bei den größeren Schlägen), die Mastfähigkeit und Arbeitsleistung ausgezeichnet.

Zur kurzköpfigen Alpenrasse gehören folgende Schläge.

a) Der Eringer-Schlag, im walliser Eringertale und den benachbarten Bezirken Siders, Sitten und Gundis, hat einen sehr breiten und tiefen Rumpf, einen etwas erhöhten Schwanzansatz und sehr volle Schenkel. Die etwas derbe

Haut ist dick, leicht verschiebbar und von schwarzbrauner und rotbrauner Farbe; der Bauch und die Innenfläche der Beine sind heller gefärbt und die Schwanzwurzel, der Damm und die Schwanzquaste sind meistens weiß. Die Widerristhöhe beträgt 1,10 bis 1,20 m, das Lebendgewicht durchschnittlich 350 bis 400 kg. Die Tiere sind sehr mastfähig, und das Fleisch ist von ausgezeichneter Qualität.

b) Der Zillertal-Duxer-Schlag, in den östlichen Seitentälern des Unterinntales, ist von mittlerer Größe (1,15 m Widerristhöhe) und durchschnittlich von 350 bis 400 kg Lebendgewicht. Der Kopf der Duxer ist sehr kurz und breit, der der Zillertaler etwas länger und schmäler. Das Hinterteil ist sehr schön entwickelt und die Hosenmuskeln sind stark vorgewölbt, doch das Euter ist klein. Die Milchproduktion ist gering (kaum 1500 l jährlich), aber die Mastfähigkeit ist ausgezeichnet. Die Haarfarbe der Duxer ist schwarzbraun mit hellbraunem Rückenstreifen und Stirnschopf; meistens befindet sich an der Schwanzwurzel ein weißer Fleck. Die Zillertaler sind von roter und kastanienbrauner Farbe, und sie haben ebenfalls eine weiße Schwanzwurzel.

c) Der Pustertaler-Schlag, im südöstlichen Tirol, ist schon vielfach durchkreuzt, namentlich mit Bernern, so daß er die kurzköpfige Rasse nicht mehr ganz treu darstellt. Der Kopf ist verhältnismäßig schwer und grob; die Schwanzwurzel ist höher angesetzt, die Beine sind höher und von gröberen Knochen als bei den vorgenannten Schlägen. Die Haut ist dick und derb und wenig verschiebbar. Die Haarfarbe ist vorwiegend rot- oder fahlbunt, seltener schwarzbunt; die weiße Farbe nimmt hauptsächlich den Rücken ein, doch ist auch die Stirn meistens weiß. Die Größe ist durchschnittlich eine mittlere (1,25 m Widerristhöhe), doch kommt auch sehr großes Vieh vor, namentlich bei Brunecken und im Tauferstale. Der Pustertaler Schlag eignet sich hauptsächlich zur Arbeitsleistung; die Mastfähigkeit ist mittelmäßig, die Milchproduktion gering.

d) Der Vogtländer-Schlag, im sächsischen und bayrischen Vogtlande, stammt von den Zillertalern ab, und er hat eine ähnliche Körperform. Die Haut ist dick und weich und von kastanienbrauner Farbe, ohne Abzeichen; die Schwanzquaste hat hellgelbes, das Euter hellrotes Haar, das Flozmaul ist rosenrot. Im bayrischen Vogtlande kommen größere und schwerere Formen vor als im sächsischen. Die Milchproduktion ist gering (durchschnittlich 1500 l), die Mastfähigkeit und Zugleistung rühmenswert.

e) Der Egerländer-Schlag, im nordwestlichen Teile Böhmens, stammt ebenfalls von Zillertalern ab. Die Körperform ist gedrungen, aber die Größe ist sehr gering (1 m Widerristhöhe durchschnittlich), und das mittlere Lebendgewicht beträgt etwa 250 kg. Die Haarfarbe ist kastanienbraun; die rotbraune Schwanzquaste enthält in der Mitte weißes Haar. Der mittlere Milchertrag beträgt jährlich etwa 1100 l. Die Mastfähigkeit ist gut und die Zugleistung rühmenswert.

f) Der Devon-Schlag, im Norden der englischen Grafschaft Devon und im Osten der Grafschaften Sussex, Hereford und Gloucester, wird von den Engländern zu ihrer mittelhornigen Rasse gerechnet. Die Körperform ist ähnlich der von gut gezüchteten Vogtländern. Der Kopf ist fast so kurz wie bei den Duxern, aber etwas schmäler und zuweilen spitzer. Der Rumpf ist gedrungen, breit und niedrig gestellt. Die Haut ist dick, weich und elastisch; die Haarfarbe kastanienbraun und rotbraun ohne Abzeichen; der Stirnkopf etwas heller. Die Widerristhöhe beträgt durchschnittlich etwa 1,20 m, das Lebendgewicht 500 bis 550 kg. Die Milchproduktion ist gering, die Mastfähigkeit ausgezeichnet.

Außer den vorbeschriebenen, von Wilkens als echte „Rassen" betrachteten Viehsorten, zählt dieser Autor noch „Landschläge" auf, womit er solches Vieh meint, das nur geographisch und nicht nach zoologischen Charakteren zu begrenzen ist. Ich habe früher schon auseinandergesetzt, daß nach meiner Auffassung ein solches Auseinanderhalten wenigstens unnötig ist, da eine wirkliche Einteilung der Viehschläge nur auf Grund ihrer Hornlänge vorgenommen werden kann, und die sog. „Rassen" von Wilkens noch viel mehr durchkreuzt sind oder sein können, als die meisten seiner „Landschläge".

Unter den russischen Landschlägen sind bemerkenswert: Das cholmogorysche Vieh in mehreren Gouvernements des nördlichen Rußlands, hauptsächlich in der Umgegend von Cholmogory bei Archangel. Nach Freytag zeigen diese Tiere sowohl in der Körperform wie in der Haarfärbung große Ähnlichkeit mit den Holländern; sie erreichen ein Lebendgewicht von etwa 500 kg und geben jährlich 1500 bis 1800 l Milch. Das altrussische Landvieh ist nach Freytag von kleiner Figur, und es überschreitet selten 350 kg Lebendgewicht; es besitzt meist eckige Formen mit verhältnismäßig kräftigen Gliedmaßen und breiten, festen Hufen. Die Haarfarbe ist verschieden. Das Vieh im großrussischen Gouvernement Jaroslaw hat nach Freytag eine hübsche Figur, mittlere Größe und kurze, aber äußerst kräftige Beine; die Haarfarbe ist dunkelbraun oder schwarz. Man rühmt ihre Milchergiebigkeit. Das in Litauen vorkommende Landvieh ist etwas größer und stärker als der gemeine großrussische Viehschlag; die Haarfarbe ist braun oder graubraun mit kleinen weißen Abzeichen an Kopf und Füßen; die Kühe liefern nicht viel, aber eine fettreiche Milch. Das livländische Landvieh ist klein (300 bis 350 kg Lebendgewicht), kurzbeinig und schmal gebaut; der feine Kopf trägt kurze und dünne Hörner. Das daghestansche Vieh in Kaukasien ist von mittlerer Größe und etwa 400 kg schwer; es ist nach Freytag kurzbeinig, tief im Leibesbau, aber mit kräftigen Gliedern auf das beste ausgestattet. Der kurze und dicke Kopf mit gewölbter Stirn trägt ein mittellanges starkes Gehörn. Die Haut ist sehr dick und derb, und das starke, lange und etwas gewellte

Haar ist von graubrauner Farbe. Die Milchproduktion ist sehr gering, aber die Arbeitsleistung sehr gut.

Die mittel- und süddeutschen Landschläge sind alle Kreuzungsprodukte. Das Rindvieh in Norddeutschland gehört vorwiegend der Niederungsrasse an, und es wurde bereits erwähnt. In Mitteldeutschland sind die Landschläge vorwiegend mit Niederungsvieh durchkreuzt, in Süddeutschland vorwiegend mit der großstirnigen Alpenrasse. Eine ursprüngliche reine deutsche Landrasse ist mir nicht bekannt, doch könnte vielleicht das Vieh im Westerwalde und im Spessart als solches angesehen werden. Eine besondere Stellung in Norddeutschland nimmt das Harzvieh ein, das von Zillertalern abstammt und wie diese den breiten und kurzen Kopf besitzt; außerdem aber wurde Bernervieh im Harze zur Zucht benutzt, so daß der Harzer-Schlag ein Kreuzungsprodukt ist von ursprünglichem Landvieh mit Zillertalern und Bernern. Die Tiere sind von Mittelgröße, von gedrungener Körperform, tiefbeinig und feinknochig und von gleichmäßig brauner Farbe; das Flozmaul ist meistens hellrot und die Schwanzspitze weiß. Die Harzer Kühe sind mittelmäßige Milcherinnen; die Ochsen lassen sich leicht mästen. Der Vogelsberger-Schlag in Hessen-Nassau ist klein (250 kg Lebendgewicht), von eckigen Formen und rotbrauner Farbe; die Milchergiebigkeit der Kühe wird gerühmt. Noch kleiner ist der Westerwälder-Schlag, der in den rheinischen Gebirgsgegenden überall verbreitet ist; er ist nach Rhode ziemlich gut gebaut, niedrig und kräftig gestellt, gut und weit gerippt, dabei kräftig und ausdauernd und für rauhe Gegenden mit knapper Fütterung sehr geeignet. Die Haarfarbe ist braunrot, der Kopf weiß; die Hörner sind sehr stark entwickelt. Rhode unterscheidet ferner einen besonderen Schlag auf dem Rhöngebirge, im Spessart und im niederbayrischen Kreise Kelheim; diese Schläge aber unterscheiden sich nur durch Größe und Haarfarbe voneinander. Das Vieh in den bayrischen Kreisen Ober-, Mittel-

und Unterfranken ist bekannt unter dem Namen „Schein-
felder"; es ist ein Kreuzungsprodukt von Niederungsvieh
und Berner-Fleckvieh, aber es wird gegenwärtig vorwiegend
mit Simmental-Saaner Vieh veredelt, deren Körperform auch
vorherrscht; nur der Kopf ist länger und die Nase häufig
gewölbt. Die Haarfarbe ist gleichmäßig erbsengelb. Dieses
fränkische Vieh ist ausgezeichnet zur Arbeitsleistung und
recht mastfähig. Ein durch seine schönen und gedrungenen
Formen ausgezeichneter Viehschlag ist der Glaner in der
bayrischen Pfalz; er ist ebenfalls mit Berner Blut stark durchkreuzt, tiefbeinig und sehr mastfähig, auch gut zur Arbeit.
Von Berner Abstammung sind ferner die Viehschläge in
Württemberg, nämlich der Schwäbisch-Limpurger,
der Schwäbisch-Haller, der Teck-, Alb- und Neckar-
Schlag; der erstgenannte ist dem Scheinfelder-Schlage sehr
ähnlich in Körperform und Farbe. Der Ansbach-Tries-
dorfer-Schlag im bayrischen Kreise Mittelfranken ist aus
einer Kreuzung rotscheckiger Ostfriesen mit Bernern entstanden; er wird gegenwärtig mit Simmentalern veredelt. Es
ist ein großes grobknochiges Vieh mit vorherrschend weißer
Farbe, in welcher dunkelrote Flecken verteilt sind. Der
Ellinger-Schlag in der Gegend von Nürnberg ist durch
Kreuzung von gelbem Frankenvieh mit Algäuern und Schwy-
zern entstanden; die Haarfarbe ist hellgelb, das Flozmaul
schiefergrau.

Die österreichischen Landschläge sind von sehr
verschiedenartiger Blutmischung. Im mährischen Kuh-
lande, bei Neutitschein und Fulnek, aber auch in öster-
reichisch Schlesien, existiert ein mit Zillertalern und Bernern
gekreuzter Landschlag von Mittelgröße und rotbunter Farbe,
dessen Milchproduktion und Mastfähigkeit rühmenswert ist.
In Böhmen werden vielfach durchkreuzte Landschläge gezüchtet, welche teils aus der Niederungsrasse, teils aus dem
Pinzgauer-Schlage hervorgegangen sind; von Schwyzer Abkunft ist der Opotschner-Schlag im nordöstlichen Böhmen.

Man unterscheidet einen besonderen Böhmerwaldschlag, und einen Brüxer-Landschlag, beide von kleinen Formen; der letztere ist geeignet zur Milchproduktion. In Nieder-Österreich ist der Pinzgauer-Schlag sehr verbreitet; besondere, mit podolisch-ungarischem Blut durchkreuzte Landschläge sind die Gföhler oder Zwettler und die Stockerauer. In Ober-Österreich existiert in der Gegend von Wels ein kleiner schwarzscheckiger, dem norddeutschen Geestvieh ähnlicher Schlag unter dem Namen der „Welser-Schecken". Im Innviertel wird ein mittelgroßer rotscheckiger Schlag gezüchtet, der aus der nordöstlichen Steiermark stammt; seine Milchleistung ist rühmenswert. Übrigens sind in Ober-Österreich Pinzgauer, Murbodener und Mariahofer in zahlreichen Herden verbreitet. Im Herzogtume Salzburg hat der Pinzgauer-Schlag seine Heimat; er ist nahe verwandt mit dem Zillertal-Duxer, und er hat wie dieser einen kurzen und breiten Kopf; doch sind die Pinzgauer auch mit Bernern durchkreuzt. Ihre Körperform ist gedrungen und kräftig, die Haarfarbe rot mit breiten weißen Streifen an Kamm, Rücken, Hinterteil und Bauch. Das Pinzgauer Vieh ist ausgezeichnet zur Arbeit und sehr gut zur Milchproduktion. Ganz ähnlich den Pinzgauern, nur von kleinerer Figur ist der Mölltaler-Schlag, im nordwestlichen Teile Kärntens, am Südostabhange der Tauern-Kette; dieser Schlag ist sehr milchreich. Im östlichen Teile Kärntens wird der Lavanttaler-Schlag gezüchtet; er ist hochbeinig und isabellfarbig mit hellrotem Flozmaul, vorzugsweise zur Arbeitsleistung, aber auch zur Mast geeignet. In Steiermarks Landschlägen begegnet man verschiedener Blutmischung: einer wahrscheinlich alten Landrasse gehören an die kleinen rotscheckigen „Kampeten" oder „Helmeten" im Ennstale und in der nordwestlichen Steiermark, deren Milchproduktion gerühmt wird. Wahrscheinlich von fränkischer Abkunft, aber gekreuzt mit Bernerblut ist der Mariahofer-Schlag in der südwestlichen Steiermark. Die Tiere

haben lange Köpfe mit verhältnismäßig breiter Stirn; sie
sind hochbeinig und etwas eckig in ihren Formen. Die Farbe
ist hellgelb (Semmelfarbe), das Flozmaul hellgrau oder fahl.
Sie sind gute Zugtiere und geeignet zur Mast. Die Mariahofer bilden wahrscheinlich die Stammform der oben erwähnten Lavanttaler. Aus der Kreuzung des Mariahofer- mit
dem Mürztaler-Schlage ist der Murbodener-Schlag ent-

Fig. 77. Römische Bronze.
(Nationalbibliothek in Paris. Originalaufnahme.)

standen, der im Murtale zwischen Knittelfeld und Zeiring
gezüchtet wird; er ist gedrungen und kräftig gebaut und geeignet zur Arbeit wie zur Mast. Im Herzogtume Krain und
in der Grafschaft Görz wird ein kleines Vieh gezüchtet,
welches vorwiegend Blut der Steppenrasse enthält; man
unterscheidet einen besonderen Karst-Schlag und ferner
den Tolmeiner- und Wocheiner-Schlag.

Die spanischen und italienischen Kurzhornrassen
harmonieren einerseits ganz ungemein mit den asiatisch-

afrikanischen, speziell den algerisch-tunesischen Rindern, wie
anderseits auch mit dem einfarbigen Alpenvieh. Sie ver-
mitteln den Übergang zwischen den beiden. Die Größe ist
selten über 1,30 m Wideristhöhe. Die Färbung variiert von
gelb und rot bis zum dunkeln Braun. Das Flotzmaul ist
meist schiefergrau und die Hörner hellgefärbt. Die Milchergiebigkeit ist bei allen diesen südlichen Schlägen eine
nur sehr geringe, das Fleisch jedoch von ausgezeichnetem
Geschmack.

Die alten Römer stellten auf ihren Bildwerken nur diese
Rasse dar, die früher Italien und Spanien ausschließlich be-
siedelte und über die uns die klassischen Autoren vieles
berichten.

Aber schon zur Zeit Agostino Gallos (1569) wurde das
italienische Kurzhornvieh stets mit Schweizervieh verbessert,
damit es mehr Milch gebe und größer werde, und noch heute
wird dieselbe Praxis betrieben.

B. Asiatische Kurzhornrinder.

Die asiatischen Kurzhornrinder weisen zum größten Teile
den Typus der Gruppe der europäischen einfarbigen Gebirgs-
rasse auf, doch finden sich sowohl in Siam und Indien, wie
auch im Norden Sibiriens gefleckte Kurzhornrinder.

Das kleinasiatische (vorderasiatische), arabische und
syrische Kurzhornrind weist zunächst eine auffallende Ähnlichkeit in der Form und Färbung mit dem Braun- und Grau-
vieh der Alpen auf. Nur ist hier infolge der Haltung in
Wüstengegenden der Wuchs klein bis mittelgroß und die
Extremitäten sehr schlank. Der Kopf ist beim weiblichen
Tiere schmal; beim männlichen immer kürzer und breiter.
Der Widerrist ist gewöhnlich etwas erhöht, aber ohne Fett-
buckelbildung.

Dasselbe Rind findet sich ebenfalls in Indien, in Siam
und China. Doch sind hier sowohl unter dem Einflusse des
Klimas wie der Haltung und Züchtung viele Rassen entstan-

den, die bald größer, bald kleiner, einfarbig oder gefleckt sind. Besonders sind die Schläge an der Küste von Hinterindien und Japan schwarzscheckig.

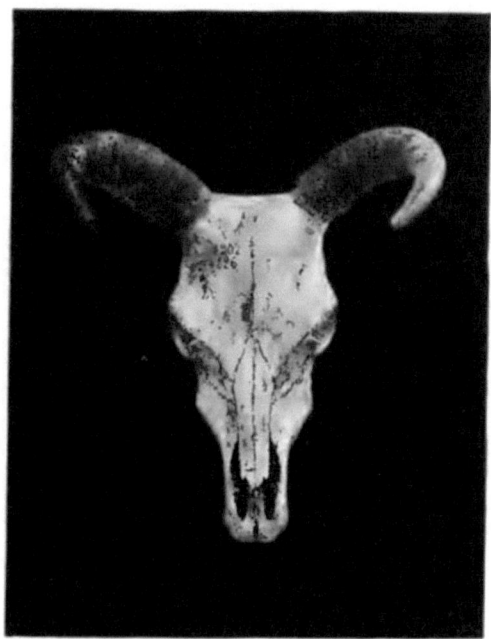

Fig. 78. Stier von Irkutsk. Mission Labbé.
(Museum in Paris. Originalaufnahme.)

C. Die afrikanischen Kurzhornrinder.

Während im allgemeinen das langhornige Rind in Afrika überwiegt, lassen sich doch zwei Hauptverbreitungsgebiete des B. t. brachyceros in Afrika wahrnehmen.

Es findet sich zunächst in ganz Nordafrika vom Inneren Marokkos bis nach Ägypten und südlich bis nach dem Somalilande und der Insel Socotora. Seine Merkmale sind im allgemeinen diejenigen des vorderasiatischen Rindes, damit also auch die des europäischen Braunviehs. Die Farbe variiert von hellgrau bis zu schwarz, welch letztere Panet bei den Rindern der El-Barak-Allah beobachtete. Die Größe dieses Tieres ist nur eine kleine bis mittelgroße. Bei dem Somalischlag findet sich meist auch ein Fettbuckel. Die Rinder der Insel Socotora sind hingegen ganz von der Farbe des Alpenfleckviehes ohne Höcker, mit Wamme. Dem Braunvieh ähnlich sind die Rinder des Dar Sennar.

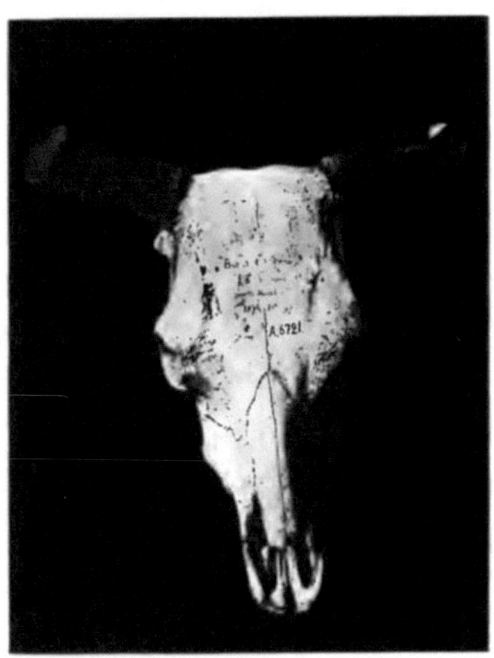

Fig. 79. Stier der algerischen Rasse. Vorderansicht.
(Museum in Paris. Originalaufnahme.)

Der Milchertrag dieser Tiere ist nicht groß. Bei den Somali gibt eine Kuh in der Regenzeit durchschnittlich 5 bis 6 kg pro Tag, im Sommer aber nur die Hälfte.

Die andere Gruppe der kurzhörnigen Rinder befindet sich mit ihrem Zentrum im Süden, reicht aber bis in das Gebiet der Seen hinauf. Als hauptsächlichster Schlag muß das Rind der Zulu betrachtet werden, das wie das vorige

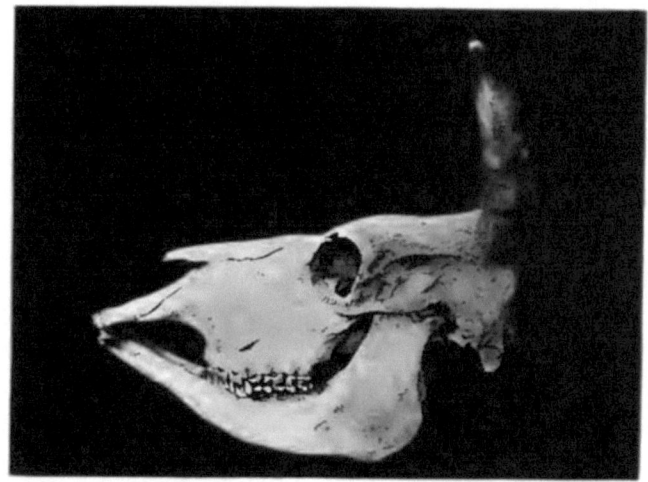

Fig. 80. Ibidem. Seitenansicht.

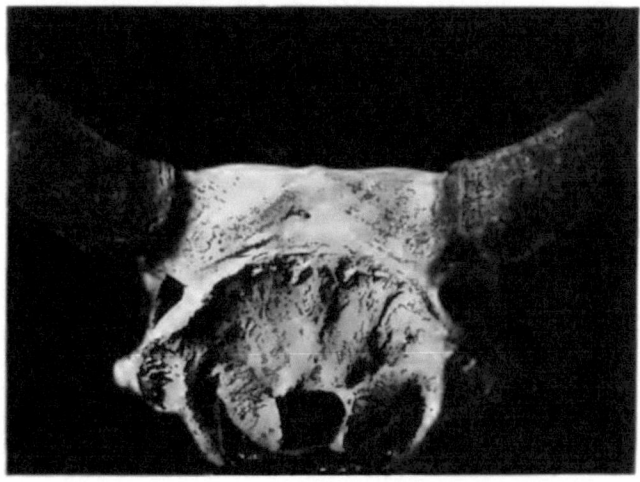

Fig. 81. Ibidem. Hinterhauptsansicht.

gefärbt und gestaltet, trotz seiner Zierlichkeit und Feinheit, sehr ausdauernd und leistungsfähig ist. Dies selbe Rind findet sich auch bei den Makalolo, den Batoka bis nach Uganda hinauf.

III. Bos taurus akeratos, Arenander.

Die hornlosen Rinder.

Diese letzte der möglichen Formen des Hausrindes ist durch folgende Schädelmerkmale gekennzeichnet.

Der schon beim kurzhörnigen Rinde, durch die Verringerung des Horngewichtes entstandene Zwischenhornwulst wird noch verstärkt, so daß der Kopf nach oben spitz zulaufend erscheint. Das Hinterhaupt wird infolgedessen ebenfalls mehr in die Höhe als in die Breite ausgedehnt. Einige der Individuen dieses Typus besitzen noch die rauhen Knochenstellen, auf denen früher die rudimentär gewordenen Hornzapfen (Os cornu) saßen. Bei manchen kommt sogar noch ein loses in der Haut steckendes Zäpfchen vor.

A. Die hornlosen Rinder Europas.

Die hornlosen Rinder finden sich hauptsächlich im Norden Europas, in Nordrußland, Finnland, Lappland, Schweden, Jemtland, Norwegen und dem von den Norwegern 874 n. Chr. bevölkerten Island. Sie sind in jenen Gegenden von vorherrschend weißer Farbe.

Aber auch in England finden sich dieselben in den Grafschaften Norfolk und Suffolk, sowie auch in Schottland, Galloway und Angus. Irland besitzt ebenfalls eine hellbraune, etwas größere hornlose Rasse, als die vorigen.

Es läßt sich jedoch nachweisen, wie manche Herde, selbst mehrere solcher aus weißen Parkrindern, ungehörnt geworden ist, obgleich sie ursprünglich gehörnt war. In den Pfahlbauten Irlands schon findet man zahlreiche Reste von hornlosen Rindern.

Auch auf dem Kontinente sind solche hornlose Rinder aus prähistorischer Zeit gefunden worden; so in den schweizerischen Pfahlbauten und in dem Neolithikum von Kl. Wanzleben bei Magdeburg. In der Lausitz sollen nach Colerus hornlose Rinder bis zum 18. Jahrhundert vorgekommen sein,

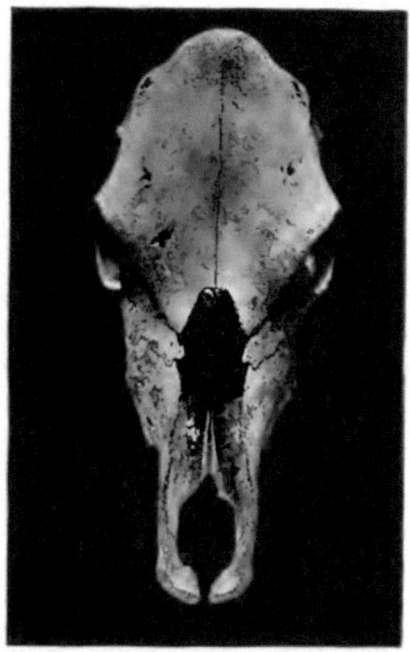

Fig. 82. Schädel eines hornlosen Rindes aus einem Torfmoore Irlands.
(Britisches Museum in London. Originalaufnahme.)

wie sich auch in Oldenburg heute noch einige solche Stämme vorfinden sollen. — Im Tirol soll nach Kraft ungehörntes Rindvieh noch im Jochberger Tale zu finden sein.

Die praktisch wertvollsten Rassen sind ohne Zweifel die englischen, die in Nordamerika ebenfalls in großer Ausdehnung gezüchtet werden.

Es sind meist mittelgroße bis große, schwere Tiere von schöner ebenmäßiger Figur und ausgezeichneter Mast-

fähigkeit und Fleischqualität, deren Färbung zwischen rotbraun und schwarz variiert. — Die französische Rasse von
Sarlabot, die ebenfalls hornlos war, entstand durch eine
Kreuzung von Sussex mit der normännischen Rasse, ist aber
meines Wissens, jetzt ganz oder fast ausgestorben.

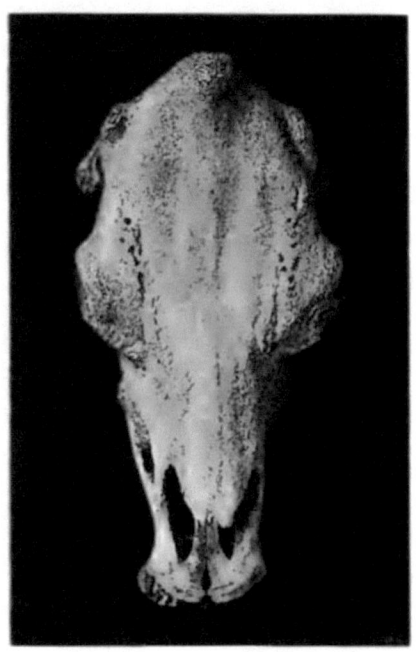

Fig. 83.   Schädel eines alten Stieres der Angusrasse.
(Museum von Paris. Originalaufnahme.)

B. Die hornlosen Rinder Asiens.

Wie der Norden Europas, so beherbergt auch Sibirien
zahlreiche Herden hornlosen Rindviehes. Doch auch in den
südlichen Gegenden findet sich dasselbe. In Indien ist es
sogar sehr häufig und selbst das syrische Rind zeigt häufig
Hornlosigkeit oder doch wenigstens durch Schlapphörnig-
keit die Tendenz zu solcher.

C. Die hornlosen Rinder Afrikas.

Auch bei den afrikanischen Völkerschaften gehören hornlose Rinder nicht zur Seltenheit. Es finden sich dieselben bei den Wanioro, in Mruli, Nord-Uganda, bei den Namaqua und vielen anderen Völkern. Es kommen überhaupt unter den sonst kurzhörnigen Rassen vielfach schlapphörnige Tiere

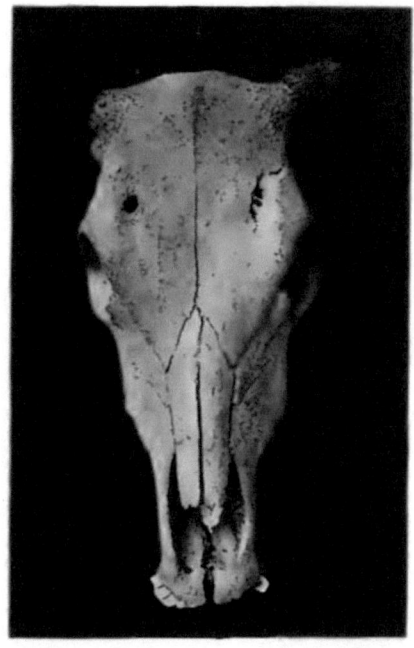

Fig. 84. Schädel eines schlapphörnigen Rindes aus Syrien.
(Museum in Lyon. Originalaufnahme.)

vor, und praktizieren die Eingeborenen, wie Grant dies bei den Wanioro beobachtete, seit altersher die künstliche Enthörnung mittelst eines glühenden Eisens, die im Laufe der Jahrhunderte die Hornlosigkeit ihrer Rassen bedingt haben mag.

Ordnung der Nagetiere.
Die zoologischen Merkmale des Kaninchens.

Das Kaninchen (Lepus cuniculus) gehört zur Gattung Hase und mit dieser und der Gattung Pfeifhase (Lagomys) zur Familie der Leporiden.

Die Körperform des Kaninchens ist klein (durchschnittlich 18 cm Widerristhöhe bei etwa 27 cm Rumpflänge), aber gestreckt und von schlankem Bau. Der Kopf ist lang und schmal, und sein Schädelteil ist wegen der weiten Augenhöhlen größer als der Gesichtsteil. Die Maulspalte ist sehr schmal, aber sie wird durch die gespaltene Oberlippe (natürliche Hasenscharte) vergrößert. Die Nase ist lang, breit und gewölbt; die Nasenbeine werden in ihrer ganzen Länge von den Zwischenkieferbeinen lateralwärts begrenzt. Das netzartig durchlöcherte Oberkieferbein ist sehr klein, und seine Gaumenplatte ist auf eine schmale Knochenbrücke zwischen den vorderen Prämolarzähnen reduziert; auch die Gaumenplatte des Gaumenbeines ist sehr kurz und schmal, und die hinter derselben sich öffnenden Choanen sind kaum breiter als der Querdurchmesser der Backenzähne, während beim Hasen die Choanenbreite mindestens doppelt so groß ist wie die Breite der Backenzähne; das ist einer der Hauptunterschiede zwischen den Schädeln von Kaninchen und Hasen. Die Augen des Kaninchens sind sehr groß und die nach hinten offene knöcherne Augenhöhle ist oben und medianwärts von dem zweiflügeligen Oberaugenhöhlen-Fortsatze des Stirnbeines begrenzt; der hintere Flügel dieses Fortsatzes bildet mit dem hinteren Teile der Stirnplatte des Stirnbeines eine Spalte, die das obere Augenhöhlenloch vertritt. Die Stirnplatte des Stirnbeines ist zwischen den Augenhöhlen flach oder nur schwach gewölbt; beim Hasen ist die Wölbung des Stirnbeines an dieser Stelle stärker. Das breite Scheitelbein geht in gleichmäßiger Wölbung in die schmälere Hinter-

hauptschuppe über, welche die Hinterhauptsfläche, bzw. die
Seitenteile des Hinterhauptbeines, nach hinten überragt. Die
Ohrmuscheln des Kaninchens sind sehr lang und meistens
aufrecht gestellt; doch haben einige Rassen des Kaninchens
Hängeohren. Die an das Gesicht angelegten Ohren des Kaninchens erreichen jedoch nicht die Schnauzenspitze, was
beim Hasen der Fall ist. Der knöcherne Gehörgang ist mit
seiner äußeren Öffnung nach hinten und aufwärts gerichtet,
während letztere beim Hasen mehr seitwärts steht. Die
äußere Gehöröffnung der hängeohrigen Kaninchen-Rassen ist
viel größer als beim gemeinen Kaninchen und beim Hasen,
und sie ist ganz aufwärts gerichtet. Man erkennt daran,
daß auch hier der Einfluß der Domestikation eine direkte
Veränderung der Schädelknochen bedingen kann.

Der Hals ist sehr kurz und schmal, und er besteht aus
sieben Wirbeln.

Der langgestreckte und schmale Rumpf ist am Rücken-
teile stark gekrümmt und am Kreuze abfallend. Die
Wirbelsäule besteht aus 12 Rückenwirbeln, 7 Lendenwirbeln mit langen nach vorn gekrümmten Quer- oder Rippenfortsätzen, aus 4 Kreuzwirbeln und 15 Schwanzwirbeln. Am
10. Rückenwirbel erheben sich vor- und medianwärts der
Querfortsätze die Zitzenfortsätze, die bei den übrigen Wirbeln bis zum letzten Lendenwirbel an Größe zunehmen und
bei den Lendenwirbeln so groß sind wie deren Querfortsätze;
die drei ersten Lendenwirbel besitzen außerdem an den
Wirbelkörpern mediane nach abwärts ragende Fortsätze,
an welche sich die Zwerchfellpfeiler befestigen. Von den
12 flachgewölbten Rippen verbinden sich 7 mit dem Brustbein. Das letztere besteht aus 6 Stücken, deren hinterstes
in einen langen Knochenfortsatz mit kurzem Schaufelknorpel
übergeht; das vorderste Brustbeinstück verbindet sich mit
den dünnen Schlüsselbeinen, deren laterale Enden mit dem
Gelenkfortsatze des Schulterblattes gelenken.

Am Vordergliede erscheint bemerkenswert der hohe

Kamm des flachen und an der Basis sehr breiten Schulterblattes, der in einem nach hinten gekrümmten Fortsatze
endet; Speiche und Ellenbogenbein verlaufen getrennt
nebeneinander, und sie sind von fast gleicher Stärke, während das Ellenbogenbein beim Hasen beträchtlich schwächer
ist als die Speiche. Das distale Ende der Speiche gelenkt
mit dem ersten und zweiten, das distale Ende des Ellenbogenbeines mit dem dritten Fußwurzelknochen der proximalen Reihe. Die proximale Reihe der Vorder-Fußwurzel
enthält drei Knochen und das Hakenbein (os accessorium),
die distale Reihe fünf Knochen, von welchen der erste (an
der medialen Seite) zwischen den proximalen Enden der
Mittelfußknochen des ersten und zweiten Fingers liegt; es
verbindet sich ferner der zweite und dritte mit dem zweiten
Mittelfußknochen, der vierte mit dem dritten und der fünfte
mit dem vierten und fünften Mittelfußknochen. Der Mittelfußknochen der ersten Zehe verbindet sich nur lateralwärts
mit jenem ersten Fußwurzelknochen, seine eigentliche proximale Gelenkfläche aber ist verbunden mit dem medialen
Fußwurzelknochen der proximalen Reihe. Von den fünf
Mittelfußknochen verbindet sich der erste mit zwei Zehengliedern (welche den Boden nicht erreichen), die übrigen
mit je drei Zehengliedern. Die zweiten, dritten und vierten
Zehen berühren mit allen drei Gliedern den Boden, während
die fünften Zehen nur mit dem distalen Ende des zweiten
Zehengliedes auftreten.

Das Hinterglied des Kaninchens ist verhältnismäßig
kürzer als beim Hasen, aber doch bedeutend länger als das
Vorderglied; das Darmbein ist sehr lang gestreckt und
schmal, der Oberschenkel besitzt einen dritten Trochanter
und das Wadenbein ist etwa an der Mitte des Unterschenkels mit dem Schienbein verwachsen. Am Sprunggelenke
enthält die distale Reihe nur drei Knochen: das Cuneiforme I,
wie auch die erste Zehe fehlt. Der Mittelfußknochen der
zweiten (medialen) Zehe verbindet sich lateralwärts mit dem

Cuneiforme II und medianwärts durch einen Fortsatz mit dem Naviculare (os centrale). Der Mittelfußknochen der dritten Zehe ist mit dem Cuneiforme III verbunden und die Mittelfußknochen der vierten und fünften Zehen gelenken mit dem Cuboideum, dessen proximale Gelenkfläche allein mit dem Calcaneum in Verbindung steht. Der vierzehige Hinterfuß berührt in ganzer Länge, vom Sprunggelenke ab den Boden.

Der Ernährungsapparat ist der Pflanzennahrung angepaßt. Das Gebiß besteht aus 28 Zähnen mit folgender Formel:

$$\frac{3 \ 3 \quad 0 \quad 1 \ 1 \quad 0 \quad 3 \ 3}{3 \ 2 \quad 0 \quad 1 \ 1 \quad 0 \quad 2 \ 3}$$

Eigentümlich ist das Schneidezahn-Gebiß. In jedem Kiefer stehen zwei große, einen Kreisabschnitt*) bildende meißelförmige Nagezähne, welche nur an der Vorderfläche mit Schmelz bekleidet und am Oberkiefer mit einer Längsfurche versehen sind. Diese Nagezähne haben an ihrem Wurzelende eine offene Pulpahöhle; sie erscheinen gleich nach der Geburt und werden nicht gewechselt. Hinter den beiden großen Nagezähnen des Oberkiefers sitzen zwei kleine stiftförmige Schneidezähne, die gewechselt werden; sie sind nur der Familie der Leporiden eigentümlich. Die Backenzähne bestehen aus je zwei, nahezu senkrecht und quer gestellte Platten, das Zahnbein jeder Platte ist von Schmelz und einer Zementrinde umgeben; nur der letzte Molarzahn des Oberkiefers ist einfach und stiftförmig. Die dem Wechsel unterworfenen Prämolaren — 3 im Oberkiefer und 2 im Unterkiefer — haben die gleiche Form wie die Molaren, auch sind Milch- und bleibende Prämolaren sich gleich. Mit Ausnahme des letzten, erscheinen die übrigen Molaren gleich nach der Geburt, zugleich mit den Prämolaren; der letzte

---

*) Nach W. Krause umfassen die Nagezähne des Oberkiefers etwa ▲30⁰ eines Kreises von 1 cm Halbmesser.

Molarzahn erscheint beim Wechsel der Prämolaren. Sämtliche Backenzähne entbehren der eigentlichen Wurzeln und ihre den Wurzeln entsprechenden Enden zeigen die offene Pulpahöhle.

Der Magen besitzt einen großen Blindsack und vor dem Pförtner einen etwas abgeschnürten Sack mit starker Muskelhaut; der Schlundteil des Magens, mit drüsenfreiem, dem Schlunde ähnlichen Gewebe, reicht vom Magenmunde bis zum Pförtner. Der Blinddarm ist enorm entwickelt und er ist mindestens um das zehnfache größer als der Magen; an der Einmündung des Hüftdarmes in den Blinddarm befindet sich ein etwa taubeneigroßer Drüsensack, der zahlreiche Lymphfollikel enthält; der wurmförmige Anhang des Blinddarmes umfaßt eine einzige, flächenhaft ausgebreitete Lymphdrüse. Die Leber besteht aus vier Hauptlappen und mehreren Nebenlappen. Die Gallenblase liegt in der rechten Längsfurche der Leber und sie erreicht den freien Rand derselben nicht. Zur Nahrung dienen blattreiche Pflanzen, namentlich Kohlarten, ferner Wurzelgewächse und Baumrinde.

Die Hoden liegen am Eingange des Leistenkanales, größtenteils in der Bauchhöhle. Die mit einer langen und spitzen Eichel versehene Rute ist fast gerade nach abwärts gerichtet und 2,5 cm lang (W. Krause).

Der darmähnliche Tragsack ist in ganzer Länge doppelt, d. h. er besteht aus 2 Hörnern ohne Körper; beide Hörner sind in der Nähe der Scheide zusammengewachsen, aber sie münden gesondert in dieselbe. Die Scheide hat ungefähr die doppelte Länge der Tragsackhörner. Das Euter erstreckt sich zu beiden Seiten der Mittellinie von Brust und Bauch; von den vier Paar Zitzen liegt das vordere zwischen den Vorderschenkeln, das hintere zwischen den Hinterschenkeln.

Die Trächtigkeit dauert 28 bis 31 Tage und sie wiederholt sich fünfmal jährlich. Jedesmal werden durchschnittlich

8 nackte und blinde Junge geworfen, die am neunten Tage sehend werden. Fruchtbare Kaninchenweibchen werfen wohl sechs- bis neunmal jährlich, und der einzelne Wurf kann bis 11 Junge bringen.

Die äußere Haut ist dünn und fein und mit feinem und langem Haar besetzt. Die Haarfarbe ist grau, gelbbraun, weiß und gelb. Nicht selten sind Albinos mit fehlendem Iris-Pigment (roten Augen). Der Haarwechsel beginnt im zeitigen Frühjahre.

Abstammung und Rassen des Kaninchens.

Das Hauskaninchen stammt ab vom wilden Kaninchen, dessen ursprüngliche Heimat Südeuropa ist; doch ist es gegenwärtig über ganz Mitteleuropa bis zur Nordseeküste und auch in Großbritannien verbreitet. Das wilde Kaninchen läßt sich leicht zähmen, und das Hauskaninchen verwildert leicht wieder.

Man unterscheidet folgende Rassen des Hauskaninchens: 1. das gemeine europäische Kaninchen, 2. das Widderkaninchen, 3. das Angorakaninchen, 4. das Hasenkaninchen.

1. Das gemeine europäische Kaninchen ist von gleicher Form und Größe wie das wilde Kaninchen, doch ist die Haarfarbe verschieden; sie ist hell- und dunkelgrau, bläulich, rotgelb, weiß, selten schwarz und scheckig. Durch Züchtung sind aus dem gemeinen Kaninchen mehrere Schläge entstanden, unter denen die in England und Frankreich gezüchteten sich durch Größe und Mastfähigkeit auszeichnen. Obgleich die Kaninchenzüchter besondere Schläge oder gar Rassen vom europäischen Zuchtkaninchen unterscheiden, wie das englische, belgische, chinesische, lyoneser, normandiner usw., so lassen sich doch alle europäischen Formen des Hauskaninchens auf die des gemeinen zurückführen, von welchem sie hauptsächlich nur in der Größe verschieden sind. In Deutschland und Österreich werden für Mastzwecke meistens die gelben und weißen Normandiner gezüchtet.

2. Das Widderkaninchen (Lapin bélier) stammt nach W. Hochstetter aus einer Kreuzung des capischen Hasen (Lepus capensis) mit dem gewöhnlichen französischen Kaninchen und wurde ursprünglich von Algier nach Südfrankreich, England und Spanien eingeführt. Das Widderkaninchen ist von ansehnlicher Größe und der starke, im Profil widderähnliche Kopf ist ausgezeichnet durch die bis 18 cm langen Ohren, die sowohl aufrecht und dann weit gespreizt, wie auch auf beiden oder auf einer Seite hängend getragen werden. Die Farbe dieses Kaninchens ist vorwiegend hasengrau mit weißen Abzeichen an der Kehle, am Bauche und an der Innenseite der Beine.

3. Das Angorakaninchen, das aus der kleinasiatischen Stadt Angora stammen soll, ist von geringer Größe und ausgezeichnet durch das lange weiche und seidenartige Haar von weißer Farbe, mit schwarzen Abzeichen an der Schnauze, den Ohren und Beinen.

4. Das Hasenkaninchen oder der Leporide*) ist aus der Kreuzung des wilden Hasen mit dem Hauskaninchen entstanden. W. Hochstetter beschreibt die Hasenkaninchen seiner Zucht wie folgt: sie haben eine unverkennbare Ähnlichkeit mit dem Feldhasen, sind hasengrau mit rostgelbem Nacken, tragen schwärzlich geränderte, stärker behaarte Löffel und sind entschieden härter und fruchtbarer als alle anderen Kaninchen-Rassen; ihr Fleisch ist weiß, nicht rot (wie das des Hasen) und gleich wohlschmeckend wie das anderer Kaninchen.

Ein angeblich aus französischer Zucht stammendes echtes Hasenkaninchen-Paar hat Wilckens drei bis vier Jahre gehalten und dann, da es sowohl unter sich wie mit Norman-

---

*) Der Name Leporide ist für die Kreuzung von Hase und Kaninchen allgemein angenommen worden; da er aber mit dem gleichlautenden zoologischen Familiennamen der Hasen und Kaninchen verwechselt werden kann, so dürfte für jene Kreuzung der deutsche Name „Hasenkaninchen" vorzuziehen sein.

diner- und Widderkaninchen unfruchtbar war, geschlachtet.
Sowohl das Äußere dieser Hasenkaninchen, wie der anatomische Bau ihres Schädels glich ganz denen der Kaninchen,
namentlich war die Breite der Choanen durchaus nicht vergrößert wie beim Hasen. Nur die Haarfarbe war ähnlich
der des Hasens, sonst aber hat Wilckens keinerlei Ähnlichkeiten mit letzterem bemerkt.

Ordnung der Fleischfresser.
Die zoologischen Merkmale der Katze.

Die Katze gehört zur Familie der Feliden, deren Figur
unter sich eine große Übereinstimmung zeigt, in dem verhältnismäßig kleinen und runden Kopf, in dem schlanken,
an den Weichen eingezogenen Leib, dem konvexen Rücken,
dem langen Schwanz und den verhältnismäßig hohen Läufen,
die hinten länger und in den Gelenken stärker gebogen
sind als vorn.

Der Schädel der Katze ist sehr breit an der Stirn und
über den Augen, er verschmälert sich nach hinten und endet
spitz am Hinterhaupte. Der hintere Augenbogen ist nur
bei einigen Katzen nach hinten geschlossen, bei den übrigen
Feliden aber offen. Die Augen besitzen eine senkrecht gestellte Pupille und eine grüngelbliche Iris. Der Jochbogen
ist weit nach außen gekrümmt und sein Ursprung deckt den
äußeren Gehörgang von oben. Die Nase ist kurz und die
Nasenbeine verbreitern sich nach vorn; eine Einsenkung
zwischen Nasen- und Stirnbeinen besteht nicht, vielmehr
bildet das Profil des Kopfes vom Hinterhaupte bis zur Nasenspitze eine fast ununterbrochene konvexe Linie. Der
Zwischenkiefer ist sehr breit und kurz. Der Unterkiefer ist
breit im Körper, aber sein Zahnfachast erscheint niedrig
und der Gelenkfortsatz überragt nicht die Höhe des hinteren
Backzahnes.

Der Hals ist kurz, wie auch die Rückenwirbelsäule, die aus 13 Wirbeln besteht. Das lang gestreckte Brustbein ist aus 9 Stücken zusammengesetzt, die sich mit 9 Paar schlanken und rundlichen Rippen verbinden; 3 Paar falsche Rippen legen sich der neunten wahren Rippe an, und ein Paar falsche Rippen enden frei an der Seitenwand der Flanke. Die Lendenwirbelsäule ist sehr lang, und sie besteht aus 7 Wirbeln. Das kurze, nach hinten abfallende Kreuz ist aus 3 Wirbeln zusammengesetzt und der sehr bewegliche Schwanz, der mindestens so lang ist wie die Rücken- und Lendenwirbelsäule, enthält bis 22 Wirbel.

Am Vordergliede ist das Schulterblatt kurz, an der Basis breit und am Nackenwinkel abgerundet. Der Oberarm ist schlank und weit abstehend vom Brustkorbe. Der mit dem Oberarm im spitzen Winkel verbundene Unterarm zeigt Speiche und Ellenbogenbein von nahezu gleicher Größe; beide Knochen berühren sich etwa in der Mitte des Verlaufes, übrigens aber verlaufen sie unverwachsen. Die Vorder-Fußwurzel besteht in der proximalen Reihe — außer dem Hakenbein — aus zwei, in der distalen Reihe aus vier Knochen. In der proximalen Reihe ist der mediale Knochen (das Scaphoid) mit dem mittleren (dem Lunatum) verwachsen. Dieser große radiale Fußwurzelknochen ist durch ein kleines Sesambein mit dem medialen Knochen der distalen Reihe (dem Trapezium) und dem ersten Metacarpus verbunden. In der distalen Reihe liegt das Trapezium zwischen den proximalen Enden des ersten und zweiten Mittelfußknochens; der letztere verbindet sich außerdem mit dem Trapezoid und dem Magnum, und er greift mit seinem lateralen Gelenkfortsatze über die schräge Gelenkfläche am proximalen Ende des dritten Mittelfußknochens, der ebenfalls mit dem Magnum und mittelst einer schmalen Gelenkfläche auch mit dem Unciforme gelenkt; das letztere verbindet sich vorwiegend mit dem vierten Mittelfußknochen und nur zu höchstens einem Drittel mit dem fünften Mittelfußknochen, dessen proximales Ende größtenteils am lateralen Umfange der Vorder-Fußwurzel frei hervorragt. Der erste Mittelfußknochen ist sehr kurz, aber die Mittelfußknochen der zweiten bis fünften Zehen berühren mit ihren distalen Enden den Boden. Das zweite Glied der ersten Zehe, sowie die dritten Glieder der zweiten bis fünften Zehen besitzen starke Knochenscheiden mit je einem scharfen zentralen Blatte, die zum Schutze der Krallen dienen, die sich in jene Scheiden zurückziehen können.

Am Hintergliede sind die Darmbeine sehr lang und schmal, der Oberschenkel ist schlank und ohne dritten Trochanter, das Schienbein ist etwa von gleicher Länge wie der Oberschenkel; neben ersterem verläuft in ganzer Länge unverwachsen das schwache Wadenbein. An der Hinter-Fußwurzel fehlt das Cuneiforme I, das Cuneiforme II ist sehr klein und es verbindet sich distalwärts nur mit dem zweiten Mittelfußknochen, der lateralwärts sowohl mit dem Cuneiforme III, wie mit dem dritten Mittelfußknochen gelenkt. Das Cuboideum verbindet sich vorwiegend mit dem vierten Mittelfußknochen und das proximale Ende des fünften Mittelfußknochens ist größtenteils frei. Der Hinterfuß besitzt nur vier Zehen; von der ersten Zehe existiert als kurzer Stummel nur der Mittelfußknochen, der mit dem proximalen Ende des zweiten Mittelfußknochens verwachsen ist. Die Form der Zehen ist die gleiche wie am Vordergliede. Das Auftreten geschieht sowohl am Vorder- wie am Hinterfuße auf allen Gliedern der zweiten bis fünften Zehen, deren jede am 2. Gliede sich auf einen Sohlenballen stützt; ein größerer Sohlenballen liegt an jedem Fuße unter den 1. Zehengliedern. Die 3. Zehenglieder berühren nur an ihrer Basis den Boden; ihre Krallenscheiden und die spitzen Krallen sind aufwärts gerichtet.

Der Ernährungsapparat ist der Fleischnahrung angepaßt. Das Gebiß besteht aus 30, außerhalb des Zahnfleisches von Schmelz umhüllten Zähnen; die **Zahnformel** ist die folgende:

$$\frac{1\ 3\quad 1\quad 3\ 3\quad 1\quad 3\ 1}{1\ 2\quad 1\quad 3\ 3\quad 1\quad 2\ 1}$$

Die Schneidezähne werden von der Medianlinie nach außen (vom 1. bis 3.) größer, und sie sind an ihrer Krone schwach gekerbt oder gelappt. Die Eckzähne sind kegelförmig und so lang, daß sie das Zahnfleisch des entgegengesetzten Kiefers überragen; die etwas kleineren Eckzähne des Unterkiefers stehen vor den Eckzähnen des Oberkiefers. Der dritte (vorderste) Prämolarzahn des Oberkiefers ist sehr klein, der erste (hinterste) ist der größte; er bildet den Reißzahn und besteht aus zwei vorderen, quergestellten kleineren und zwei hinteren, schräggestellten größeren Lappen von keilförmiger Gestalt. Der einzige Molarzahn des Oberkiefers sitzt etwas medianwärts am hinteren Lappen des Reißzahnes und er ist kaum größer als der vorderste Prämolarzahn. Die beiden Prämolarzähne des Unterkiefers sind vierlappig; der vordere Lappen ist sehr klein und der dahinter stehende größte Lappen hat die Form einer zweischneidigen Pfeilspitze. Der einzige Molarzahn des Unterkiefers ist zweilappig (eigentlich zweiflüglig); er ist der größte Backenzahn und bildet den Reißzahn. Die Backenzähne des Oberkiefers übergreifen die Zähne des Unterkiefers derart, daß die Spitzen der Oberkieferzähne zwischen die Lücken der Unterkieferzähne zu stehen kommen (Scheerengebiß); nur der Reißzahn des Unterkiefers wird in ganzer Länge von dem des Oberkiefers gedeckt.

Der Magen ist einfach und er besitzt nur einen kleinen Blindsack. Der Darm ist verhältnismäßig kurz (etwa 4 bis 5mal länger als der Körper). Die Leber besteht aus drei Hauptlappen; der mittlere Hauptlappen trägt die Gallenblase und er ist in 2 bis 3 kleinere Lappen geteilt.

Die Nieren sind von runder Form und an der Oberfläche mit Blutgefäßfurchen versehen. Die Hoden liegen unmittelbar unter der Afteröffnung. Samenblasen fehlen. Die Rute ist rückwärts gekehrt und die den Rutenknochen umgebende Eichel ist mit kurzen und kegelförmigen Spitzen besetzt, die der Basis der Eichel zugekehrt sind. Der Tragsack besteht aus zwei Hörnern ohne Körper.

Die Katze brunstet im zeitigen Frühjahre; sie geht zwei Monate trächtig und wirft bis 8 blinde Junge, die am neunten Tage sehend werden. Bei der an dunklen und stillen Orten stattfindenden Paarung springt der Kater auf den Rücken der Katze; die Paarung ist, wegen der mit Stachel besetzten Eichel des Katers, schmerzhaft für die Katze, und sie wird mit lautem Geschrei vollzogen.

Das Euter der Katze liegt an der Hinterbrust und am Vorderbauche, und es besitzt jederseits 2 Brust- und 2 Bauchzitzen. Die Milch der Katze enthält durchschnittlich $82\,^0/_0$ Wasser, $9\,^0/_0$ Eiweißstoffe, $3{,}3\,^0/_0$ Fett, $5\,^0/_0$ Milchzucker und $0{,}7\,^0/_0$ Aschenbestandteile.

Die Haut ist fein und leichtfaltig. Die Behaarung besteht aus feinem und ziemlich langem Grannenhaar; an der Oberlippe sitzen lange Tasthaare (Schnurrhaare). Die Haarfarbe ist vorwiegend grau und gelb mit unregelmäßigen dunklen Streifen und Binden; die Hauskatze ist häufig blaugrau, schwarz, schwarzscheckig und weißgefärbt. Darwin behauptet, daß weiße Katzen mit blauen Augen fast immer taub wären, was aber nach P. L. Martin bei deutschen weißen Katzen mit blauen Augen nicht der Fall ist.

Abstammung und Zähmung der Hauskatze.

Die Abstammung der Hauskatze von der altweltlichen Wild- oder Waldkatze kann kaum in Frage kommen, da die Wildkatze in Form und Größe bedeutende Verschiedenheiten von der Hauskatze zeigt. Die Wildkatze ist nach Brehm bedeutend größer und kräftiger, ihr Kopf dicker, ihr Leib gedrungener und ihr Schwanz merklich stärker, aber auch viel kürzer als bei der Hauskatze; zudem unterscheiden sich beider Schwänze dadurch, daß der eine von seiner Wurzel bis zum Ende gleichmäßig dick erscheint, der andere aber von der Wurzel bis zur Spitze allmählich sich verdünnt. Eine erwachsene Wildkatze erreicht nach Brehm ungefähr die Größe des Fuchses; sie ist also um ein Drittteil größer als die Hauskatze. Von dieser unterscheidet sie sich auf den ersten Blick durch die stärkere Behaarung, den reichlicheren Schnurrbart, den wilderen Blick und das stärkere und schärfere Gebiß. Als besonderes Kennzeichen gilt der schwarz geringelte Schwanz und der gelbweiße Fleck an der Kehle.

In Amerika kennt man die Katze erst seit der Herrschaft der Spanier. In nördlichen Gegenden ist sie auch jetzt noch wenig verbreitet, und sie kommt im hohen Norden gar nicht vor. Auch in hohen Gebirgsgegenden trifft man sie wenig oder gar nicht. Tschudi erwähnt, daß in den Cordilleren in Höhen über 12000 Fuß die Hauskatze sich nicht mehr hält, indem sie einer tödlichen Krankheit unterliegt.

Die Rassen der Hauskatze.

Martin macht mit Recht darauf aufmerksam, daß die Katze gegenüber dem Einflusse des Menschen und des Klimas eine größere Selbständigkeit bewahrt und ihrem Typus weit mehr treu geblieben ist als die übrigen Haustiere.

Fast alle Umbildungen, welche die Katze erlitten hat, beziehen sich mehr auf die Farbe und die Struktur des Haares als auf wirkliche Abänderungen im Körperbau. Hier ist nur das Verkümmern des Schwanzes von größerer Wichtigkeit, zumal sich dieser anatomische Charakter bei Kreuzungen, wie Mortillet und Anthony gezeigt, mit großer Hartnäckigkeit vererbt. Stummelschwänzige Katzen werden gezüchtet auf der Halbinsel Malakka, in Sumatra und Japan, sowie in Europa auf der britischen Insel Man zwischen England und Irland.

Rob. Hartmann behauptete, daß die in Nubien und Sudan gezüchtete Hauskatze von der in Afrika wildlebenden kleinpfötigen Falbkatze (Felis maniculata Rüppel) abstamme, und er glaubte, daß unsere Hauskatze ebenfalls ein Abkömmling der afrikanischen sei.

Diese Ansicht, der Blasius widersprach, ist nun neuerdings, nach der Untersuchung einer großen Reihe von ägyptischen Katzenmumien durch Nehring, Keller u. a. wiederum aufgegriffen und sehr beweiskräftig unterstützt worden.

Die Falbkatze ist unter diesen unzähligen Mumien die häufigste, und außerdem kommt auch der Sumpfluchs (Felis chaus) dabei vor. Auch jetzt noch ist die Falbkatze, wie Keller angibt, im Somalilande gezähmt anzutreffen. Auch spricht nach Nehring eine Färbungseigentümlichkeit neben den schon erwähnten Gründen sehr für die Abstammung unserer Hauskatze von der afrikanischen Wildkatze und gegen ihre Abstammung von der europäischen Wildkatze. Unsere Hauskatze stimmt, sofern sie überhaupt die ursprüngliche, durch Domestikation nicht veränderte Färbung des Haarkleides zeigt, in dem Auftreten eines schwarzen Sohlenstreifens mit F. maniculata überein.

In den europäischen Pfahlbauten ist die Hauskatze nicht bekannt geworden und auch unter den Resten prähistorischer Haustiere anderer Gegenden der Erde findet sie sich nicht.

Wir begegnen ihr also zuerst im alten Ägypten und von hier aus hat sie ihre Verbreitung in die Mittelmeerländer und bis nach Indien, China und Japan gefunden. Aus Untersuchungen von Hirth geht hervor, daß die Hauskatze (mao) in China erst relativ spät bekannt geworden ist, und das chinesische „li“, das ein Mäuse fangendes Tier bezeichnet, auf das Wiesel gemünzt war. Unter den sechs Haustieren, die der König Fo-hi den Chinesen nach ihren Annalen ums Jahr 3468 gab, figuriert die Katze ebenfalls noch nicht. Ihre erste sichere Erwähnung geschieht in einem Kommentare des Schamanen Hui-lin aus dem 6. Jahrhundert, und werden hier die beiden Termini mao und li wie folgt unterschieden: „Das mao gleicht dem Tiger, ist aber klein; es wird vom Menschen als Haustier gehalten um Mäuse zu fangen; das li ist auch eine Art Katze, stiehlt aber gerne des Menschen Hühner." (Hirth.)

In dem alten, vedischen Indien kam nach H. Zimmer die Hauskatze noch nicht vor.

Wir finden sie hingegen im klassischen Altertum, im nordöstlichen Afrika, Südeuropa und westlichen Asien verbreitet. Nach Mitteleuropa aber ist sie erst ums Ende des 6. Jahrhunderts nach Christus gelangt. Albert Magnus beschreibt dieses Tier im 22. Buch auf Folio 215 genau nach Farbe und Gebrauch.

Es ist also klar, daß die Katze von den Nilländern sich ausgebreitet, in denen ein so großer Katzenkultus getrieben wurde. Der Kultus ging der Kultur voraus!

Dennoch hat Martorelli die Hypothese aufgestellt, daß die in Sardinien lebende Katze als Stammform der Hauskatze anzusehen sei. C. Keller wies jedoch nach, daß diese sardinische Katze sowohl aus ethnologischen wie morphologischen Gründen eine verwilderte Hauskatze ist, die wohl durch die sarrazenischen Herren der Insel eingeführt wurde und dann verwilderte.

Auch dem Muhamedaner galt die Katze als ein heiliges Tier, da sie sich die Gunst des Propheten zu erwerben gewußt hatte.

Nach den vorausgeschickten Bemerkungen lassen sich die Rassen der Hauskatze wie folgt gliedern:

1. Die ursprüngliche, normale, europäische Hauskatze, die in ihrer Färbung der Falbkatze am nächsten steht, mit ihren verschiedenen Schlägen, wie Maskenkatze, Spanische Katze, Cypernkatze, Karthäuserkatze.

Die Färbung ist gewöhnlich gelbgrau mit dunkeln Querstreifen und Binden und schwarzem Sohlenfleck.

Martin hält diese Katze für die ausdauerndste und beste zum Mausen, doch schreibt er ihr eine große Neigung zum Verwildern zu.

Die Maskenkatze ist nach Martin eine schwarze Katze mit regelmäßigen weißen Abzeichen von überaus schönem Ansehen; dieselbe ist hauptsächlich schön in Schwaben anzutreffen.

Die schwarze, weiße, gelbe, mausgraue und die gescheckte Varietät scheint weniger verbreitet zu sein und Martin erklärt sie, mit Ausnahme der rein schwarzen, nur schön für besondere Liebhaber.

Die dreifarbige oder die sogenannte spanische Katze hat eine weiße Grundfarbe, zwischen welcher sich über dem Rücken, den Seiten und dem Kopfe Schwarz, Braun, Gelb und Grau in unregelmäßigen Flecken bunt zueinander stellen. Nach Martin sind meistens nur die Katzen so gezeichnet, während dreifarbige Kater eine große Seltenheit sind.

Zu dieser sogenannten spanischen Katze zählt Martin auch alle zahmen Katzen Süd- und Nordamerikas.

Die Cypernkatze, die man auf dieser Insel in reiner Abkunft zu erhalten sucht, wird dort zum Schlangenfangen abgerichtet. Die Haarfarbe ist hellgrau, die Sohlenballen sind schwarz.

Die Karthäuserkatze betrachtet Martin als eine mit Sorgfalt gezüchtete Varietät der wildfarbigen Katze; sie ist einfarbig blaugrau, hat langes und feines Haar, schwarze Lippen und Fußsohlen; sie soll ein schönes und stattliches Tier sein.

2. Die durch Einfluß der Domestikation auf die Umgestaltung des Haarkleides oder andere Charaktere erzeugten Varietäten, ohne Beeinflussung der Körperform.

Hierher gehört die Angorakatze, die persische und siamnesische Katze.

Die Angorakatze, die Pallas auf eine Kreuzung mit die Wildkatze des mongolischen Gebietes (Felis manul) zurückführen will, ist größer als unsere Hauskatze und hat wegen ihres schönen, weichen und langen Haares ein löwenartiges Ansehen. Sie kommt fast in allen Farben der Hauskatze vor, in Grau, Blaugrau, Schwarz, Weiß und Bunt; die schönsten sollen die einfarbig Weißen sein. Brehm hält die Angorakatze für die einzige Katzen-Rasse, im eigentlichen Sinne des Wortes.

Der Angorakatze ähnlich soll die persische sein.

Bei den ostasiatischen Völkern ist die Siamkatze am geschätztesten, sie gelangt in neuerer Zeit auch öfters aber zu hohen Preisen auf unsere Märkte. Sie soll sehr intelligent und zutraulich sein und im Rattenfang vorzügliches leisten. Die blendendweißen, frischgeworfenen Jungen sehen aus wie weiße Mäuse, es sind in der Tat Albinos mit roten Augen. Später verfärben sie sich, der Pelz wird silbergrau mit schwärzlichem Gesicht, die Füße, die Schwanz- und Ohrenspitzen werden schwarz. Sind die Tiere ausgewachsen, so erscheinen die Augen vollkommen blau.

3. Die durch den Einfluß der Domestikation auf die anatomischen Merkmale erzeugten Varietäten.

Hier sind zu nennen:

Stummelschwänzige Katzen, wie diejenigen von Japan, Sumatra, Malakka und der Insel Man.

Hängeohrige Katzen, wie diejenige Chinas.

Die erstgenannten Katzen besitzen meist einen Stummelschwanz, der nach Anthony bei der Mankatze aus 6 Wirbeln besteht, bei der japanischen Katze nach C. Keller aus 7. Es kommen jedoch neben diesen stummelschwänzigen Tieren auch solche vor, die einen weit längeren Schwanz haben, der knotig angeschwollen, geknickt oder sonst wie verbildet ist. Die Färbung dieser Tiere variiert sehr.

Die chinesischen Hängeohrkatzen haben gleichzeitig ein langes seidenweiches Haar. Ihre gewöhnliche Farbe ist ein lichtes Gelb, doch kommen auch die Farben unserer dreifarbigen Katze vor. Sie wird von den Chinesen gegessen.

II. Die Vögel des Hausstandes.

Ordnug der Schwimmvögel.

Die zoologischen Merkmale der Siebschnäbler.

Die Familie der Siebschnäbler (Lamellirostres) umfaßt von Haustieren: den Schwan, die Gans und die Ente.

Der Körper der Siebschnäbler ist lang, mit weit vorstehender, gewölbter Brust und kurzen Beinen, deren Vorderzehen durch Schwimmhäute verbunden sind.

Der Kopf ist verhältnismäßig klein, nicht größer als der breite und platte Schnabel, dessen Oberfläche von einer nervenreichen Haut überzogen ist, die vorn in einem dreieckigen Nagel endet. Das für die Familie charakteristische Merkmal ist der zahnartige, aus senkrecht gestellten Hornblättchen bestehende Rand des Ober- und Unterkiefers; da die Erhabenheiten des Oberkieferrandes in die Vertiefungen des Unterkiefers eingreifen, so entsteht dadurch ein Sieb, das die flüssigen Bestandteile des Wassers durchläßt, während die festen Bestandteile in der Maulhöhle zurückgehalten werden. Wie der Schnabel, so hat auch die Zunge einen gezähnten Rand, der ebenfalls siebartig wirkt.

Der Hals ist bei Schwänen und Gänsen lang und schlank, bei Enten von mittlerer Länge. Der Schwan hat 23 Halswirbel, die Gans 18 und die Ente 14—16.

Der Rücken der Siebschnäbler ist länger als der von Hühnern und Tauben. Der Schwan besitzt 11 Rückenwirbel, die Gans und die Ente je 9. Die Zahl der Rippenpaare beträgt ebensoviel, und die beiden vorderen (falschen) Rippen erreichen das Brustbein nicht.

Die Lenden- und Kreuzbeinwirbel verwachsen frühzeitig mit den Hüftknochen zu dem paarigen Becken, dessen Darmbeine mit dem vorderen Rande die hinteren Rückenwirbel decken. Der Steiß besteht aus kurzen Wirbelkörpern; nur der letzte Steißwirbel ist platt und mit der Spitze aufwärts gerichtet. Die Zahl der Steißwirbel ist 9 beim Schwan und je 8 bei Gans und Ente. Der Steiß trägt die große zweilappige Bürzeldrüse, deren Sekret die Federn einfettet.

Das schildförmige Brustbein der Schwimmvögel ist sehr breit und der Brustbeinkamm vorn ausgeschweift. Die hinteren lateralen Fortsätze des Brustbeines sind verhältnismäßig kurz und einfach (ohne Rippenfortsätze wie bei Hühnern). Das Coracoid ist verhältnismäßig kurz und es steht schräger als bei den Hühnern. Der Gabelknochen ist dicker und ihm fehlt der platte Griff der Hühner.

Am Vordergliede ist das Ellenbogenbein bedeutend stärker als die Speiche. Metacarpus I ist sehr kurz und er sitzt an einem Fortsatze von Metacarpus II; Metacarpus II und III sind an beiden Enden verwachsen und von gleicher Länge, aber ersterer ist bedeutend stärker als letzterer. Der erste und dritte Finger hat nur je ein Glied, während der zweite Finger 2 Glieder besitzt, deren erstes platt und breit ist, während das kurze zweite gegen das Ende sich zuspitzt.

Am Hintergliede ist das ovale oder Sitzbeinloch (zwischen dem Renalteile des Hüftbeines und dem Sitzbein) sehr lang und groß. Der Oberschenkel ist kürzer als bei den Hühnern und sehr steil gestellt, woraus sich der unbeholfene Gang der Schwimmvögel erklärt. Das dünne Wadenbein reicht kaum bis zur Hälfte des Schienbeines. Die drei Mittelfußknochen sind zu einem verhältnismäßig kurzen Laufknochen verwachsen, der an seinem distalen Ende drei gesonderte Rollen trägt für die 3. bis 5. Zeh. Der erste

Zeh fehlt.*) Der zweigliedrige 2. Zeh, der median- und rückwärts gerichtet ist, gelenkt mit einem kurzen, rudimentartigen Metatarsus, der durch Bänder mit dem Laufknochen verbunden ist. Der dritte Zeh, d. h. der mediane von den nach vorn gerichteten Zehen, hat 3 Glieder, der vierte Zeh 4 Glieder und der fünfte (laterale) Zeh 5 Glieder. Die Vorderzehen sind durch Schwimmhäute verbunden und die letzten Zehenglieder mit einer Klaue bewehrt. Der Lauf und die Zehen sind überall mit Oberhautschuppen bedeckt.

Der Ernährungsapparat ist gemischter (animaler und vegetabilischer) Nahrung angepaßt. Die Schwimmvögel besitzen 3 Paar Speicheldrüsen: 1. die hinter dem Jochbogen gelegene Ohrspeicheldrüse, 2. die zwischen den Ästen des Unterkiefers gelegene Unterkieferdrüse und 3. die Unterzungendrüse, die zu beiden Seiten der Zunge liegt. Ein Kropf fehlt. Der Vormagen ist sehr reich an Drüsen und er ist stärker als bei den Hühnern. Von den beiden Hauptlappen der Leber trägt der rechte die Gallenblase.

Der Geschlechtsapparat der männlichen Schwimmvögel ist ausgezeichnet durch eine kurze, geschlängelte und röhrenförmige Rute, die in einer seichten Grube des Kreuzbeines oberhalb der Kloake liegt. Die Rute ist nicht erektil und sie wird bei der Paarung umgestülpt. Die Siebschnäbler leben meistens in geschlossener Ehe. Die Brunst- und Brütezeit fällt gewöhnlich in das zeitige Frühjahr. Die Eier sind länglichrund, glattschalig und einfarbig. Die Jungen sind mit Dunen dicht bekleidet und sie erlangen nach etwa einem halben Jahre das bleibende Gefieder.

Die mit dem Metacarpus und den Fingergliedern verbundenen Handschwingen (Schwingen erster Ordnung) sind nur wenig länger als die mit dem Unterarme verbundenen Armschwingen (Schwingen zweiter Ordnung), und

---

*) Wilkens betrachtet den sogenannten Afterzeh der Hausvögel als zweiten, was er bei den zoologischen Merkmalen der Hühnervögel erklärt.

jene erreichen das Schwanzende nicht. Der kurze und ab-
gestutzte Schwanz besteht aus mindestens 14 Steuerfedern.

Der Schwan.

Als eigentliches Haustier ist nur der Höckerschwan
(Cygnus olor) anzusehen, der übrigens noch gegenwärtig in
Nordeuropa und Ostsibirien wild lebt.

Der Höcker- oder stumme Schwan ist ausgezeichnet
durch einen Höcker auf der Schnabelwurzel, der, ebenso wie
die nackte Haut des sogenannten Zügel-Dreieckes zwischen
der Schnabelwurzel und dem vorderen Umfange des braunen
Auges, von schwarzer Farbe ist, während der Schnabel rot
gefärbt erscheint. Das Gefieder des erwachsenen Schwanes
ist mattweiß (in der Jugend grau), die Läufe und Füße sind
schwarz. Der Kopf ist klein, der Hals sehr lang und in der
Ruhe S-förmig gekrümmt, der Leib lang gestreckt, oben
und unten abgeplattet. Der Mittelzeh ist länger als der
Lauf. Die Flügel sind sehr groß, doch sind ihre Schwungfedern verhältnismäßig kurz und hart. Das Gefieder am
Halse, an der Brust und am Bauche ist sehr dicht, weich
und reich an Dunen. Der Schwan ernährt sich von Sumpf-
und Wasserpflanzen, sowie von Kerbtieren, Würmern und
kleinen Fischen, die er mittelst des in das Wasser gesenkten
Halses — durch Gründeln — zu fangen sucht. Der Höckerschwan baut auf Inseln oder auf trockenen Stellen im Sumpf
sein Nest aus Schilf und Wasserpflanzen und er füttert es
mit Dunen reichlich aus. Die Schwänin legt im zeitigen
Frühjahre 6 bis 8 hartschalige Eier von schmutzigweißer
Farbe, aus welchen nach 5 bis 6 wöchentlicher Bebrütung
die grau gefiederten Jungen schlüpfen.

Der Höckerschwan dient hauptsächlich als Ziergeflügel
auf Landseen und Teichen.

Die übrigen Arten der wildlebenden Schwäne sind sämtlich gezähmt worden.

Der Singschwan (Cygnus musicus) unterscheidet sich

nach Brehm von dem Höckerschwane durch gedrungene Gestalt, etwas kürzeren und dickeren Hals und den höckerlosen, obwohl am Grunde ebenfalls aufgetriebenen, hier gelben, an der Spitze schwarzen Schnabel. Der Singschwan ist im Norden von Europa und Asien verbreitet und er wandert im Winter nach Nordafrika. Er führt seinen Namen von seiner lauttönenden und wohlklingenden Stimme, die man mit Posaunen- und Geigentönen verglichen hat.

Der Zwergschwan (Cygnus minor) ist von kleinerer Figur als die beiden vorigen. Der vordere Teil des Schnabels, bis über das Nasenloch hinaus, ist von glänzend blauschwarzer Farbe, der übrige Teil des Schnabels und das Zügeldreieck ist gelb. Der Schwanz besteht nach Brehm aus 18 Steuerfedern. Die Heimat des Zwergschwanes ist Europa und Nordasien.

Der schwarzhalsige Schwan (Cygnus nigricollis) ist etwa von gleicher Größe wie der Zwergschwan. Sein Gefieder ist weiß bis auf Kopf und Hals, die schwarz gefärbt sind. Der Schnabel ist nach Brehm bleigrau, an der Spitze gelb, der Höcker und das nackte Zügeldreieck blutrot, der Fuß blaßrot. Die kurzen Flügel erreichen kaum die Schwanzwurzel und der Schwanz hat nur 18 Steuerfedern. Seine Heimat ist Südamerika.

Der schwarze oder Trauerschwan (Cygnus atratus) besitzt nach Brehm einen sehr gestreckten Leib, einen verhältnismäßig noch längeren Hals als der Höckerschwan, einen kleinen und wohlgestalteten Kopf, einen etwa kopflangen und höckerlosen Schnabel. Das Gefieder ist bräunlichschwarz, an den Rändern der Federn schwarzgrau, die Handschwingen und der größte Teil der Armschwingen aber sind blendend weiß. Das Auge ist scharlachrot, der Zügel nelkenrot, der Schnabel lebhaft karminrot, ein Band vor der Spitze des Oberschnabels und die Spitzen beider Schnabelhälften selbst sind weiß, die Füße schwarz. Seine Heimat ist Südaustralien und Tasmanien.

Baldamus erwähnt noch den Trompeterschwan (Cygnus buccinator) mit schwarzem Schnabel, starker und lauter Stimme, den amerikanischen Schwan (Cygnus americanus) ähnlich dem Singschwan, mit kleinem gelben Fleck an dem sonst schwarzen Schnabel, — als Bewohner Nordamerikas, und den weißen Entenschwan (Cygnus coscoroba) — als Bewohner Südamerikas.

Die Gans.

Obwohl der Name der Gans allen Völkern der indoeuropäischen Gruppe angehört, so tritt die Gans als Haustier genau nachweisbar doch erst bei den alten Ägyptern auf, wo sie, wie dann auch später im klassischen Altertume bei Griechen und Römern eine wichtige Rolle spielte. Dem Ägypter besonders war die Gans das eigentliche Nationalgericht.

Es unterliegt wohl keinem Zweifel, daß die zahlreichen (Brehm erwähnt 36 Arten) Wildgänse die Stammeltern der Hausgänse waren. Die Stammform insbesondere der europäischen Hausgans ist die Wild- oder Graugans (Anser cinereus); ihre Länge beträgt nach Brehm 86 cm, die Breite 170 cm, die Fittiglänge 47 cm, die Schwanzlänge 16 cm. Ihr Gefieder ist auf dem Rücken bräunlichgrau, auf der Unterseite gelblichgrau, infolge einzelner schwarzer Federn spärlich und unregelmäßig gefleckt; die kleinen Flügeldeckfedern sind rein aschgrau, die Bürzel-, Bauch- und Unterschwanzdeckfedern weiß gefärbt, alle übrigen der Oberseite fahlgrau, die der Brust- und Bauchseiten vor dem hell fahlgrauen Spitzensaume dunkel fahlgrau, die Schwingen und Steuerfedern schwarzgrau und weiß geschaftet. Das Auge ist lichtbraun, der Schnabel an der Wurzel blaß fleischrot, am Spitzennagel wachsgelb, der Fuß blaß fleischrot. Die Graugans hat ihren Brutbezirk zwischen dem 45. und 69. Grade nördlicher Breite von Europa und Asien. Im Winter streicht sie nach Südeuropa, Nordchina und Nord-

indien, um zu Anfang März nach Mitteleuropa und Mittelasien zurückzukehren. Ältere Graugänse legen 8 bis 14 Eier,
jüngere nur 5 bis 7 Eier, die etwa 9 cm lang, 6 cm breit,
oval, glattschalig und von grünlichweißer Farbe sind und
durchschnittlich 160 g Gewicht haben. Die Brütezeit fällt
in der Regel in den April und dauert 27 bis 29 Tage. Die
Graugans lebt nur von vegetabilischer Nahrung.

Die gemeine Hausgans ist durchschnittlich von größerer Figur, ihr Hals ist verhältnismäßig länger, der Rumpf
mehr horizontal und tiefer gestellt, oben und unten abgeplattet und breiter, der Schwanz aber kürzer als der der
Graugans. Das Gefieder der Hausgans ist selbst bei grauen
Schlägen einfacher in der Zeichnung, die weiße Farbe
herrscht vor, und die höchsten Kulturformen sind ganz weiß.
Die Hausgans paart sich im Januar und Februar, und sie
legt im Februar und März 10 bis 20 Eier (jüngere Gänse
weniger), die etwas größer und schwerer (durchschnittlich
180 g Gewicht), sonst aber denen der Graugans ähnlich
sind und in 28 bis 30 Tagen ausgebrütet werden. Die jungen
Gänse erscheinen mit vorwiegend grauem Flaumgefieder;
die Mauserung geschieht nach 2 Monaten. Die Hausgans
nährt sich vorwiegend von vegetabilischer Nahrung, hauptsächlich von Gräsern, Brennesseln, Disteln, dann aber auch
von Körnern, Kartoffeln, Mehlstoffen (die letzteren werden
ihr zum Zwecke der Mastung gereicht); sie fressen aber auch
Kerbtiere, Würmer und kleine Wassertiere.

Von einer Rassenbildung der Hausgans läßt sich kaum
reden. Die Formen der gemeinen Hausgans unterscheiden
sich hauptsächlich durch die Größe, durch die mehr oder
minder horizontale Stellung des Rumpfes, durch die größeren
und kleineren Läufe, dann aber auch durch die Farbe, die
entweder vorwiegend grau oder weiß ist. Als eigentliche
Kulturformen unterscheidet man nur die Emdener- und die
Toulouser-Gans.

Die Emdener-Gans (benannt nach ihrem Haupt-Markt-

orte in Ostfriesland) hat eine hochaufgerichtete Haltung
und einen tief gestellten und gedrungen gebauten Rumpf.
Ihr Gefieder ist reinweiß, der Schnabel gelbrot, die Iris
hellblau, der Fuß orangefarbig.

Die Toulouser-Gans hat einen noch massigeren Körper
als die Emdener, aber eine weniger aufrechte Haltung. Die
Färbung der Oberteile ist dunkelgrau, nach dem Rücken zu
heller; Flügel, Brust und Unterleib sind hellgrau, nach dem

Fig. 85. Toulouser Gänse.

After hin allmählich in Weiß übergehend; der Schnabel ist
bräunlich fleischfarben, die Füße sind tief orangefarben. Die
Toulouser-Gans wird noch schwerer als die Emdener.

Berühmt durch ihre Größe und Schwere sind die pom-
merschen Gänse, die hauptsächlich in Neuvorpommern gezüchtet werden. Sie sind meistens von weißer Farbe, häufig
auch weiß mit aschgrauen Flecken.

In Südrußland, namentlich in der Umgegend der Stadt
Arsamàs, werden ebenfalls große Gänse gezüchtet, die nach
Pallas aus einer Kreuzung der (zahmen) Chinesergans mit
der gewöhnlichen Hausgans entstanden sein sollen.

Spielarten bilden die Strupp- oder Seidengänse (Sebastopolgänse) mit struppigem, wie geschlissen erscheinendem Gefieder, und die Lockengänse (ungarischen Gänse) mit gekräuselten Federn auf den Flügeldecken.

Eine besondere Sippe der Gänse umfaßt die Meergänse oder Bernakel („Bernakel" ist korrumpiert aus Hibernicula, die Irländerin). Brehm kennzeichnet dieselben wie folgt: Der Leib ist kräftig, der Hals kurz, der Kopf ziemlich groß, der Schnabel schwächlich, klein und kurz, an der Wurzel stark, hoch und breit, gegen die Spitze schmächtig, seine Bezahnung schwach, der Fuß kräftig, aber ziemlich niedrig, der Fittig so lang, daß er das Ende des Schwanzes erreicht, der Schwanz kurz, sanft abgerundet, das Gefieder dicht, am Halse seicht gerieft, seine Hauptfärbung ein dunkles Aschgrau, von welchem Tiefschwarz, Zimmetrot, Weiß u. a. lebhaft abstechen.

Brehm beschreibt, in Deutschland vorkommend, drei Arten dieser Sippe. Am häufigsten ist die Ringelgans (Bernicla monacha), deren Vorderkopf, Hals, Schwingen und Steuerfedern schwarz sind; die Federn des Rückens, der Brust und des Oberbauches sind dunkelgrau, etwas lichter gerandet, die der Bauchseiten, der Steißgegend und die Oberschwanzdeckfedern weiß. An jeder Seite des Halses steht ein halbmondförmiger weißer Querfleck, und die Federn sind hier seicht gerieft. Das Auge ist dunkelbraun, der Schnabel rötlich-, der Fuß dunkelschwarz.

Die Nonnen- oder Weißwangengans (Bernicla leucopsis) hat Stirn- und Kopfseiten, Oberschwanzdecken, Brust, Bauch und Steißgegend weiß, die Weichenfedern schwach dunkel quergebändert, Hinterkopf, Hals, den schmalen Zügelstreifen bis zum Auge, Nacken, Ober- und Mittelrücken glänzend tiefschwarz, die Federn des Oberrückens braun gesäumt, die Mantelfedern aschgrau, weiß umrandet, die Schwingen schwarzbraun, außen bis gegen die Spitze hin blaugrau gekantet, Oberflügeldecke und Schulterfedern dun-

kel aschgrau, gegen das Ende hin schwarzbraun, am Ende
schmal weiß gesäumt, die Schwanzfedern schwarz. Das Auge
ist tiefbraun, Schnabel und Fuß schwarz.

Die Rothalsgans (Bernicla ruficollis) ist etwas kleiner,
aber schöner als jene beiden. Kopf und Hinterhals, Rücken,
Mantel, Flügel, mit Ausnahme der weiß gesäumten oberen
Deckfedern, Schwanz, Brust und Seiten sind schwarz, ein
länglich runder Zügelfleck und ein Brauenstreifen, welcher
hinter dem Ohre bogig zur Halsseite herabläuft und hier
mit einem zweiten, hinter dem Auge abgezweigten sich vereinigt, ein volles Nacken- und Brustband, die Weichen,
Mittelbrust, Bauch, Steiß, Ober- und Unterschwanzdecken
weiß, die Weichenfedern am Ende breit schwarz gesäumt,
ein großer, von den weißen Streifen eingeschlossener Ohr-
fleck, Kehle, Vorderhals und Kropf endlich lebhaft zimmetrot. Das Auge ist dunkelgrau, der Schnabel bläulichschwarz,
der Fuß tiefschwarz. Der hohe Norden der alten und neuen
Welt ist die Heimat der Bernakel. — Diese drei Arten von
Meergänsen sind leicht zähmbar und werden als Ziergeflügel
verwendet.

Zur Sippe der Schwanengänse gehört die Höcker-
gans (Cygnopsis cygnoides) und die Kanadagans (Cygnopsis canadensis). Die erstere ist von Mittelgröße, das
Gefieder graubraun und chamoisfarbig, die Brust hellchamois,
die Füße orangefarbig; auf der Wurzel des glänzend schwarzen Schnabels befindet sich ein Höcker. Die Kanadagans
ist groß, hoch aufgerichtet und von edler Haltung. Nach
Wright ist ihr Kopf, der Schnabel und der größere Teil
des Nackens schwarz, mit einer weißen „Kravatte" um die
Kehle. Die Federn auf dem Oberteile des Rumpfes sind
bräunlich grau, mit lichtem Saume. Das dunkle Obergefieder
geht durch Grau bis nahezu Weiß auf den Bauch; die Flügel-
federn und der Schwanz sind meistens schwarz. Die Augen
sind graulich braun, die ziemlich langen Läufe und Füße
schwärzlichgrau, oder fast schwarz. Nach Rodiczky ist

die Kanadagans in Nordamerika bereits zum Haustier geworden und sie paart sich auch häufig mit anderen Gänsen; Kreuzungsprodukte zwischen der kanadischen und der Hausgans sollen sich durch besondere Mastfähigkeit auszeichnen.

Eine andere Sippe bilden die Fuchsgänse; sie kennzeichnen sich nach Brehm durch ihre schlanke Gestalt, den dünnen Hals, großen Kopf, kurzen Schnabel, die hohen Füße, die breiten Flügel und das prachtvolle Gefieder. Der Schnabel ist halb walzenförmig, an der Stirn erhaben, nach vorn bedeutend niedrig und flach gewölbt, am Ende in einen breiten Nagel übergehend, der Fuß ein Stück über der Ferse nackt, schlank, kleinzehig, der Flügel durch einen kurzen Sporn am Buge und die entwickelten Oberarmschwingen ausgezeichnet, der kurze Schwanz aus vierzehn Federn zusammengesetzt.

Die Sippe der Fuchsgänse ist vertreten durch die ägyptische oder Nilgans (Chenalopex aegyptiacus). Der Kopf ist chamoisfarbig, die Backe weiß, das Auge orangenfarbig, der entenartige Schnabel rot, das Obergefieder grauschwarz, das Untergefieder graugelb, mit feinen schwarzen Querlinien gewellt. Die Flügeldeckfedern sind weiß, Schwung- und Schwanzfedern glänzend dunkelgrün, Läufe und Füße rot. Die Gans ist etwas kleiner als der Gänserich, demselben aber ähnlich in der Farbe.

Die Nilgans ist in Mittel- und Südafrika, namentlich im Niltale heimisch; sie war schon bei den alten Ägyptern gezähmt und auf den altägyptischen Denkmälern vielfach abgebildet; auch Herodot erwähnt ihrer in seinen „ägyptischen Geschichten". Die Fuchsgänse wurden bei den alten Ägyptern allgemein verehrt, was durch noch erhaltene Mumien dieser Tiere bestätigt wird. In den europäischen Geflügelhöfen ist die Nilgans als brillantes Ziergeflügel vielfach verbreitet.

Die Ente.

Man unterscheidet zwei Sippen der Ente: Schwimmenten (Anatinae) und Tauchenten (Fuligulinae). Beide
Sippen unterscheiden sich hauptsächlich durch den Haut-
saum am Hinterzeh, den die Tauchenten besitzen und der
den Schwimmenten fehlt. Die als Haustiere verwendeten
Enten gehören der Sippe der Schwimmenten an, die wiederum
in fünf Untersippen sich trennen läßt, nämlich in Spiegel-
enten, Kriechenten, Schmuckenten, Pfeilschwanzenten und
Löffelenten.

Die gemeine Hausente (Anas boschas domestica) ist
die einzige im Hausstande lebende Art der Spiegelente.*)
Man nimmt allgemein an, daß sie von der überall in Europa,
Asien, Nordamerika (außer Mexiko) und Nordafrika wildlebenden Stock- oder Märzente abstamme. Die Formen
beider sind sehr ähnlich, aber die Stockente hat einen
schlankeren Leib, kürzeren Hals und längere Läufe. Wie
bei allen Enten, so hat der Stock-Enterich ein schöneres
Gefieder und eine etwas größere Figur als die Ente. Beim
Enterich sind Kopf und Oberhals grün; ein weißer Ring
trennt den Oberhals von dem braunen Unterhalse; der
Oberrücken ist graubraun, Unterrücken und Bürzel sind
dunkelgrün, Brust, Schulter und Bauch grau gewellt, die
Armschwingen dunkelgrau mit blauem, weiß gesäumtem
Spiegel. Der Schnabel ist grüngelb, die Füße sind blaßrot.
Die Ente ist vorwiegend von braungefleckter Farbe, und
es sind die Rücken-, Brust- und Bauchfedern hell umsäumt.
Dieser Farben-Unterschied des Gefieders von Enterich und
Ente betrifft nur das Winterkleid, während das nach der
Frühjahrsmauser (im Mai) erworbene Sommerkleid des Ente-
riches dem der Ente ähnlich und nur von etwas hellerer
Farbe ist. Außer durch die genannten Eigenschaften unter-

---

*) So genannt nach dem glänzend gefärbten Streifen (Spiegel) der
Armschwingen.

scheidet sich der Enterich von der Ente auch durch die aufwärts gerollten Bürzelfedern.

Während die gemeine Hausente der wilden Stockente im Gefieder sehr ähnlich ist, erscheint ihre Form voller und breiter, der Rumpf ist mehr horizontal und tiefer gestellt. Wie der Körper, so ist auch das Ei der Stockente kleiner als das der Hausente, und jenes hat einen grünlichen Anflug und größeren Fettglanz. Die Stockente legt von April bis Mai 9 bis 16 Eier, die sie in 24 bis 28 Tagen ausbrütet; die Hausente legt schon im März und sie bringt es (wenn ihr die Eier bis auf eines weggenommen werden) bis zum Sommer auf 90 Eier, deren Färbung sowohl weiß, wie grün, wie rahmfarbig ist. Die Größe der Eier ist durchschnittlich (nach Baldamus) $63 \times 43,5$ mm bei der Hausente, 56×41 mm bei der Stockente; das Gewicht der Eier beträgt durchschnittlich 61 g bei der Hausente, 53,4 g bei der Stockente. Die Brütezeit der Hausente dauert durchschnittlich 28 Tage, in kalter Zeit bis 30 Tage.

Die Stockente wurde wahrscheinlich zuerst von den alten Römern in den Hausstand übergeführt, aber die Entenzucht wurde auch bei den alten Griechen und bei den Chinesen eifrig betrieben. Obwohl die gemeine Ente schon seit so langer Zeit im Hausstande lebt, so hat bei ihr, ebenso wie bei der Gans, eine eigentliche Rassenbildung nicht stattgefunden. Die Hausente unterscheidet sich hauptsächlich durch verschiedene Farben, aber kaum durch verschiedenartige Formen. Zu den schönsten und schwersten Züchtungsschlägen der gemeinen Hausente gehört die Rouen-Ente und die Aylesbury-Ente. Jene wird hauptsächlich in der Normandie gezüchtet und sie ist von der bunten Farbe der wilden Stockente, nur der Unterhals weicht durch seine bordeauxrote Färbung ab. Die Aylesbury-Ente ist zuerst gezüchtet worden in der englischen Grafschaft Buckingham; ihr Gefieder ist reinweiß, der Schnabel blaßrot („so rosig wie der Fingernagel einer Dame") und der Fuß orangefarbig; die Aylesbury-Enten sind frühreifer und sie legen früher (von Januar ab) als jene, doch erreichen die Rouen-Enten ein ebenso schweres Gewicht (gemästet bis 5 kg).

Von dunkelfarbigen Enten sind als besondere Schläge zu erwähnen: die Cayuga-Ente, ein großer Vogel, der in Kanada und in den Vereinigten Staaten von Nordamerika gezüchtet wird, von glänzend fahlschwarzer Farbe mit grünlichem Schein am Kopfe und grünen Unterschwingen, sowie die kleine ostindische Ente, ebenfalls mit vorwiegend fahlschwarzem Gefieder, aber mit mehr Grün am Kopfe und am Rücken. Bei beiden Schlägen sind die Schnäbel bleifarbig und die Füße rauchorange. Dahin gehört auch die sehr große kaukasische Ente mit vorwiegend grünschillerndem Gefieder und braun gesprenkelter Brust.

Eine Spielart der gemeinen Ente ist die Bisam- oder türkische Ente (Anas moschata). Sie lebt (nach Baldamus) wild in Südamerika, von Brasilien bis Paraguay, an Seen und Flüssen, welche von Wald umgeben sind, auch mitten im Urwalde, und sie ist in ihrem Vaterlande zugleich die einzige gezähmte Entenart. Die Bisamente ist gegenwärtig in Europa sehr verbreitet, und sie ist größer als alle übrigen Formen der gemeinen Ente; sie ist ausgezeichnet durch den mit roten Warzen bedeckten Zügel und durch die vorwiegend grünschwarz und weiße Färbung des Gefieders. Schnabel und Füße sind bleifarbig. Die Bisamente wird hauptsächlich als Ziergeflügel gehalten, da ihr Nutzen geringer ist als der der gemeinen Hausente.

Die übrigen Entenarten sind noch nicht vollkommen domestiziert, und sie dürfen nur als gezähmtes Ziergeflügel angesehen werden.

Zu den Kriechenten gehört die kleine Knäkente (Anas querquedula). Die vorherrschende Farbe des Gefieders ist braun, von gelbbraun bis schwarzbraun. Nach Brehm sind die weißgeschafteten Handschwingen graubraun, die Armschwingen, welche den Spiegel darstellen, grauschwarz, außen stahlgrünlich glänzend, am Ende weiß gesäumt, die langen Schulterfedern bläulich grauschwarz, breit weiß gesäumt, die Bürzelfedern licht graublau, die Schwanzfedern dunkel aschgrau, weißlich gerandet. Das Auge ist hellbraun, der Schnabel grünlichschwarz, der Fuß rötlich aschgrau. Die Ente trägt ein dem Sommerkleide des Enteriches ähnliches Kleid; ihre Flügeldeckfedern sind jedoch nicht bläulich-, sondern dunkel bräunlichgrau. Ganz Mitteleuropa und Mittelasien sind das Brutgebiet der wilden Knäkente; nach Norden reicht dasselbe höchstens bis Südschweden.

Kleiner, aber von noch bunterem Gefieder, mit zimmtrotem Kopf und Oberhals ist die Krickente (Anas crecca), die im Norden von Europa, Asien und Amerika ihre Heimat hat.

Die Zier- oder Gluckente (Anas formosa) ist in Nordostasien, Ostsibirien, Kamtschatka und China verbreitet. Nach Baldamus sind ihre Artkennzeichen: Kopf schön purpurbraun, von weißer Augenlinie eingefaßt, Genick, Hinterhals und Spiegel glänzend grün, der letztere am Ende sammetschwarz, vorn rostrot, hinten silberweiß eingefaßt.

Die Sichelente (Anas falcata) hat ihre Heimat in Nordostasien und Japan; sie soll nach Brehm aber auch in Westeuropa, sogar in Österreich-Ungarn vorgekommen sein. Ihre Artkennzeichen sind nach Baldamus: Schnabel schwarz, gleichbreit, länger als der Lauf, Füße bräunlich, Spiegel unten schwarz mit rostweißen Federspitzen, nach oben metallglänzend grauschwarz, von weißlichen, gewässerten, sichelförmigen Deckfedern bedeckt. Schwanz sechzehnfedrig. Sie unterscheidet sich nach Brehm von allen Kriechenten durch ihre zu einer förmlichen Mähne verlängerten Genickfedern und durch die sehr langen, schmalen, flatternden, sichelartig abwärts gekrümmten Schulterfedern.

Unter den Schmuckenten, wie überhaupt unter allen Enten, nimmt durch Schönheit des Gefieders den ersten Rang ein die Braut- oder Karolinenente (Anas s. Aix

sponsa), die in Nordamerika ihre Heimat hat. Der Enterich
ist am Kopfe, von dem eine lange Nackenmähne herabwallt,
grün und bordeauxrot gezeichnet und weiß gestreift, der
Hals ist bordeauxrot, weiß bespritzt, Schultern, Brust und
Bauch sind gelblichgrau mit schwarzen Querstrichen, Rücken,
Schwingen und Schwanz haben eine glänzende Farben-
mischung von Grün, Purpur, Blau und Sammetschwarz, der
Spiegel ist grün und blau, das Auge rot, der Fuß orangefarbig, der ziemlich lange Schnabel, dessen Oberkiefer-Nagel
den Unterkiefer überragt, ist an der Wurzel und am Rande
braunrot, in der Mitte gelblich und an der Spitze schwarz.
Bei der Ente ist die kleinere Nackenmähne grau und das
Körpergefieder vorwiegend braun.

Eine zweite Art der Schmuckenten ist die Mandarin-
Ente (Anas s. Aix galericulata), die im östlichen Mittelasien ihre Heimat hat. Die Mandarin-Ente ist kleiner als
die Braut-Ente, aber sie übertrifft sie noch an Farbenpracht.
Den Kopf umhüllt hinten eine breite Nackenmähne und die
Wangen sind mit einem goldbraun gesprenkelten Federbarte
besetzt. Beim Enterich ist die Stirn glänzend blaugrün, die
Backen sind weiß mit braunrot, die Brust ist grauweiß mit
schwarzen Querstrichen, die Schwungfedern sind graubraun
gesprenkelt, der Schnabel ist rot. Das Gefieder der Ente
ist vorwiegend lichtbraungrau, mit gleichfarbigem dunkleren
Rande.

Unter den Pfeilschwanzenten wird die kleine Spießente (Dafila acuta) als Haustier gehalten. Der Enterich
ist vorwiegend von grau- und weißgesprenkelter Farbe; der
Kopf ist mattbraun, die Brust weiß, die Schwungfedern sind
schwarz mit fahlgelbem Saum, der Schnabel ist hornfarbig.
Die Ente ist vorwiegend schwarz und fahlgelb gefärbt, der
Kopf gesprenkelt. Die Spießente hat ihr Brutgebiet im Norden von Europa und Asien.

Die Untersippe der Löffelenten ist vertreten durch
die Löffelente (Anas s. Spatula clypeata). Sie ist nach

Brehm ausgezeichnet durch ihren großen, hinten schmalen, vorn sehr erweiterten und stark gewölbten, weichen, fein gezahnten Schnabel. Kopf und Oberhals sind dunkelgrün, das übrige Gefieder ist sehr bunt, der Schnabel schwarz, der Fuß rotgelb. Die Löffelente bewohnt die gemäßigten Zonen von Europa und Nordamerika.

Hier und da werden auf Geflügelhöfen noch andere Formen gehalten; so ist mir aus den Geflügelparks des Fürsten Schwarzenberg bekannt: die Pfeifente (Dendrocygna autumnalis), deren Enterich vorwiegend grau und schwarz gesprenkelt ist; sein Kopf ist braun, die Stirn chamoisfarbig, der Schnabel bleifarbig, die Brust fahlbraun, die Schwungfedern sind schwarz, schmutzig weiß umrandet. Die Ente ist vorwiegend graubraun gesprenkelt.

Unter dem Namen „Schnatter-Enten" habe ich auf Ausstellungen kleine graugesprenkelte Enten gesehen.

Ordnung der Hühnervögel.

Die zoologischen Merkmale der Phasianiden.

Die Familie der Phasianiden umfaßt die Gattungen: Haushuhn, Fasan, Pfau und Perlhuhn.

Der Körper ist gedrungen und kräftig gebaut, er wird meist aufrecht getragen mit erhobenem Kopf und Hals. Der Kopf ist verhältnismäßig klein. Das Stirnbein ist gewölbt, und dessen Verbindung mit den Nasenbeinen erscheint eingeknickt; es trägt entweder einen Kamm, oder eine Federhaube, oder ein Horn; bei den Haubenhühnern erscheint das Stirnbein blasig aufgetrieben, und die Knochenblase ist teilweise durchlöchert. Den Haubenhühnern fehlen die Zwischenkieferfortsätze der Nasenbeine und die Nasenfortsätze des

Zwischenkieferbeines, so daß die Verbindung zwischen dem
Körper des Zwischenkieferbeines und den Stirnbeinen unterbrochen erscheint. Der Schnabel der Phasianiden besteht
aus Hornmasse, er ist verhältnismäßig kurz, krümmt sich
nach vorn und seitwärts; sowohl die Ränder wie die Spitze
des Oberkiefers überragen den Unterkiefer. Die Schnabelwurzel und der Zügel ist meistens, wenn auch nur schwach
behaart. Die Wangen sind entweder nackt und in diesem
Falle häufig mit Warzen bedeckt, oder sie sind mit Feder-
bärten besetzt. Die Wangenhaut verlängert sich zu Ohr- und
Kehllappen.

Der Hals ist verhältnismäßig kurz und er besteht aus
13 bis 14 Wirbeln. Auch der Rücken ist verhältnismäßig
kurz und seine 7 Wirbel sind meistens verwachsen. Von den
7 Rippenpaaren sind die beiden vorderen mit dem Brustbein nicht verbunden. Das aus den Lenden- und Kreuzwirbeln, sowie aus den Darm-, Scham- und Sitzbeinen zusammengewachsene Becken deckt die 7. und 6. Rippe und
es fällt nach hinten schräg ab. Der Schwanz besteht aus
5 Wirbeln, deren letzter und größter aufgerichtet und seitwärts zusammengedrückt ist; beim Pfau trägt derselbe eine
horizontale Knochenplatte.

Das Brustbein der Phasianiden ist bedeutend schmäler
als das der Schwimmvögel, aber sein Kamm ist höher. Die
vorderen Rippenfortsätze des Brustbeines sind länger als bei
den Schwimmvögeln und Tauben; die hinteren lateralen Fortsätze teilen sich in zwei Äste: in Bauch- und Rippenäste;
erstere sind an ihren Enden einflügelig und sie unterstützen
die Baucheingeweide; die Rippenäste sind an ihren Enden
zweiflügelig und sie legen sich über die Brustbeinstücke der
2 bis 3 letzten Rippenpaare. Das Coracoid ist verhältnismäßig länger und steiler gestellt als bei den Schwimmvögeln.
Der Gabelknochen ist feiner und mit einem seitwärts abgeplatteten Griff versehen.

Am Vordergliede ist das Ellenbogenbein verhältnismäßig schwächer als bei den Schwimmvögeln, aber immerhin noch stärker als die Speiche. Das 1. Glied des 2. Fingers ist breiter als bei den Schwimmvögeln und das zweite Glied ist zugespitzt; der 1. und 3. Finger besitzt je ein Glied.

Am Hintergliede ist der Oberschenkel verhältnismäßig länger und schräger gestellt als bei den Schwimmvögeln. Von dem medianen Mittelfußknochen (Metatarsus III) des zu einem Kanon verwachsenen Laufes ragt als kegelförmiger Knochenfortsatz bei den Hähnen der Sporn medianwärts hervor. Unter demselben, beziehungsweise an derselben Stelle bei der Henne, ist der kurze Mittelfußknochen des zweiten Zehes durch Bänder an dem medianen Umfange des Laufes befestigt. Der zweite, aus zwei Glieder bestehende Zeh bildet den Afterzeh der Phasianiden. Der erste Zeh nebst dem entsprechenden Mittelfußknochen fehlt meistens; nur bei den fünfzehigen Hühnern (Dorkings, Houdans, Türken) findet sich ein dreigliederiger erster Zeh, der medianwärts und aufwärts von dem gewöhnlichen Afterzeh (beim Hahn unmittelbar unter dem Sporn) sitzt und mit letzterem den Mittelfußknochen gemein hat. Die Form und Lage des überzähligen Zehes der fünfzehigen Hühner dürfte wohl die Annahme begründen, daß der gewöhnliche Afterzeh der vierzehigen Vögel als zweiter Zeh zu gelten habe. Von den nach vorn gerichteten Zehen hat der mediane (III) 3 Glieder, der mittlere (IV) 4 und der laterale (V) meistens 5 Glieder, bei der Cochin- und Brahma-Rasse der Haushühner hat er aber nur 4 Glieder. Das vorderste Glied trägt Scharrkrallen. Der Lauf und die Zehen sind ringsum mit Oberhautschuppen bedeckt, die an der Unterseite der Zehen kleiner sind und netzartig erscheinen.

Der Ernährungsapparat ist sowohl der tierischen wie der Pflanzennahrung (insbesondere dem Körnerfutter) angepaßt. Der Kropf ist gut entwickelt. Der drüsenreiche Vormagen ist kleiner als bei den Schwimmvögeln. Eine Gallenblase ist vorhanden.

Der Geschlechtsapparat unterscheidet sich hauptsächlich durch die fehlende Rute von dem der Schwimmvögel. Die Brunstzeit fällt am Ausgange des Winters und
in das zeitige Frühjahr. Die Zahl der Eier und die Dauer
der Brutzeit ist verschieden. Die meisten Hühner leben
in Vielehe.

Das Gefieder ist im allgemeinen bei den Hähnen schöner, beziehungsweise farbenreicher, als bei den Hennen. Die
Oberhals- und Sattelfedern sind meistens lanzettförmig, die
Federn des Unterhalses, der Brust, des Bauches und des
Unterschenkels erscheinen am freien Rande halbmondför-
mig, und sie decken sich wie Dachziegel. Der Schwanz besteht aus mindestens 12 schräg aufwärts gerichteten Steuer-
federn. Die oberen Schwanzdeck- oder Bürzelfedern sind
bei den Hähnen meistens verlängert und sie bilden beim
Pfau den aufrichtbaren mächtigen Schleppschwanz. Die
Schulter- und Flügeldeckfedern sind kurz, die Armschwingen
verhältnismäßig lang, und sie bedecken größtenteils die
Handschwingen; der ganze Flügel erscheint abgestutzt,
namentlich bei gewissen Hühnerrassen (Cochins, Brahmas).
Die Läufe sind nur bei einigen Hühnerrassen am lateralen
Rande befiedert, meistens erscheinen sie nackt.

Die Mauserzeit der Hühnervögel beginnt gegen Herbst,
bei den Haushühnern in der Regel nach Beendigung der
Legezeit, und sie dauert 6 bis 8 Wochen, während welcher
Zeit die Federn nach und nach vollständig gewechselt werden.

Die Kücken schlüpfen sehend und mit Dunen gefiedert
aus dem Ei, und sie verlassen sofort das Nest (Nestflüchter).

Abstammung und Zähmung des Haushuhnes.

Die Schweizer Pfahlbauten enthalten nach Rütimeyer
weder die Knochen vom Haushuhne, noch von irgend einer
Art aus der Familie der Phasianiden. Dagegen fanden Strobel
und Pigorini einige Knochen vom Haushuhne in den terre-

mare und palafitte (Pfahlbauten) von Parma, und Jeitteles grub aus der moorigen Mergelschicht in der Scholasteriegasse zu Olmütz einen Schädel aus, den er mit Zustimmung von Rütimeyer und Max Schmidt als dem Haushuhne (Gallus domesticus) angehörig erklärte. Dieser Schädel ist bisher der einzige vorgeschichtliche Fund vom Haushuhne.

In den altindischen Vedas wird der Hahn (Krkavaku) nach Zimmer neben Schaf, Ziege und anderen Haustieren genannt; er war also bereits gezähmt und sein Name deutet auf die Eigenschaft die Zeit anzuzeigen, nach anderen auch auf seinen roten Kamm. Im alten Testamente ist das Haushuhn nicht erwähnt, und auf den altägyptischen Denkmälern ist es nicht abgebildet. Nach Uhlemann aber sollen weiße und bunte Hähne dem Anubis geopfert worden sein. Übrigens waren die alten Ägypter berühmt wegen der Kunst, die Eier in besonderen Brütöfen ausbrüten zu lassen. Homer und Hesiod kennen das Huhn nicht, wohl aber Theognis und Aristophanes. Nach Darwin ist es auf einigen der babylonischen Zylinder abgebildet, die aus dem 6. und 7. Jahrhundert v. Chr. stammen, ebenso auf dem Harpyen-Grabmal in Lycien (ungefähr 600 v. Chr.), so daß wir mit ziemlicher Sicherheit, sagt Darwin, annehmen können, daß das Huhn etwa in der Nähe des 6. Jahrhunderts v. Chr. nach Europa kam. Bei Beginn der christlichen Zeitrechnung war es etwas weiter nach Westen gewandert, denn Julius Cäsar fand es in Großbritannien. In Indien muß es domestiziert worden sein als die Gesetze des Manu niedergeschrieben wurden, d. i. nach W. Jones 1200 v. Chr., indes nach der späteren Autorität von H. Wilson nur 800 Jahre v. Chr.; denn es wird verboten, das Haushuhn zu essen, während das wilde erlaubt ist. Darwin bemerkt ferner, daß, wenn wir der alten chinesischen Encyklopädie trauen dürfen, das Huhn mehrere Jahrhunderte früher domestiziert worden sein müsse, da dort gesagt wird, daß es um 1400 v. Chr. aus dem Westen nach China eingeführt worden sei.

Jeitteles meint, daß das Haushuhn zwar nicht vor dem 6. Jahrhundert v. Chr. nach Europa (nämlich nach Süd-europa) kam, daß es sich dann aber sehr schnell von Grie-chenland über Italien, Mittel- und Westeuropa verbreitete und jedenfalls schon in vorchristlicher Zeit, wahrscheinlich aber lange vor der römischen Kaiserzeit, bei den Kelten und Germanen als Haustier sehr gut bekannt war. Es ist übrigens höchst wahrscheinlich, sagt Jeitteles, daß die Germanen und die nordwestlichen und östlichen Kelten (die Bojer), vielleicht auch sämtliche keltischen Stämme, das Haushuhn nicht über Italien, sondern unmittelbar aus dem Osten auf dem Wege durch das südliche Rußland, Polen und Ungarn erhielten, oder gar schon mitgebracht hatten. Für das Mit-bringen bei der Einwanderung, wenigstens von Seite der früher als die Germanen nach Europa gekommenen Kelten, spricht der Umstand, daß Cäsar von den Briten erzählt: sie hielten das Essen der Hühner für nicht erlaubt; auch das altindische Gesetzbuch verbot, wie schon erwähnt, das Essen von Hühnerfleisch, und bei den Persern galt schon das Töten dieses heiligen Vogels für eine Todsünde.

Über die wilde Stammform des Haushuhnes herrscht keine vollkommene Übereinstimmung. Während die Mehr-zahl der Zoologen annimmt, daß das in Indien und den malayi-schen Ländern wildlebende Bankivahuhn (Gallus ferru-gineus) die Stammform aller unserer Haushühner sei — nehmen andere 4 bis 7 wilde Stammformen unserer Haus-hühner an.

Dem wilden Bankivahuhne steht in Körperform und Farbe des Gefieders am nächsten die Kampfhuhn-Rasse und die diesem ähnliche Bantam-Rasse des Haushuhnes, die beide in dem Verbreitungsgebiete des Bankivahuhnes ihre Heimat haben. Aber die übrigen Rassen des Haushuhnes dürften schwerlich von dem Bankivahuhne abstammen, denn es gibt mehrere Rassen des Haushuhnes, welche fünf Zehen be-sitzen, während das Bankivahuhn, wie übrigens die meisten

Hühnerrassen, nur vier Zehen an jedem Fuße trägt. Daß sich aus einem vierzehigen Tiere ein fünfzehiges entwickele — widerspricht aller paläontologischen Erfahrung, während ein Verlust von Zehen im Verlaufe der paläontologischen Entwickelung häufig vorkommt. Da wir es bei dem fünfzehigen Haushuhne nicht mit einer Mißbildung zu tun haben, sondern mit einer beständig vererbbaren Form, so kann das fünfzehige Haushuhn offenbar nur von einem fünfzehigen Wildhuhne abstammen.

Aber wir kennen außer dem Bankivahuhne kein wildlebendes Huhn, welches als Stammform unseres Haushuhnes in Betracht käme. Darwin hat alle bekannten Arten der Gattung Gallus in Bezug auf die Ähnlichkeit der Form, der Stimme und der Farbe des Gefieders mit unseren Haushühnern verglichen und er ist zu dem Schluß gekommen: daß weder das indische Sonneratshuhn (Gallus Sonneratii), noch das auf Ceylon lebende Dschungelhuhn (Gallus Stanleyi), noch das sundanesische Gabelschwanzhuhn oder Gangégar (Gallus furcatus s. varius) als Stammform irgend einer Hühnerrasse gelten könne. Diese Arten von Wildhühner paaren sich zwar gelegentlich mit Haushühnern, aber ihre Produkte sind mehr oder weniger unfruchtbar. Das Kreuzungs-Produkt vom Gabelschwanzhuhn mit einer gemeinen Haushenne hat man als Erzhuhn (Gallus aeneus) beschrieben, und das von einigen Schriftstellern als eine besondere Art des Wildhuhnes hingestellte Riesenhuhn (Gallus giganteus) hält Darwin mit Marsden, dem ersten Beschreiber desselben, für eine zahme Rasse.

Wenn ich, soweit ich die eben genannten wildlebenden Hühnerformen aus Beschreibungen und Abbildungen, und wohl die Mehrzahl der Hühnerrassen aus eigener Anschauung kenne, mit Darwin darin übereinstimme, daß jene nicht die Stammformen von Haushühnern seien, so kann ich doch — aus den oben erörterten Gründen — nicht mit Darwin das Bankivahuhn als die alleinige Stammform aller Haushühner anerkennen; ich betrachte das Bankivahuhn nur als die Stammform der Kampfhuhn- und der ihr ähnlichen Bantam-Rasse, ich will aber zugeben, daß auch die Malayen-Rasse dem Bankivahuhne sehr nahe steht, insbesondere der malayischen Varietät des letzteren, die ausgezeichnet ist durch eine rötere Schattierung an Brust und Hals, sowie durch gelbliche Färbung der Füße. Unter den gegenwärtig lebenden Wildhühnern kann ich keines als Stammform für die übrigen Hühnerrassen anerkennen; ich vermute also, daß die Stammformen der Mehrzahl unserer Hühnerrassen in vorgeschichtlicher Zeit untergegangen sind.

Die Haushenne legt (wenn man die Eier wegnimmt) jährlich bis 200 Eier und selbst darüber, und sie brütet (gewöhnlich zur Zeit 15 Eier) durchschnittlich 21 Tage.

Die Rassen des Haushuhnes.

Ich unterscheide vier Gruppen von Haushühnern: a) Kammhühner, mit einer glattfüßigen und einer federfüßigen Untergruppe; b) Haubenhühner, mit zwei Untergruppen, die sich durch unvollständige und durch volle Hauben unterscheiden; c) Seidenhühner; d) Zwerghühner (Bantams) mit zwei Untergruppen.

a. Gruppe der Kammhühner.

Diese Gruppe ist ausgezeichnet durch den glatten Schädel, der mit einem Kamme, d. h. mit einer federfreien Hautfalte besetzt ist; der Kamm ist entweder aufrechtstehend und gezähmt, oder er ist flach und breit (sogenannter Rosenkamm). Die Kammhühner besitzen sämtlich Kehllappen und Ohrlappen, die stets nackt sind.

Die Untergruppe der glattfüßigen Kammhühner umfaßt 4 asiatische Rassen: Kampfhühner, Malayen, Straußhühner und Yokohamas; 8 europäische Rassen: Italiener, Spanier, Hamburger, Dorkings, schottische Kuckucksperber, schottische Dumpies, Orpingtons und französische

Kurzfüßler; 5 amerikanische Rassen: Leghorns, Dominiks, Plymouth-Rocks, Wyandottes und White Wonders.

1. Die Kämpfer-Rasse soll nach Darwin dem wilden Bankivahuhne in Körperform und Farbe des Gefieders am nächsten stehen. Die Körpergröße ist eine mittlere, die Körperform sehr schlank, der Kopf platt, der Schnabel verhältnismäßig lang und sehr kräftig, der Hals lang und etwas gebogen, der Rumpf kurz und schmal mit eng anliegenden Federn; die Beine und Läufe sind sehr kräftig und verhältnismäßig hoch, der Sporn des Hahnes ist lang und ebenso wie der Afterzeh kräftig entwickelt. Kamm, Kehl- und Ohrlappen sind sehr klein und dünn, und sie werden bei den zu Hahnenkämpfen (in Nordamerika) verwendeten und gewöhnlich auch bei den zu Ausstellungen vorbereiteten Tieren verschnitten. Das Gefieder ist sehr bunt, vorherrschend sind rote Farben; Schnabel und Füße sind grau, letztere auch gelblich und grünlich, die Kopflappen rot. Die Hennen sind mittelmäßige Leger und ihre blaß rötlich gelben Eier sind klein; aber sie sind ausgezeichnete und sehr mutige Mütter. Die Kämpfer-Rasse dient in Europa hauptsächlich als Ziergeflügel. Nach Baldamus unterscheidet man folgende „rezipierten Schau-Schläge": Schwarzrote, Braunrote, Gelbe Entenflügel, Silbergraue Entenflügel, Rotschecken, Weißrote, Weiße, Schwarze, Getupfte und Kuckucksperber.

2. Die Malayen-Rasse zeigt große, hochaufgerichtete Vögel mit eng anliegenden Federn und von wildem Temperament. Der Kopf ist flach, der Schnabel verhältnismäßig kurz und gekrümmt, der Hals lang und gebogen, die Brust flach, der Rücken kurz und nach hinten abfallend, der Schwanz kurz und schräg nach hinten stehend; die Beine sind lang und kräftig. Kamm, Kehl- und Ohrlappen sind kurz und von roter Farbe. Der Hahn hat rote Hals- und Flügeldeckfedern; das übrige Gefieder ist vorwiegend schwarzgrün. Die Henne hat eine gelbrote Grundfarbe. Schnabel und Füße sind bei beiden gelb. Die Malayen sind

für Eierproduktion mittelmäßig, aber für Fleischproduktion gut. Die Henne brütet gut, aber sie führt unzuverlässig. Die Eier sind hartschalig. Man unterscheidet folgende Schläge: Weiße oder Napoleonshühner, Schwarze und Rotschecken.

3. Die Straußhühner oder Brasilianer sollen in Körperform und Farbe des Gefieders sehr ähnlich den Malayen sein, und sie werden als gute Leger und beste Brüter gerühmt.

4. Die Yokohama-Rasse ist ebenfalls der Malayen-Rasse ähnlich, aber bei jener ist die Haltung des Körpers beim Gehen mehr wagerecht, der Kopf ist verhältnismäßig länger, der Schwanz sehr lang und der Hahn trägt bis zu 1 m lange Sichelfedern. Die Grundfarbe ihres Gefieders ist Weiß, Sattel und Unterleib tragen rotbraune, goldglänzende Federn; Schnabel und Füße sind gelb. Die Yokohamas sind hauptsächlich Ziergeflügel; als Leger sind sie mittelmäßig, als Brüter gut. Ihnen ähnlich ist auch die schönste Zierrasse, die „Phönixrasse", welche ebenfalls aus Japan nach Europa gelangt ist.

5. Die italienische Rasse gehört zu den ältesten Hühnerrassen, und Baldamus meint: daß man mit einiger Sicherheit annehmen darf, daß das heutige italienische Huhn von den „heiligen Hühnern" der alten Roma in gerader Linie abstamme und nicht wesentlich von den „Haushühnern" der Griechen und Römer verschieden sei. Es scheint sich sogar jener Lieblingsschlag der alten Römer „von rötlichem Gefieder mit schwarzen Schwanz und Flügeln" bis auf den heutigen Tag in Oberitalien beständig erhalten zu haben; schon damals wurde er von den Geflügelzüchtereien „wegen seiner Fruchtbarkeit" rein gezüchtet und den aus Kleinasien und Medien eingeführten Kampfhühnern vorgezogen. — Die heutigen Italiener sind von mittlerer Größe und verhältnismäßig tief gestellt. Das dicht anliegende Gefieder ist weiß, schwarz, gelb, rebhuhn- oder kuckuckfarbig, am häufigsten habe ich rebhuhnfarbige Italiener gesehen. Der Kamm ist beim Hahn hochaufgerichtet und tief gezackt, bei der Henne

hängt er seitwärts über. Die langen Kehllappen und die kurzen Ohrlappen sind rot, Schnabel und Füße bei der hochgezüchteten Rasse gelb; im höheren Alter verfärben sich letztere ins Grünliche; beim gemeinen italienischen Landhuhn sind sie sogar sehr häufig bei dunkeler Gefiederfärbung auch dunkel gefärbt (grün-schwarz). Das italienische Huhn ist ausgezeichnet zum Legen*), aber schlecht zum Brüten.

6. Die spanische Rasse hat große Figuren von stolzer Haltung. Der Kopf ist sehr breit und hoch, der Schnabel ziemlich lang und hornfarbig, der Kamm sehr hoch (bei der Henne überhängend) und tief gezackt; die Kinnlappen sind sehr lang und rot, die Ohrlappen ebenfalls sehr lang, hängend und wie die Wangen von weißer Farbe, häufig etwas gerunzelt. Das Gefieder ist meistens glänzend schwarzgrün, die Füße sind grau oder graugrün. Die Hennen sind gute Leger und schlechte Brüter. Man unterscheidet folgende Schläge: schwarze Minorkas mit roten Wangen und weißen Ohrlappen, weiße Minorkas, bläulichgraue Andalusier mit kleineren, aber weißen Ohrlappen (ausgezeichnete Leger, jährlich bis 220 große Eier), kuckucksfarbige Ankonas. Als nahe verwandt mit den Spaniern erwähnt Baldamus die bergischen Kräher und die bergischen Schlotterkämme. Ich betrachte ferner als Abkömmlinge der Spanier: die französischen Barbezieux (nach einem Dorfe im Departement Charente benannt) von schwarzer Farbe mit kleineren weißen Ohrlappen, und das Bressehuhn (benannt nach der Landschaft la Bresse im französischen Departement Ain) von kleinerer Figur, mit schwarzem, weißem oder grau getupftem Gefieder und kleinen weißen Ohrlappen.

7. Die Hamburger-Rasse, in England hauptsächlich heimisch, ist kaum von Mittelgröße, mit verhältnismäßig kleinem Kopf und kurzem Schnabel. Der Kamm ist ein breiter, nach hinten spitz auslaufender Rosenkamm; die ovalen

---

*) Bei Baldamus haben 6 Monat alte Hennen nach 10 Monaten (selbst im harten Winter) durchschnittlich 120 Eier gelegt.

Kehllappen sind rot, die kleinen rundlichen Ohrlappen weiß. Der Schwanz ist sehr lang und beim Hahn mit großen Sichelfedern besetzt. Schnabel und Füße sind grau, die Farbe des Gefieders ist verschieden nach den Schlägen. Die Hennen sind ausgezeichnete Leger (bis 220 Eier) und mittelmäßige Brüter, dabei ist die Rasse sehr abgehärtet und genügsam im Futter. Man unterscheidet folgende Farbenschläge: Silbergetupfte oder Silberlack, mit weißer Grundfarbe und schwarzen Tupfen, weiße Sichelfedern beim Hahn; Goldgetupfte oder Goldlack, mit rötlich goldbrauner Grundfarbe und schwarzen Tupfen, grünschwarze Sichelfedern beim Hahn; Silbersprenkel mit weißer Grundfarbe und schwarzen Querbändern, grünschwarze Sichelfedern beim Hahn; Goldsprenkel mit rötlich goldbrauner Grundfarbe und schwarzen Querbändern, grünschwarze Sichelfedern beim Hahn; schwarze Hamburger mit glänzend schwarzgrünem Gefieder.

8. Die Dorking-Rasse führt ihren Namen nach dem Orte Dorking in der englischen Grafschaft Surrey. Es ist eine schwere, sehr gedrungen gebaute Rasse mit ziemlich großem Kopf, kurzem Hals, sehr breiter und vorstehender Brust, fast geradem Rücken, hohem und breitem Schwanz, der beim Hahn mit großen Sichelfedern bedeckt ist. Die kurzen Läufe tragen fünf Zehen. Der Kamm ist entweder aufrechtstehend und tief gezackt, oder er hat die Form des Rosenkammes, der breit an der Stirn, in einer etwas aufgerichteten hinteren Spitze endigt. Die Hennen sind als Eierleger von geringem Wert, aber sie sind vorzüglich als Brüter und Führer und ausgezeichnet zur Mast. — Man unterscheidet von den Dorkings folgende Farbenschläge: Graue mit weißen, strohgelben, schwarzen, grauen, rötlichen Federn, schwarzem, grünglänzendem Spiegel und schwarzgrüner Brust beim Hahn und mit bläulichgrauen und schwarzen Federn und lachsroter Brust bei der Henne; Silbergraue, Weiße und Kuckucksfarbige; die letzteren sind auf grauem oder blaugrauem Grunde mit dunklerem Grau oder Graublau

gebändert oder gesprenkelt. Bei sämtlichen Dorkings sind der Kamm, sowie die kleinen Kehl- und Ohrlappen rot, die Füße rötlichgrau.

9. Die schottischen Kuckucksperber sollen den Kuckuck-Dorkings ähnlich sein, doch fehlt ihnen der fünfte Zeh. Nach Wright wurden sie bisher besonders in Lanarkshire gezüchtet; sie sollen abgehärtet sein, gut brüten und ein treffliches Fleisch liefern.

10. Die schottischen Dumpies sind nach Wright in der Färbung des Gefieders den vorigen ähnlich, nur der Hahn ist etwas heller gefärbt. Das Eigentümliche dieser Rasse besteht in der außerordentlichen Kürze der Läufe, die oft nicht über 4 cm lang sind, bei großem Körper. Sie sollen „sehr profitabel“, harte Vögel und gute Tafelhühner sein.

11. Die Orpingtons sind eine neue englische Hühnerrasse, die durch Kreuzung eines Minorkahahnes mit schwarzen Plymouth-Rockshennen erzielt wurde.

12. Die französischen Kurzfüßler (race de courtes pattes) zeichnen sich aus durch sehr schöne und volle Figuren mit breiter und tiefer Brust und sehr niedrigen Läufen. Der kleine Kopf trägt einen großen Kamm, der entweder gezähnt ist, oder die Form des Rosenkammes hat. Die gezähnten Kämme stehen bei den Hähnen aufrecht, bei den Hennen liegen sie seitwärts. Die langen Kehllappen sind rot, die kurzen Ohrlappen weiß. Das Gefieder ist schwarz, Schnabel und Läufe sind grau. Diese auf der Pariser Weltausstellung 1878 mir bekannt gewordene Rasse scheint vorzüglich zur Fleischproduktion zu sein.

13. Die nordamerikanischen Leghorns sind Abkömmlinge der italienischen Rasse und dieser ähnlich in Figur und zum Teile in der Farbe des Gefieders. Man unterscheidet folgende Farbenschläge: Weiße, Braune und Kuckucksperber. Bei sämtlichen Leghorns sind Schnabel und Füße gelb, Kamm- und Kehllappen rot, die kurzen Ohrlappen weiß. Sie sind ausgezeichnete Eierleger, aber schlechte Brüter.

14. Die nordamerikanischen Dominiks (Dominiques) haben eine ähnliche Figur wie die Spanier, aber der Kopf ist etwas kleiner und der Schnabel kürzer. Der Kamm hat die Form des Rosenkammes, Kehl- und Ohrlappen sind rot, Schnabel und Füße gelb. Das Gefieder hat eine bläulichgraue Grundfarbe und die Federn sind dunkelgrau gebändert. Die Dominiks werden gerühmt als ausgezeichnete Eierleger, als sehr dauerhaft, hart und von vortrefflichem Fleisch.

15. Durch Kreuzung von Dominiks mit Cochins sind die Plymouth-Rocks entstanden, die in der Farbe des Gefieders den Dominiks ähnlich sein sollen. Nach Wright und Baldamus ist dieser Halbblutschlag ausgezeichnet durch seine Größe und Schwere, durch sein zartes und saftiges Fleisch, durch fleißiges Legen und ziemlich gutes Brüten; dabei ist er außerordentlich hart und dauerhaft, er wächst schnell und weidet viel und früher als die Brahmas, denen er in allen wirtschaftlichen Eigenschaften gleich sein soll.

16. Eine neuere nordamerikanische Rasse sind die Wyandottes, welche durch Kreuzung eines Bantam-Hahnes mit Cochinhenne und eines Hamburger Silberlack-Hahnes mit dunkler Brahma-Henne entstanden.

Es gibt Silber-, Gold-, weiße und gelbe, schwarze und blaue Wyandottes.

Dieser Schlag ist ebenfalls groß und schwer, von ganz vorzüglicher Legetätigkeit und guter Fleischqualität.

17. Die neueste amerikanische Hühnerrasse sind die „Weißen Wunderhühner", (White Wonders). Es sind dies außerordentlich große blendend weiße Hühner mit sehr guter Legefähigkeit und ganz vorzüglicher Fleischqualität und Mastfähigkeit.

Die Untergruppe der federfüßigen Kammhühner umfaßt 2 asiatische Rassen: die Cochins und die Brahmas.

18. Die Cochinchina-Rasse (kurzweg „Cochins" genannt) gehört nebst den Brahmas zu den größten und schwer-

sten Hühnerrassen. Der Kopf ist verhältnismäßig klein, der
Schnabel etwas kurz, sehr stark an der Wurzel und papa-
geienähnlich gebogen, der Kamm straff und aufrechtstehend,
am Oberrande konvex und regelmäßig gezackt; die Kehllappen sind länger als die Ohrlappen und beide rot gefärbt.
Der ziemlich kurze Hals wird etwas nach vorn getragen, wie
auch die ganze Haltung nach vorn geneigt ist. Der Rumpf
ist breit und kurz, und er erhebt sich in dem breiten Sattel-
teile gegen den kurzen, schrägstehenden Schwanz, dessen
Sichelfedern beim Hahn nur klein sind und niedrig getragen
werden. Die Brust ist sehr breit und tief, die Flügel sind
klein und kurz, die Handschwingen unter den Armschwingen
ganz versteckt, die Unterschenkel von Flaumfedern umhüllt,
die Fersen mit weichen gebogenen Federn besetzt (steife
Kiele, sogenannte „Geierfersen", gelten auf Ausstellungen
als verwerflich). Die kurzen und kräftigen Läufe stehen
weit auseinander und sie sind an der Außenseite dicht befiedert; die Zehen sind groß, gerade und gleichmäßig ausgebreitet. Die wirtschaftlichen Eigenschaften der Cochins
sind insgesamt sehr wertvoll: sie sind sehr gute Leger,
gute Brüter und Führer und vortrefflich zur Fleischproduktion, wenn sie auch in jeder dieser Eigenschaften anderen
Rassen nachstehen. Die Cochins bilden gleichsam eine Uni-
versal-Nutzungsrasse sowohl für landwirtschaftliche wie für
städtische Geflügelhöfe, für letztere auch deshalb, weil sie
schlecht fliegen. Man unterscheidet von den Cochins folgende
Farbenschläge: Gelbe oder Zimmetfarbige, mit rötlichgelben
Halsfedern bei Hahn und Henne, rötlichgelben Rücken,
Schwanz- und Flügeldeckfedern beim Hahn, im übrigen mit
graugelbem Gefieder bei Hahn und Henne; Rebhuhnfarbige
mit brauner Grundfarbe bei Hahn und Henne, blauschwarzer
Brust und grünschwarzem Schwanz beim Hahn; Weiße mit
rein weißem Gefieder und zuweilen strohgelber Schattierung
an der Oberseite beim Hahn (was auf Ausstellungen als verwerflich gilt); Schwarze mit glänzend schwarzem Gefieder;

Kuckucksperber mit bläulichgrauer Grundfarbe und dunkelgrauer Bänderung. Bei sämtlichen Farbenschlägen sind Schnabel und Füße gelb, nur bei den schwarzen Cochins kommen zuweilen hornfarbige Schnäbel vor.

19. Die Brahma-Pootra-Rasse (kurzweg Brahmas genannt) ist in Figur und Haltung ähnlich den Cochins; nur folgende Unterschiede bestehen: Der Kopf ist etwas kürzer, der niedrige Kamm besteht aus drei Firsten, deren mittlere etwas höher und regelmäßig gezackt ist; die Ohrlappen sind von gleicher Länge wie die Kehllappen und beide rot; der Schwanz ist etwas höher. Die wirtschaftlichen Eigenschaften sind gleich denen der Cochins, doch werden die Brahmas als bessere Brüter gerühmt. Man unterscheidet folgende Farbenschläge: Helle mit grauweißer Grundfarbe, schwarzgeränderten Halsfedern und grünschwarzen Schwanzfedern; Dunkle, mit grünschwarzer Grundfarbe und weißen, schwarzgeränderten Hals- und Sattelfedern beim Hahn, mit blaugrauer Grundfarbe und schwarzgrauer Sprenkelzeichnung, mit weißen, schwarzgeränderten Halsfedern bei der Henne. Bei beiden Farbenschlägen sind Schnabel und Füße gelb.

Nach Wright sind die ersten Brahmas im Jahre 1846 von der Stadt Luckipoor an der Mündung des Brahma-Pootra gekommen und im Jahre 1850 in Boston unter dem Namen „Grey Chittagongs" ausgestellt worden. Es ist jedoch wahrscheinlicher, daß sie eine amerikanische Züchtung aus dem chinesischen Huhne sind.

b. Gruppe der Haubenhühner.

Diese Gruppe ist ausgezeichnet durch den im Stirnteile minder oder mehr gewölbten Schädel, der mit einer, entweder nur aus wenigen Federn bestehenden, oder aus einer vollen Haube besetzt ist, die den ganzen Kopf bedeckt. Der Kamm fehlt entweder ganz, oder er ist verkümmert und in diesem Falle besteht er aus zwei Spitzen oder zwei Blättern, die vor der Haube ihren Platz haben. Einige Rassen haben

Kehl- und Ohrlappen ohne Federbart, andere besitzen Federbärte und ihnen fehlen Kehl- und Ohrlappen.

Die Untergruppe mit unvollständiger Haube (Halbhaube) umfaßt folgende Rassen: La Flèches, Bredas, Crèvecoeurs, Mansrasse, Houdans.

1. Die La Flèche-Rasse (Poule cornette), benannt nach
dem Dorfe La Flèche im französischen Departement Sarthe,
ist hochgestellt und von aufrechter Haltung. Der Kopf ist
lang, der Schnabel stark, die Haube verkümmert; der Kamm
besteht aus zwei aufrechtstehenden Spitzen, zwischen welchen zwei schwach gekerbte Blätter liegen. Die langen und
hängenden Kehllappen sind rot, die kleinen Ohrlappen weiß.
Hals und Rumpf sind lang, letzterer aber erscheint schmal
wegen der eng anschließenden Flügel. Die Brust ist breit
und vorragend, die Beine sind lang und kräftig, die Zehen
stark und gerade gestellt. Das Gefieder ist gleichmäßig
schwarz mit grünem Glanze, doch habe ich in Paris auch
ganz weiße La Flèches gesehen. Schnabel und Füße sind
hornfarbig. Diese Rasse ist ausgezeichnet zur Eierproduktion und zur Mastung.

2. Die in Nordbrabant heimische Breda-Rasse hat in
Figur und Haltung Ähnlichkeit mit den La Flèches. Der
Kopf trägt eine kleine, nach hinten gelegte Federhaube,
der Kamm ist verkümmert und es findet sich an dessen
Stelle eine Vertiefung im Schädel, die von einer festen roten
Haut überzogen ist; die langen und hängenden Kehllappen
sind rot, die kurzen Ohrlappen weiß. Schnabel und Läufe
sind hornfarbig und letztere an der Außenseite schwach
befiedert. Man unterscheidet folgende Farbenschläge: Weiße,
Blaugraue und Kuckucksperber (sogenannte Geldern-Hüh-
ner). Die Bredas sind ziemlich gute Leger, unzuverlässige
Brüter, gut als Mastvieh, abgehärtet und dauerhaft.

3. Die Crèvecoeur-Rasse, benannt nach dem Dorfe
Crèvecoeur im französischen Departement Oise, ist hauptsächlich verbreitet in der Normandie und der Umgegend

von Paris. Es sind große und stattliche Tiere mit breiter, vorstehender Brust und kurzen Läufen. Der Kopf trägt eine nach hinten offene Federhaube, vor derselben einen breiten und zweispitzigen Kamm, Kinn- und Federbart, sowie Kehllappen, die beim Hahn lang herabhängen, bei der Henne aber sehr kurz sind; die kurzen Ohrlappen sind unter der Haube verborgen. Schnabel und Füße sind schiefergrau, das Gefieder ist meistens tiefschwarz, doch kommen auch weiße und aschgraue Crèvecoeurs vor. Diese Rasse ist ausgezeichnet zur Eier- und Fleischproduktion, aber sie brütet schlecht.

4. Die Mans-Rasse (race du Mans), benannt nach der Stadt le Mans im französischen Departement Sarthe, ist in ihrer Figur sehr ähnlich der Crèvecoeur-Rasse, aber der Kamm hat die Form des Rosenkammes, die Kehllappen sind rot, die Ohrlappen weiß, Schnabel und Füße grau, das Gefieder ist schwarz, die wirtschaftlichen Eigenschaften bestehen in einer sehr guten Fleisch- und Eierproduktion. Die Küken sind aber ungemein empfindlich.

5. Die Houdan-Rasse, benannt nach dem Orte Houdan im französischen Departement Seine-et-Oise, ist von mittlerer Größe, aber sehr gedrungen gebaut und tief gestellt. Der Kopf trägt eine Halbhaube, einen zweilappigen, am Rande gezähnten Kamm, der wie die Blätter eines aufgeschlagenen Buches ausgebreitet ist, sowie Backen- und Kinnbart; der Hahn hat lang herabhängende Kehllappen. Die Brust ist sehr breit und voll. Die grauen nackten Läufe besitzen 5 Zehen. Das Gefieder ist schwarzgrün und es sind die Deckfedern weiß umrandet; Haube und Federbärte sind grau. Die Houdans sind ausgezeichnete und frühe Eierleger und sie gehören zu den besten Tafelhühnern; auch sind sie leicht zu halten, weil sie sich rasch akklimatisieren.

Die Untergruppe mit vollständiger Haube (Vollhaube) umfaßt folgende Rassen: a) glattfüßige mit Kehllappen ohne Bart: Holländer; b) glattfüßige mit Bart ohne

Kehllappen: Paduaner und Brabanter; c) federfüßige: Türken oder Sultanshühner, Schneehühner und Ghoondooks.

6. Die Holländer-Rasse gehört zu den verbreitetsten Haubenhühnern. Sie ist von mittlerer Größe und tief gestellt. Der Kamm ist verkümmert; die beim Hahn lang herabhängenden, bei der Henne kurzen Kehllappen sind rot, die kurzen, unter der Haube verborgenen Ohrlappen weiß, Schnabel und Füße hornfarbig, die volle Haube ist rein weiß (oder sollte es stets sein), das Gefieder grünschwarz. Die Holländer sind ausgezeichnet durch reiche Eierproduktion, aber sie sind von weichlicher Konstitution.

7. Die Paduaner-Rasse ist von ähnlicher Figur wie die Holländer, aber leicht von ihr zu unterscheiden durch die fehlenden Kehl- und Ohrlappen (an deren Stelle Kinn- und Backenbärte treten), sowie durch das buntere Gefieder. Man unterscheidet folgende Farbenschläge: Silbertupfen (Silberlack) mit weißer Grundfarbe und grünschwarzen Tupfen oder Bändern; Goldtupfen (Goldlack) mit goldbrauner Grundfarbe und schwarzen Tupfen oder Bändern; Chamoislack mit chamois Grundfarbe und schwarzen Tupfen; Weiße und Hermelinfarbige. Die Paduaner sind gute Eierleger, hauptsächlich aber Ziergeflügel.

8. Die Brabanter-Rasse ist in Figur, Farbe des Gefieders und den wirtschaftlichen Eigenschaften den Paduanern durchaus ähnlich, nur die Haube ist eine Halbhaube, wie bei den La Flèches.

9. Die Türken oder Sultanshühner wurden nach Baldamus um das Jahr 1855 direkt aus Konstantinopel nach England eingeführt, wo sie den Namen Sultanshühner tragen. Sie haben viel Ähnlichkeit mit den weißen Paduanern, aber reichlicheren Federschmuck, kürzere, bis an die Zehen wohlbefiederte Füße mit ausgebildeten „Geierfersen" und 5 Zehen. Die wirtschaftlichen Eigenschaften scheinen noch zweifelhaft zu sein, auch sollen sie nicht leicht aufzuziehen sein. Nach Darwin brüten sie nicht.

10. Die Schneehühner sind nach Darwin eine geringere, der letzten nahe verwandte Rasse, aber kleiner; die Beine sind stark befiedert, die Haube ist zugespitzt, der Kamm und die Lappen sind klein. Die Schneehühner sind weiß wie die Türken.

11. Die Ghoondooks bezeichnet Darwin als eine andere türkische Rasse von außerordentlichem Ansehen, schwarz, zuweilen auch weiß und schwanzlos; Haube und Bart sind groß, die Beine befiedert.

c. Gruppe der Seidenhühner.

Diese Gruppe umfaßt kleine Hühner, deren Federn haarähnlich und seidenartig, und deren Arm- und Schwanzfedern unvollständig sind. Die äußere Haut, die Beinhaut (das Periost) und die Kopflappen sind meistens tief violett und selbst das Fleisch hat eine dunkle Farbe. Die Seidenhühner stammen nach Blyth aus China, Malacca und Singapore. Ihre wirtschaftlichen Eigenschaften sind gering; sie sind hauptsächlich Zierhühner.

Man unterscheidet folgende Rassen: Japanesen, Siamesen, Chinesen, schwarze Zwerg-Seidenhühner und Neger- oder Mohrenhühner.

1. Das japanesische Seidenhuhn hat eine den Cochins ähnliche Figur; es trägt einen Rosenkamm und eine nach hinten zugespitzte Halbhaube. Die Kehllappen sind ziemlich lang und hängend, die Ohrlappen kurz. Die kurzen Läufe sind an der Außenseite befiedert und sie haben fünf Zehen. Das Gefieder ist reinweiß.

2. Das siamesische Seidenhuhn hat nach Baldamus die gewöhnliche Haut- und Fleischfarbe, einen einfachen überhängenden Kamm, dessen Farbe, wie die der Kehl- und Ohrlappen mehr dem gewöhnlichen Rot dieser Teile nahe kommt, sowie gelben Schnabel und Füße, wenn diese nicht befiedert sind. Die siamesischen Seidenhühner kommen mit und ohne Federbusch vor; ihr Gefieder ist meistens reinweiß.

3. Die chinesischen Seidenhühner gleichen nach Baldamus den Siamesen; ihr weißes Gefieder hat ein wolliges Ansehen.

4. Das schwarze Zwerg-Seidenhuhn ist sehr klein, es hat kurze fünfzehige und befiederte Füße und die charakteristische Hautfarbe der Seidenhühner. Sie haben die Figur der Cochins und werden als Eierleger und Brüter gerühmt.

5. Die Neger- oder Mohrenhühner stammen nach Baldamus von den japanesischen Seidenhühnern, sie haben deren blauschwarze Hautfarbe, aber das Gefieder ist sammetschwarz. Sie sollen weit öfter mit glattem (flächenfahnigem) Gefieder getroffen werden.

d. Gruppe der Zwerghühner (Bantams).

Diese ursprünglich aus Japan stammende Gruppe kennzeichnet sich durch die kleine Figur, die aber sehr verschieden geformt ist. Ihre wirtschaftlichen Eigenschaften sind gering, doch werden sie als Brüter gerühmt; sie dienen hauptsächlich als Ziergeflügel. Mit Wright und Baldamus unterscheide ich in zwei Untergruppen die eigentlichen Bantams und die Kampf-Bantams.

Die Untergruppe der eigentlichen Bantams wird hauptsächlich „auf die Feder", d. h. auf Farben gezüchtet. schläge: schwarze Bantams mit Rosenkamm, ähnlich den schwarzen Hamburgern; weiße glattfüßige und weiße federfüßige; gesäumte oder Sebright-Bantams mit Rosenkamm und goldgelben oder weißen Federn, die regelmäßig mit Schwarz umsäumt sind, die Hähne ohne Sichelfedern; ferner nankinfarbige Bantams, Kuckuck-, Japan- und Cochin- oder Pekin-Bantams, letztere, abgesehen von der Größe, von ganz ähnlicher Figur und Befiederung wie die Cochins; Japan- und Cochin-Bantams haben Schnäbel und Füße gelb.

Die Untergruppe der Kampf-Bantams enthält Zwerghühner, die in Figur und Befiederung den Kampfhühnern

ganz ähnlich sind. Man unterscheidet 4 Haupt-Farben-
schläge: Schwarzbrust-Rote, Braunbrust-Rote, Entenflügel
und Weißbrust-Rote; außerdem gibt es weiße, schwarze und
Weizen-Kampf-Bantams. Die Kampf-Bantams gelten für
hart und genügsam und für vortreffliche Brüter; auch wird
ihr schmackhaftes Fleisch gerühmt.

Außer den vier genannten Gruppen führe ich anhangs-
weise noch folgende, mehr oder weniger monströse Rassen auf:

Die Kriecher oder Hüpfer, die sich nach Darwin
durch eine fast monströse Kürze der Beine kennzeichnen,
so daß sie sich mehr durch Hüpfen als durch Gehen fort-
bewegen; auch sollen sie nicht im Boden scharren.

Die Strupp- oder Kaffer-Hühner, die nach Darwin
in Indien nicht ungewöhnlich sind und rückwärts gekräuselte
Federn haben. Die ersten Schwungfedern und die Schwanzfedern sind unvollständig, die Beinhaut ist schwarz.

Die Klutthühner ohne Schwanz, weil ihnen der letzte
Schwanzwirbel fehlt, übrigens verschieden in Figur und Befiederung.

Die Thüringer Bausbäckchen ohne Haube mit Feder-
bärten, der Hahn mit großem Kamm; sie sind jetzt sehr
selten.

Die Siebenbürger Nackthälse, gewöhnliche Land-
hühner mit nackten roten Hälsen: sehr häßliche, aber ab-
gehärtete und fruchtbare Tiere. Die Kücken kommen gleich
nackthalsig aus dem Ei.

Der Fasan.

Die Fasanen unterscheiden sich von den Haushühnern
dadurch: daß jene niemals Scheitelkämme und Kehllappen,
wohl aber Hauben besitzen. Von den 18 Steuerfedern des
Schwanzes sind die mittleren ansehnlich verlängert und gegen
das Ende verschmälert. Es werden mindestens 4 Arten als
Haustiere gehalten.

Der gemeine oder Edel-Fasan (Phasianus colchicus),

benannt nach dem Flusse Phasis in Kolchis (an der Südost-
küste des Schwarzen Meeres), ist nach V. Hehn in demselben
Jahrhundert bei den alten Griechen erschienen, wie das Haushuhn und das Perlhuhn. In den Wäldern Hyrkaniens, südlich vom Kaspisee, mag der Fasan ursprünglich zu Hause
gewesen und von dort den griechischen Ansiedlern am
Schwarzen Meere und weiter den europäischen Griechen bekannt geworden sein. In der Literatur finden wir ihn vor
Aristophanes nicht. Auch die alten Römer kannten den gemeinen Fasan, sie mästeten ihn und schätzten sein Fleisch
sehr hoch; durch das ganze Mittelalter hindurch wurde er
in Fasanerien gehalten und er ging allmählich in die europäischen Wälder über, wo er verwilderte und jetzt in voll-
kommener Freiheit lebt. Das Gefieder der gemeinen Fasanen ist sehr bunt und glänzend, namentlich beim Hahn;
die Schwanzlänge des letzteren ist gegen $1/2$ m. Die Paa-
rungszeit ist gegen Ende März. Die Henne legt nach Brehm
8 bis 12 (wenn man sie wegnimmt bis 18) Eier, die gelblich
graugrün gefärbt und kleiner und rundlicher sind als die der
Haushenne. Die Brütezeit dauert 25 bis 26 Tage (nach Baldamus 20 bis 21 Tage).

Eine bloße Varietät des gemeinen Fasanes ist der Ring-
fasan, mit einem weißen Ringe um den Oberhals.

Der Silberfasan (Phasianus s. Euplocomus nyctheme-
rus) stammt aus China, er ist aber seit mehr als 200 Jahren
in Europa akklimatisiert. Er trägt eine schwarze Federhaube, sein Gefieder ist an der Oberseite weiß mit schwarzen
Linien und Querstreifen, an der Unterseite schwarz mit
stahlblauem Glanz; die Füße sind korallenrot. Die Henne
legt nach Brehm 10 bis 18 rotgelbe oder bräunlich punk-
tierte Eier und sie brütet 25 Tage.

Der Goldfasan (Phasianus pictus s. Thaumalea picta)
ist ein Vertreter der Sippe der Kragenfasanen. Er stammt
aus China und entspricht wahrscheinlich dem Phönix der
Alten. Sein Gefieder glänzt und schillert in allen Farben,

aber die Grundfarbe ist Rot; der Kopf trägt einen goldgelben Busch aus etwas zerschlissenen Federn.

Die Henne legt im Mai 8 bis 12 sehr kleine gelbrote
Eier und sie brütet 23 bis 24 Tage.

Rassen der genannten Fasanenarten kommen nicht vor,
was sich wohl daraus erklärt, daß dieselben in der Regel
nur als halbwildes Ziergeflügel gehalten werden.

Der Pfau.

Der Kopf des Pfaues ist klein, er trägt einen Federbusch, aber ihm fehlen die Lappen. Der Schnabel ist dick,
auf der Firste gewölbt, an der Spitze hakenförmig gekrümmt.
Der Schwanz besteht aus 18 Steuerfedern und die Oberschwanzdeckfedern sind übermäßig entwickelt.

Der wilde Pfau hat seine Heimat in Indien. Er war
wahrscheinlich schon bei den vedischen Indern gezähmt.
Lassen erwähnt, daß die Pfauen bei den alten Indern wegen
ihres schönen Gefieders sehr geschätzt waren, von den
Reichen gehalten, oft von den Dichtern besungen und mit
vielen Namen bedacht wurden. Nach Hehn brachten des
Königs Salomo in den edomitischen Häfen ausgerüsteten
Schiffe von der Fahrt nach und von Ophir (an der Küste
Malabar) neben anderen Kostbarkeiten auch Pfauen mit. Die
alten Griechen bezogen Pfauen aus dem semitischen Vorder-
asien, in Athen aber erschienen sie erst nach der Mitte des
5. Jahrhunderts vor Chr., und zwar als höchste Merkwürdig-
keit und Gegenstand äußerster Bewunderung. Auf welchem
Wege der Pfau nach Rom gelangte — ist ungewiß, aber bei
den späteren Römern stand er seines Gefieders wegen in
hohem Ansehen und er wurde selbst gegessen, obgleich sein
Fleisch ziemlich ungenießbar ist. Zu dieser Zeit wurde die
Zucht der Pfauen in ganzen Herden Gegenstand landwirtschaftlicher Industrie. Aber schon im Mittelalter wurde der
Pfau nur noch als Ziervogel gezüchtet, und gegenwärtig
wird Pfauenzucht selten betrieben. Die Domestikation hat

die Form des wilden Pfaues kaum verändert. Der gemeine Pfau (Pavo cristatus) kommt außer in seinem bunten Gefieder, noch in zwei Farbenschlägen vor: als weißgescheckter und als ganz weißer. Die Henne legt im Frühjahre bis 9 Eier, die sie in 28 bis 30 Tagen ausbrütet.

In neuester Zeit ist auch der javanische grünhalsige Pfau (Pavo muticus) gezähmt worden, der auch in einer dunkelfarbigen Varietät (Pavo nigripennis) vorkommt.

Das Perlhuhn.

Das Perlhuhn kennzeichnet sich durch seine gedrungene Figur, durch kurze Flügel und verlängerte Bürzelfedern. Der Kopf ist nackt, er trägt kurze Kehl- und Ohrlappen und auf dem Scheitel einen Knochen- und Hornkamm. Der Hahn ist von der Henne nur durch die etwas mehr blaue Färbung der Wangen zu unterscheiden.

Die Heimat des Perlhuhnes ist nach Hehn das nordwestliche Afrika, die Gegend von Sierra Leona, des grünen Vorgebirges usw., während Darwin annimmt, daß die Stammform des domestizierten Perlhuhnes in Ostafrika heimisch sei. Der lateinische Name des Perlhuhnes (Numida) spricht für die erstere Ansicht; es ist das alte Numidien, das heutige Beladal-Dscherid (Dattelland) zwischen dem Südabhange des Atlas und der Sahara, in welchem heute noch wilde Perlhühner vorkommen.

Das gemeine Perlhuhn (Numida meleagris) wird nach Hehn für unsere Kenntnis zuerst von Sophokles erwähnt, und die späteren Römer kannten es als Ziergeflügel und als luxuriöses Tafelhuhn. Dem europäischen Mittelalter war das Perlhuhn unbekannt, und erst seit den Entdeckungen der Portugiesen längs der Küste Afrikas erscheint es wieder in Europa. Die Portugiesen und Spanier brachten es nach Amerika, und es soll in den Wäldern Mittelamerikas jetzt in großen Scharen förmlich verwildert sein.

Der Hausstand hat die Körperform des Perlhuhnes wenig verändert. Außer der bekannten Form mit stahlgrauem, weißgefleckten Gefieder unterscheidet man folgende Farbenschläge: rein weiße und gescheckte, blaugraue und bräunliche mit oder ohne Zeichnung, hellfarbige mit dunkler Perlzeichnung. Die zahme Henne legt bis 100 (wenn man sie wegnimmt) kleine, dickschalige Eier, und sie brütet in der Regel im August 26 bis 27 Tage.

Das Truthuhn.

Das Truthuhn gehört zur Familie der Baumhühner (Penelopidae); letztere unterscheiden sich von der Familie der echten Hühner (Phasianidae) hauptsächlich durch die größere und schlankere Figur und die höheren Beine, sowie durch den in gleicher Höhe mit den drei Vorderzehen eingelenkten, unverkürzten Hinterzeh und den Mangel eines Spornes. Der Kopf ist lang und breit, unbefiedert und mit Warzen besetzt. Der Schnabel ist ähnlich dem der echten Hühner und die Wurzel des Oberschnabels trägt einen aufrichtbaren Fleischklunker, die Gurgel eine schlaffe Hautfalte. Die Rute des Hahnes ist ausstülpbar. Der aus 18 Steuerfedern bestehende Schwanz ist lang und breit, abgerundet und aufrichtbar. Das Gefieder ist derb und dicht; an der Vorbrust des Hahnes bilden einzelne Federn einen Haarbüschel, der jedoch den gezähmten Formen häufig fehlt.

Das gemeine Truthuhn oder der Puter (Meleagris gallopavo) war schon in Mexiko domestiziert, als die Spanier das Aztekenreich eroberten. Die ersten zahmen Truthühner wurden um das Jahr 1520 nach Europa, wahrscheinlich zuerst nach England gebracht. Die Nachrichten über das Vorkommen des wilden Truthuhnes (Meleagris mexicana) in Nordamerika datieren nach Baldamus aus späterer Zeit. In Virginien wurde es im Jahre 1584 aufgefunden, in Pennsylvanien 1753. Smyth traf es in den westlich von Virginien gelegenen unbebauten Landstrecken in Herden von mehr

als 5000 Stück. Gegenwärtig ist es nur noch in den nordamerikanischen Felsengebirgen zahlreich verbreitet.*) Man
nimmt an, daß das wilde nordamerikanische, beziehungsweise
mexikanische Truthuhn die Stammform des gemeinen Haus-
Truthuhnes sei, obwohl die Bronzefarbe des Gefieders und
der Haarbüschel an der Vorbrust, der dem wilden Trut-
huhne eigentümlich ist, sich bei der Mehrzahl der gezähmten
Rassen verloren hat.

Von den Rassen des Haus-Truthuhnes steht der wilden
Stammform an Größe und Gefiederfärbung am nächsten das
nordamerikanische Bronze-Truthuhn, daß durch Zuführung
„wilden Blutes", wie Baldamus meint, auch dessen größere
Härte und Dauerhaftigkeit bewahren zu wollen scheint. Das
Gefieder des Hahnes ist nach Baldamus an Hals, Brust und
Rücken schwarz, prächtig mit Bronzefarbe schattiert, welche
in der Sonne wie Gold schimmert; jede Feder endigt mit
einem schmalen, glänzend schwarzen Querbande. Unterteile
und Schenkel sind schwarz, mit ähnlicher, aber nicht so
lebhafter Zeichnung. Die Bugfedern sind schwarz, mit brillant grünlichem oder braunem Lüster, die Handschwingen
schwarz, mit weißen oder grauen Querbändern und mit einem
schmalen weißen Saume an der Außenfahne, die Armschwingen mit schwarzen Schäften und grauen, schmal weiß-
gesäumten Außenfahnen, die Innenfahnen dunkelbraun, grau
schattiert, die Flügeldeckfedern von reicher schöner Bronzefarbe mit breiter schwarzer Endbinde. Der Schwanz ist
schwarz, braun gebändert, die Schwanzdeckfedern sind dunkelgrau; wo sie bedeckt sind, gehen sie in ein glänzend

---

*) Thielmann traf in den Prairien das wilde Truthuhn in der Nähe
vereinzelter kleiner Gebüsche, vorzüglich aber nahe den schmalen Strichen
von Baumwuchs, welche jeden Wasserlauf begleiten. Die Gestalt des
wilden Truthuhns ist nach Thielmann die des zahmen, doch unterscheidet
es sich von ihm durch das unscheinbare glanzlose Aussehen des Gefieders
und durch den Mangel der leuchtenden Farben am Kamme und Halse
des Hahnes.

metallisches Blauschwarz über. Die langen und starken Läufe sind dunkelfarbig, fast schwarz. Das Gefieder der Henne ist dem des Hahnes ähnlich, doch die Farben sind weder so glänzend, noch so scharf abgegrenzt; an der Brust sind die Federn braun mit schwarzem Bande und lederfarbenem Saume.

In England werden zwei Rassen gezüchtet: das Norfolk-Truthuhn von schwarzer Farbe mit einigen weißen Flecken an den Flügeln, und das Cambridge-Truthuhn von bronzegrauer Farbe, hochbeiniger und dickknochiger.

Auf dem europäischen Kontinent sind die gemeinen Haus-Truthühner meistens hellfarbig, oder schwarz und grau gescheckt, selten sind ganz weiße Farbenschläge.

Die Truthenne legt im März, meist ein um den anderen Tag ein Ei, zuweilen aber auch bis 30 Eier. Die Brütezeit dauert durchschnittlich 28 Tage. Wenn die Henne am Brüten gehindert wird, macht sie im Hochsommer noch ein zweites, aber schwächeres Gelege. Obwohl die Eier sehr wohlschmeckend sind, so züchtet man die Truthühner doch hauptsächlich ihres Fleisches wegen. Die Truthühner leben im Hausstande vorwiegend von vegetabilischer Nahrung (von Grünfutter und Körnern), sie sind auf der Weide leicht zu ernähren und gut zu mästen.

Ordnung der Tauben.

Die zoologischen Merkmale der Columbiden.

Die Familie der Columbiden umfaßt mittelgroße Vögel mit kleinem Kopf, kurzem Hals, langem Schwanz und niedrigen, im Sprunggelenk meist stark gebeugten Beinen. Der Schnabel variert in der Länge, und er ist nur an der Spitze verhornt; seine Wurzel ist nackt, weichhäutig und an den

Nasenöffnungen bauchig aufgetrieben. Der Hals enthält 12 Wirbel, der kurze Rücken 7 bis 8 Wirbel mit 2 Paar vorderen falschen und 5 wahren Rippen; wenn 8 Rippenpaare vorhanden sind, ist das letzte Rippenpaar ein falsches. Das Kreuzbein besteht aus 11 bis 12 (bei den Kröpfern aus 14) Wirbeln, der Steiß aus 7 bis 8 Wirbeln. Das Coracoid ist steil gestellt und der dünne Gabelknochen unten abgerundet. Das Brustbein ist sehr breit, namentlich am Hinterteile, wo sich neben der Mittellinie zwei ovale Löcher finden, die mit Bandmasse geschlossen sind; die lateralen Fortsätze des Brustbeines sind sehr kurz, dagegen ist der Brustbeinkamm stark und weit vorstehend.

Am Vordergliede ist das Ellenbogenbein etwa doppelt so dick wie die Speiche. Metacarpus I ist ohne Fingerglieder, Metacarpus II trägt ein breites 1. und ein spitzes 2. Fingerglied, Metacarpus III ist sehr fein, und sein einziges Fingerglied ist mit dem ersten Gliede des 2. Fingers verwachsen.

Am Hintergliede ist das Schienbein (Tibia) fast doppelt so lang und dick wie der Oberschenkel. Das schwache Wadenbein reicht mit seiner Spitze eben über die Hälfte des Schienbeines. Der Lauf ist an der Vorderseite getäfelt, an der Hinterseite netzartig gefeldert. Der zweigliederige Hinterzeh ist stärker entwickelt als bei den Hühnern; er gelenkt an einem kurzen Metatarsus in gleicher Höhe mit den Vorderzehen und er berührt vollkommen den Boden. Der zweite Zeh hat 3 Glieder, der dritte und vierte je 4 Glieder.

Der Ernährungsapparat ist der vegetabilischen Nahrung, insbesondere dem Körnerfutter angepaßt. Der Schlund ist zu einem doppelsackigen Kropfe erweitert, dessen Drüsen zur Brutzeit bei beiden Geschlechtern einen milchähnlichen Saft absondern. Magen und Darm sind ähnlich denen der Hühnervögel, aber die Blinddärme der Columbiden sind viel kürzer. Die Leber ist ohne Gallenblase, aber sie besitzt zwei Lebergallengänge.

Der Geschlechtsapparat ist ähnlich dem der Hühnervögel, eine Rute ist nicht vorhanden. Die Tauben leben in
Einzelehe. Das Gelege besteht gleichzeitig gewöhnlich aus
2 reinweißen, an beiden Polen abgerundeten und glatt-
schaligen Eiern, die von beiden Geschlechtern abwechselnd
in etwa 18 Tagen ausgebrütet werden. Die Jungen kriechen
nur mit spärlichem Flaum bekleidet und blind aus dem Ei;
sie sind Nesthocker. Die wilden Tauben nisten zwei- bis
dreimal jährlich, die Haustauben fünf- bis zehnmal.

Das Gefieder der Columbiden ist glatt anliegend. Die
Handschwingen sind sehr lang, sie werden nur etwa zur
Hälfte von den Armschwingen bedeckt, und sie bedecken
ihrerseits zum Teile den Schwanz, der sehr lang und ab-
gerundet ist und aus 12 bis 16 Steuerfedern besteht. Die
Farbe des Gefieders ist einfacher als bei Enten und Hühnern.

Abstammung und Zähmung der Haustaube.

Von den drei wildlebenden Arten der Gattung Taube
(Columba), nämlich von der Felstaube (Columba livia),
der Ringeltaube (Columba palumbus s. Palumbus torquatus) und der Holz- oder Höhlentaube (Columba oenas)
gilt die erstere allgemein für die Stammform der Haustaube.
Brehm will diese Abstammung aber nur für die als Feldflüchter bezeichneten Rassen der Haustaube gelten lassen,
nicht aber für die sogenannte Farben- und Rassentaube,
über deren Abstammung Zweifel gehegt werden könnte.
Darwin, der gründlichste Kenner der Haustaube, aber bestreitet die Ansicht: daß die verschiedenen Hauptrassen von
so vielen ursprünglichen und unbekannten Stammformen herrühren, und er hält die Felstaube für die gemeinsame Stammform aller domestizierten Taubenrassen. Unter den zahlreichen Gründen, die Darwin für seine Ansicht anführt, ist
besonders folgender Umstand beachtenswert. Die Felstaube hat eine schieferblaue Färbung, die Flügel tragen
zwei quere schwarze Binden, das Hinterteil variiert in der

Färbung, und es ist bei den europäischen Tauben meist weiß, bei den indischen blau; der Schwanz hat nahe am Ende eine schwarze Binde, und die äußeren Strahlen der äußeren Schwanzfedern sind mit Ausnahme der Spitzen weiß gerändert. Darwin und andere haben nun beobachtet, daß, wenn unter den rein gezüchteten Taubenrassen gelegentlich blaue Vögel auftreten, sie alle die der Felstaube eigentümlichen Zeichnungen tragen, die bei keiner anderen wilden Art vorkommen.

Darwin macht ferner aufmerksam, daß, wenn zwei verschiedenen Rassen angehörende Tauben gekreuzt werden, von denen keine eine Spur von blau in ihrem Gefieder oder eine Spur von Flügelbinden und die anderen charakteristischen Zeichnungen besitzt, noch wahrscheinlich viele Generationen hindurch besessen hat, sie sehr häufig Bastardnachkommen erzeugen von blauer Färbung, zuweilen gefeldert mit schwarzen Flügelbinden usw., oder wenn sie nicht blau sind, doch mit mehr oder weniger deutlich entwickelten charakteristischen Zeichnungen. Darwin erklärt diese als „Rückschläge" auf die wilde Stammform der Felstaube.

Endlich spricht nach Darwin noch zugunsten der Ansicht, daß alle Rassen von einem einzigen Stamme herrühren, der Umstand: daß wir in der Felstaube eine noch lebende und weit verbreitete Art haben, welche in verschiedenen Ländern domestiziert werden kann und worden ist. Diese Art stimmt mit den verschiedenen domestizierten Rassen in den meisten Punkten ihrer Struktur und in allen Teilen der Lebensweise ebenso wie gelegentlich in jedem Detail des Gefieders überein. Sie pflanzt sich reichlich mit den domestizierten Rassen fort und erzeugt fruchtbare Nachkommen. Sie variiert im Naturzustande und noch mehr, wenn sie halb domestiziert ist.

In den schweizerischen Pfahlbauten hat Rütimeyer eine wilde Taube als Columba Palumbus L. bestimmt, aber es scheint, daß die Taube zu jener Zeit noch nicht im Haus-

stande gelebt hat. Den vedischen Indern war die Taube
bekannt, aber ich weiß nicht ob sie bei ihnen Haustier war.
Unzweifelhaft war sie gezähmt bei den alten Ägyptern*)
und Israeliten; Noahs Taube konnte auch eine wilde sein
und seine Geschichte ist eine sagenhafte, dagegen findet
sich nach Hehn die erste sichere Erwähnung der zahmen
Taube bei Pseudo-Jesaias 60, 8: „Wer sind die welche fliegen
wie die Wolken und wie die Tauben zu ihren Fenstern"
(Gittern, d. h. zum Taubenschlage)? Hehn meint, daß diese
Partie des Jesaias in der Epoche des Exils geschrieben sei,
und um diese Zeit, nach den babylonischen Eroberungszügen,
mag sich auch die Aneignung der Taubenzucht in Vorder-
asien und die Aufnahme des zärtlichen Vogels in den syrisch-
phönizischen Kultus und als Tempelbewohner schrittweise
vollzogen haben. Von den syrischen Küsten kam dann die
Haustaube mit dem Beginne des 5. Jahrhunderts vor Chr.
auch den Griechen zu. Italien machte mit der Haustaube
wohl durch Vermittelung des Tempels von Eryx in Sizilien
zuerst Bekanntschaft. Auf diesem Berge, einem alten phönizischen und karthagischen Kultussitze, wohnten Scharen
weißer und farbiger Tauben, der dort verehrten Göttin
(Aphrodite) geweiht und an deren Festen teilnehmend. Von
Italien ging mit der Macht und der Kultur des römischen
Reiches die Haustaube über ganz Europa aus (Hehn).

Die Taube gehört also zu den ältesten Haustieren, aber
Ort und Zeit ihrer ersten Zähmung sind unbekannt. Wahrscheinlich ist, daß die wilde Felstaube bis in die neueste
Zeit leicht in jenen halbdomestizierten Zustand übergeht,
wie er den Feldtauben eigentümlich ist. Die leichte Variabilität der Felstaube (man unterscheidet mindestens 14 Varietäten derselben) hat gewiß der Bildung so zahlreicher Rassen
der Haustaube Vorschub geleistet.

---

*) Nach Darwin findet sich der älteste Bericht über domestizierte
Tauben in der 5. ägyptischen Dynastie, ungefähr 3000 Jahre v. Chr.

Die Rassen der Haustaube.

Kein Haustier kommt in so zahlreichen Rassen vor wie die Taube. Die Rassen-Unterschiede sind häufig nur oberflächlicher Art und sie beschränken sich auf gewisse Veränderungen im Gefieder, aber jene Unterschiede erstrecken sich doch auch auf das Skelett, welches durch den Einfluß der künstlichen Züchtung in einem Grade abgeändert ist wie bei keinem anderen Haustiere. Darwin hat uns mit den Abänderungen des Skelettes bei den verschiedenen Rassen der Haustaube zuerst bekannt gemacht, und L. Carl hat auch die, freilich nur unbedeutenden Abänderungen des Schädels nachgewiesen. Doch diese Untersuchungen sind noch keineswegs ausreichend zur Begründung einer zoologischen Systematik der Taubenrassen.

Schon der alte römische Schriftsteller M. Varro teilte vor 1900 Jahren die Haustauben in zwei Arten: in Feldtauben, die vorzüglich Türme aufsuchen und von da nach Belieben ins Feld und wieder zurückfliegen, — und in eine andere Art, die zahmer ist und sich an der Hausfütterung im verschlossenen Taubenhause begnügt; von letzterer sagt Varro, daß sie gewöhnlich weiß aussieht, während die Feldtauben von mancherlei Farben und niemals weiß sind.

Auch heute noch teilt man die Haustauben in die zwei Arten, richtiger Kategorien Varros: in Feldtauben und in Spieltauben. In der weiteren Einteilung der letzteren (die Feldtauben bilden nur Farbenschläge) folge ich Baldamus und unterscheide mit ihm und vielen Taubenzüchtern die drei großen Abteilungen der Farbentauben, der Feder- und der Formtauben. Zur ersten Abteilung gehören alle wirklich oder nahezu einfarbigen Tauben (mit Ausschluß der weißen Grundfarbe), deren Zeichnungen gleichfalls farbig sind, sowie die gezeichneten Tauben, welche auf farbigem Grunde weiße, oder auf weißem Grunde eine farbige bestimmte und regelmäßige Zeichnung haben; die Abteilung der Federtauben ist ausgezeichnet durch eigentümlichen Bau des Gefieders und die Abteilung der Formtauben durch besondere Körperformen und Haltung, sowohl im ganzen wie bezüglich einzelner Körperteile.

I. Feldtauben.

Man bezeichnet als Feldtauben oder Feldflüchter diejenigen Tauben, welche sich unabhängig vom Menschen ernähren und fortpflanzen, die aber doch in seinem Besitze sich befinden. Diese Unabhängigkeit schließt jedoch nicht aus, daß die Feldtauben gelegentlich, namentlich im Winter, Futter erhalten. Die Feldtauben sind also nur halb domestizierte Tiere und sie gleichen in Figur und meistens auch in der Farbe des Gefieders durchaus der wilden Felstaube; doch geht die „taubenblaue" Farbe häufig über in hellere Töne bis zum Weiß und in dunklere Töne bis zum Schwarz; nicht selten kommen auch gemischte Farben vor, wie bei den sogenannten Schimmel-, Tiger- und Lerchentauben, selten aber sind gehäubte und federfüßige Feldtauben. Von allen Taubenrassen bringt die Feldtaube — wenn man ihren Fleischwert nach dem Werte des verzehrten Futters berechnet — den größeren Nutzen. Der Schaden, den die Feldtaube durch Aufpicken von Saatkörnern bringt, ist unleugbar, aber er ist übertrieben worden und er läßt sich durch sorgfältige Saatkultur (Drillkultur) größtenteils vermeiden.

II. Spieltauben.

A. Farbentauben.

Die Tauben dieser Gruppe sind den Feldtauben sehr ähnlich und sie unterscheiden sich von ihnen nur durch die Farbe des Gefieders und durch gewisse Zeichnungen desselben. Die meisten Farbentauben sind Feldflüchter, d. h. sie „feldern", wenn auch ihre Ernährung vorwiegend abhängig ist von der Hand des Menschen . Die Farbentauben sind durchaus Gegenstand der künstlichen Züchtung und sie vererben ihre eigentümlichen Farbenzeichnungen sehr treu; auch sind sie meistens sehr fruchtbar und gute Brüter. Mit Baldamus unterscheide ich zehn Gruppen von Farbentauben, von welchen die ersten beiden den einfarbigen und farbig gezeichneten, die übrigen den weiß gezeichneten angehören.

a. Gruppe der einfarbigen Tauben.

Man unterscheidet nach der Farbe des Gefieders: hell-blaue, mohnblaue, Flecht- und Feuertauben. Die Flechttaube ist nach Baldamus sehr selten und sie kommt nur in einigen Gegenden Westfalens vor. Ihr Kleingefieder ist in mehreren Abstufungen blaugrau gefärbt, die Schwingen sind schiefergrau, die Flügelbinden schwarz. Die Feuertaube hat ein tief schwarzes Gefieder, das, mit Ausnahme von Schwingen und Schwanz, einen brillant kupferroten Metallglanz hat.

b. Gruppe der farbig gezeichneten Tauben.

Diese Gruppe umfaßt Vögel von der Größe und Figur der Feldtauben mit folgenden Rassen. Die Gimpeltaube hat eine gedrungene Körperform, der Kopf trägt eine Spitzhaube, das Auge ist orangefarbig, der Fuß zinnoberrot, das Gefieder von Kopf, Hals und Rumpf kupferrot, von den Flügeln glänzend schwarz, vom Schwanz dunkel bläulichschwarz. Die Spiegelgimpel haben eine gelbe oder braune Brust und gleichfarbige Binden auf weißen Flügeln. Man unterscheidet ferner: Silbergimpel, Granatgimpel, Weißflügel und Weißköpfe. Die Hyazinthtaube hat ein vorwiegend purpurblau gefärbtes Gefieder und eine eigentümliche bläuliche Zeichnung auf sandfarbigem Grunde an den Schulter- und Flankenfedern. Die Victoriataube ist ihr ähnlich, aber sie hat eine hellere und zuweilen gelbliche Hauptfärbung. Die Lerchentaube hat eine aschgraue Grundfarbe, hellere Schwingen, eine goldgelbe Brust, schwarz-

getupfte Flügel mit 2 schwarzen Binden. Die Porzellantaube mit brauner Grundfarbe und rahmfarbiger Zeichnung.
Die Eistaube mit lavendelblauer Grundfarbe und einer helleren, wie gepuderten Zeichnung; man unterscheidet verschiedene Farbenschläge, wie Silber-, blaue, uralische, sibirische
Eistauben, letztere besitzen Federfüße (Latschen).

c. Gruppe der Halsbandtauben.

Diese Gruppe kennzeichnet sich durch die Figur eines
von der Grundfarbe verschieden gefärbten Halbmondes zu
beiden Seiten des Halses und der Oberbrust. Die Halsbandtauben umfassen folgende Rassen. Die Staarenhalstaube
mit atlasschwarzer Grundfarbe, weißen Flügelbinden und
weißgesprenkelten Halbmonden. Die schwäbische Taube,
ähnlich der vorigen, aber mit schwarzgetupfter oder bronzeglänzender Zeichnung. Die Schweizertaube mit rahmfarbiger Grundfarbe und bräunlichen Halbmonden.

d. Gruppe der Maskentauben.

Die Maskentauben sind kleine Vögel mit weißer
Grundfarbe, einem farbigen Fleck auf dem Kopf, farbigen
Schwingen und Schwanz. Zu dieser Gruppe gehören folgende
Rassen. Die Maskentaube mit ovaler, gelber, roter,
schwarzer oder blauer Schnippe auf der Stirn und gleichfarbigem Schwanz. Die Schwingentaube ist ähnlich der
Maskentaube, aber anstatt des Schwanzes sind die ersten
Schwingen gefärbt. Die Helmtaube hat bei weißer Grundfarbe den ganzen Oberkopf und den Schwanz in einer jener
Hauptfarben der Maskentaube gefärbt.

e. Gruppe der Scheiteltauben.

Die einzige Rasse dieser Gruppe ist die Pfaffentaube,
sie besitzt ein Federpolster zwischen der Schnabelwurzel und
den Nasenlöchern und meistens eine Spitzhaube; man unterscheidet folgende Farbenschläge: Schwarz-, Rot-, Gelb- und
Blaupfaffen, weißlatschige, weißbindige usw.

f. Gruppe der Kopftauben.

Kleine Tauben, deren Gefieder eine der vier Hauptfarben besitzt und deren Köpfe entweder weiß, wie bei der Mönchtaube, der Mäusertaube und der Ringschlägertaube, oder farbig sind, wie bei dem Mohrenkopf und den Nönnchen.

g. Gruppe der Brusttauben.

Die Tauben dieser Gruppe sind ausgezeichnet durch die, einer der vier Hauptfarben oder Weiß entsprechenden Färbung von Kopf, Hals und Brust; man unterscheidet demnach: Weißbrüster, Schwarzbrüster, Rotbrüster usw.

h. Gruppe der Flügeltauben.

Die Grundfarbe des Gefieders ist entweder schwarz, blau, rot oder braun, die Flügel (mit Ausnahme der Schulterdecken und der Armschwingen), der Unterleib und die Schenkel sind weiß, wie bei den Elstertauben, oder die Grundfarbe ist weiß, Kopf, Flügel und Latschen sind farbig, wie bei den Schwalbentauben, den Schnippenschwalben (schlesischen Flügeltauben) und den Plattenschwalben (Nürnberger Schwalben); je nachdem der Kopf eine gefärbte Schnippe oder Platte trägt, unterscheidet man Schnippen- und Plattentauben.

i. Gruppe der Deckel- oder Schildtauben.

Das Gefieder ist reinweiß und nur die Deckel, d. h. die gesamten Flügeldeckfedern und die Armschwingen sind farbig, entweder glatt oder gezeichnet. Man unterscheidet folgende Farbenschläge: Schimmel-, gelerchte, karpfenschuppige Deckeltauben usw.

k. Gruppe der Halbscheidtauben.

Reinweiße Grundfarbe — am Unterteile, schwarze Zeichnung — am Oberteile. Zu dieser Gruppe gehört die Lahoretaube aus Ostindien, von gedrungener Körperform, mit schläfrigem Blick.

B. Federtauben.

a. Gruppe der Trommeltauben.

Die Trommeltauben sind ausgezeichnet durch ihr eigentümliches, lang anhaltendes und trommelartiges Girren. Auf der Stirn tragen sie einen Federbusch (Stirnkuppe) oder eine Tolle (Scheitelkuppe), auf der Schnabelwurzel eine Federnelke und Latschen an den kurzen Füßen. Man unterscheidet folgende Rassen. Die russische oder bucharische Trommeltaube mit mützenartiger Tolle, langen Latschen und schwarzem, braunem und scheckigem Gefieder von beiden Farben. Die deutsche Trommeltaube mit Federbusch auf der Stirn, noch längeren Latschen als jene, mit schwarzem, rotem und gelbem Gefieder. Die Altenburger Trommeltaube, kleiner als die deutsche, mit fahlblauem Gefieder; sie ist vor allen ausgezeichnet durch ihr Trommeln. Die Trommler feldern und brüten gut.

b. Gruppe der Mähnentauben.

Sie sind ausgezeichnet durch ihre den Nacken umgebenden Federkrausen. Man unterscheidet 2 Untergruppen: mit Halbmähnen und mit Vollmähnen.

a) Zur Untergruppe der Halbmähnentauben gehören folgende Rassen. Die Mähnentaube mit schwarzer Zeichnung an Kopf, Hals, Brust und Schwanz, das übrige Gefieder und die Mähne ist weiß. Die Latztaube mit eigentümlicher Muschelhaube, weißer Grundfarbe und schwarzer Zeichnung. Die Kapuzinertaube mit kleiner kapuzenähnlicher Haube an Hinterkopf und Nacken, von schwarzer, grünglänzender Farbe und weißem Schwanz.

b) Zur Untergruppe der Vollmähnentauben gehört die Perrückentaube, fein und zierlich, mit voller aufrechtstehender Federkrause, welche, von der Vorbrust ausgehend, Nacken und Hinterkopf umgibt, von gelber, brauner, roter, schwarzer und taubenblauer Grundfarbe mit weißem

Kopf und Schwanz, weißen Handschwingen und weißer Zeichnung an der Mähne zu beiden Seiten des Halses; auch ganz weiße Perrückentauben kommen vor und solche mit einer Federnelke auf der Schnabelwurzel.

c. Gruppe der Krausentauben.

Kleine zierliche und kurzbeinige Tauben mit sehr kurzem, dickem und kegelförmigem Schnabel; am Unterhalse haben sie einen häutigen Kehlsack, der mit einer Federkrause (Jabot) besetzt ist. Die Krausentauben brüten und fliegen gut. Man unterscheidet 2 Untergruppen: Eulentauben und Mövchen.

a) Zur Untergruppe der Eulentauben (mit glattem Kopf) gehören folgende Rassen. Die englische Eulentaube mit meistens einfarbigem Gefieder, hell oder dunkelblau, gelb, rot, blau- und silberpudrig, silberfarbig mit schwarzen Flügelbinden. Die afrikanische Eulentaube, kleiner als die englische, mit einfarbigem Gefieder, entweder weiß, schwarz oder taubenblau mit schwarzen Flügelbinden.

b) Zur Untergruppe der Mövchen (meistens mit kurzer, aufrechtstehender Muschelhaube am Hinterkopfe) gehört das englische Mövchen, weiß gefiedert mit farbigen (schwarzen, roten, gelben, blauen, silbergrauen, blauscheckigen) Flügeldecken und Armschwingen; die blauen und silbergrauen mit schwarzen Flügelbinden . Das deutsche Mövchen ist ohne bestimmten Charakter der Zeichnung; es gibt glattköpfige und gehäubte. Das französische Mövchen, von weißem oder rehfarbigem Gefieder, wird als Brieftaube benutzt. Das chinesische Mövchen hat einen stärker gebogenen kurzen Schnabel, eine Federkrause um den Hals bis hinter die Ohren, auf der Mitte der Brust eine Feder-Rosette (Federwirbel), zwischen Federkrause und Rosette das Jabot; das Gefieder ist einfarbig blau mit schwarzen Flügelbinden, schwarz, gelb und silbergrau, selten weiß. Die Schnippen- oder Ohrenmövchen (Turbitins) sind

Kreuzungen von Eulentauben und Mövchen, von weißer Grundfarbe des Gefieders, mit farbiger Zeichnung am Kopf (Stirnschnippe und Halbmond unter den Augen), gleichgefärbten (gelben, roten, taubenblauen, schwarzen) Flügeldecken und Armschwingen, und befiederten Füßen. Das Atlasmövchen (Satinette), mit sehr kurzem Schnabel und kurzbefiederten Füßen, von weißer Grundfarbe des Gefieders mit nelkenfarbigen, purpurschwarz gesäumten Flügeldeckfedern und Armschwingen (Satinette im engeren Sinne), oder mit graugelber pfeilförmiger Zeichnung des Flügels (Brunette), oder mit taubenblauen, purpurschwarz gebänderten Flügeln (Bluette), oder mit silbergrauen, schwarz gesäumten Flügeln (Silverette); letztere beiden mit kurzer, aufrechtstehender Muschelhaube am Hinterkopfe. Das Blondenmövchen (Blondinette) ähnlich, aber etwas größer als das vorige, mit befiederten Füßen, zuweilen mit Muschelhaube und von sehr farbenreichem Gefieder, einfarbig und bunt, meist mit gesäumten Flügeldeckfedern und Armschwingen. Die Satinetten und Blondinetten stammen aus Kleinasien, der Türkei und Ägypten, und sie gehören zu den schönsten Tauben; die Blondinetten sind nach Fulton durch Kreuzung von Satinetten mit englischen Eulentauben entstanden.

d. Gruppe der Lockentauben.

Diese mittelgroßen und kurzbeinigen Tauben sind ausgezeichnet durch ihre gelockten Flügeldeckfedern und ihre schwach gekräuselten Hals- und Rückenfedern. Der Kopf ist mit oder ohne Haube, und die Füße sind glatt oder federfüßig. Man unterscheidet weiße, schwarze, graue und sandfarbige Farbenschläge.

e. Gruppe der Seidentauben.

Von der Größe der Feldtauben, mit zur Hälfte befiederten Beinen und geschlissenen, seidenweichen Federn von weißer Farbe. Die gewöhnliche Seidentaube, die unvermögend ist zum Fliegen, wird nach Baldamus gegenwärtig fast nur noch in Holland gezüchtet; die französische Seidentaube hat einen Pfauenschwanz.

C. Formtauben.

a. Gruppe der Pfauentauben.

Die Pfauentauben sollen aus britisch Ostindien stammen und sie gehören zu den kleineren Tauben. Der Kopf ist klein, der Hals schlank und rückwärts gebogen, der Rumpf kurz und gedrungen gebaut und ausgezeichnet durch den fast senkrecht gestellten, fächerförmigen (pfauenähnlichen) Schwanz mit 24 bis 40 in 2 bis 3 Reihen stehenden Steuerfedern; eigentümlich ist auch die zitternde Bewegung des Kopfes und Halses, die bei der geringsten Aufregung eintritt. Man unterscheidet schottische Pfauentauben entweder von ganz weißem Gefieder, oder weiß mit schwarzen Flügeldecken, und englische Pfauentauben von weißem, schwarzem und blauem Gefieder. Die Pfauentauben brüten gut, aber sie fliegen schlecht, namentlich bei windigem Wetter.

b. Gruppe der Hühnertauben.

Die Hühnertauben kennzeichnen sich durch den hühnerartig gebauten Rumpf und den aufrechtstehenden schmalen Schwanz; Kopf, Schnabel und Hals sind lang, die Flügel kurz, die Beine hoch und glatt. Die Hühnertauben sind große und starke Vögel von hühnerähnlicher Haltung und Bewegung. Man unterscheidet folgende Rassen: Die Malteser taube ist sehr fruchtbar, sie brütet gut, aber sie fliegt schlecht, ihr Gefieder ist reinweiß, oder einfarbig blau, schwarz, braun. Die Florentinertaube mit weißer Grundfarbe, dunkelblau an Kopf und Hals, mohnblau an Flügeln und Schwanz, mit schwarzen Flügel- und Schwanzbinden. Die ungarische Taube, ähnlich der Malteser, mit weißer Zeichnung auf schwarzer, blauer, roter oder gelber Grundfarbe. Die Hühnerschecke von weißem Gefieder mit schwarzer, gelber, roter und hellblauer Zeichnung und weißem schmalen Kopfstreifen; sie brütet und feldert gut.

c. Gruppe der Hohlrückentauben.

Dieselben besitzen einen kleinen, kurzen und runden Kopf, einen kurzen, fast kegelförmigen Schnabel, einen zurückgebogenen Hals und eingebogenen Rücken. Die Hohlrückentauben gliedern sich in 2 Untergruppen: Modeneser und Tümmler.

a) Zur 1. Untergruppe ghört die modeneser Flugtaube, klein, kurz gebaut und ziemlich hochbeinig, mit horizontal und selbst etwas aufwärts getragenem sehr kurzen Schwanz, breiter Brust und kurzen Flügeln, von sehr verschiedenfarbigem Gefieder; guter Brüter und sehr guter Flieger. Man unterscheidet zahlreiche Farbenschläge: einfarbige (Schietti), Elsterschläge (Gazzi), gesprenkelte (Tringnadura, Quadrinadura, Frizzadura), Magnani, Uccelli, Caldani usw.

b) Die zur 2. Untergruppe gehörenden Tümmler sind klein, perläugig kurzbeinig, mit locker getragenen Flügeln und ausgezeichnet durch die Eigenschaft sich in der Luft zu überschlagen (zu purzeln); man unterscheidet kurz- und langschnäbelige Tümmler und zahlreiche Farbenschläge, wie Weißkopf, Weißschwingen, Rosenflügel, einfarbige und Elsterschläge u. a.; sämtliche Tümmler fliegen leicht und weit. Ferner gehört zu den Tümmlern der orientalische Roller, aus Kleinasien stammend, mit ziemlich gestrecktem Kopf, kurzem und hohlem Rücken, kurzen und nackten Beinen und einem Schwanz, der aus 14 bis 22 Federn besteht, deren zwei mittlere sich etwas nach außen biegen und eine leichte Trennung des Schwanzes in zwei Teile bewirken; das Gefieder kommt in allen Farben vor; die Roller sind Hochflieger und sie überschlagen sich mehrfach beim Absturze. Der Almond-Tümmler ist sehr klein und zierlich, mit breiter und gewölbter Stirn, die den feinen und kurzen Schnabel größtenteils überragt, mit Perlaugen, sehr kurzem und gedrungen gebautem Körper, breiter vorstehender Brust, sehr kurzen Füßen, hoher, stolzer Haltung mit rückwärts gebogenem Kopf; man unterscheidet zahlreiche Farbenschläge: einfarbige, Schultersprenkel (Mottles), Weißkopf-, Bart-Tümmler usw. Die Almond-Tümmler sind ausgezeichnet durch ihren schmetterlingsartigen Flug.

d. Gruppe der Kropftauben.

Die Kropftauben sind ausgezeichnet durch den mächtig entwickelten Kropf, der im aufgeblasenen Zustande bis zum Bauche herabreicht. Der Kopf dieser Tauben ist klein, der Hals lang, der Rumpf schmal, Flügel und Schwanz sind lang und schmal, die Beine lang und dünn, Läufe und Füße meistens befiedert, die Haltung ist aufrecht. Die meisten Kröpfer fliegen gern und gut, mit klatschendem Fluge, und sie sind sehr lebhafte und zutrauliche Vögel. Man unterscheidet folgende Rassen. Der englische Kröpfer hat einen kugelförmigen Kropf, eine sehr große, hochaufgerichtete Figur und befiederte Füße; die Handschwingen kreuzen sich über dem Schwanz, dessen Ende sie nicht erreichen; die Grundfarbe des Gefieders ist purpurschwarz, blau (mit schwarzen Flügelbinden), rot oder gelb, Unterleib, Beine, Handschwingen und häufig auch der Schwanz sind weiß, ein weißer Halbmond umgibt den Kropf und kleine weiße Halbmonde zieren die Flügeldecken; außer diesen sogenannten Elsterzeichnungen gibt es mehlfarbige, sandfarbige, silberfarbige, scheckige usw. Neben den größten Formen der Kröpfer werden in England auch Zwergkröpfer gezüchtet. Der französische Kröpfer hat meistens einen ovalen Kropf, einen langen, hochaufgerichteten Körper und glatte Beine; die zahlreichen Farbenschläge sind einfarbig, gescheckt und mit Elsterzeichnung. Der deutsche Kröpfer mit sehr langen Handschwingen, welche das Schwanzende

überragen, kurzen, stämmigen und unbefiederten Füßen, von
großer aber plumper Figur, in allen Taubenfarben, einfarbig
und gezeichnet. Der pommersche Kröpfer hat eine breitere
Brust und eine weniger schlanke Taille als der englische,
dem er im übrigen ähnlich ist. Der Brünner-Kröpfer hat
eine kleine und zierliche Figur, einen schmalen Rumpf und
hohe, glattfüßige Beine; sein Gefieder ist einfarbig schwarz,
blau, isabell und kaffeebraun mit weißen Binden, weiß, rot,
gelb, gescheckt, getigert, gestorcht usw. Der Holländer-
Kröpfer ist groß und schmal, er hat einen ovalen Kropf, die
Handschwingen erreichen das Schwanzende nicht und die
Füße sind befiedert; das Gefieder ist einfarbig, gestrichelt
und getigert in mehreren Farben. Sowohl der Brünner- wie
der Holländer-Kröpfer fliegt und bewegt sich leicht; der
Holländer-Kröpfer gilt für die Stammform sowohl der englischen wie der Brünner-Kröpfer.

e. Gruppe der Warzentauben.

Diese Gruppe kennzeichnet sich durch die Entwickelung
von Warzen an der Schnabelwurzel und an den nackten
Augenringen. Die Form des Schnabels gliedert die Warzentauben in 3 Untergruppen: in Dickschnäbler, Büchsenschnäbler und Krummschnäbler.

a) Die Untergruppe der Dickschnäbler umfaßt mittelgroße und große Tauben mit sehr kurzem und kegelförmigem
Schnabel, dessen Wurzel nur spärlich mit Warzen besetzt ist.
Zu den dickschnäbeligen Warzentauben gehören folgende
Rassen: Die Damascener-Taube, klein, kurzbeinig, nackt-
füßig, mit hellen und orangefarbigen Augen und breiten
pflaumenblauen Augenringen; das Gefieder ist weiß mit tief
schwarzen Flügelbinden. Die Seglertaube mit kleinem
runden Kopf und kurzen Füßen, sehr langen Handschwingen,
welche sich über dem langen Schwanz kreuzen; die Grundfarbe des Gefieders ist gelbbraun, der Kopf hat einen dunkleren Ton, Handschwingen und Schwanz sind fahlschwarz,

die mäßig breiten Augenringe graugelb; die Segler bilden eine harte und ausdauernde, dagegen nur mäßig schnell und schwimmend fliegende Rasse. Die Brieftaube ist gedrungener gebaut und breit in der Brust, der Schnabel ist etwas länger, die Augenringe sind mäßig breit und die Handschwingen kürzer als der Schwanz; das Gefieder ist vorwiegend blau mit schwarzen Flügelbinden, doch kommen alle einfarbigen und gezeichneten Taubenfarben vor. Man unterscheidet zahlreiche Schläge der Brieftaube: englische, Antwerpener, Brüsseler, Lütticher usw. Die spanische Taube, sehr groß und schwer, von blauer und Silberfarbe. Die römische Taube, sehr groß, mit breiter Brust und hohen Beinen, einfarbig, gemantelt, gesprenkelt oder getigert. Die Montauban-Taube, sehr groß mit kurz befiederten Füßen, einfarbig und gescheckt. Die Indianer- oder Berbertaube von Mittelgröße, mit sehr breitem, plattem, fast viereckigem Kopf, sehr breiten roten Augenringen, sehr kurzem Schnabel mit großen Warzen, meistens einfarbig schwarz, gelb, rot, braun und weiß. Die türkische Taube, von großer und gestreckter Figur, kurz- und nacktbeinig, mit längerem Schnabel als die übrigen Dickschnäbler; sie ist schwarz und braun gefiedert.

b) Zur Untergruppe der Büchsenschnäbler gehören folgende Rassen. Der Dragoner ist von Mittelgröße, der Schnabel gerade und lang mit mäßig entwickelten Warzen auf der Wurzel des Oberschnabels, mit mäßig breiten, wenig warzigen Augenringen, flachem Schädel, kurzen und nackten Füßen, aufrechter Haltung, von vorwiegend blauem Gefieder mit schwarzen Flügelbinden. Die englische Bagdette (der Carrier) von großer, schlanker, breitbrüstiger und hochbeiniger Figur und aufrechter Haltung; der gerade Schnabel ist sehr lang und an der Wurzel rings um Ober- und Unterkiefer von Warzen umgeben (Wallnußform), die Augenringe sind sehr breit und mit zahlreichen blaßroten Warzen besetzt; das Gefieder ist einfarbig blau mit schwarzen Flügelbinden, graubraun oder goldbraun, weiß, schwarz und silbergrau; der Carrier ist die vornehmste Sporttaube in England. Die französische Bagdette ist weniger kompakt gebaut und die Schnabelwarzen sind kleiner; das Gefieder ist einfarbig schwarz und weiß, rot und braunscheckig.

c) Die Untergruppe der Krummschnäbler umfaßt als einzige Rasse die Nürnberger- oder deutsche Bagdette, von Mittelgröße, mit schmalem und gewölbtem Kopf, sehr langem und gebogenem Schnabel, der nur an der Oberkieferwurzel wenig Warzen trägt, mit mäßig breiten ziegelroten Augenringen, langem gebogenen Hals, breitem Rumpf und kurzen, nackten Füßen; Gefieder weiß mit farbiger Zeichnung an der Brust und am Oberrücken.

III. Die Insekten des Hausstandes.

Ordnung der Schmetterlinge.

Der Maulbeer-Seidenspinner (Bombyx Mori).

Der Maulbeer-Seidenspinner gehört zur Familie der Bombyciden, die von den übrigen Familien der Spinner sich dadurch unterscheidet: daß die Schmetterlinge beider Geschlechter gekämmte Fühler und behaarte Taster besitzen;
die Vorderflügel haben 12 Rippen, die Hinterflügel 2 Innen-
randsrippen. Die Raupe trägt auf dem letzten Körperringe
einen Sporn und sie ist im jugendlichen Zustande dicht
behaart.

Der Schmetterling hat eine gelblichweiße Färbung
mit rostfarbigen Flügel-Rippen und Querbinden, einen Halbmond auf den Vorderflügeln und einen dunklen Fleck am
medianen Rande der Hinterflügel. Das Weibchen besitzt
einen dickeren Hinterleib und es ist größer als das Männchen. Der Kopf des Schmetterlinges ist sehr klein und aus
zwei hornigen Schuppen zusammengesetzt; er ist mit langen
doppelkämmigen Fühlern, verkümmerten Saugorganen und
zusammengesetzten, glänzend schwarzen Augen versehen.
Der Vorderleib besteht aus 3 verwachsenen Ringen mit je
einem fünfgliedrigen Fußpaare; der 2. Ring trägt die größeren Vorderflügel, die eine dreieckige Form haben und deren
Vordersaum unter der stumpfen Spitze sichelförmig ist; die

abgerundeten Hinterflügel sind mit dem 3. Ringe verbunden. Der Hinterleib besteht aus 8 Ringen; an dem letzten Ringe befinden sich die Afteröffnung, die Geschlechtsöffnungen und bei den Männchen auch zwei Klauen, mit welchen sie die Weibchen bei der Paarung festhalten. Da die Schmetterlinge keine Nahrung aufnehmen, so ist der Ernährungsapparat verkümmert; die sehr enge Speiseröhre endet blind vor dem verschrumpften Magen und der Darm dient als Ausführungsgang für den Saft der Harngefäße. Der Zeugungsapparat ist von allen organischen Apparaten am vollkommensten entwickelt, da die Lebensaufgabe der Schmetterlinge in der Fortpflanzung der Art besteht und mit der Zeugung erschöpft ist. Die beiden Hodensäcke der Männchen liegen zu beiden Seiten des Magens und sie enthalten zahlreiche Samenpatronen (Spermatophoren), die angefüllt sind mit Samenfäden. Die Ausführungsgänge (Samenleiter) der beiden Hodensäcke vereinigen sich in der Samenblase, die einerseits mit 2 Nebendrüsen, andererseits mit dem gemeinschaftlichen Samengange in Verbindung steht, der in einer ausstülpbaren Rute endigt. Der Eierstock der Weibchen besteht jederzeit aus 4 langen Schläuchen, in denen die Eier perlschnurartig aneinander gereiht sind; je vier Schläuche treten in einem Eileiter zusammen, und die beiden Eileiter vereinigen sich zu einer kurzen Legeröhre. Unmittelbar hinter der Vereinigung der beiden Eileiter münden in die Legeröhre die Ausführungsgänge der birnförmigen Begattungstasche und des Samenbehälters. Die ausstülpbare Legeröhre tritt unter dem After hervor und sie nimmt unmittelbar vor ihrer Mündung den Ausführungsgang zweier Gummidrüsen auf, deren Saft dazu bestimmt ist die gelegten Eier festzukleben. Neben der Öffnung der Legeröhre befindet sich die kleine Öffnung die in den engen Hals der Begattungstasche führt, in welche bei der Begattung die Rute des männlichen Schmetterlinges eindringt. Die Begattungstasche nimmt die Samenpatrone des

Männchens auf, die durch den Saft der Begattungstasche gelöst wird, so daß die einzelnen Samenfäden frei werden und teils in den Samenbehälter, teils direkt in die Legeröhre gelangen, wo sie mit den austretenden Eiern in Berührung kommen und sie befruchten, indem sie in die Öffnung (Mikropyle) des Eies eindringen.

Die Begattung geschieht im Sommer, sogleich nach dem Ausschlüpfen der Schmetterlinge aus der Puppe und sie dauert mit kurzen Unterbrechungen bis 24 Stunden. Das Männchen stirbt bald nach der Begattung, das Weibchen aber beginnt sogleich mit der Eierablage. Die Mehrzahl der Eier wird nach Friedr. Haberlandt in der Regel schon in den ersten 24 Stunden gelegt, die Eierlegung dauert aber bis drei Tage. Nach Taschenberg stirbt das Weibchen, wenn es 500 bis 600 Eier abgelegt hat, nach Haberlandt aber lebt es durchschnittlich 8 bis 14 Tage.

Die Eier (Grains) bilden ein rundliches Oval von etwa 1 mm in der Breite und etwas darüber in der Länge; der vordere Pol des Eies, in welchem sich der Kopf der Raupe entwickelt, ist etwas spitzer als der hintere. Nach Haberlandt wiegen durchschnittlich 1450 Grains 1 g, 1000 Grains von Einspinnern stets über 0,5 g, von Zweispinnern stets weniger, bis zu 0,4 g. Die frischen Eier sind strohgelb gefärbt, ihre Farbe verändert sich aber, wenn sie befruchtet sind, wie Taschenberg angibt, innerhalb 14 Tagen in Schiefergrau. Die im Sommer gelegten Eier werden gewöhnlich bis zum nächsten Frühjahre in trocknen, luftigen und kühlen (zwischen 0 und 9° R.) Räumen aufbewahrt. Mit steigender Temperatur im Frühjahre beginnt die Entwickelung des Embryos im Ei, deren Anfang Haberlandt auf das Ende des Monates März und die ersten Tage des Aprils verlegt, zu welcher Zeit sich die Durchschnitts-Temperatur der Aufbewahrungsorte meist schon auf 6 bis 8° R. erhöht hat. Eine Wärmesumme von 250 bis 330° R., meint Haberlandt, wird, je nachdem die Grains einer rascher oder

langsamer sich entwickelnden Rasse angehören, von diesem
Zeitpunkte an bis zum Ausschlüpfen der Räupchen genügen.
Bei einer Steigerung der Temperatur von 8 bis 20° R. kann
das Ausschlüpfen derselben nach 30 Tagen erfolgen.

Die Raupe kriecht dunkelbraun aus dem Ei, sie wird
aber nach vier Häutungen*) — die 5. Häutung findet innerhalb des Seidengehäuses statt — immer heller und schließlich reinweiß bei Weißspinnern, schmutzig-weiß mit gelblicher Färbung des Bauches und der Bauchfüße bei Gelb-
spinnern; häufig sind dunkle Flecken an der Oberseite des
Körpers. Die Raupe ist bei reichlicher Fütterung mit Maul-
beerblättern etwa in 33 Tagen ausgewachsen und spinnreif,
und sie erreicht im Durchschnitte eine Länge von 80 mm,
eine Breite von 8 mm und ein Gewicht von 3,5 g; die ausgewachsene Raupe übertrifft das eben ausgeschlüpfte Räupchen nach Haberlandt um das Sechstausendfache. Der Kopf
der Seidenraupe ist sehr klein und mit einer bräunlich glänzenden Chitinhülle bedeckt; er besteht aus zwei Seiten-
schuppen und aus einer mittleren dreieckigen Stirnschuppe,
die unmittelbar mit der Oberlippe verbunden ist; letztere
geht lateralwärts in die Kiefer über und sie begrenzt mit
dieser und den großen Tastern die Maulöffnung. An dem
unteren Umfange der letzteren befindet sich in der Mittellinie die Spinnwarze mit ihren kleinen Tastern und zu beiden
Seiten derselben die mittleren Taster. Der Leib der Raupe
ist wurmförmig und er besteht aus 12 deutlich geschiedenen
Ringen, deren 3 erste jede ein Paar gegliederte und mit
einer Endklaue versehene Brustfüße tragen, während die
5 Paar ungegliederten, in einer breiten Sohle endenden
Bauchfüße mit dem 6. bis 9. und dem letzten Bauchringe

---

*) Bei dem enormen Wachstume der Seidenraupe kann die chitinhaltige
Oberhaut der Ausdehnung des Körpers nicht folgen, sie zerreißt, wird abgestoßen und macht einer neuen Haut Platz. Die 1. Häutung tritt ein
nach 5 Tagen, die 2. nach weiteren 4 Tagen, die 3. nach 4½ bis 6 Tagen,
die 4. nach 6½ bis 7 Tagen, die 5. nach 8½ bis 10 Tagen. Während
ieser 5 Perioden bedürfen 10000 Raupen etwa 200 kg Maulbeerblätter.

verbunden sind. Den größten Teil des Leibes erfüllt der Verdauungsapparat, der mit einer kurzen, von einem Paar Speicheldrüsen umgebenen Speiseröhre beginnt; die letztere geht in den großen und schlauchförmigen Magen über, der sich in den engen und kurzen Dünndarm fortsetzt; an diesen schließt sich der doppeltsackige Blinddarm und der enge, dem Halse einer Bierflasche ähnliche Mastdarm. Die Bauchseite des Magens und der Därme ist mit den gewundenen Harngefäßen bedeckt. Der Respirationsapparat besteht aus Luftgefäßen (Tracheen), die mit einem Luftloche (Stigma) an der Seite jeden Ringes, eben oberhalb der Bauchfläche beginnen. Das Luftloch führt zunächst in einen Vorhof, von dem die Luftgefäße ausstrahlen, den ganzen Körper durchziehend und insbesondere auch die Spinndrüsen mit zahlreichen Ästen versehend.

Sowohl die Oberhaut (chitinisiertes Epithel) der Luftgefäße wie des Schlundes und des Blinddarmes wird in der Häutungsperiode abgestoßen und erneuert.

Die paarigen Spinndrüsen, deren Ausführungsgänge sich in der oben erwähnten Spinnwarze vereinigen, liegen in zahlreichen Windungen zu beiden Seiten des Verdauungskanales; sie bestehen aus zwei weiteren und kürzeren und zwei engeren und längeren Schläuchen, in welchen der zur Bildung des Seidengehäuses (Cocons) dienende Seidenfaden erzeugt wird. Da die Spinndrüsen paarig sind, so ist der Seidenfaden ein doppelter bis zur Spinnwarze; erst hier wird der Doppelfaden durch Verklebung zu einem einfachen. Der ganze von der Maulbeer-Seidenraupe erzeugte Seidenfaden hat eine durchschnittliche Länge von etwa 1000 m und einen durchschnittlichen Breitendurchmesser von 0,03 mm; die ganze Seidenmasse eines Cocons wiegt durchschnittlich 0,43 g (Haberlandt).

Wenn die Raupe spinnreif ist, so bekommt ihre Haut ein alabasterartiges Ansehen und sie erscheint bei durchfallendem Lichte durchsichtig; auch wird die Raupe infolge

der vollständigen Entleerung ihres Verdauungsapparates
kleiner und leichter. Bei gleichbleibender Temperatur und
bei Vermeidung jeder Störung spinnt sich die Raupe in 48
Stunden vollständig ein. Das Seidengehäuse besteht aus
mehreren (5 bis 10) Schichten, deren äußerste nur aus ver-
worrenen, sehr feinen und schwachen Fäden (Flockseide)
gebildet ist; in den mittleren Schichten wird der Faden
fester und stärker, in den inneren Schichten aber wieder
feiner.

Wenn die Raupe den Inhalt ihrer Spinndrüsen zur Anfertigung des Seidengespinnstes verbraucht hat, erscheint sie
bedeutend kürzer und dicker. Zwei Tage nach beendetem
Einspinnen häutet sich die Raupe zum 5. und letzten Male
und sie wandelt sich nun zur Puppe um; letztere hat eine
länglich ovale Gestalt, sie ist am Kopfteile breiter als am
Schwanzteile und von brauner Farbe. Da die Puppe keine
Nahrung aufnehmen kann, so beschränkt sich ihr Stoffwechsel
auf die Verarbeitung des von der Raupe aufgenommenen Er-
nährungsmateriales zu den dem Schmetterlinge eigentümlichen Organen, hauptsächlich auf die Entwickelung der
Flügel und der Geschlechtsorgane, sowie auf die Tätigkeit
des Absonderungsapparates (der Harngefäße).

Der Puppenzustand dauert nach Haberlandt, je nach der
Temperatur des Aufbewahrungsortes, 10 bis 30 Tage. Sobald die Entwickelung des Schmetterlinges vollendet ist,
zerreißt, in Folge der Bewegung desselben, die Puppenhülle
auf der Mittellinie des Rückens und der Schmetterling er-
weicht mittelst einer aus seinem Maule abgesonderten alka-
lischen Flüssigkeit das ihm zunächstliegende Ende des Seidengehäuses, aus dem er sich dann nach und nach heraus-
arbeitet. Sobald der Schmetterling seinen nach dem Ausschlüpfen noch feuchten Körper getrocknet hat und seine
Flügel gebrauchen kann*), schreitet er sofort zur Paarung.

---

*) Der Gebrauch der Flügel ist sehr unvollkommen und ihre Be-
wegung beschränkt sich auf bloßes Schwirren.

Da durch das Herausarbeiten des Schmetterlinges aus dem Cocon der Seidenfaden desselben mehrfach zerrissen wird, so muß die Puppe in demselben getötet werden (was in der Regel durch heiße Luft, nach Haberlandt aber besser durch die Dämpfe von Schwefelkohlenstoff geschieht), wenn der Seidenfaden technisch verarbeitet werden soll.

Die männlichen und weiblichen Seidengehäuse unterscheiden sich nach Haberlandt durch ihr Gewicht: die weiblichen sind fast ohne Ausnahme schwerer, die männlichen durchgehends leichter. Die Farbe der Cocons ist entweder gelb, weiß oder grün. Das durchschnittliche Gewicht eines Seidengehäuses beträgt am ersten Tage nach dem Einspinnen 2 g, am 15. Tage 1,63 g, beziehungsweise zu 1 kg gehören 500 bis 600 Cocons.

Der Maulbeer-Seidenspinner scheint den alten Indern unbekannt gewesen zu sein. Man glaubt, sagt Darwin, daß er in China schon seit 2700 Jahren vor Chr. domestiziert worden ist. Im 6. Jahrhundert nach Chr. wurde er nach Konstantinopel gebracht, von wo er nach Italien und erst im Jahre 1694 nach Frankreich gelangte.

Durch den Einfluß der künstlichen Züchtung und klimatischer Verhältnisse haben sich zahlreiche Rassen gebildet, die sich hauptsächlich durch Größe und Färbung der Schmetterlinge und Raupen, sowie durch die Größe und Färbung des Seidengehäuses und die Feinheit und Textur des Seidenfadens voneinander unterscheiden. Wesentliche Unterschiede zwischen verschiedenen Rassen werden nach Haberlandt auch durch die Generationsdauer bedingt. Bei der Mehrzahl der Rassen ist diese eine einjährige (Einspinner); es kommt aber auch vor, daß einzelne Rassen 2, selbst 3 Generationen im Jahre erzeugen (Zwei- und Dreispinner). Haberlandt hält diese Generationsdauer für nicht besonders konstant und es finden sich nach ihm unter den Eiern der Einspinner häufig solche, welche die Eigenschaft der Zweispinner besitzen; die Zweispinner werden in manchen

Jahren zu Dreispinnern und umgekehrt. Letztere haben übrigens geringeren Wert als die Einspinner. Auch in der Häutung der Raupen finden Abänderungen statt: anstatt einer viermaligen Häutung (vor dem Einspinnen) kommt eine bloß dreimalige vor. Man war geneigt, sagt Haberlandt, diese Dreihäuter für eine besondere Art zu halten, es kommt aber diese Abweichung vorübergehend bei allen einheimischen und fremden Rassen in vereinzelten seltenen Fällen vor, ohne daß dieser Charakter einer abgekürzten Entwicklung sich konstant erwiesen hätte.

Der Ailanthus-Seidenspinner (Saturnia Cynthia).

Der Ailanthus-Seidenspinner wurde früher auch zur Familie der Bombyciden gerechnet, jetzt aber bildet er mit dem großen Nachtpfauenauge und den Eichen-Seidenspinnern die Familie der Saturniden. Diese Familie unterscheidet sich von den übrigen Spinnern dadurch: daß die männlichen Schmetterlinge doppelt gekämmte Fühler, die Vorderflügel 10 oder 12 Rippen, die Hinterflügel nur eine Innenrandsrippe und die Raupen sechs Längsreihen von Fleischzapfen an der Körper-Oberfläche besitzen.

Die innere Organisation des Ailanthusspinners ist ähnlich der des Maulbeerspinners.

Der Schmetterling ist von bedeutender Größe; nach Taschenberg beträgt die Länge 27 mm, die Flügelspannung 137 mm, das Männchen ist kleiner. Die Färbung ist lebhaft rehbraun, durch die Mitte von Vorder- und Hinterflügel zieht eine weiße, wurzelwärts tiefbraune, saumwärts breiter rotgrau eingefaßte Querbinde. Jeder Flügel trägt in seiner Mitte einen sichelförmigen Fensterfleck, der an seiner nach hinten gerichteten Hohlseite gelb besäumt ist. Der Hinterflügel hat wurzelwärts vom Mondflecke noch eine Bogenlinie, der Vorderflügel, deren zwei von rotgrauer Färbung. Die hinteren Linien sind beiderseits durch eine weiße

Querlinie über den Vorderleib verbunden und außerdem zeigt der Hinterleib noch binde- und fleckenartige Haarschöpfe von dieser Farbe.

Die Raupe erreicht im ausgewachsenen Zustande eine durchschnittliche Länge von 73 mm; sie hat 16 Füße, ist von grünlich gelber, nach der letzten Häutung von weißgelber oder zart lichtblau angehauchter Farbe mit schwarzen Pünktchen, je zwei auf dem Rücken jeden Gliedes zwischen den drei mittelsten Zapfen, drei um jedes Luftloch und zwei auf jeder Fußwurzel. Die Nahrung der Raupe besteht aus den Blättern des Götterbaumes (Ailanthus glandulosa) und des Wunderbaumes (Ricinus communis).

Die Puppe überwintert und liefert im Frühjahre den Schmetterling, der sich sofort paart. Die Raupen kriechen nach 14 Tagen aus den verhältnismäßig kleinen, gelblichweißen, unregelmäßig dunkel punktierten Eiern, und sie wachsen bei reichlicher Nahrung so schnell, daß jährlich zwei, in besonders warmen Gegenden und Jahrgängen sogar bisweilen drei Bruten erzielt werden können. In der Sommerzeit dauert die Puppenruhe nur wenig über 3 Wochen.

Das nicht vollständig geschlossene Seidengehäuse ist eiförmig und von grau-weißer oder grau-gelblicher Farbe.

Die Heimat des Ailanthusspinners ist China.

Der Eichen-Seidenspinner.

Der Eichen-Seidenspinner gehört derselben Familie an wie der Ailanthus-Seidenspinner. Man unterscheidet zwei Formen von Eichenspinnern: den japanischen (Saturnia Yamamay) und den chinesischen (Saturnia Pernyi).

Der japanische Eichenspinner hat seine Heimat im östlichen Asien und in Japan; er gelangte in den Jahren 1861 und 1863 nach Frankreich und von hier aus nach dem übrigen Europa. Er macht jährlich nur eine Brut.

Der Schmetterling ist von ansehnlicher Größe; nach

Haberlandt beträgt die Körperlänge 26 bis 33 mm, die Flügelspannung 300 mm; die Männchen sind kleiner als die Weibchen. Der Körper ist gleichförmig dicht behaart und seine Färbung stimmt mit der Grundfarbe der Flügel überein, die vom lichten Ockergelb bis zum Kaffeebraun und Mausgrau, selbst bis zum dunklen Kupferrot alle Übergänge darbietet. Die Fühler sind bei beiden Geschlechtern doppelt gekämmt, aber beim Männchen länger. Jeder Flügel trägt einen unregelmäßig kreisrunden Fensterfleck, der nach innen fein weiß, nach außen fein schwarz umringt ist.

Die Paarung der Schmetterlinge dauert nur kurze Zeit, doch sollen sie nach Haberlandt 4 bis 6 Tage, nach Baumann 1 bis $1^1/_2$ Wochen am Leben bleiben; der Leib des Weibchens enthält nach letzterem 200 bis 300 Eier.

Die fast kreisrunden Eier haben nach Haberlandt ein fast 20mal größeres Gewicht als jene des Maulbeerspinners; ihre Länge beträgt 2,5 mm, ihre Breite 2,25 mm. Bald nachdem die Eier gelegt sind entwickelt sich in ihnen der Embryo und Haberlandt fand schon nach Ablauf von 3 bis 4 Wochen fast fertig gebildete Räupchen in der Eischale. Die Eier überwintern jedoch und sie müssen bei der künstlichen Zucht in kalten Räumen aufbewahrt werden. Im Frühjahre brauchen sie nach Haberlandt zu ihrer Entwicklung eine Wärmesumme von fast 300° R., welche Summe auch ausreicht um die Knospen der Eiche zu entfalten. Gewöhnlich schlüpfen die Räupchen in der zweiten Hälfte des April und Anfang Mai aus dem Ei.

Die Raupe besitzt 12 Körperringe, 3 Paar Brustfüße, 4 Paar Bauchfüße und 1 Paar Nachschieber. Die einzelnen Körperringe sind bei der jungen Raupe mit kegelförmigen, in 6 Längsreihen angeordneten Warzen versehen, die bei der ausgewachsenen Raupe fast gänzlich schwinden. Der Kopfschild der erwachsenen Raupe ist blaugrün, die Freßorgane sind bräunlich, die Grundfarbe des Leibes erscheint grün und weiß gemischt. Die Raupe erricht nach vier Häu-

tungen*) eine Länge von 100 bis 120 mm und ihre Freß-
periode (einschließlich der Häutungsruhe) dauert bis zum
Einspinnen 36 bis 40 Tage, wenn sie reichlich mit frischen
Eichenblättern gefüttert wird und die ihr zusagende Temperatur findet; die erforderliche Wärmesumme bis zum Einspinnen berechnet Haberlandt auf 548,7⁰ R. Nach Baumann (in Bamberg) beträgt die Lebensdauer der Raupe 7
bis 8 Wochen.

Das Seidengehäuse wird in einem zusammengerollten
Eichenblatte befestigt und seine Anfertigung erfordert 4
bis 5 Tage. Innerhalb des Seidengehäuses häutet sich die
Raupe zum fünften Male und am 10. Tage nach dem Einspinnen geht sie in den Puppenzustand über. Das Seidengehäuse ist eiförmig; seine Länge beträgt bei weiblichen
Puppen 50 mm, sein Querdurchmesser 25 mm; die Seidengehäuse männlicher Puppen sind etwas kleiner. Der schmälere Pol des Gehäuses enthält das Kopfende der Puppe.
Die Seidenfäden der äußeren Schichten des Gehäuses sind
grasgrün oder grüngelb, die der inneren Schichten weiß.
Der ganze Seidenfaden hat nach Haberlandt eine Länge
von 728 m und eine Breite von 0,04 bis 0,07 mm. Das
Durchschnittsgewicht einer Seidenhülle beträgt 0,492 g.

Der Puppenzustand dauert nach Haberlandt durchschnittlich 44 Tage und das Auskriechen der Schmetterlinge geschieht in gleicher Weise wie beim Maulbeerspinner,
dem übrigens die Organisation des japanesischen Eichenspinners ähnlich ist.

Der chinesische Eichenspinner ist nach Taschenberg dem vorigen ungemein ähnlich, nur nicht wandelbar
in der Grundfarbe, die hier beständig ledergelb bleibt. Die
Raupe ist ebenfalls der vorigen sehr ähnlich, lebhaft gelb-

---

*) Nach Haberlandt vergehen bis zur Vollendung der 1. Häutung
5 bis 6 Tage, bis zur 2. Häutung 12 Tage, bis zur 3. Häutung 18 bis
20 Tage, bis zur 4. Häutung 24 bis 28 Tage, bis zum Einspinnen 36 bis
40 Tage.

lich grün mit braunem Kopf. Der chinesische Eichenspinner macht jährlich zwei Bruten, deren letzte nicht zum vollen Abschlusse gelangt, sondern im Puppenzustande überwintert. Züchtungen im großen sind mir nicht bekannt. Die Chinesen halten die Seide des Eichenspinners für fester und billiger als die vom Maulbeerspinner.

Ordnung der Hautflügler.

Die Honigbiene (Apis mellifica).

Die Honigbiene gehört zur Familie der Apiden, die ausgezeichnet ist durch ihre winkeligen Fühler, die sehr kurzen Kiefertaster, die behaarten Augen, die lange fadenförmige Zunge mit zwei kurzen Nebenzungen, den behaarten Leib, die verbreiterten und behaarten Hinterschienen, denen die Endsporen fehlen, ferner durch die breiten und behaarten Fersen und Zehen, letztere mit zweiteiligen Klauen; die Vorderflügel besitzen eine lange und schmale Randzelle und sie sind nicht zusammenfaltbar. Die Bienen leben gesellig in Stöcken (Baumhöhlen, Körben) und sie bilden unter einer Königin sogenannte Staaten. Der Bienstock besteht aus senkrecht gestellten Waben, die aus Doppelreihen wagerecht liegender 6seitiger Zellen zusammengesetzt sind, welche die Arbeiterinnen aus Wachs erbauen. Die Zellen dienen zur Aufnahme des Honigs oder der Brut.

Man unterscheidet im Bienenstaate drei Stände: die Königin, ein mit vollkommen entwickeltem Geschlechtsapparate versehenes Weibchen, die Drohne oder die männliche Biene, und die Arbeiterin, ein mit unvollkommen entwickeltem Geschlechtsapparate versehenes Weibchen.

Die Königin (Weisel) besitzt einen längeren und schlankeren Hinterleib mit 6 Gliedern; die ganze Körperlänge beträgt 13 bis 18 mm. Der Ferse (Metatarsus) fehlt das den Arbeiterinnen eigene Körbchen und der Henkel.

Dem Geschlechtsapparate fehlt die Legeröhre, an deren Stelle der Stachelapparat tritt, der zwischen der After- und der Geschlechtsöffnung liegt und dessen hohler Stachel mit einer Giftblase und einer den giftigen Saft bereitenden Drüse in Verbindung steht.*) Die Scheide, welche die Samen-patrone der Drohne aufnimmt, ist kegelförmig und an ihrem hinteren, dem Ausgange zunächst liegenden Umfange, durch zwei rundliche Nebensäcke erweitert; an ihrem, mit den Eileitern in Verbindung stehenden, verschmälerten Teile nimmt sie den Ausführungsgang der Samentasche auf.

Die Drohne hat einen etwas kürzeren und breiteren Hinterleib, der gleichwohl aus 7 Gliedern besteht; die ganze Körperlänge beträgt 13 bis 15 mm. Die Fühler sind weniger winkelig, die Zunge ist kürzer, die Augen treten auf dem Scheitel des Kopfes zusammen, die Oberfläche des Vorder-leibes ist gewöhnlich stärker behaart, die Beine sind schlan-ker, der Fersenhenkel fehlt. Der Geschlechtsapparat ist ausgezeichnet durch die ansehnliche Rute, die bei der Paa-rung in die Scheide der Königin umgestülpt wird; der mit dem Samengange unmittelbar verbundene vordere Teil der Rute ist zur Zeit der Paarung zwiebelförmig aufgetrieben und die Rutenzwiebel umschließt alsdann die Samenpatrone, die sich hier dadurch bildet, daß die aus dem Samengange ankommenden Samenfäden von dem Safte zweier den Samen-blasen anhängenden Drüsen eingehüllt werden. Den Droh-nen fehlt der Hinterleibstachel.

Die Arbeiterin hat einen gedrungeneren und kürzeren Hinterleib mit 6 Gliedern; ihre ganze Körperlänge beträgt 9 bis 11 mm. Ihre Zunge ist länger als die der Königin und der Drohne. Die Innenseite der breiten Ferse ist mit borstigen Haaren dicht besetzt (Bürstchen), die zum Ab-

---

*) Der Stachelapparat dient der Königin hauptsächlich wohl als Waffe, doch hat es nach Leuckart den Anschein, als wenn er durch seine ge-krümmte Form dem darunter hingleitenden Eie jene Bewegungsrichtung mitteilt, wodurch das Ei stets auf den Boden der Bienenzelle abgesetzt wird.

bürsten des Blütenstaubes dienen. Die glatte Außenseite
der Hinterschiene und der Ferse ist etwas ausgehöhlt und
die Ränder beider Glieder sind mit Härchen besetzt; dadurch entsteht das sog. Körbchen, das ebenfalls zum Ein-
sammeln des Blütenstaubes dient. Der Blütenstaub wird
durch einen aus der Haut der Schiene und der Ferse aus-
schwitzenden ölartigen Saft um Schiene und Ferse zusam-
mengeballt (Höschen); der Fersenhenkel begünstigt das
Anhaften des Höschens.*) Die Honigsäfte werden nach Berlepsch und Leuckardt mit der Zunge aufgeleckt, wie das
Wasser vom Hunde. Die Zunge der Biene, die mit einer
Menge von Haaren bedeckt ist, wird in einer Scheide auf-
und abgezogen; in den Haaren setzt sich der Honig fest
und er wird beim Zurückziehen der Zunge abgestreift und
durch die Mundöffnung in den Honigmagen geleitet. Der
verdaute Honig wird im Organismus der Arbeiterin zu Wachs
(einem fettartigen Produkte) umgewandelt, das zwischen den
Ringen des Hinterleibes in Form kleiner Blättchen ausgeschieden wird. Der Geschlechtsapparat der Arbeiterin ist
durchwegs verkümmert**), der Stachelapparat jedoch vollkommen ausgebildet.

Die Paarung der beiden Geschlechter geschieht in der
Regel in der warmen Jahreszeit. Die Königin verläßt gewöhnlich nachmittags an heiteren Tagen den Stock und sie
wird im Fluge von einer Drohne bestiegen, die ihre Rute
in der Scheide der Königin umstülpt und die Samenpatrone
in dieselbe einschiebt. Die Drohne stirbt durch das Um-
stülpen ihrer Rute noch auf dem Rücken der Königin, und
diese kehrt, gewöhnlich mit der abgerissenen Rute der

---

*) Nach Berlepsch bürsten die Bienen den Staub mit der Zunge
von den Blüten ab, sie feuchten ihn dann aus und in dem Munde etwas
mit Honig oder Speichel an, erfassen ihn mit den Beißzangen und schnellen
und drücken ihn dann mittels des 1. und 2. Fußpaares in das Körbchen.

**) Ausnahmsweise können Arbeiterinnen (unbefruchtete) Eier legen,
aus denen sich Drohnen entwickeln.

Drohne, die aus ihrer Scheide herausragt (Begattungs-
zeichen), von ihrem Hochzeitsfluge in den Stock zurück.
Wenn die Königin bei diesem Fluge befruchtet wurde, so
sind die aufgenommenen Samenfäden ausreichend für die
Ablage befruchteter Eier zeit ihres Lebens, d. h. die Königin
wird während ihrer durchschnittlichen Lebensdauer von 2
bis 3 Jahren nur einmal befruchtet und sie kann gegen
eine Million Eier legen. Drei Tage nach der Befruchtung
beginnt die Königin die 2 bis 3 mm langen, etwas halb-
mondförmig gekrümmten Eier auf den Boden einer Bienenzelle abzulegen. Je nach der Größe dieser Zellen und je
nachdem die Eier befruchtet sind (Samenfäden aufgenommen
haben) oder nicht — entwickelt sich das Geschlecht der
Eier. Die befruchteten Eier in den kleinen Zellen werden
zu Arbeiterinnen, in den größten Zellen (sogenannten Weisel-
wiegen) zu Königinnen, und die unbefruchteten Eier in den
mittelgroßen Zellen werden zu Drohnen. Wenn eine Königin
sich nicht begattet, so legt sie nur Drohneneier*), aber
wenn sie begattet ist, dann liegt es in ihrer Willkür Eier
zu legen, die nicht mit Samenfäden in Berührung gekommen
sind; aus solchen Eiern entstehen stets Drohnen.

Das Ei entwickelt sich in etwa 3 Tagen zur Larve
und diese wird nach etwa 6 Tagen zur Puppe und alsdann
durch die Bedeckelung der Zelle mit Wachs eingeschlossen.
Aus der Puppe in der Weiselwiege entwickelt sich nach
8 bis 8½ Tagen die Königin, aus der Puppe in der Drohnen-
zelle nach 15 Tagen die Drohne und aus der Puppe in der
Arbeiterzelle nach 11 Tagen die Arbeiterin (Berlepsch). Die
Nahrung, die den Drohnen- und Arbeiterlarven durch die
Arbeiterinnen bis zur Eindeckelung der Zellen zugeführt
wird, besteht anfangs aus Futtersaft (verdautem Honig),
dann aus Honig und Blütenstaub; die Königinlarve aber wird
bis zur Eindeckelung der Weiselwiege allein und sehr reich-

---

*) Man nennt diesen Vorgang Jungfernzeugung (Parthenogenesis).

lich mit Futtersaft gefüttert. Die reichlichere und kräftigere Ernährung der Königinlarve bewirkt deren Entwicklung zu einem vollkommenen Geschlechtstiere, während die spärlichere und schwerer verdauliche Nahrung der Arbeiterinlarve sie nicht zur vollkommenen Entwicklung ihres Geschlechtsapparates befähigt. Die verdeckelten Zellen der Nymphen werden durch die darauf sitzenden Arbeiterinnen erwärmt. Beim Ausschlüpfen beißen die vollständig entwickelten Nymphen mit ihren Beißzangen den Wachsdeckel ihrer Zellen durch.

Wenn infolge des Zutretens der Nachzucht ein Stock übervölkert wird, so bildet sich unter der alten Königin ein Schwarm, der eine neue Wohnung aufsucht, während eine junge Königin die Herrschaft in dem alten Stocke übernimmt. Sobald die junge Königin befruchtet ist und der Schwarmtrieb aufhört, werden die Drohnen von den Arbeiterinnen zum Flugloche hinausgejagt oder erstochen (Drohnenschlacht).

Die Biene gehört zu den ältesten Haustieren und sie wurde bereits bei den alten Indern und Ägyptern, wie auch bei den alten Griechen und Römern gepflegt.

Da während der Trachtzeit die Biene sich ihre Nahrung selbst sucht, so hat der Mensch auf dem Wege der Ernährung wenig Einfluß auf ihre Rassenbildung nehmen können. Man unterscheidet daher nur 3 durch klimatische Einflüsse bedingte Rassen: 1. die nordische Biene, die in ganz Europa, sowie an den asiatischen und afrikanischen Küstenstrichen des mittelländischen Meeres und in einem großen Teile von Nord- und Mittelamerika verbreitet ist, ist von glänzend schwarzbrauner Farbe mit gelbbraunen Säumen an den Leibesringen und rotbraunen, bei der Königin goldglänzenden Füßen; 2. die italienische oder ligurische Biene hat ihre Heimat im nördlichen Italien und Südtirol; ihre Grundfarbe ist gelblich und sie gilt für frühreifer als die nordische; 3. die ägyptische Biene ist kleiner als die nordische, sie hat rotgelbe Hinterleibsringe und Drohnen und Arbeiterinnen sind weißlich behaart. Von manchen Imkern werden als besondere Rassen unterschieden: Heidebienen, niederösterreichische und krainische Bienen; sie sind aber bloß Schläge der nordischen Bienenrasse.

Ordnung der Halbflügler.

Die Cochenille (Coccus cacti).

Die Cochenille oder die Cactus-Schildlaus gehört zur Familie der Schildläuse und zur Unterordnung der Pflanzenläuse. Ihre Heimat ist Mexiko und sie lebt dort auf den Blättern der sogenannten indianischen Feige, einer Kaktusart (Opuntia coccinellifera), die in Mexiko Nopal genannt wird. Nach Fr. X. Clavigero wurde sie schon zu den Zeiten der mexikanischen Könige gezüchtet, und sie gedeiht am besten im Bezirke Mizteca, dessen vornehmsten Handelszweig sie bildet. Von Mexiko aus wurde die Cochenille nach Guadeloupe und Domingo, nach dem südlichen Spanien, Algier und den kanarischen Inseln verpflanzt.

Das flügellose Weibchen hat die Gestalt einer Wanze und ihre Körperlänge beträgt etwas über 2 mm; es ist karminrot gefärbt und mit weißem Reif überzogen.

Das Männchen ist etwas kleiner und von etwas hellerer Farbe; am Kopfe trägt es ein zehngliedriges Fühlerpaar und an jedem Gliede 4 regelmäßig geordnete Borsten; es hat 6 dreigliedrige Füße, zwei große milchweiße Flügel und 2 Schwanzborsten, die 2 bis 3mal länger sind als das ganze Insekt.

Die Cochenillezüchter in Mexiko bereiten dem Insekte Nester von Heu,drei auf jedem Blatte der Opuntie und sie legen in jedes Nest 15 Insekten. Die Zahl der Männchen ist viel geringer als die der Weibchen; man rechnet nur 1 Männchen auf 300 Weibchen. Über die Entwicklungsdauer der Cochenille in ihrer Heimat ist mir nichts bekannt, aber aus einem in Berlin (im Warmhause bei 16 bis 20⁰ R.) von B o u c h é ausgeführten Züchtungsversuche geht hervor: daß das Ei in 8 Tagen, die Larve in 14 Tagen sich entwickelt und daß die fortpflanzungsfähige weibliche Cochenille 14 Tage lebt.

Bevor die Regenzeit in Mexiko eintritt, wird die Cochenille nebst den Blättern der Opuntie in die Häuser getragen. Vor dem Eierlegen werfen die Weibchen die Haut ab, die sorgfältig gesammelt wird. Dreimal im Jahre werden die Insekten gesammelt, im heißen Wasser getötet und an der Sonne getrocknet.

Nach Baron J. W. v. M ü l l e r wird in Mexiko (hauptsächlich in der Nähe von Tlacotalpam und Popantla) noch eine andere Art Cochenille gezüchtet, die auf der Rinde von Spondias mirabalanus (die in Mexiko Jobo genannt wird) und von Jatropha curcas (in Mexiko Piñon genannt) lebt und die Müller Coccus mexicanus nennt; in Mexiko heißt das Insekt A x i n und es ist dem Coccus adonidum ähnlich. Der Körper des Weibchens ist elliptisch und etwa 26 mm lang; die Farbe ist rosa oder intensiv purpurrot unter weißem Flaum, den das Tier, wie alle Gattungsverwandten ausschwitzt und sich damit bedeckt; die Oberseite zeigt breite Querfurchen und sie ist mit einem aufgeworfenen Rande eingefaßt. Die Antennen sind kurz, rundlich, artikuliert und dick an der Basis. Die 6 kleinen Füße, die mehr zum Festklammern als zum Kriechen dienen, sind graulichrot und sie besitzen hakenförmige Krallen. Die Männchen sind Müller unbekannt geblieben. Bevor die Insekten ihre vollkommene Größe erlangt haben, werden sie in Wasser gekocht, wobei eine butterartige Flüssigkeit ausgeschieden wird, die erkaltet gerinnt. Das Produkt, „Axin" genannt, kommt als fette, zähe, gelbliche Masse (für Heilzwecke und als vorzüglicher Firniß für Maler) in den Handel.